霍州年鉴

2019

中共霍州市委党史研究中心 编

方志出版社

图书在版编目（CIP）数据

霍州年鉴. 2019 / 中共霍州市委党史研究中心编. --北京：方志出版社，2019.12
ISBN 978-7-5144-4128-4

Ⅰ. ①霍… Ⅱ.①中… Ⅲ.①霍州—2019—年鉴
Ⅳ. ①Z522.54

中国版本图书馆CIP数据核字（2020）第035636号

霍州年鉴（2019）

编　　者：中共霍州市委党史研究中心
责任编辑：冯　松

出 版 者：方志出版社
地址　北京市朝阳区潘家园东里 9 号（国家方志馆 4 层）
邮编　100021
网址　http://www.fzph.org
发　　行：方志出版社图书经销中心
电话（010）67110500
经　　销：各地新华书店
承　　印：山西省史志印刷厂

开　　本：889×1194　1/16
印　　张：19
字　　数：416 千字
版　　次：2019 年 12 月 第 1 版　2019 年 12 月第1次印刷
印　　数：001～400册

ISBN 978-7-5144-4128-4　定　价：180.00 元

《霍州年鉴》编纂委员会

顾　　问　崔山原
主　　任　李青雁
副 主 任　郭宏生　郭丽华　朱源洪　刘元建　薛有生　张卫东　赵学惠
　　　　　杜燕忠
委　　员　董　阳　段永存　范燕琴　毛丽花　张建军　马耀华　闫建华
　　　　　杨　军　赵雷斌　吴慧平　荀杏红　成红福　刘淑华　张文轩
　　　　　马建华　李德云　房文斌　李小燕　朱永忠　张全红　白　亮
　　　　　李新平　贾亚龙　闫会波　刘怀忠　杨五锁　荀彦龙　郭惠民
　　　　　张云峰　赵　波　刘俞平　关文旗　张凤梅　李晋峰　胡文杰
　　　　　乔桂平　张　斌　时宏伟　张文萍　马　丽　杨令平　王建华
　　　　　李国忠　李忠义　贺立华　贾康民　杜继保　赵红宏　刘国斌
　　　　　张海平　孙建勇　武　翔　米玉彬　安忠伟　陈建华　朱朝晖
　　　　　朱泽军　赵利娟　曹艳玲　闫记红　韩腊丽　陈　英　杜忠平
　　　　　成晓文　张大利　杨武锁　许　斌　张忠民　张　敏

办公室主任　赵学惠（兼）
办公室副主任　杜燕忠（兼）

《霍州年鉴》编辑部

主　　编　赵学惠
副 主 编　杜燕忠　乔小安　李宝珍　朱荣华
编　　辑　李　玲　赵　捷　王晓英　曹荣华　张　峰　张　晶　伊　萌
排　　版　王晓英
摄　　影　李达鹏

州城新貌

霍州城夜景

春雪素裹七里峪

霍山神松

避暑胜地　陶唐峪

香火鼎胜　悬泉山

文化小镇　下马洼

2018 年 1 月 23 日，中国共产党霍州市第七届委员会第四次全体（扩大）会议

2018 年 2 月 2 日，霍州市委经济工作会议

2018 年 4 月 9 日至 11 日，霍州市第七届人民代表大会第三次会议

2018 年 4 月 8 日至 10 日，中国人民政治协商会议第七届霍州市委员会第三次会议

2018 年 10 月 31 日，山西省人大常委会执法检查组同三晋环保行记者团莅霍检查

2018 年 3 月 13 日，四大班子领导与志愿者义务植树

2018 年 6 月 29 日，霍州市领导参观纪念改革开放 40 周年暨庆“七一”书画作品展

2018 年 10 月 17 日，霍州市委书记崔山原走村入户进行脱贫攻坚工作调研

2018 年 10 月 17 日，霍州市委副书记、市长黄晓君走访贫困户

2018 年 9 月 30 日，在南塔烈士陵园霍州市各界向烈士纪念碑敬献花篮

2018 年 5 月 10 日，霍煤鑫钜公司与中汽（杭州）公司环保类设备车辆制造项目合作签约仪式

2018 年 6 月 5 日，“美丽中国 我是行动者”世界环境日宣传活动在霍州署广场举行

2018 年 5 月 5 日，山西建筑产业现代化绿色建材（霍州）园区开工仪式

2018 年 6 月 9 日，霍州市举行第 11 个国际档案日宣传

2018 年 6 月 1 日，霍州市领导与小朋友共庆六一

2018 年 6 月 7 日，霍州市“助力高考，我们在行动”志愿者活动

2018 年 2 月 22 日，霍州市千名干部健步走助力全省旅发大会

2018 年 8 月 15 日，霍州市第四届道德模范颁奖仪式暨社区主题文艺晚会

2018 年 8 月 31 日，霍州市四类贫困家庭学生救助暨爱心助学大会

2018 年 8 月 21 日，“中镇霍山·华夏州署”第十届文化旅游月暨“夏养山西·康养霍州”开幕仪式

2018 年 11 月 5 日，霍州市食药局开展“安全用药 · 共享健康”宣传活动

编纂说明

一、《霍州年鉴》以马克思列宁主义、毛泽东思想、邓小平理论、“三个代表”重要思想、科学发展观、习近平新时代中国特色社会主义思想为指导，坚持辩证唯物主义和历史唯物主义的立场、观点、方法，遵循真实、准确、客观、公正的原则，致力科学、严谨、细致、规范的编纂原则，体现存史、资政、育人、服务的功能。

二、《霍州年鉴》记事断限为2018年1月1日至2018年12月31日。

三、本年鉴采用分类编排法，设栏目、类目、条目，少数内容在类目和条目间增设分目，不同层次的标题用不同的字号、字体和辅助标志区别。条目为全书基本记述实体，个别条目由于内容较多分若干层次。

四、本年鉴的稿件资料均由市直有关部门、驻霍单位和各乡（镇、街道）组织专人提供年鉴资料，中共霍州市委党史研究中心（市地方志研究中心）负责审核。所有数据由于统计来源、口径、方法、时间不同而有差异，以统计局提供的资料为准。

五、本年鉴图文并茂，插有部分彩页。

六、本年鉴采用的稿件，作者署名在文尾，有的稿件因作者不详，未作署名。

目　录

霍州市人民代表大会

霍州市人民政府

政协霍州市委员会

纪律检查

民主党派

群众团体

军　事

法　治

经济管理

财政税收

金 融

农　业

工 业

住建 环保

交通　邮电　通信

商业贸易

教育科技

文化旅游

医药卫生

社会生活

乡镇工作

转　载

把握新时代　担当新使命
奋力开启霍州全面建成小康社会新征程

——2018年1月23日在中共霍州市委七届四次全体（扩大）会议上的报告

霍州市委书记　崔山原

一、2017年工作回顾

2017年是霍州发展进程中极不平凡的一年。一年来，市委常委会坚决贯彻落实习近平总书记系列重要讲话精神，在省委、临汾市委的坚强领导下，团结带领全市各级党组织、全体党员干部群众，统筹推进经济、政治、文化、社会、生态文明等各项事业发展，全市呈现出党建全面加强、经济平稳运行、生态治理有力、改革推进有序、民生持续改善、社会和谐稳定的良好局面。

（一）强基层、打基础，党的建设全面加强。以习近平新时代中国特色社会主义思想为指引，坚持把思想政治建设摆在首位，深入学习贯彻落实中共十九大精神和习近平总书记视察山西重要讲话精神，结合实际着力在学懂、弄通、做实上下功夫，使中共十九大精神在霍州深入人心、开花结果。扎实推进“两学一做”学习教育常态化制度化，开展“维护核心、见诸行动”专题教育活动，始终在思想上政治上行动上同以习近平同志为核心的党中央保持高度一致。认真开展“履职担当亮相”活动，深入纠正“四风”问题，推动干部作风持续好转，服务效能不断提高。圆满完成了农村和社区“两委”班子换届，在基层班子建设、干部日常监督管理和人才工作等方面，取得了较好的成绩。严格落实党风廉政建设“两个责任”，加强党纪党规教育，把握运用监督执纪“四种形态”，集中力量开展党风廉政建设首轮巡察和侵害群众利益不正之风及扶贫领域专项巡察，严肃查处发生在群众身边的不正之风和腐败问题，高质量完成了监察体制改革，为转型发展提供了坚强的政治和纪律保证。

（二）重创新、求突破，深化改革稳步推进。制定了《霍州市全面深化改革领导小组2017年工作要点》，明确了40类57项改革事项，建立了全市改革任务台账，确保各项改革任务稳步推进、落到实处。不断深化“放管服效”改革，认真落实“五证合一、一照一码”“两证整合”等改革措施，承接行政审批事项9项，取消行政审批事项4项，经济发展环境进一步优化。全面完成了群团工作改革、城市执法体系改革和司法体制改革等重点任务，持续深化农村综合改革，保证了党中央和省市改革部署落地见效。

（三）转方式、调结构，经济运行企稳向好。一年来，我们始终坚持把加快发展作为第一要务，以推进供给侧结构性改革为主线，努力在动能转换、产业转型上求突破。一产方面，“一园五基地”建设稳步推进，西张垣现代农业生态示范园进一步巩固完善；干鲜果基地发展苹果达到4万亩、核桃达到3万亩；规模养殖基地达到省级标准的各类企业超过40个；小杂粮种植面积达到4万亩；文冠果基地累计种植面积已达到5600亩；农业品牌“枣夹核桃”远销我国台湾地区及新加坡、加拿大等地，2017年出口额达到11.8万元，本市出口创汇实现了零的突破。二产方面，积极应对经济下行压力，着力化解结构性矛盾，力促霍煤、兆光、国电等企业增产增效、持续向好，全市工业增加值等重要经济指标实现了由负转正。三产方面，全域旅游示范区创建工作扎实推进，霍州署、七里峪、陶唐峪等精品旅游景点与上市公司签署合作协议，启动深度开发。贾村娲皇庙、许村古村落、梁衡文化村等乡村旅游景点初具规模、正在兴起。州署文化产业示范园、南环路农贸市场等大型商业综合体投入运营，乐村淘网络、固德网络等电商平台和联源、顺丰、申通等一批物流企业入驻霍州，商贸服务业活力增强。成功举办了2017“临杭盟商·尧风霍然”招商引资推介会，与苏州盈创3D建筑打印、温州申欧新能源汽车、北京网库集团等企业达成投资意向，签约资金达36亿元，招商引资成果丰硕。

（四）深治理、强攻坚，生态建设成效显著。牢固树立“绿水青山就是金山银山”的理念，坚持铁腕治污、项目治污、科学治污，掀起了生态文明建设新高潮。强力整治城乡环境，深入开展了城乡垃圾清理、市容环境整治、食品加工作坊“煤改气”、土小散乱污企业专项整治、燃煤锅炉清洁能源置换和矸石山高标准治理等系列专项行动，环境违法案件查处率达到100%。扎实推进工业企业深度治理，启动了团柏矿管状运煤走廊、辛置矿管状皮带运矸系统和霍候一级路全天候监控系统，完成了兆光、国电燃煤发电机组超低排放改造。加快生态修复，实施了汾河、南涧河、对竹河生态综合治理，完成了退耕还林、荒山造林等工程，全年新增绿化造林面积1.58万亩。加大环保基础建设，投资600余万元，购置了10辆大型环卫车辆；投资900余万元对城区直排汾河的4处污水口进行治理；投资3800余万元，启动了朝阳污水处理厂二期建设，确保建成区污水收集率达到100%，推动全市生态环境质量持续向好。

（五）解民忧、惠民生，幸福指数不断攀升。脱贫攻坚成效显著，建成扶贫光伏电站950千瓦，发展扶贫生态林5600余亩，安置贫困人口就业62人，发放小额扶贫贷款1295万元，资助贫困大学生42人，完成了全年1551人脱贫任务，贫困群众增收渠道不断拓宽，脱贫攻坚战果逐步显现。社会事业全面进步，圣佛矿小学、市二中运动场已经竣工并投入使用，公办幼儿园建设进展顺利，办学条件进一步改善，高考二本达线人数再创新高，本市被确立为临汾市唯一的现代学校管理改革省级试点县。公立医院改革和市乡医疗机构改革有序推进，霍州市医疗集团挂牌运行。深入贯彻计生国策，本市荣获全省新一轮计划生育优质服务先进单位。扎实开展全民科学素质提升工作，荣获全国科普示范市。文体活动蓬勃发展，投资2亿元的全民健身中心具备正式开工条件。城乡养老、医疗、失业、工伤等社会保险的覆盖面和保障标准进一步提高，社会保障体系不断健全。高度重视创业就业，公开招聘

110名事业单位人员，全部充实基层一线，积极拓展就业渠道，全年新增就业人员4600余人。社会救助制度更加完善，低保线、贫困线“两线合一”工作稳步实施，儿童福利院项目主体完工，爱心助学共收到社会捐款128万元，救助学生4069名。建成各类保障性住房205套，落实保障性住房开工任务500套，极大改善了困难群众的居住条件。城乡面貌焕然一新，纬三路、经二路、迎宾南路、桥西街改造、红崖堡紫薇园、赵家庄人行天桥等项目竣工投入使用，城市污水管网配套、垃圾处理厂改造、辛置南矿区污水处理厂等项目全部完工，橡胶厂棚户区改造、州署文化产业园、阳光首府等项目进展顺利，城市功能不断完善。围绕“建好、管好、护好、运营好”公路的目标，投入5000余万元实施了七里峪客运站建设、悬泉山公路改造、农村公路安全防护等工程，城乡路网进一步优化。

（六）保稳定、促和谐，发展环境持续优化。狠抓安全生产，深入开展安全生产大排查大整治活动，排查生产经营单位1328家，关闭取缔24家，彻底整治各类安全隐患1300余条，杜绝了重特大事故的发生。强化信访维稳，推行信访“三三”工作机制，探索化解信访问题四种办法，聘请5名法律顾问接访，妥善处置了涉军涉教、房地产、下岗职工、集中供热和拖欠农民工工资等系列矛盾纠纷，信访事项化解率大幅提高。加强综合治理，持续推进全国平安县市创建，开展了打击“两抢一盗”、整治民爆物品和维护交通治安秩序等专项行动，圆满完成了十九大维稳安保任务，营造了和谐稳定的社会环境。

特别需要指出的是，过去的一年，在经济下行、环境限批和风险加剧的压力下，我们团结拼搏，砥砺奋进，在重点领域实现了关键性突破，取得了令人瞩目的好成绩，可以概括为六大亮点。一是市委高擎党建龙头，狠抓“三基建设”，带领全市广大党员干部积极投身项目建设、环境治理、安全维稳、脱贫攻坚主战场，为民务实创业奉献，党风政风清新扑面。注重发挥示范引领作用，高标准打造了公安局、前进社区和非公党群服务中心等全省一流的党建先进典型，省内数十家单位前来参观学习，进一步树立了新时代的“霍州形象”。二是总投资15亿元的华得宇光伏发电项目，一期工程于2017年6月底并网发电，从项目招商到建成投产仅用了5个月的时间，创造了国内光伏发电建设最快的纪录，刷新了项目建设的“霍州速度”。三是总投资2.6亿元的亿能新能源电动车制造项目，可年产电动汽车1.8万辆，实现产值6.3亿元，成为省内唯一投产的新能源汽车项目。与之并生的全省首家共享汽车公司“鑫钜出行”投入运行，近在洪洞县、乡宁县，远到秦皇岛、常州、温州等地开设了分公司，开启了共享汽车绿色出行的先河，打造了新能源领域的“霍州品牌”。四是总投资5600万元的新水源地建设工程，新增深井9眼，铺设输配水管网40余公里，与白龙水源地共同形成了供水“双保险”，彻底解决了城市居民的饮水安全问题，同时也一举破解了霍东新区、经济技术开发区基础建设和项目落地的瓶颈制约，干成了我们酝酿多年的大事，进一步筑牢了宜居宜业的“保障线”。五是占地21平方公里的经济技术开发区，已顺利通过省级评审，规划为“一园一港”总体布局和“1＋3＋1”产业体系，将成为本市改革创新、招商引资和项目建设的主战场。如果说2011年资源枯竭城市的获批为本市转型升级带来了巨额的资金支持，那么省级经济技术开发区的设立，将为本市经济腾飞搭建起坚实的平台，这是霍州经济社会发展史上的又一个“里程碑”。六是总投资3.3亿元的集中供热扩户工程，新建换热站51座，新增供热面积400万平方米，置换了某镇10万吨煤矸石发电厂，全年减少燃煤30万吨，彻底扭转了冬季大气污染的被动局面，是支撑本市实现蓝天碧水美好目标的“奠基石”。所有这些亮点必将对本市实现“进军省强市、全面达小康”宏伟目标产生积极而深远的影响。

一年来，我们不断加强和改进对人大、政协工作的领导，人大充分发挥重大事项决策权、监督权和人事任免权三项职能，在加快民主法治进程上迈出新步伐。人民政协致力于政治协商、民主监督和参政议政，有力促进了各项工作。宣传部门大力宣传中共十九大精神，继续弘扬社会主义核心价值观，成功创建了省级文明城，凝聚起了推动发展的正能量。政法部门主动担当，全力维护稳定，进一步优化发展环境，霍州交警大队被评为2017年度全省先进大队，临汾市仅此一家。统战部门全面加强宗教管理，积极联络民主人士，圆满完成民主党派换届工作，为巩固统一战线作出了新的贡献。人武部门认真落实规模结构和力量编成改革，深入推进军民融合发展，为地方经济发展作出了积极贡献。老干部、老促会、关工委、共青团、工会、科协和妇联等各项工作都取得了新的成绩。

这些成绩的取得，得益于临汾市委、市政府的正确领导；凝聚着全市30万干部群众的辛勤汗水；离不开各民主党派和社会各界的鼎力支持。

在总结成绩的同时，我们也要清醒地认识到，对照全市人民日益增长的美好生活需要，我们的工作还存在一些差距和不足：发展不平衡、不充分仍然是霍州当前最大的实际，经济总量不够大、质量不够高，结构性矛盾较为突出，制约可持续发展的问题还没有从根本上解决；资源枯竭城市转型步伐需要加快，充分发挥国家及省市政策效应还不明显，产业项目承接少，经济增长动力不强；脱贫攻坚任务艰巨，基础工作有待夯实，贫困人口持续增收乏力；民生领域还存在不少短板，社会事业欠账较多，与广大人民群众期待还有一定差距；安全生产、风险防范和社会治理等形势依然严峻，需要在标本兼治上持续发力。对于这些矛盾和问题，市委常委会必须高度重视，始终坚持问题导向，采取切实有效措施，在今后工作中认真加以解决。

二、2018年工作安排

2018年是贯彻中共十九大精神的开局之年，是改革开放40周年，是霍州完成脱贫攻坚任务的决胜之年，做好今年的工作意义重大。中共十九大为我们描绘了建设社会主义现代化强国的宏伟蓝图，中央经济工作会议提出以新发展理念为主要内容的习近平新时代中国特色社会主义经济思想，省委经济工作会议提出建设“示范区”“排头兵”“新高地”三大目标，临汾市委提出了“345”发展战略。我们霍州要立足发展大局，深化市情认识，把握发展机遇，顺应经济规律，推动全市经济转型取得新的成效。

2018年工作的总体要求是：全面贯彻中共十九大精神，以习近平新时代中国特色社会主义思想为指导，坚持稳中求进工作总基调，践行新发展理念，紧扣社会主要矛盾变化，按照高质量发展的要求，贯彻落实建设“示范区”“排头兵”“新高地”的战略部署，紧紧围绕“进军省强市、全面达小康，共建文明开放幸福美丽新霍州”总体目标，坚决打好防范化解重大风险、精准脱贫、污染防治三大攻坚战，牢牢扭住“一山一署一区一带”四大重点，充分发挥改革开放、三大战略、乡村振兴、全域旅游、幸福霍州、伟大工程的带动引领作用，努力走出一条质量更高、效益更好、结构更优的资源型城市转型发展新路。

概括起来，就是“1346”发展思路，即“咬定一个目标，实施三大攻坚，扭住四大重点，聚力六大引领”，增强发展信心，凝聚各方共识，把方方面面的积极性和创造力充分激发出来，促进全市经济社会持续健康发展。

（一）咬定一个目标　中共十九大宣告中国特色社会主义进入新时代，新时代寓意着新使命，必须要有新作为。我们要准确把握新时代的深刻内涵，清醒认识肩负的历史使命，把霍州的发展放到新时代这个定位中衡量，紧跟党中央两个阶段建成社会主义现代化强国的战略谋划，把新时代中国特色社会主义在霍州不断推向前进。市七次党代会提出的“进军省强市、全面达小康，共建文明开放幸福美丽新霍州”总体目标，完全符合中共十九大精神，顺应全市人民对美好生活的新需要，是两个阶段战略谋划在霍州的生动实践。我们要咬定目标不松劲，紧跟时代不停步，进一步抓重点、补短板、强弱项，以钉钉子精神、以绣花功夫把每一项工作都抓实抓好，确保霍州与全省全国同步小康、迈向现代化。

（二）实施三大攻坚　实施社会风险防范化解、精准脱贫、污染防治“三大攻坚”，是决胜全面小康必须补上的短板。我们务必把打好三大攻坚战摆在更加突出的位置，下大力气，克难攻坚，确保全面小康经得起人民群众和时间的检验。

1. 坚决打赢社会风险防范化解攻坚战。牢固树立“总体安全观”，切实强化风险意识、底线思维，有效防范安全生产、信访维稳、金融领域和社会稳定等方面的重大风险，坚决做到风险可控、底线不破和大局稳定。防范化解金融风险。金融领域风险点多面广，隐蔽性、突发性、传染性和危害性强。我们要加强源头管控，整治金融乱象，规范金融秩序，打击非法集资，做到早识别、早预警、早发现和早处置，既防“黑天鹅”，也防“灰犀牛”，让金融更好地为经济平稳健康发展保驾护航。防范化解安全生产风险。坚持“党政同责、一岗双责”，按照管行业必须管安全、管业务必须管安全、管生产经营必须管安全和谁主管谁负责的要求，压实党委政府的领导责任、行业部门的监管责任和生产企业的主体责任，尤其要做好霍煤集团移交本市的7座煤矿和475处的安全生产监管工作，有效杜绝重大安全事故的发生。防范化解社会稳定风险。必须树立“信访稳定无小事”、“信访稳定人人有责”的理念，严格执行“三三”信访工作机制，充分发挥市乡村三级矛盾纠纷调解中心作用，切实把问题解决在当地、把矛盾化解在内部、把隐患消除在萌芽状态。围绕创建全国平安县市，大力推进社会治安综合治理，深化“六六创安”活动，健全治安防控体系，实施“天眼”工程，依法严厉打击危害公共安全、影响正常工作秩序的各种违法犯罪行为，打造共建共治共享的社会治理格局，切实增强人民群众的安全感。

2. 坚决打赢精准脱贫攻坚战。脱贫攻坚已进入倒计时，决不能有丝毫犹豫懈怠，要以“打不赢脱贫攻坚战，就愧对父老乡亲”的理念，发起脱贫攻坚战的总攻。要落实精准方略。科学谋划部署今年的脱贫攻坚工作，牢牢把握“六个精准”和“五个一批”扶贫政策，统筹实施产业、生态、就业、教育、健康和金融等扶贫措施，对症下药、精准滴灌、靶向治疗，确保精准扶贫的各项举措全面落实、收到实效。要保证脱贫成色。加强对贫困对象的精准识别和动态调整，完善工作台账，规范档案管理，提高贫困人口的识别、退出准确率。有效落实健康扶贫“三个一批”和“五位一体”金融扶贫政策要求，更加扎实有效地把工作做精做细做实，年内完成全市所有贫困人口的脱贫摘帽，确保全面小康不落一人。要改进工作作风。脱贫攻坚领导小组要在督导检查、资金监管、问题整改等方面持续发力，确保每个部门都置身其中、发挥作用，每个工作队都真帮真扶、抓深抓实。脱贫攻坚三支队伍要提高认识、提升本领、改进作风、扑下身子，既要帮助贫困户真脱贫，又要与他们打成一片，赢得广大群众的好评与信赖。要深入开展扶贫领域专项治理，对存在的不正之风或腐败问题要严肃查处，对完不成任务或弄虚作假的要严肃问责，以责任追究倒逼责任落实。

3. 坚决打赢污染防治攻坚战。牢固树立社会主义生态文明观，全面完成中央、省市环保督察和环保约谈反馈问题整改任务，继续高标准推进“八大工程”，夺取生态环境治理攻坚战的全面胜利。强化工业污染治理，实施干河至白龙运煤走廊、辛置选煤厂运煤排矸系统和兆光电厂煤场封闭等项目，深化重点领域、重点行业、重点企业污染治理，划清底线、严格标准、提高门槛，加快建立“散乱污”企业和落后产能退出机制，推进“铁腕治污”常态化。强化生态修复治理，大规模开展绿化造林，切实抓好采煤沉陷区、采空区、矸石山、水土流失区和粉煤灰填埋场等生态修复治理工程。全面推行“河长制”，落实属地责任，健全工作机制，保护好霍州每一条河流。强化大气污染防治，研究制定蓝天保卫战工作方案，继续推进热电联产集中供热和天然气扩户工程，严控煤烟污染、秸秆焚烧、二次扬尘和机动车尾气等污染源，大幅增加一级天数，持续改善空气质量。强化生态文明机制建设，严格执行“党政同责、一岗双责、部门履职、失职追责”制度，健全政府引导、市场响应、公众参与、企业自觉、协调联动的长效推进机制，完善市、乡、村三级网络监管体系，健全生态文明考核和责任追究机制，用制度守护好霍州的“绿水青山”。

（三）扭住四大重点　优美的霍山风光、独特的官衙文化、雄厚的煤电工业、难得的政策机遇和丰富的地表水系，仍是我们霍州发展的最大优势。山西省委、省政府把今年确定为“转型项目建设年”，我们要借势发力、大上项目，以“一山一署一区一带”为平台，开创霍州转型跨越的新局面。

“一山”，即：进一步做强做优中镇霍山旅游品牌，把七里峪、陶唐峪、油盆峪、悬泉山等景区景点的深度开发纳入“夏养山西”康养旅游体系，按照政府引导、市场运作、多元投入、企业经营的发展理念，依托旅游发展基金和各种融资平台，破解发展瓶颈，加快开发步伐。七里峪景区要全力推进镇山博物馆、景区中心广场、千年古村落开发、红色军工记忆、旅游通道、污水处理和景区公厕等项目建设，创建 AAAA 景区。陶唐峪景区要建设旅游步道、景区公厕、栈道修复等项目，启动山下“江南水乡”实景项目建设。油盆峪、悬泉山要围绕航训基地、徒步基地，寻找合作伙伴，加快开发建设，同时要积极筹划霍山“景景通”的旅游公路建设。

“一署”，即：进一步保护开发好霍州署这座建筑瑰宝，积极筹措资金，及早恢复整体风貌。在其周边配套实施老城区背巷小街仿古改造，打造集历史人文、廉洁教育、非遗演绎、民间工艺、特色小吃和民居民宿等为一体的传统历史街区，不断提升景区功能，创建AAAA景区。同时，要加快娲皇庙、千佛崖、观音庙、宋代瓷窑和朱家大院等一批景点的开发建设，搞好霍州署、娲皇庙的美化亮化，使各类古建再现原貌、相得益彰，成为本市旅游经济的增长点。

“一区”，即：加快省级经济技术开发区建设，按照“三化三制”的要求，健全机构、配强力量、搭好平台。根据“一园一港”的总体布局和“1＋3＋1”的产业体系，配套完善水、电、路、气、网等基础设施，尽快实现“九通一平”。加大招商引资和项目落地，着力打造本市经济发展的最大增长极，力争早日建成省级一流的经济技术开发区。今后凡是本市招商引资的新产业项目都要入驻开发区。

“一带”，即：汾河流域生态治理示范带，重点实施汾河、南涧河、对竹河生态治理，完成汾河沿线荒山植被恢复、土壤污染防治等工程，实施南涧河湿地公园、汾河走廊景观绿化等项目，把汾河、南涧河流域打造成为环绕本市的绿色带、生态带、观光带和经济带，不断提升全市生态环境质量，建设蓝天碧水新霍州。

（四）聚力六大引领　面对经济社会新常态，全市上下要突出重点、稳中求进，聚力“六大引领”，促进党的建设和经济社会发展各项任务协调推进，高标准完成。

1. 以改革开放为引领，激活创新发展新动能。今年是改革开放40周年，我们要坚决贯彻中央、省市的统一部署，扎实抓好重点领域和关键环节的改革，向改革要红利，以开放促发展。要突出供给侧结构性改革，推进投融资、金融、财税、政务服务和综合行政执法等重点改革，全面对接落实国发42号文件和晋发49号文件精神，确保各项改革高质量落地。要进一步鼓励、支持、引导民营经济健康发展，深入贯彻全省企业家大会精神，高度重视企业家工作，着力构建“亲”“清”新型政商关系。要加快建设诚信政府、打造信用企业、培育守信市民，努力营造“六最”营商环境。要科学谋划对外开放布局，充分发挥本市生态、资源、交通和人文的独特优势，主动融入“一带一路”、京津冀、环渤海、黄河金三角等国家和区域重大战略，务实推进霍州与杭州、深圳等沿海发达地区的交流合作，不断提升经济发展外向度。要持续加大招商引资力度，突出专业招商、园区招商、感情招商和全民招商，引进一批仓储物流、加工服务、精细化工等新产业项目，全面提高招商引资工作的成功率和落地率。要实施创新驱动发展，牢牢把握创新驱动发展大势，不断推进理念创新、技术创新、工艺创新，努力在创新主体培育、创新平台建设、创新人才集聚上实现新突破，大力弘扬“工匠精神”，建设“双创”示范基地，让创新成为转型发展的新动能。

2. 以三大战略为引领，培育经济增长新引擎。要始终坚持发展第一要务，按照建设现代化经济体系的要求，继续实施传统产业升级战略、新兴产业引领战略、产业园区驱动战略，打造具有霍州特色的新型工业体系。一是推进传统产业升级战略。坚定不移地推动传统产业品牌化、规范化、国际化，继续支持霍煤集团发挥龙头老大的作用，在新能源、装备制造、3D打印等新产业领域上大项目、主动转型。支持国电、兆光加快产业链的深度开发，充分利用粉煤灰、热源等优势发展新型、清洁、绿色产业，把本市的能源优势、电力优势，转化为经济发展的强大优势。二是推进新兴产业引领战略。抓住发达地区产业转移的战略机遇，积极引进一批新型产业项目，重点加快推进新能源汽车制造项目和华得宇光伏发电项目投产获益、规模发展，带动产业集群。积极推进已签约的温州申欧新能源汽车、北京网库集团、浙商文创园等项目落地开工。对装备制造、生物及医药健康、光电信息、新材料、大数据等新型产业给予优惠、优先落地。三是推进产业园区驱动战略，利用好经济技术开发区的集聚效应和政策优势，吸纳一批新项目、大项目、好项目落地生根，真正使开发区成为对外开放的窗口、吸引投资的洼地、项目建设的热土、企业孵化的摇篮、财税增收的源泉和经济发展的引擎。

3. 以乡村振兴为引领，建设美丽宜居新家园。乡村振兴战略是新时代做好“三农”工作的总抓手。要按照“产业兴旺、生态宜居、乡风文明、治理有效、生活富裕”的总要求，把农业农村放在优先发展的位置，促进城乡融合新发展，建设美丽宜居新家园。大力发展特色现代农业。扎实推进农业供给侧结构性改革，全力扶持无公害蔬菜、特色经济林、规模养殖、精品小杂粮等传统产业向现代农业迈进，加快实施文冠果、油用牡丹和中药材种植等特色产业项目，挖掘产业潜力，形成规模优势。推进“互联网＋现代农业”，集中培育一批年馍生产、豆腐加工、枣夹核桃等农产品加工龙头企业，推出一批具有较高知名度和市场占有率的优质品牌。激发农业农村改革创新活力。推进农村集体产权制度改革、土地“三权分置”和农村“三块地”改革，加快土地流转，发展适度规模经营，增加农民财产性收入。推动农村金融体制创新，丰富农村金融产品体系，不断降低农民融资成本。积极推动城乡深度融合。推动城市基础设施、公共服务向乡村延伸，促进教育、文化、卫生等优质资源向农村覆盖。抓好农村垃圾、污水、“四堆”和沉陷区治理，实施村村通、户户通、饮水安全、农村电气化和宽带普及化等工程，大力推进“厕所革命”，提升农村居民生活质量。加快建设“美丽乡村”，科学编制乡村规划，优先打造下马洼、许村、贾村、龙泉村和石鼻村等一批宜居宜业宜游的特色小镇和美丽乡村。强化农业农村基础保障，发挥基层党组织的领导核心作用，进一步健全自治、法治、德治相结合的乡村治理体系，打造一支懂农业、爱农村、爱农民的农村干部队伍和农业科技队伍。积极培育和践行社会主义核心价值观，唱响主旋律、形成新风尚，引导群众改变陋习、移风易俗、更新观念，凝聚积极向上的正能量。

4. 以全域旅游为引领，打造文旅融合新高地。按照创建国家级全域旅游示范市目标，抓住临汾市承办全省旅游发展大会的机遇，推动霍州旅游高质量发展。一是深化旅游体制机制改革。适应“大旅游”发展趋势，完成旅游局向旅发委的升格，整合现有资源，形成工作合力，助推本市旅游业创新发展。要依托文化旅游发展有限公司，继续引入战略合作者，加快股权改组，加大融资力度，力争在2—3年内建成现代化文旅产业集团，尽快实现对景区建设的实质性投入，推动旅游向全区域、全要素、全产业链发展。二是促进文旅深度融合发展。深入挖掘镇山文化、官衙文化、廉政文化、民俗文化等元素，整合本市民间工艺、特色小吃、非遗产品，在特色小镇、文化街区、美丽乡村进行集中展示，努力将文化资源优势转化为旅游实体经济，促进文化旅游产业与生态建设、项目建设、城市建设的深度融合。下大力气开发和包装一批诸如食品、剪纸、编织、刺绣和霍窑瓷器等民俗旅游产品，创作和推出更具特色的历史剧目，做大做强威风锣鼓品牌，以此提升霍州的知名度，推动全域旅游出精品、有特色、上档次。三是大力发展商贸服务业。培育一批服务本市、辐射周边的现代商贸物流企业，加快州署文化产业园、鼓楼商业区、南环路农贸市场和联源现代物流等商业网点提档升级，多点打造购物、餐饮、娱乐和住宿于一体的特色商业综合体，提升霍州旅游的承载力和融合度。

5. 以幸福霍州为引领，满足美好生活新需求。紧扣新时代社会主要矛盾的变化，始终把增进民生福祉作为一切工作的出发点和落脚点，努力让改革发展成果更多地惠及人民群众。要建设宜居宜业城市。以“五城联创”为统领，进一步在规划、建设、管理、运营等重点环节上求突破，不断提高城乡环境质量和人民群众生活质量。加快基础设施建设，实施火车站广场、全民健身中心、城市亮化美化等工程，打造设施齐全、功能完善、环境优美和特色鲜明的智慧城市、海绵城市。加强道路建设，实施经十路、经二路北段、纬一路大张段、南通街道路、永安大街人行道、窄路基路面拓宽工程和县乡村道安全生命防护工程，构建安全畅通的交通网络。要提高公共服务品质。统筹推进教育、医疗、就业和社保等各项社会事业。办好人民满意的教育，推进城乡义务教育一体化发展，着力解决好“择校热”问题，实施教育提质工程，大力培养名师、名校、名校长。持续深化医药卫生体制改革，加快新医院、疾控中心、中医院配套等工程，有效缓解群众“看病难、看病贵”问题。进一步完善就业服务和援助体系，定期举办大型招聘活动，扎实做好高校毕业生、城镇就业困难人员、农村转移劳动力和失地农民等群体就业工作。加大小额贷款扶持力度，搭建信息平台，鼓励支持全民创业和自主就业。完成职业中学和技工学校设施配套，坚持以创业促就业，扩大职业技能免费培训的覆盖面，2018 年全年培训达到 1 万人次以上。不断健全社会保障体系，进一步提高城乡养老、医疗、失业、工伤等社会保险的覆盖面和保障标准，做到应保尽保。完善社会救助，有效落实“救急难”制度，稳步实施低保线、贫困线“两线合一”工作。要解决民生热点难点。突出群众关切，回应群众期盼，把群众身边的小事当作党委政府的大事来抓，进一步加大民生实事落实力度，着力畅通沟通机制和解决渠道，全力抓好保障性住房、交通出行、食品安全和空气污染等群众关心关注的重点问题，使人民群众更有获得感、幸福感、安全感。

6. 以伟大工程为引领，开创从严治党新局面。党政军民学，东西南北中，党是领导一切的。要全面落实新时代党的建设总要求，坚持和加强党的全面领导，坚持党要管党、全面从严治党，深入推进党的建设新的伟大工程。要始终把党的政治建设摆在首位。党的政治建设是根本性建设，决定党的建设方向和效果。要树牢“四个意识”，坚定“四个自信”，坚决维护以习近平同志为核心的党中央权威和集中统一领导。严守党的政治纪律和政治规矩，坚决维护和尊崇党章，认真贯彻落实《准则》《条例》，不断提高政治觉悟和政治能力，营造风清气正的政治生态。要打牢党的建设的思想根基。理想信念动摇是最危险的动摇。要强化思想理论武装，认真贯彻落实中共十九大精神，深入理解和把握习近平新时代中国特色社会主义思想的科学体系、精神实质、实践要求，扎实推进“两学一做”学习教育常态化制度化，组织好即将开展的“不忘初心、牢记使命”主题教育，动员全市党员干部更加自觉地为实现全面建成小康社会努力奋斗。要建设高素质专业化干部队伍。政治路线确定之后，干部就是决定因素。要全面贯彻习近平新时代中国特色社会主义思想对干部队伍建设提出的新要求，注重从政治忠诚、政治定力、政治担当、政治能力和政治自律五个方面“看干部”。坚持凭能力用干部，以实绩论英雄，完善考核评价机制，建立激励机制和容错纠错机制，全面提升干部增强学习、政治领导、改革创新、科学发展、依法执政、群众工作、狠抓落实、驾驭风险“八个本领”，最大限度地调动干部干事创业的热情和激情。要深入实施人才强市战略，实行更加积极有效的人才政策，努力把各方面优秀人才聚集到转型发展上来。要扎实做好抓基层打基础工作。基础不牢，地动山摇，党的全部战斗力的基础在基层。要加强“三基建设”，围绕3大部分20条100项具体任务，挂图作战、责任到人，力促“三基建设”再上新台阶。开展新任农村“两委”班子集中轮训，打造一批基层党建工作示范乡镇和示范村。继续推进社区活动场所提档升级，全市18个社区活动场所面积全部达到500平方米以上，部分达1000平方米以上。继续深化市直机关“双亮双评双考”活动，切实抓好国有企业党建40项重点任务跟踪落实，巩固完善非公和社会组织党建“规范建设年”成果，力争把基层党组织建设成为宣传党的主张、贯彻党的决定、领导基层治理、团结动员群众和推动改革发展的坚强战斗堡垒。要密切党同人民群众的血肉联系。作风建设永远在路上，必须持续用力、久久为功。要继续深入开展干部“履职担当亮相”活动，在岗位责任清单的制定、公示、督查和考核上进行总结完善，倒逼干部干事创业、狠抓落实。深入贯彻落实中央八项规定实施细则，扎实开展“对照‘十问’纠正‘四风’”专项整治活动，关注“四风”问题新表现新动向，在反对形式主义、官僚主义上下更大功夫，对表态多调门高、行动少落实差的严肃问责，锲而不舍抓好作风建设。用好监督执纪“四种形态”，开展经常性、针对性、主动性的纪律教育，让党员干部习惯在受监督和约束的环境中工作生活，切实以优良的党风政风带动全社会风气根本好转。要保持惩治腐败高压态势。惩治腐败一刻也不能放松。要坚持无禁区、全覆盖、零容忍，重遏制、强高压、长震慑，继续深化监察体制改革，完善巡察制度，全面落实市纪委监委派驻机构全覆盖工作，坚持受贿行贿一起查，以最坚决的态度减少存量，以最果断的措施遏制增量，不断巩固和拓展本市反腐败斗争压倒性态势。要严肃查处群众身边的腐败问题，坚持“一案三查”，以“违规违纪之事”倒查“管人管事之人”，进一步强化不敢腐的震慑，扎牢不能腐的笼子，增强不想腐的自觉。要通过对典型腐败案件的通报曝光，释放越往后执纪越严的强烈信号，不断取得实实在在的反腐败成效。

进一步加强和改进对人大、政府、政协工作的领导，认真做好宣传、政法、统战、党校、人武等方面的工作，充分发挥好工青妇、科协、老干部、老促会、关工委等群团组织作用。宣传工作要抓好中共十九大精神的深入学习贯彻，在学懂、弄通、做实上下功夫，加强舆论引导监督，营造转型发展的浓厚氛围。政法工作要服从服务于全市发展大局，推进依法治市，发挥保驾护航作用。统战工作要重点做好党派和宗教工作，不断巩固爱国统一战线，为经济社会发展凝聚最广泛的力量。人武工作要围绕改革落地，强化党管武装，深入推进军民融合发展，加强国防动员力量建设，继续保持全省先进。

新时代承载新梦想，新使命开启新征程。让我们全市上下高举习近平新时代中国特色社会主义思想伟大旗帜，不忘初心、牢记使命，忠诚担当、发奋图强，决胜全面建成小康社会，全力谱写霍州新时代的崭新篇章！

霍州市人民代表大会常务委员会工作报告

——2018 年 4 月 10 日在霍州市第七届人民代表大会第三次会议上

霍州市人大常委会主任　陈占平

过去一年的工作回顾

2017 年，是中共十九大胜利召开之年，是本市发展动能加速转换、民生福祉持续改善的重要一年，也是人大事业发展迈出坚实步伐、各项工作取得明显成效的关键一年。一年来，在市委的坚强领导下，市人大常委会认真贯彻落实中共十八大、十八届三中、四中、五中、六中全会以及习总书记视察山西重要讲话和中共十九大精神，以习近平新时代中国特色社会主义思想为指导，紧密结合“讲政治、知敬畏、守规矩”专项治理活动、推进“两学一做”学习教育常态化制度化和“维护核心见诸行动”主题教育活动，秉持“以民为本、依法履职、务实创新、服务发展”的工作理念，锐意进取，扎实工作，为推动全市经济社会发展和民主法治建设进程做出了积极贡献。

一、坚持党的领导与服务大局相结合，始终保持正确方向

常委会自觉把党的领导贯彻于人大工作全过程，提高政治站位，增强政治能力，确保各项工作与市委决策部署相适应、相协调、相促进。

主动接受市委领导。牢固树立政治意识、大局意识、核心意识、看齐意识，切实把思想和行动统一到市委的决策部署上，紧紧围绕全市大局来谋划和开展工作。坚持把贯彻市委意图与充分发扬民主、严格依法办事有机结合，确保市委主张通过法定程序转化为全市人民的共同意志和自觉行动。突出党的领导地位，做到重大事项、重要工作及时向市委请示报告，市委交办的任务高质高效完成，始终保持人大工作与市委中心工作同心同向同力。

认真做好人事任免。坚持党管干部与人大任免相结合，确保市委人事安排意图顺利实现。严格执行任前法律考试、供职报告、审议表决等制度，依法行使人事任免权。认真落实宪法宣誓制度，组织被选举任命人员在就职前进行宪法宣誓，彰显了宪法权威，增强了宣誓人员的法治意识、责任意识、公仆意识。

依法作出决议决定。完善重大事项议案提出、审查、调研、审议、表决等程序，做到了决定过程民主公正、严谨透明，决定内容符合实际、切实可行。分别作出了《关于全民健身中心 PPP 项目财政支出责任纳入本级财政预算及中长期财政规划的决议》、《关于批准市政府使用财政预算资金支付霍东新区供水工程等五个项目有关资金的决议》等 6 项决议，做到了既及时策应市委决策，又积极回应群众关切。

二、坚持推动发展与依法治市相衔接，持续增强监督实效

常委会紧紧围绕经济社会发展中的重点问题和人民群众反映集中的热点问题，综合采取多种方式，加大监督力度，提高工作水平。全年共听取审议“一府两院”专项工作报告 15 项，开展执法检查、视察调研活动 8 次。

着力推动民生事业改善。保障和改善民生是人大工作的永恒主题。常委会从人民群众最关心、最直接、最现实的利益问题入手，依法履职，扎实工作，努力做到民有所呼、我有所应，民有所盼、我有所为。为更好满足人民群众多样化的文化需求，组织开展对全市文化产业发展情况的调研活动，要求市政府在丰富活动载体、强化基层基础、创新产业产品等五方面加强工作，挖掘整合优势文化资源，着力提升霍州文化的品牌效应，全面推进文化强市建设。脱贫攻坚工作事关贫困群众切身利益和全面建成小康社会目标的实现，常委会听取审议《关于精准扶贫工作情况的报告》，提出加大宣传力度、创新工作机制、强化队伍建设等审议意见，助推了脱贫攻坚工作。同时，健全完善《市人大常委会关于建立联系和指导市乡两级人大代表活动小组开展履职活动制度》，结合山西省“万名干部大调研”活动，主任会议成员分别组织带领代表积极深入乡（镇）街道办、基层农村、个别贫困户家中视察调研，帮扶指导，提出意见建议 10 余条，推动了工作落实。

着力推动生态环境整治。环境是最优质的资源，生态是最宝贵的财富。常委会听取审议市政府《关于 2017 年度环境现状及环境目标任务完成情况的报告》，督促市政府在构建治理体系、实施防治行动、加快综合治理等方面加大力度，推动全市生态环境质量持续改善。同时，认真落实市委决策部署，助推“五城联创”，按照职责分工，每名副主任带领相关单位工作人员积极参加全市城乡环境集中整治行动督查工作，一批群众关心的难点、热点问题得到较好解决，受到社会各界的普遍好评。

着力推动法治霍州建设。充分发挥人大常委会在普法教育和依法治理方面的监督促进作用，听取审议《六五普法工作暨七五普法规划情况的报告》，要求市政府在“七五”普法工作中要在转变工作理念、强化组织领导、创新方式方法等六个方面下功夫，大力营造尊法学法守法用法的良好氛围。听取审议市人民法院《关于量刑规范化工作情况的报告》，提出要在加强组织协调、注重教育培训等方面加大力度，提升司法权威和公信力，努力让人民群众在每一个司法案件中都感受到公平正义。听取审议市人民检察院《关于法律监督情况的报告》，提出要在明确法律监督方向、提高法律监督水平等方面继续努力，规范司法行为，维护司法公正。开展《社会治安处罚法》执法检查，督促市政府及公安部门从加强社会防控体系建设、提高队伍整体办案水平等五方面继续努力，着力打造一支政治坚定、业务精通、作风优良、执法公正的干警队伍。依法对《霍州市市直机关政府购买服务实施办法》进行备案审查，从源头上预防违法行政行为的发生。对《种子法》《计量法》等执行情况进行执法检查，推动了法律法规的正确实施。认真做好人大信访工作，全年共接待来访群众52人次，结转案件9件，为维护全市和谐稳定发挥了积极作用。

三、坚持优化服务与保障履职相协调，充分发挥代表作用

常委会始终坚持突出代表主体地位，改进代表工作方式，完善代表服务机制，搭建代表履职平台，有效发挥了代表服务改革发展、推进民主法治的作用。

加强意见建议办理。将市七届人大二次会议收集的48件代表意见建议，实行分门别类的区别化梳理，确定6类8件重点建议为督办对象，通过专题汇报、实地检查等方式加强跟踪了解，掌握进展实际，并在常委会上对办理情况进行满意度测评，采取现场公布结果和新闻媒体刊发的形式进行监督，既调动了承办单位的工作积极性，又增强了代表的主体活力，推动了一批社会关注的热点难点焦点问题的解决。

提升代表能力水平。组织市人大常委会委员、各乡镇（街道办）人大主席（工委主任）分期分批到全国人大深圳培训基地进行人大业务知识专题学习，促使参训的委员和基层人大负责人丰富专业知识，提高履职能力。通过订阅《人民代表报》、刊发《常委会会刊》、建立人大代表活动微信交流群等方式，加强对人大工作基本知识和法律法规的系统学习，促使代表不断适应新形势、承担新任务、符合新要求。举办全市省、市、县、乡四级人大代表中共十九大精神专题培训会，促使代表深刻学习和领会习近平新时代中国特色社会主义思想的精神实质和实践要求，做到思想上高度认同，政治上坚决维护，行动上紧紧跟随。

创新履职活动方式。围绕PPP项目审议、部门预算审查、特色小镇打造、古村落和历史文化古迹保护等工作，组织人大常委会委员深入湖北、四川、安徽等中西部省份学习调研成功做法和有益经验，提出各类意见建议20余条，形成高质量调研报告2篇，为市委决策部署提供了重要参考；成立临汾市霍州籍人大代表活动小组，组织调研全市教育工作，了解实际情况，提出意见建议。

四、坚持理论武装与能力提升相促进，不断夯实工作基础

常委会不断加强队伍、制度、作风建设，努力打造全面担负起宪法法律赋予各项职责的工作机关、同人民群众保持密切联系的代表机关、有为有位有威的地方国家权力机关。

从严从实抓好队伍建设。人大机关认真贯彻《关于新形势下党内政治生活的若干准则》、《中国共产党纪律处分条例》等党规党纪，通过“三会一课”制度，主题党日活动、每周例会等形式，先后召开40余次集体学习，强化习近平新时代中国特色社会主义思想引领，用严格的党内政治生活规范和引导党员干部的日常行为，营造了守纪律、讲规矩、重协作的良好氛围。同时，全面落实省委关于加强县乡人大工作和建设的重大部署要求，加大对乡镇（街道办）人大工作指导力度，完善了工作制度，充实了专职人员，有力增强了队伍建设，推动了基层人大工作的创新发展。

立足长效加强制度建设。坚持用制度的形式巩固学习教育的成果，不断健全议事程序和工作流程，先后制定出台了《市人大常委会关于进一步加强自身建设的意见》、《市人大常委会关于进一步提高常委会会议质量的意见》、《市人大常委会讨论决定重大事项实施细则》等10余项制度，促进了各项工作的制度化、长效化、规范化。同时，围绕“三基建设”工作，健全完善了《机关公文处理规定》、《机关工作人员守则》、《办公室岗位职责》等日常工作、应急值班、后勤管理20余项制度，增强了干部职工的遵纪守规意识，巩固了靠制度办文、办会、办事，用制度管人、管事、管物的良好局面。

持之以恒推进作风建设。坚决扛起全面从严治党主体责任，按时制定和及时完善领导班子和党组成员党风廉政建设责任清单，主动履行“一岗双责”，全面贯彻中央八项规定新要求，通过廉政座谈、工作约谈、个别谈话的方式，时常进行扯袖提醒、批评教育，把压力和责任层层传导，形成了人人有责、人人负责、齐抓共管的良好格局。全年围绕节假日活动、职务消费、外出学习培训等事宜集体约谈2次、书面约谈13人、签订廉政保证书7份。党员干部的党性观念、群众观点和严实作风不断加强。

过去一年，市人大常委会牢记人民重托，依法行使职权，各方面工作都取得了新进展、新成效，实现了预期目标。这些成绩的取得，是在市委正确领导下，全市人大代表共同努力的结果，是全体常委会组成人员、各工委负责人和机关工作人员辛勤工作的结果，是市政府、市监察委、市人民法院、市人民检察院积极配合和本市选出的临汾市人大代表、基层人大大力支持的结果，是全市人民和社会各界积极参与、热情帮助的结果。在此，我代表市人大常委会，向长期以来关心、支持人大工作的同志和各界朋友，表示崇高的敬意和衷心的感谢！

成绩来之不易，经验弥足珍贵。一年来的履职实践，我们深切体会到，做好新形势下人大工作，要做到“四个始终注重”：

人大工作要始终注重党的领导、把准方向。要旗帜鲜明讲政治，把坚持党的领导贯穿于人大及其常委会依法履职的全过程，严守党的政治纪律和政治规矩，自觉在大局下把准方向，主动在大局中有所作为，在贯彻落实市委重大决策部署上聚焦发力，时时处处维护市委总揽全局、协调各方的领导地位，坚决完成好市委交给的各项任务。

监督工作要始终注重服务大局、增强实效。要紧紧围绕市委确定的各项目标任务，紧扣影响本市改革发展、产业转型、脱贫攻坚、环境整治、法律法规实施等方面的突出问题，找准履行监督职能与服务中心工作的切入点、着力点、结合点，锲而不舍、积极作为，善作善成、确保实效。

代表工作要始终注重为民履职、激发活力。要改进代表工作，加强教育培训，创新履职方式，丰富活动内容，不断强化代表为民依法履职意识，努力提高代表为群众代言、为人民履职、为百姓排忧的能力和水平，激励代表在推动全市跨越发展中建功立业。

自身建设要始终注重从严要求、提升水平。要坚持每周集体学习制度和常委会会前学习制度，加强政治理论、法律法规和业务知识的学习培训，不断提高常委会组成人员和机关工作人员的政治素质和履职能力，着力建设学习型集体和学习型机关，更快、更好地适应新时代民主政治建设和经济社会发展的要求，使人大工作永葆创新发展的生机活力。

在总结成绩的同时，认真审视工作中的不足，我们也清醒地看到，常委会工作同党的要求和人民群众的期望还有一定差距和不足：监督工作的针对性和实效性有待进一步增强，讨论决定重大事项仍需规范完善，代表工作和常委会自身建设还应不断加强等等。对这些问题和不足，需要在今后的工作中认真研究，切实解决，更好地提高人大工作水平。

2018 年的主要工作任务

2018 年是贯彻落实中共十九大精神的开局之年，是改革开放 40 周年，也是决胜全面建成小康社会、实施“十三五”规划承上启下的关键之年。2018 年市人大常委会工作的总体要求是：坚持以习近平新时代中国特色社会主义思想为指引，在市委的正确领导下，全面落实中共十九大、十三届全国人大一次会议精神，紧紧围绕市委七届四次全委会确定的“1346”发展思路和市委经济工作会议部署，紧扣产业转型“三大升级”、环境创优“五大攻坚”、社会服务水平“五大提升”，认真履行宪法法律赋予的职责，扎实做好监督、重大事项决定、人事任免、服务代表等各项工作，不断加强自身建设，全面提高履职水平，以新理念开创新境界，以新状态推动新发展，以新作为展示新形象，为实现“进军省强市、全面达小康，共建文明开放幸福美丽新霍州”贡献力量。

一、立足新时代，在增强监督实效上实现新提升

人大监督是代表人民进行的具有最高法律效力的监督。认真贯彻稳中求进总基调，始终坚持新发展理念，实施正确监督、有效监督，不断提高监督工作的质量和水平。围绕资源枯竭城市转型发展，加强对经济技术开发区建设、招商引资、重点项目推进等方面的监督，推动经济发展新动能持续成长。围绕促进全域旅游、美丽乡村建设等情况进行监督，听取审议市政府在“一园五基地”建设、农村集体产权制度改革等方面的报告，推动乡村振兴战略深入推进。围绕新《预算法》实施和重大资金使用情况，加强计划和预决算审查监督，听取审议市政府关于年度预算执行、调整、决算、审计及审计查出问题整改情况等方面的报告，积极推进预算联网监督工作，发挥公共财政对经济社会发展的保障和促进作用。围绕法治霍州建设，听取审议市政府关于在全市“扫黑除恶”、市法院关于民事执行、市检察院在公益诉讼等方面的专项报告，开展行政诉讼法执法检查和监外执行人员社区矫正工作的调研，促进“一府两院”依法行政、公正司法。同时，深化对人大监督工作规律的认识和把握，改进和完善“年初建账”“年中查账”“年末交账”的监督、意见建议办理和专项工作报告满意度测评的常态化机制，切实增强工作效能。

二、着眼新矛盾，在推进民生改善上展现新作为

以人民为中心，是中共十九大报告明确的新时代坚持和发展中国特色社会主义的基本方略。坚持把人民对美好生活的向往作为奋斗目标，始终把解决好人民群众最关心、最直接、最现实的利益问题作为工作的出发点和落脚点，综合运用多种方式开展监督、跟踪问效，督促市政府坚持在发展中保障和改善民生，推动食品安全、社会救助、城市建设等工作不断取得新成效，努力让人民群众的获得感、幸福感、安全感更加充实、更有保障、更可持续。针对本市幼儿园分布不均衡、办园条件较差等现状，积极组织开展专题调研活动，督促市政府关心关注幼儿的成长教育环境，推动全市学前教育朝着科学规范的方向健康发展。针对本市脱贫攻坚在产业扶贫、审议意见整改等方面的进展实际，持续开展听取专项报告、视察调研等工作，推进如期完成目标任务。针对本市生态环境治理工作基础较差、历史欠账多等方面的实际情况，听取审议市政府关于水资源保护、生态治理、城乡环境整治、年度环境状况及环境目标完成情况等工作报告，积极配合“三晋环保行”和“平阳环保行”开展工作，全面落实“绿水青山就是金山银山”的理念，持续传导环境保护压力，推动改善生态环境总体质量，谱写好美丽中国的霍州篇章。

三、深化新实践，在谋划代表工作上落实新举措

人大代表在经济社会发展大局中发挥着日益重要、不可替代的作用。坚持抓提升、抓履职、抓作风、抓保障，不断加强和改进代表工作。强化代表的政治意识，人大代表要积极学习践行十九大精神和习近平新时代中国特色社会主义思想，坚持正确的政治立场、政治方向和政治观点，拥护核心，维护中央权威，始终与党中央保持高度一致；强化代表的民本意识，人大代表要牢记代表来自于人民，树立以人民为中心和履职为民的思想，对人民负责、受人民监督、为人民代言，忠实代表和反映广大人民群众意愿；强化代表的职务意识，深入开展“两情系、四争做”代表主题实践活动和评选“优秀议案建议”、“优秀履职代表”活动，在活动中体现代表价值，在活动中展现代表风采，确保代表工作与新时代主旋律同频共振；强化代表的责任意识，要求人大代表经常深入一线、深入基层，深入群众，及时把市委的决策部署宣传贯彻下去，把基层和群众的呼声反映上来，以求真务实的作风保障履职成效，为各项事业发展和民主法治建设建言献策；强化代表的法治意识，人大代表要牢固树立“法律至上”的观念，自觉维护宪法和法律的权威，切实做到学法、懂法、守法、用法；强化代表的进取意识，加强意见建议的跟踪问效，督促“一府两院”认真办理代表意见建议，实现办成率和满意率的“双提高”，不断激发履职的积极性和创造性，使广大代表始终保持积极向上的精神状态，主动作为，敢于担当，为全市改革发展稳定作出新的贡献。

四、聚焦新思想，在加强自身建设上展示新风貌

认真贯彻中共十九大提出的“既要政治过硬，也要本领高强”的要求，以党的建设为统领，全面加强自身建设，不断提高工作水平。坚持以学习强素质，以制度促规范，以创新提效能，提升依法履职能力。注重思想建设，深入贯彻中共十九大精神，密切联系实际，认真开展“不忘初心、牢记使命”主题教育，强化“四个意识”，坚定“四个自信”，坚决维护习总书记的核心地位和领袖权威。注重能力建设，以“三基建设”为抓手，围绕人大工作的业务知识、改革举措，聚焦全市经济社会发展中的重点、难点问题，深入基层，积极调研，促进学习锻炼与效能提升相结合，进一步提高人大机关参谋服务水平。注重制度建设，完善常委会会议、主任会议、专门委员会会议议事决策规则和工作程序，提高审议质量，推进科学决策、民主决策、依法决策。注重廉政建设，认真履行常委会党组管党治党主体责任，落实党风廉政建设责任制，强化日常管理，压实工作责任，使党员干部自觉遵纪守法，切实做到廉洁从政。注重作风建设，持之以恒反对“四风”，严格执行中央八项规定及其实施细则，严守会议和工作纪律，自觉接受各方面监督，推动作风建设取得更大成效。同时，加强对外交流，积极组织开展学习考察活动，借鉴先进经验，推动工作创新。加强工作指导，自觉接受上级人大指导，重视加强对乡镇（街道办）人大工作的支持和协调，形成人大系统整体合力。加强人大宣传，拓展广度深度，充分展示代表新风采，广泛传播人大好声音，不断增强全社会对人大工作的关心和支持力度。

新思想新使命鼓舞人心，新目标新要求催人奋进。站在新起点，时代赋予我们新任务，人民寄予我们新期盼。让我们在市委的坚强领导下，始终坚持党的领导、充分发扬民主和严格依法治国有机统一，矢志不渝不忘初心、开拓创新继往开来、务实担当砥砺前行，奋力谱写新时代人大工作新篇章，为“进军省强市、全面达小康，共建文明开放幸福美丽新霍州”做出新的更大贡献！

坚定信心　破浪前行　全面开辟新时代霍州转型发展新局面

——2018年2月2日在市委经济工作会议上的讲话

霍州市市长　黄晓君

一、肯定成绩，认清形势，牢固树立转型发展的信心和决心

2017年，是霍州市发展史上不平凡的一年，也是30万干部群众攻坚克难、奋力前行的一年，更是我们收获喜悦，信心倍增的一年。一年来，全市上下在市委的坚强领导下，认真贯彻落实习总书记系列重要讲话精神和治国理政新理念、新思想、新战略，紧紧围绕市七届二次全委会确定的目标，创新实干、砥砺奋进，圆满完成了全年经济社会发展各项任务，经济社会呈现出稳中有进、稳中向好的发展态势。

发展质量进一步提升，经济增长更加稳固。我们紧抓转型发展不放松，不断深化供给侧结构性改革，克服了一系列不利因素，解决了一系列发展难题，各项经济指标呈现出较为明显的转折性、标志性变化。2017年，全市生产总值完成78.2亿元，同比增长7.4%；工业增加值完成39.9亿元，同比增长6.5%；固定资产投资完成39.9亿元；社会消费品零售总额完成35.5亿元，同比增长6.7%；城镇常住居民人均可支配收入完成28753元，同比增长6.5%；农村常住居民人均可支配收入完成12932元，同比增长6.5%。一般公共预算收入完成5.85亿元。这充分说明本市的经济发展已企稳回升，转型发展活力正在逐步释放。

产业结构进一步优化，转型步伐更加稳健。工业方面，“一煤两电”持续加大技改，产业结构不断优化。国电、兆光超低排放改造全面完成。华得宇光伏发电一期工程成功并网。特别是，我们规划启动了20.86平方公里的省级经济技术开发区，可研报告成功通过省级评审，正在全力推进。亿能新能源电动车项目建成投产并获批临汾路条，已上市销售。在经济技术开发区内还将布局3D建筑打印、高速电动汽车、装配式建筑、水性油墨材料等项目，形成新的经济增长极。农业方面，“一园五基地”建设成效明显，干鲜果、规模养殖、小杂粮、文冠果产业规

模不断扩大，产业化水平进一步提升。文冠果种植面积达到5600余亩，文冠果油生产线已经装配完成。霍州核桃成功列入国家地理标志产品名录，枣夹核桃出口创汇，农家乐、采摘园、生态休闲农场等新型农业经营主体纷纷涌现，成为农业转型发展新亮点。三产服务业方面，围绕全域旅游示范区创建，不断推进旅游体制机制改革，积极推进文旅深度融合发展，设立了文旅发展基金，成立了文旅公司。七里峪景区入口引导区全面竣工，滑雪场二期工程投入使用。霍州署游客服务中心完成改造，正加快AAAA景区申报。鸣梦老粗布、地珍坊“枣夹核桃”分获中国首届特色旅游商品博览会金奖和银奖，第九届“中镇霍山·华夏州署”文化旅游月成功举办，全市旅游知名度和影响力不断提升。同时，南街农贸市场、香江购物广场等一批商贸中心相继建成运行，苏宁、京东等一批知名电商入驻霍州，特别是北京网库集团与本市合作，携手打造全国文冠果产业电商基地。全省首家共享汽车“鑫钜出行”平稳运行。成功举办了“迎老乡、游故乡、建家乡”恳谈会，承办了“临杭盟商·尧风霍然”招商引资推介大会，先后与苏州盈创、温州八达电气、山西建投集团等企业深入协商洽谈，基本达成投资意向。全年签约项目15个，涉及资金86.09亿元，招商引资成果丰硕。

城乡建设进一步提速，人居环境更加优美。编制完成城市控规、海绵城市、地下综合管廊等一批城市规划。建成了迎宾南路、桥西街、桥西新村南路、新建南路等一批城市道路，实施了橡胶厂棚户区、汇泽园棚户区、阳光首府等一批城市住房建设项目，推进了红崖堡紫薇园等一批城市绿化工程，完成了霍东新区供水、垃圾处理厂渗滤液改造等一批市政工程。启动了农村“四好”公路建设，城乡路网进一步优化。城区及城周村热电联产集中供热扩户和辛置南矿区集中供热工程竣工运行，新增供热面积330万平方米，累计达到790万平方米，主城区覆盖率达95%；天然气扩户3600余户，达到41600户。大力推进了采煤沉陷区治理、农村地质灾害搬迁、农村危房改造等工作，农村人居环境有效改善。

生态环境进一步改善，污染治理收效明显。以“五城联创”为统领，扎实开展了环保综合整治。大气污染治理方面，“一煤两电”所属煤场全封闭工程和霍煤干河煤矿至白龙洗煤厂皮带运输走廊、辛置矿皮带运矸系统建设全力推进。全市19家“散乱污”企业采取了关停或停产整治措施。全面完成了建成区内80余家豆腐、年馍、饸饹等食品加工作坊“煤改气”，完成了医院、学校等90家行政事业单位燃煤锅炉清洁能源改造，豆腐作坊“煤改气”改造在全省树立了典型。扎实开展了散煤专项整治行动，对重点区域内仍使用劣质散煤取暖的单位和居民，采购了1万吨“清洁煤”，以政府补贴的方式开展了“清洁煤”配给工作。水污染治理方面，严格推行河长制，制定“一河一策”治理方案，加快推进汾河流域生态治理工程和对竹河综合治理。完成了安民路至漪汾路、对竹河、南环路污水收集管网工程，启动了汾河霍州段16个生活污水排水口治理工程。辛置南矿区污水处理厂完成建设，正式运行，新增日处理能力1.2万吨。土壤污染治理方面，编制了的土壤污染防治工作方案，完成了辛置矿原煤矸石山高标准治理，加快推进规模养殖场标准化建设，提升农村养殖粪便污水处理能力。通过强有力的生态治理，PM2.5、SO_2等空气主要污染物指标大幅下降，年均空气质量综合指数降幅达6.3%，降幅位居临汾市第三，环境治理取得了明显成效。

社会事业进一步加强，人民群众获得感更加充盈。教育方面，完成了市二中运动场改造、圣佛小学新校区建设，实施了辛置公办中心幼儿园建设。扎实推进全市中小学现代学校管理改革省级试点工作，教育教学质量进一步提升，高考二本达线人数超千人，再创历史新高。爱心助学活动募集善款128万元，资助贫困学生4069名。文体方面，全民健身中心正式开工，7个乡镇综合文化站功能进一步完善。卫生方面，县乡医疗公立医院改革初见成效，霍州市医疗集团挂牌运营，家庭医生签约工作全面完成，覆盖率达到100%。疾控中心大楼完成选址，启动建设。社会救助方面，大病救助、孤儿包联、四类贫困家庭学生救助、农村80岁以上老人救助等多种机制继续完善，城乡低保、五保管理水平不断提升。儿童福利院建设项目主体完工。养老服务事业快速发展，新建城乡老年人日间照料中心2所，累计达到17所。社会保障方面，全年新增就业人员4600余人，养老、医疗、失业、工伤等社会保险覆盖面和保障标准进一步提高。全年建成各类保障性住房205套，进一步改善了困难群众居住条件。脱贫攻坚方面，建成17个小型户用光伏发电站，全市光伏电站总规模达950千瓦，惠及1200余名贫困人口。累计发放小额扶贫贷款1295万元，带动600余名贫困群众脱贫增收。全面落实健康扶贫政策要求，“三保险三救助”政策有效落实。全年实现脱贫1551人。安全维稳方面，全力抓好重点领域的安全隐患排查整治，不断引深安全大检查、大巡查活动。全年共发生各类安全事故5起，死亡5人，实现了安全事故起数、死亡人数双下降，全市安全生产形势持续稳定向好。

改革力度进一步加大，发展内生动力更加强劲。推进“放管服效”改革，实现了“十七证合一”“一照一码”，打造了“六最”营商环境。旅游景区（景点）体制机制改革实现了七里峪景区所有权、经营权、管理权“三权分离”。财税体制改革建立了政府型债务预算管理制度，推进了营改增工作，切实帮助企业降低了运营成本。农村产权制度改革基本完成了农村土地确权，激活了农村各项生产要素。国有企业改革启动了国有企业职工家属区“三供一业”分离工作，帮助企业减负瘦身。同时，稳步推进了市场监管体制改革、城市执法体制改革、农村水价综合改革、安全监管体制改革等多项改革，城市综合行政执法局挂牌成立，已有序开展工作，优化了发展环境，释放了发展活力。

财税部门加大征管力度，实现了收支平衡；审计部门强化对政府投资工程的审计，政府采购中心扎实推进集中采购，保证了财政资金的高效使用；公安局“三基”建设名列全省前茅，交警大队不断创新执法管理和服务水平，维护了良好的道路交通秩序，荣获“2017年度全省先进大队”。全市各单位、各乡镇（街道办）、各企业和广大乡村（居委会）干部群众，围绕中心，履职尽责，服务大局，都为本市转型发展做出了突出贡献。

回顾过去的一年，我们上下齐心，克难攻坚，各项工作取得了较好成绩，实现了经济社会持续健康发展。这是市委正确决策、坚强领导的结果，是市人大、市政协有效监督、鼎力支持的结果，倾注着社会各界的智慧和力量，饱含着广大干部群众团结奋战的心血和汗水。

成绩固然可喜，挑战仍然存在。我们要清醒认识到，霍州正处在转型发展的关键期，仍然存在着不少问题和困难。一是发展不平衡不充分的问题仍然突出，与人民群众日益增长的美好生活需要还有不少差距。结构性体制性问题远未解决，传统产业不强，新型产业不大，新旧动能转换任重道远；二是市场主体发育不充分，民营企业偏少，民营经济活力不足，旅游商贸等三产服务业规模不大，技术不新，层次不高，在经济总量中所占比重偏小。三是基础设施欠账较多，城乡面貌需持续改善，群众的生产生活水平有待进一步提高。四是生态环境治理形势依然严峻，污染反弹的压力仍然很大，生态建设的长效机制还未完全建立；五是社会管理任重道远，信访稳定、安全生产、治安管理等方面的任务还十分繁重，等等。所有这些问题都一定程度地影响制约着本市的发展，必须在今后的工作中对症施策，认真解决。

二、抢抓机遇，乘势而上，再创资源枯竭城市转型发展新业绩

2018 年是贯彻落实中共十九大精神的开局之年，是改革开放 40 周年，也是决胜全面建成小康社会、实施“十三五”规划承上启下的关键一年。中国特色社会主义进入新时代，国家经济发展步入质量变革、效率变革、动力变革的全新阶段。中央经济工作会议提出以新发展理念为指导，坚持稳中求进工作总基调，推动高质量发展。省委经济工作会议提出了聚焦“示范区”“排头兵”“新高地”三大目标集中发力，把供改与综改结合起来，坚定不移走好转型发展之路。临汾市委经济工作会明确了“138”的工作思路，聚力全面转型，争当全省转型发展排头兵。我们一定要紧抓新一轮发展机遇，解放思想观念，树立发展信心，以时不我待、奋勇争先的工作精神，全面抓好各项改革发展任务，奋力推进本市资源枯竭城市转型取得重大突破和长足发展。

2018 年全市经济工作的总体要求是：全面贯彻中共十九大精神，以习近平新时代中国特色社会主义思想为指导，坚持稳中求进总基调，践行发展新理念，紧扣社会主要矛盾新变化，按照高质量发展的要求，认真落实市委七届四次全委会“1346”的发展思路，坚持以开发区建设为龙头，全力推动工业转型、农村经济、服务产业“三大升级”；以文明城市创建为引领，推进“五城联创”，聚力城市提质、污染治理、旅游崛起、改革创新、平安创建“五大攻坚”；以人民为中心，合力推进脱贫攻坚、教育质量、医疗卫生、社会保障、创业就业“五大提升”，努力走出一条质量更高、效益更好、结构更优、环境更美的资源型城市转型之路，为实现“进军省强市，全面达小康，共建文明开放幸福美丽新霍州”的目标而努力奋斗！

基于对当前形势的分析研判，2018 年经济社会发展的预期目标是：全市生产总值增长 6.5％；工业增加值增长 6％；固定资产投资增长 9％；社会消费品零售总额增长 7％；城镇居民人均可支配收入增长 6.5％；农村常住居民人均可支配收入增长 6.5％；一般预算收入增长 7％。居民消费价格涨幅控制在 3％以内，城镇登记失业率控制在 4.2％以内。这些是指导性指标，可根据形势变化适当调整。节能减排等约束性指标，要确保全面完成省市下达的年度任务。

为完成上述目标任务，我们要抓好“355”工作部署，即：全力推动产业转型“三大升级”，聚力环境创优“五大攻坚”，合力推进社会服务水平“五大提升”。

（一）坚持以开发区建设为龙头，全力推动产业转型“三大升级”，确保经济稳定健康发展

本市获批建设省级经济技术开发区，这是本市发展史上又一“里程碑”。我们要紧抓机遇，把经济技术开发区建设作为霍州未来转型发展的重要载体和支撑，全力推进，抓出成果。围绕“一园一港”的开发区布局，上项目、引资金、聚人才，着力构建环保、节能、循环、高效的新型产业体系。

推动工业转型升级。经济技术开发区要按照“一园一港”的规划框架，重点布局高新装备制造、新能源汽车制造、新型建材等战略性新兴产业。①霍东新型产业园要以扩容增效为主攻方向，进一步完善规划建设，提升园区承载力，坚定不移推进园区扩能增效。要提早谋划用地规划调整、征地拆迁，加快水电暖气路基础设施配套，尽快实现“九通一平”。要积极引进投资机构开发、建设、经营开发区，重点发展“三大支柱产业”：一是以新能源电动车为代表的现代装备制造业，进一步延伸产业链条，着手启动高速电动车项目，布局一批动力电池、电机、电控系统、充电设施制造以及技术研发等配套项目，打造一座新能源汽车城。二是以装配式建筑产业、3D打印为代表的新型建筑业，加强与山西建投集团、天津住宅建设集团的合作，力争装配式建筑产业园年内入驻开发区，实现装配式建筑全产业链发展。三是以水性油墨、石墨烯等为代表的新材料产业。同时，配套发展以电商、物流、金融、信息咨询为代表的现代服务业，加快物联网、云计算、大数据平台建设，打造智慧城市。②“西区动力港”要以转型技改为主攻方向，加强国电、兆光两大电企的技术改造，上马华得宇光伏发电二期项目，为经济发展提供充足的电能和热源。同时，要支持“一煤两电”全力发展循环经济，年内完成粉煤灰综合利用、脱硫石膏等项目建设，实现变废为宝、变害为利，全面提高传统产业的质量和效益。③招商引资要以转型项目为重点，围绕全省“转型项目建设年”行动，制定出台本市行动方案，主动谋划储备转型项目，加大招商引资力度，积极开展产业模块化招商、产业链延伸招商、园区招商、小分队招商、专业招商、会展招商等招商活动，让开发区成为招商引资的“聚集地”、转型发展的“主战场”，力争转型项目投资完成额占全年固定资产投资的比重达60%。④民营经济要扶持壮大，认真落实中央、省、市关于支持民营经济健康发展的政策措施，积极放大中小企业发展专项资金的激励效应，鼓励和引导民营企业家创新创业。要继续开展“迎老乡、回故乡、建家乡”活动，积极鼓励在外霍商回乡创业。在公共资源配置上对民营企业一视同仁，做到政治上关心、感情上暖心、政策上强心，为民营经济特别是小微企业创造良好的发展环境，逐步提升民营企业在全市经济发展阵营中的比重。

推动农村经济升级。要按照“产业兴旺、生态宜居、乡风文明、治理有效、生活富裕”的总要求，瞄准“农业强、乡村美、农民富”的目标，加快实施“乡村振兴”战略，全力推进农业农村现代化。①特色农业要创品牌。继续推进“一园五基地”建设，西张垣现代农业园区，要加快推进设施改造，提高管理水平，创新经营模式，提升经济效益。中药材种植基地，要力争年内中药材上市销售。优质干鲜果基地，要实施8000亩干果林提质增效工程，大力推进“三品一标”认证工作，全面提升标准化水平。小杂

粮基地，要以发展功能农业为重点，继续扩大三教、李曹、陶唐等沿山乡镇小杂粮种植规模，发展精深加工，实施品牌战略，打造本市小杂粮精品品牌。规模养殖基地，要不断提升养殖企业规模化、集约化发展水平，完善各类基础设施，严格禽畜污染管理，着力培育和引进1—2个现代化规模养殖企业。文冠果基地，要重点强化产品深加工能力，推动文冠果油加工项目尽快投产达效，6月底前文冠果电商基地建成运行。同时，要继续扶持裕鑫博康、田牧禾、绿和祥福等特色农产品企业发展，持续叫响霍州特色农业品牌。要大力发展休闲农业、乡村旅游等新产业、新业态，加快本市现代农业发展步伐。②粮食生产要稳增收。要全面落实粮食安全责任制，大力实施李曹石鼻高标准农田改造项目，广泛推广良种优选、深耕深松、节水灌溉、秸秆还田、测土配方施肥等先进农业生产技术，不断提高农业机械化生产水平，持续提高本市农业综合生产力。要全面落实好粮食直补、农机补助等强农惠农政策，进一步提高农民种粮积极性。③农村改革要再深化。要持续推进农业供给侧结构性改革，加快推进农业由增产导向转向提质导向。继续深化农村集体产权制度改革，巩固土地确权工作成果，规范农村“三资”管理，把农村集体资产查实摸清，为落实土地“三权分置”和“三块地”改革政策奠定基础。持续深化农村农业水价综合改革，促进集约型、节水型农业发展。进一步促进农村土地经营权流转，发展适度规模经营，培育更多新型经营主体，让专业合作社、家庭农场、职业农民、种养殖大户等成为本市农业发展的主力军，激活农业发展动能，使更多的生产要素向农村汇集。

推动服务产业升级。要发展大商贸、搞活大流通、培育大企业，推进商贸流通现代化。①要推动发展互联网大数据产业，对接阿里巴巴、京东、苏宁、网库等知名电商，加强合作，推进农商互联，引导企业“触网上线”，带动更多产品实现产业聚集、线上销售。②要推动浙商向上文化创意小镇建设，大力发展印刷出版、文化装饰、影视动漫制作、广告创意等文化产业，打造“双创”汇聚地，带动创新创业。③要推动商贸市场建设，加快香江广场、鼓楼商业区、南街农贸市场等商贸中心提档升级。④要推动物流快递业发展，尽快启动联源物流项目建设，支持顺丰、中通、申通、京东等物流企业在霍发展。促进企业出口贸易，大力扶持外贸重点企业，积极拓宽外贸渠道，引导更多的产品出口创汇，拉动外贸出口不断增长。

（二）坚持以文明城市创建为引领，推进“五城联创”，聚力创优环境“五大攻坚”，打造宜居宜业新城

建设宜居宜业美丽霍州，是全市人民共同期盼。我们要坚持以文明城市创建为引领，统筹推进“五城联创”不松懈，聚焦城市提质、污染治理、旅游崛起、改革创新、平安创建“五大攻坚”，全面优化本市发展环境，努力建设美丽家园。

聚力城乡提质攻坚。重点是抓好“两区一带”建设，统筹城乡发展，提升管理水平。①建好“两区”。老城区要以提质为重点，加快实施大众南路、光明路、东关等城市棚户区改造，着力启动南通街、永安大街、南环路、火车站广场等道路改造升级工程，稳步推进阳光首府、碧桂园等城市开发项目，全面完成中镇广场、新建南路、工商广场、霍州署等城市亮化工程，进一步提升老城区公共设施水平，提升城市形象。新城区要以扩容为目标，继续推进水暖电气路等

基础设施建设，着手启动东广场（中镇广场三期）建设，加快实施经十路、经二路北段、纬一路大张段等新区道路配套工程，着力打造集文化娱乐、休闲健身、教育医疗、住房安居、行政办公为一体的现代新区。②治好“一带”。以打造汾河流域生态治理示范带为目标，加快实施汾河、南涧河、对竹河等汾河流域的生态修复工程，年内完成南涧河湿地公园北岸绿化景观建设和汾河走廊景观绿化工程，加快实施汾河沿线6500亩的荒山绿化工程，推进汾河沿线小游园、小广场建设，着力把汾河流域打造成本市的绿色景观带、滨水休闲带、生态经济带。同时，加大植树造林，2018年内完成8000亩营造林任务，新增城市绿地面积10万平方米，全力打造生态宜居新城。③建好美丽乡村。持续改善农村人居环境，进一步健全农村水、电、气、路等基础设施建设，切实抓好安全饮水提质、采煤沉陷区治理、地质灾害治理等工作。加快推进“四好农村路”建设，实施建制村45条农村公路硬化和54条农村公路安保工程，完成1座客运站场建设，不断改善农村出行条件。要深入开展农村环境综合整治，集中治理“四堆”乱放、污水乱排、乱搭乱建、乱涂乱画等不文明现象，严控化肥农药、养殖粪污等农业面源污染，大力开展荒山绿化和植树造林，再现农村绿水青山美景。要持续巩固本市美丽宜居示范村创建成果，力争再创建8个美丽宜居乡村，打造农村环境治理连片示范区，带动全市农村环境持续改善。④抓好城市管理。深化城市综合执法体制改革，统筹推进环境保护、工商管理、交通管理、水务管理、食品药品监管等方面行政处罚权集中工作，推动城市管理方式向法治化、精细化转变。对照省级园林城市和全国卫生城市创建标准，进一步补短、补软、补缺，集中开展城乡垃圾、二次扬尘、市容环境、交通秩序、门店牌匾、沿街摊点等方面专项整治，重点治理脏乱差问题，坚决清除城中村、居民区的卫生死角，维护市容市貌整洁卫生、规范有序。

聚力污染治理攻坚。良好生态环境是最公平的公共产品，是最普惠的民生福祉。我们要牢固树立“绿水青山就是金山银山”的生态新理念，保持铁腕治污的决心不变，标准不松，力度不减，保卫好霍州的“绿水青山”。①狠抓工业污染治理。以生态保护红线、环境质量底线、资源利用上线和环境准入负面清单为手段，强化空间、总量、准入环境管理，划框子、定规则、查落实、强基础，严把项目准入关口。严格落实煤电去产能，完成霍州煤电集团煤矸石热电厂的淘汰取缔，加快实施霍煤干河煤矿至白龙洗煤厂管状皮带运输走廊和辛置矿管状皮带运矸系统建设。加快企业深度治理，重点实施霍煤、兆光、国电等8家企业的物料堆场全封闭。持续整治散乱污企业，保持高压态势，全面排查整改，依法分类处置，防止死灰复燃。②狠抓煤烟污染治理。按照“市区无煤化、周边区清洁化”的思路，继续实施集中供热、煤改气、煤改电等清洁改造工程，不断扩大热电联产集中供热覆盖范围。热电联产，年内新建20座换热站，年底实现全市供热面积930万平方米，彻底消除市区盲点，覆盖建成区及周边重点区域；天然气扩户，华润燃气要进一步巩固发展城市市场，消灭城市建成区内燃气盲点。中燃燃气要迅速启动农村“煤改气”工作，覆盖高铁沿线4个乡镇2万余户。继续深化散煤专项整治，不断完善优质煤采购、运输、储存机制，严厉打击销售劣质散煤行为，严控劣质散煤流入居民用户。③狠抓扬尘污染治理。强化扬尘治理，严格落实建筑工地施工围挡、物料覆盖、车辆冲洗、地面硬化、洒水抑尘 5 个 100％措施，加大主要道路及交通干线保洁频次。强化餐饮油烟治理，持续推进市区夜市烧烤、露天摊点专项整治，确保建成区所有餐饮企业油烟达标排放。强化机动车尾气防治，持续推进黄标车、老旧车辆淘汰，减少尾气排放污染。继续发展共享电动汽车，推动公交纯电动化，着力加快电动出租车更换，积极倡导绿色出行。④狠抓水土污染治理。严格落实河长制，强化汾河流域排污监管，坚决杜绝污水直排河道。年内完成沿汾 16 处排污口、9 座污水处理站建设，完成朝阳污水处理厂二期扩建工程，扩大污水收集管网覆盖面，逐步构建覆盖城乡的污水处理体系。加快推进霍煤集团辛置煤矿、李雅庄煤矿、团柏煤矿和白龙煤矿采煤沉陷区矿山地质环境治理项目。逐步完成全市 62 家规模养殖场标准化建设，提升农村养殖粪便污水处理能力，减少农业面源污染。

聚力旅游崛起攻坚。文化旅游业是重要的战略性支柱产业。我们要以全域旅游示范区创建为抓手，积极融入黄河、太行旅游板块，推进文旅融合发展，构建全域旅游新格局。①加快景区开发建设。围绕“一山一署”旅游产业布局，进一步深化旅游景区（景点）体制机制改革，积极引进战略投资，利用好文旅基金，发挥好文旅公司规划、建设、营销的主体作用，加快景区开发。霍州署要尽快启动二期修复工程，着手实施背街小巷仿古改造，打造集历史人文、廉洁教育、非遗演绎、特色小吃等为一体的传统历史街区，争创国家 AAAA 级景区。七里峪要依托大美山水环境，聚焦“养心、养生、养老”三养体系，加快推进文旅小镇、康养小镇、房车营地、酒店民宿等项目的建设，打造成为人们心灵旅游的目的地。陶唐峪要尽快复工建设，年内完成游步道、河道、餐厅等建设。许村、贾村、下马洼三个特色文化小镇要继续推进保护开发建设，悬泉山、油盆峪、蝴蝶谷等景点要启动旅游开发规划，力争形成更多的旅游景点。同时，要加快旅游酒店、游乐中心、商业综合体、民俗风情街等服务设施配套，进一步完善旅游交通路网建设，实现“景景相通”。②促进文旅深度融合。要大力实施“旅游＋文化”发展战略，充分挖掘丰富的历史文化资源，充实旅游景点的文化内涵，让各类文化元素融入“吃、住、行、游、购、娱”各环节。要围绕镇山文化、廉政文化、状元文化、民俗文化等独特的人文资源，创作推出具有霍州文化特色的情景剧目，引导开发剪纸、门神、粗布等旅游纪念品、工艺品，让霍州旅游变得有看头、有听头、有吃头、有说头、有逛头、有玩头。要继续举办“中镇霍山·华夏州署”文化旅游月，加大宣传推介力度，不断增强霍州旅游的吸引力。

聚力改革创新攻坚。要把握新时代中国特色社会主义发展新观点、新规律、新理念，全面推进供给侧结构性改革，扎实做好“三去一降一补”，让激发活力的制度成熟定型，让加快发展的动力更有效率。重点抓好降、立、防三方面的工作。①“降”就是要降成本、增效益。全面完成“一煤两电”等国有企业“三供一业”等企业办社会职能分离移交工作，理顺管理体制，提升服务质量，减轻企业负担。扎实推进财税体制改革，实施国地税联合办税服务大厅建设，持续抓好纳税服务体系建设，不断提升征收管理水平。持续推进“放管服效”改革，简化办事程序，提升服务水平，为大众创新、万众创业搭建新平台。持续深化行政审批制度改革，确保“两集中、两到位”工作落实到位，大力优化行政审批操作流程，积极探索“一窗受理、集成服务”机制，继续提升行政效能和办事效率，全力打造审批最少、流程最优、体制最顺、机制最活、效率最高、服务最优的“六最”营商环境。②“立”就是要立新规、添动力。科学推广PPP等投融资模式，进一步拓宽项目建设融资渠道，加快重大项目建设。培育引导优质企业股改上市，全力支持亿能电气在“新三板”挂牌。加快霍州信用联社向农商行改制，更好的服务地方经济发展。③“防”就是要防风险、保稳定。要防范化解金融风险，开展集中整治行动，对各类金融咨询公司、信贷公司、典当公司、汽车抵押贷款公司等金融机构进行清理规范，严厉打击各类高利率、高杠杆、高风险等违法投融资和非法集资行为，严防高利率网贷、网上金融诈骗等互联网金融犯罪滋生，保障金融市场持续健康发展。要加快房地产领域深度调整，坚定不移推进“去库存”工作，在棚户区改造、城中村改造项目中，统筹推进货币化安置，促进房地产市场供求结构再平衡，不断满足广大群众的住房需求。

聚力平安创建攻坚。要围绕全国平安县市创建，创新治理体系，狠抓安全稳定，化解矛盾纠纷，强化社会治安，构建平安、和谐、稳定的社会秩序。①要狠抓安全生产。牢固树立安全发展理念，坚守“发展决不能以牺牲安全为代价”的红线意识，落实“党政同责、一岗双责”，推进“五化一杜绝”目标落实，实现红线意识常态化、安全生产标准化、隐患治理制度化、监督管理规范化、社会监管常态化，坚决杜绝重特大事故。要进一步压实党委政府的领导责任、行业部门的监管责任、生产企业的主体责任，深化重点行业领域的安全生产专项整治，对煤矿、非煤矿山、道路交通、学校医院、建筑施工、燃气管道、食品药品、危化品生产经营等重点行业领域开展安全隐患大排查大整治。要夯实安全生产基层基础，强化安全教育，提升人员安全素质，健全应急预案，不断提高应对突发事件的能力，确保全市安全生产形势持续向好。②要维护信访稳定。严格执行“三三”信访工作机制，继续推行领导包案、固定接访、带案下访等制度，畅通群众诉求渠道。坚持问题导向，主动深入基层一线，努力化解涉法涉诉、涉军维稳、征地拆迁、农民工工资等方面的热点、难点问题，把矛盾纠纷最大限度地化解在基层、解决在萌芽。积极引导群众通过法律手段维护自身合法权益，坚决打击带头闹事、无理取闹、堵门缠访等违法行为，推动信访秩序持续好转。③要创新社会综治。不断强化社会治安网格化管理，加快实施“雪亮”工程，构建全天候、立体化的社会治安防控体系。扎实开展“七五”普法教育，增强全民法制意识，加快依法治市进程。要严厉打击各种违法犯罪行为，特别是要扎实开展扫黑除恶专项斗争，坚决扫除严重危害群众人身权、财产权和人民深恶痛绝的黑恶势力，使人民群众的安全感更加充实、更有保障，全力打造共建共治共享的社会治理新格局。

（三）坚持以人民为中心，全力推进社会服务水平“五大提升”，增强人民群众的获得感和满意度

我们要坚持以人民为中心的发展思想，以造福人民为最大政绩，多谋民生之利，多解民生之忧，在发展中补齐民生短板，在工作中提升服务水平，让改革发展红利更多更好地惠及全市人民。

提升脱贫攻坚服务水平。脱贫攻坚是一项严肃的政治任务和民生工程，必须抓实抓好。产业扶贫，要再发展120千瓦屋顶分布式扶贫光伏电站，惠及更多贫困人口。生态扶贫，要继续提高贫困群众参与新一轮退耕还林的比例，积极发展经济林栽植，开拓脱贫致富新途径。金融扶贫，要继续扩大扶贫小额信贷覆盖范围，带动更多贫困群众增收。教育扶贫，要全面落实“雨露计划”和贫困学生救助政策。就业扶贫，要有针对性地开展扶贫免费技能培训，提高贫困群众创业就业能力，并在政府购买服务中优先考虑贫困户。同时，各驻村帮扶工作队要扎实开展扶贫工作，宣传好、落实好各项国家扶贫政策，确保“两不愁三保障”、“三保险三救助”和“低保线、脱困线”两线合一等扶贫政策进村入户、落地见效。要坚持“扶贫与扶志、扶智相结合”，注重思想引导，强化教育培训，充分激发贫困群众主动脱贫的干劲和决心，确保年底全面完成本市脱贫攻坚任务。

提升教育教学质量。统筹推进普通高中教育、职业教育、义务教育、学前教育、特殊教育全面协调发展，继续引深义务教育学校管理标准省级实验县创建工作。完成职业中学新校区整体搬迁，加快技工学校公共实训楼、运动场、校园绿化等基础建设，启动霍东新区小学建设，进一步优化中小学校布局，整合师资力量，推进教师交流轮岗，不断巩固义务教育均衡发展水平，提高全市教育教学质量。

提升医疗卫生水平。巩固完善医药卫生体制改革，加快实施新医院、卫生监督所、疾控中心项目建设，健全完善“一站式”服务、“分级诊疗”和“双向诊疗”工作机制，方便贫困群众就近看病。全面建设城乡统筹的医疗卫生保障体系，不断提升市、乡、村三级医疗卫生机构建设水平，切实解决群众看病难、看病贵问题。持续推进计生改革，提高管理服务水平，确保人口素质持续提升。进一步加强疫病防治，坚决杜绝各类突发公共卫生事件。

提升社会保障水平。按照“兜底线、织密网、建机制”的要求，全面建成覆盖全民、城乡统筹、权责清晰、保障适度、可持续的多层次社会保障体系。尽快完成市儿童福利院设施配套，确保早日投入使用。认真做好城乡医保、低保、五保和社会救助工作，强化动态管理，提高保障标准。提升养老机构建设标准，推进多元化养老改革，探索“医养结合”新模式。全面抓好优抚安置和“双拥”工作，筹备实施南坛、南堡烈士陵园修复和南下干部纪念园工程，弘扬爱国主义，不断增强广大群众爱国意识。

提升创业就业服务水平。推动大众创业、万众创新，建设双创示范基地，弘扬工匠精神，培育创新人才。完善公共就业服务体系，加强职业技能培训和创业培训，定期举办各类人才招聘会，统筹抓好高校毕业生、下岗失业人员、农村转移劳动力和失地农民等群体就业工作，实现更高质量和更充分就业。全年新增就业岗位5000个。

三、着眼全年，狠抓当前，确保各项目标任务扎实推进

正值年末岁初，我们要按照既定的目标任务，开好局、起好步，扑下身子、集中精力、奋力攻坚，推动各项工作早落实、早见效，确保全面完成各项目标任务。

一是要转变工作作风。纪律作风是落实工作的重要保证，全市各级干部要进一步加强纪律作风建设，坚决整治“庸、懒、软、散”等纪律作风问题，严肃查处效能低下、不负责任、执行不力、奢侈浪费的人和事，切实转变工作作风，强化纪律要求，抓好工作落实，以良好的纪律作风树形象、聚人心、促发展。

二是要强化担当意识。各级干部都要从市委、市政府提出的目标任务中，找到自己所承担的任务，把工作责任落实到具体人身上，把工作着力点放在解决实际问题上。凡是市委、市政府下达的任务、部署的工作，各级各部门必须坚决执行，令行禁止，切实把思想和行动统一到市委、市政府确定的重大决策、重大部署和重要工作安排上来，为霍州的发展尽心尽力，尽职尽责。

三是要加快项目建设。各级各部门要咬住项目建设不放松，全面落实项目建设市级领导包联和部门牵头负责的工作机制，紧抓开春后的项目建设黄金期，加快推进各类项目的落地、开工、建设，确保本市2018年各项建设项目快速推进，为实现首季“开门红”奠定坚实基础。各乡镇、村居干部要树立大局意识，积极配合项目部门开展好征地拆迁、信访维稳等方面工作，为项目建设顺利实施提供良好环境。

四是要提升行政效能。2017年以来，本市较好地落实了省、临汾市“13710”工作制度，行政效能有了明显提升。今年要进一步拓展深化“13710”工作机制，完善首问负责、一次性告知等制度，完善“清零”机制和办法，强化督查办结工作，促进市委、市政府各项决策部署的有效落实。同时，要积极对接上级移动“OA”办公系统，大力推进网上政务平台建设，完善各乡镇、街道办便民服务中心建设，更好的服务广大群众。

春节将至，各级各部门要全面做好安全稳定工作，全面开展“两节”“两会”期间安全生产大排查、大整治，加强春运、人员密集场所、娱乐场所、烟花爆竹、民爆物品、食药安全等方面的安全监管，坚决杜绝事故发生。认真开展访贫问寒送温暖活动，对伤残军人、军烈属等重点优抚对象和老党员、老劳模、先进工作者及离退休人员的优抚慰问，及时送去党和政府的温暖。重点加强节日期间治安管理，严厉打击黄赌毒等社会丑恶现象。统筹安排好春节、元宵节的群众文化娱乐活动，确保人民群众过一个喜庆祥和、文明安全的节日。

新时代要有新气象，新征程要有新作为。全市干部群众要以改革创新的勇气、争先进位的锐气、先行先试的胆气、敢拼能赢的士气，不忘初心，破浪前行，全面开辟新时代霍州转型发展新局面！

中国人民政治协商会议第七届霍州市委员会常务委员会工作报告

——2018年4月8日在政协第七届霍州市委员会第三次会议上

霍州市政协主席　薛泽会

2017年工作回顾

2017年，是中共十九大胜利召开之年，是霍州建设取得辉煌成就的一年，也是七届市政协在继承中创新、在开拓中前进的一年。在中共霍州市委的坚强领导下，市政协及其常委会高举中国特色社会主义伟大旗帜，牢牢把握团结和民主两大主题，在忠诚履职中服务大局，在助推发展中积极作为，在传承创新中增强活力，充分发挥协商民主重要渠道和专门协商机构作用，各项工作更加契合中心任务、更加体现民众心声、更加彰显政协特色，为全市改革发展稳定大局作出了积极贡献。

一、坚持鲜明工作理念，确保政协事业正确发展方向

一年来，市政协常委会准确把握政协性质定位，积极探索政协履职规律，立足新起点、谋划新思路、拓展新途径，努力推动政协工作实现新提升。

——自觉坚持党的领导。我们始终把坚持党的领导作为政协履职的根本，组织推动政协各参加单位和广大委员，深入学习中共十九大精神，学习习近平新时代中国特色社会主义思想，牢固树立“四个意识”，坚定“四个自信”，提高政治站位和政治觉悟，始终在思想上政治上行动上同以习近平同志为核心的中共中央保持高度一致。自觉接受市委正确领导，及时请示重大事项、报告重点工作、反映重要情况，切实把党的指导思想、政策主张转化为本市各党派团体、广大委员、社会各界的思想共识和自觉行动，不断夯实团结奋斗的思想政治基础。

——紧扣大局履职尽责。我们把政协工作紧紧融入全市大局，做到市委中心工作推进到哪里，政协工作就跟进到哪里，建言助力就体现到哪里，确保与党政决策部署无缝对接、合拍共振。2017 年“政协委员调研月”活动期间，在广泛征集意见和认真研究基础上，选定了事关经济社会发展的热点难点和涉及民生改善的 10 个方面作为重点课题，全市 163 名政协委员，结合界别特色各展所长，历时一个多月，深入农村、社区、厂矿企业，进行了认真的调研，形成了十六篇质量较高的调研报告。我们还召开了专门的议政建言会，为政府及有关部门提供了 120 多条有价值的真知灼见。一年来，我们认真完成了市委统一部署的精准扶贫和“深改组”工作任务，充分发挥团结统战功能，有效激发整体履职活力，把团结的面扩得更广、团结的同心圆画得更大。

——全面提高履职质量。我们坚持把提高履职质量作为提升政协话语权、影响力的关键环节和基础工程，坚持问题导向、精准履职。2017 年 6 月份，结合临汾市助力民生领域改革事项落实情况开展的监督调研活动，重点围绕“县域内城乡义务教育一体化改革、完善全面两孩政策体系、加强食品药品安全监管、提高农村低保标准，逐步实现低保线和贫困线‘两线合一’”等 4 个课题，由 4 个副主席负责，4 个专委会承办，有关部门配合，开展了监督调研，通过整合各方力量，集中智力攻关，不断拓展建言献策的高度和深度，形成了 4 个专题监督调研报告，为助力民生领域改革事项落实出实策、谋良策，切实做到懂政协、会协商、善议政，为提高履职水平奠定了坚实基础。

二、坚持聚焦中心任务，切实提高协商议政水平

一年来，市政协常委会自觉把政协工作放到全市发展大局中去思考、谋划和推进，力求各项工作围绕中心不偏离、服务大局不缺位。

——围绕经济转型献良策。产业是立市之本、强市之基、富民之要。招商引资是市委、市政府紧抓不放的“头号工程”，对加快经济转型、实现产业振兴至关重要。2017 年 9 月，我们围绕“优化营商环境”在全市政协委员中开展了议政建言征集工作，委员们通过深入调研、认真研究、反复论证提出了很多意见和建议，经过仔细筛选，我们将其中的19篇汇编成册，并将“优化营商环境”作为常委会的专题协商议题，邀请13位政协委员作了大会发言，从16个方面提出了70多条意见建议，参会的市政府领导给予了充分肯定，要求职能部门认真抓好落实。政协委员小组结合界别特点，就工业绿色转型、特色农业发展、农村电子商务、农产品品质提升、循环经济发展、特色文化小镇建设等课题通过建言献策提出了许多有价值的意见建议。

——助推社会发展出实招。围绕全市工作重点、群众关心的热点和难点问题，一年来，我们共组织召开政情通报会5次、专题协商常委会2次、协商讨论座谈会16次，有针对性地选择“城乡统筹医疗卫生保障体系建设、劳动人事仲裁工作、乡镇卫生院运行情况、科技专业人才队伍建设、县域内城乡义务教育一体化、社区管理、安全生产工作及全域文化旅游”等多个课题开展了专题视察和协商活动，围绕安全生产问题与对口部门协商座谈，推动了本市安全生产形势持续稳定向好；就加强文旅融合发展工作向相关部门提出建议，得到了社会各界的认可和支持；通过持续协商建言义务教育均衡发展问题，促使中小学“大班额”逐步瘦身，为政府部门制定措施、采取对策提供了智力参考，许多代表民意的协商意见，直接转化为有关部门增进群众福祉的实际举措，切实发挥了人民政协作为专门协商机构的重要作用。

——主动服务发展倾真情。一年来，我们充分发挥了人民政协在化解矛盾、维护稳定、促进和谐上的特点和优势，热心公益彰显责任，主动投身脱贫攻坚主战场，号召全市政协委员积极参与产业扶贫、教育扶贫、科技扶贫、医疗扶贫、文化扶贫、生态扶贫等各具特色的帮扶活动。政协机关采取“三联三包”结对帮扶方式，积极捐款、捐物，选派机关干部定点帮扶李曹镇李曹村、驹沟村和下王村，联系帮扶贫困户6户18口人，对口帮扶实现了整村退出的目标，为脱贫攻坚贡献了力量。在市政协的精心组织和大力倡导下，政协委员们善心涌动、善行如潮，广泛参与了金秋助学、大型义诊、法律援助和文卫科技“三下乡”等公益活动，赢得了社会各界的广泛赞誉。

三、坚持打造开放型平台，全面激发政协履职活力

一年来，市政协充分发挥联系广泛的优势，进一步做好团结联谊工作，促进各界人士的大团结大联合，凝聚各方力量，促进各方合作，形成服务大局、推进科学发展的合力。

——团结汇聚力量，开放激发活力。常委会充分发挥政协开放包容的独特优势，扩大团结面，提高开放度，努力为实现社会各界有序政治参与，提供一个能说话、敢说话、说真话、说有用话的多层次、多维度开放平台。全年共召开常委会议4次、主席会议8次、专项工作会议8次，开展各类专题调研视察、提案督办共计18次，报送建议案、专项报告、调研视察报告、社情民意信息专报等25件，许多意见建议进入党政决策程序，有力推动了相关工作开展。

——加强与党派团体的合作共事。坚持民主协商、平等议事、求同存异、体谅包容原则，健全落实与各民主党派、工商联、无党派人士联系制度。主席会议成员带头访谈党派界别常委和委员，征求对政协工作的意见建议，2017年年底，市政协代表市委看望慰问了长江支队南下霍州籍干部及其家属，助推了根亲文化交流，深化了团结联谊。通过优先安排大会发言、联合开展调研、督办重点提案等形式，为各参加单位参政议政、发表见解创造条件、提供便利。一年来，各党派团体提交大会发言14篇，提出集体提案9件，充分展现了在政协舞台奋发有为、履职尽责的良好形象。

——深化文史和联络联谊工作。按照“亲历、亲见、亲闻”的原则，2017年，市政协共收集文史资料约50万字、图片2000多幅，出版发行了《霍州古民居图集》、《霍州抗战老兵的回忆》两本文史资料专辑，对日渐消亡的古民居做了抢救性的拍照结集，对健在的抗战老兵回忆做了搜集整理，编辑成册。对几乎已成孤本的《霍州政协文史资料》第一至十二辑进行了翻印，充分发挥了“存史、资政、团结、育人”的独特功能。我们专题视察了许村文化大院和下马洼文化村，为本市特色文化挖掘与传承工作科学建言，推动了梁衡文化村建设和本市古村落保护工作，传承和弘扬了地方优秀历史文化。先后配合临汾政协和兄弟县市政协开展了“三基建设工作、县域内城乡义务教育一体化、提案成果转化、文旅融合发展和宗教活动场所文物保护和管理”等5项调研视察，通过增进了解，互学互鉴，宣传了霍州，推介了霍州。

四、坚持全面推进各项工作，有效夯实履职基础

一年来，常委会主动适应新形势新任务，以改革思维、创新理念、务实举措不断加强和改进经常性工作，为政协履行职能提供有力保障。

——增强思想政治引领。市政协旗帜鲜明地讲政治，始终把政治学习摆在突出位置，不断加强思想政治引领，把坚持和发展中国特色社会主义作为巩固共同思想政治基础的主轴。2017年，按照市委部署和要求，我们组织开展了“讲政治、知敬畏、守规矩”专项治理活动、扎实推进了“两学一做”学习教育常态化制度化，开展了“维护核心、见诸行动”主题教育和“对照十问纠正四风”专项活动，支持市纪委派驻纪检组履行职责。采用请进来、走出去方式，各委员活动小组举办了形式多样的履职能力提升培训班，拓宽了委员履职视野，提高了委员履职水平。

——提升提案信息工作。坚持把协商贯穿提案提、立、办、督全过程，强化办前提前协商、办中跟踪协商、办后运用协商；加大主席会议督办重点提案力度，强化带案视察、重点督办和办理评议，提高了提案办理实效。二次会议以来，共收到提案136件，立案122件，交由32个单位办理，办复率100%，委员满意率保持较高水平。开展社情民意信息“微调研”，共收集社情民意信息106条，编发上报信息62期，被临汾市政协采用15条。经济企业界委员活动小组上报的“关于加强银警联合促进反假工作上新台阶”的信息被国务院反假工作简报2017年第9期采用。市政协薛云彪副主席“关于县级养老资源浪费严重亟须整合”的建议被临汾市岳普煜书记批示，市政协薛有生副主席“关于我省旅游景点门票价格管理工作建议”和市政协委员秦仰洲“关于进一步推动税收政策落实，提升税收工作质量的建议”分别被临汾市委常委、副市长王振宇做了批示。本市的社情民意信息工作得到了上级政协的大力肯定。

——加强政协机关建设。坚持用制度管

权、按制度办事、靠制度管人，全面提高机关服务效能。在制度建设上，2017年，市政协完成了“三基”建设工作，完善了“三手册一目录和工作流程图”，修订了学习、档案、公务接待、财务管理等20多项规章制度，着力提高了政务服务能力和统筹协调能力；在委员管理上，进一步完善了委员履职考核机制，规范了委员履职行为，激发了委员履职热情；在机关队伍建设上，健全完善重大事项报告、专委会主任年度述职述廉、目标责任考核等制度，形成了风清气正、团结协作的干事创业氛围。

一年来，上级政协不断加大对本市政协工作的指导，临汾市政协副主席程明温、杨益民等领导先后多次到本市调研视察，指导政协工作，提出明确要求，给予我们莫大的鼓舞和鞭策。市委高度重视政协工作，市委常委会专题研究讨论政协全体会议、常委会工作报告等重大事项；市委、市政府主要领导对政协建议案、调研报告、社情民意信息等及时作出批示；崔山原书记多次出席政协重要会议，对做好政协工作提要求、出题目、交任务；黄晓君市长向委员通报经济社会发展情况、部署提案办理工作，巩固了党委重视、政府支持、政协主动、各方配合、社会关注的良好工作格局。

在肯定成绩的同时，我们也清醒地认识到，工作中还存在着不少问题：坐着车子转、隔着玻璃看，调研视察中形式主义倾向依然存在；重协商、轻落实，调研成果转化机制亟待完善；民主监督工作相对薄弱，建议性的监督较多，批评性的监督较少；“年委员”、“季常委”现象存在，委员联络服务机构缺失。这些问题，需要我们在下一步工作中认真思考研究，着力加以改进和解决。

2018年工作意见

2018年是全面贯彻中共十九大精神的开局之年，是改革开放40周年，是决胜全面建成小康社会、实施“十三五”规划的关键一年，也是本届市政协各项工作承上启下的重要之年。2018年，市政协工作总体要求是：深入学习贯彻中共十九大精神，以习近平新时代中国特色社会主义思想为指导，在中共霍州市委领导下，坚持团结和民主两大主题，围绕市委七届四次全会“1346”发展思路，坚持稳中求进总基调，政治协商聚焦大事，民主监督紧盯难事，参政议政关注实事，着力增进共识、促进团结，加强自身建设、增强履职本领，充分发挥人民政协作为协商民主的重要渠道作用，不断提升政协工作科学化水平，努力开创政协工作新局面，为推动本市资源型城市转型发展作出新的贡献。

一、始终把学习贯彻中共十九大精神和习近平总书记视察山西重要讲话作为统揽政协工作的总纲

坚决维护习近平总书记领导核心地位，维护中共中央权威和集中统一领导，切实做到思想上同心同向、政治上旗帜鲜明、行动上紧紧跟随。坚持和完善常委会专题学习、党组集中学习、机关集中学习制度，通过全委会议、常委会议、专题报告会和委员活动等多种形式，组织政协委员深入学习贯彻中共十九大精神和习近平总书记系列讲话特别是视察山西重要讲话精神，坚持把学习贯彻讲话与落实省市决策部署紧密结合起来，与落实十九大对政协工作的新部署、新要求紧密结合起来，准确把握人民政协的性质定位、职能作用、工作原则。用十九大精神指导工作实践，进一步探索政协履职的新路径、新举措，展现政协事业发展的新气象、新作为。

二、始终把解决发展不平衡不充分问题作为政协履职的主攻方向

牢牢把握新时代历史方位，紧扣市委七届四次会议提出“1346”的发展思路和全市经济工作会议提出的全力推动产业转型“三大升级”、聚力创优环境“五大攻坚”、社会服务水平“五大提升”等事关经济发展的重大问题开展多层次、宽领域的政治协商。今年，要重点围绕“商事制度改革情况、新兴产业发展状况、退耕还林工作进展、农村信用联社改制、多层次社会保障体系建设、社会养老体系建设”等6个重点课题，开展专题性调研，进行系统化论证，努力提出符合实情、反映民意、有助决策的意见建议。选择“生态环境全面治理、城市棚户区改造情况、社会治安‘雪亮’工程建设、全民健身项目推进”等4个事关群众生活的民生实事开展视察和对口协商，通过实地视察、座谈发言等形式，深入协商议政，精准建言献策，力争提供更多更优更好的“政协方案”。

三、始终把增进民生福祉作为政协履职的根本目的

积极践行以人民为中心理念，突出提案和社情民意信息工作的民生导向，围绕“脱贫攻坚、富民增收、污染防治、基本公共服务”等群众最关心最直接最现实的利益问题务实履职，切实做到善谋利民之策、多献利民之计、力促惠民之举，努力使广大群众的获得感、幸福感、安全感更加充实、更有保障、更可持续。2018年，市政协常委会要围绕“推动乡村振兴和社区建设”2个议题开展重点协商，在全体委员中继续开展“委员调研月”和议政建言征集活动，通过深入调研协商，着力提高协商议政质量和实效。要顺应社会主要矛盾新变化，关注美丽霍州建设、社会治理创新、教育质量提升等民生领域重要问题，积极咨政建言，协助破解民生工作难题，促进民生事业又好又快发展，不断满足广大群众日益增长的美好生活需要。

四、始终把发挥协商民主重要渠道作用作为政协履职的着力点

完善全体会议、常委会议、主席会议协商机制，提升例会协商的针对性、有效性。聚焦事关全局、事关发展、事关民生的热点难点问题，灵活运用对口协商、界别协商、提案办理协商等形式协商讨论，形成可操作、可监督、可评价的意见建议。强化政协民主监督作用，从党政所思、群众所盼、政协所能出发，围绕全市重大决策部署的贯彻落实、群众反映强烈的突出问题和社会普遍关注的政风行风问题开展民主监督，切实增强监督实效。进一步加强与各党派团体的沟通联系，积极搭建协商平台，为他们在政协建言发声创造更好条件，着力营造畅所欲言、各抒己见的民主氛围，努力构建多渠道协商、多形式参政的良好格局。

五、始终把开拓创新作为政协履职的强劲动力

要常态化制度化推进“两学一做”学习教育，开展“不忘初心，牢记使命”主题教育，强化党的创新理论武装，提高政治觉悟和政治能力。深化开放型履职平台建设，完善“走出去”“请进来”双向交流工作机制，树立“互联网＋”理念，努力拓展网上协商空间；坚持开门办案，突出重点提案督办，创新提案办理评议，提高办理成效；强化社情民意信息“微调研”，畅通反映渠道，改进编报工作，提升专报水平。开展“委员履职提升年”主题活动，建立健全有组织、有制度、有考核的服务管理体系，激发广大委员参政议政、履职尽责的活力。继续抓好文史资料的收集与整理工作，今年要重点征集汇编中国人民解放军长江支队霍州籍老干部文史资料，切实发挥文史资料“存史、资政、团结、育人”的重要作用。要从严贯彻中央八项规定实施细则精神和省市委有关规定，深入推进“四个机关”建设，打造学习型干部队伍，持续改进机关作风，切实做到办文规范、办会严谨、办事周全，不断提升机关整体服务水平。

潮平两岸阔，风正一帆悬，霍州改革发展正当时。让我们更加紧密地团结在以习近平同志为核心的中共中央周围，在中共霍州市委的坚强领导下，深入学习贯彻中共十九大精神，不忘初心、牢记使命，同心同德、锐意进取，努力推进人民政协事业迈上新台阶，为决胜全面建成小康社会，实现“进军省强市，全面达小康，共建文明开放幸福美丽新霍州”的目标而努力奋斗！

大 事 记

1月

8日，霍州市四级人大代表学习贯彻中共十九大精神培训班在市委党校开班。培训班特邀临汾市委讲师团教授贾成奎、霍州市委党校讲师荀慧琴授课。霍州市领导高雅铭、陈占平、郭宏生等出席开班仪式。

9日，霍州市粉煤灰综合利用项目洽谈会在兆光发电厂举行。市领导黄晓君、刘国平、张伟兴出席会议，各相关部门负责人参加会议。洽谈会由市政府召集，与国电霍州发电厂、兆光发电厂，山西建设投资集团、天津住宅建设发展集团三方商谈粉煤灰综合利用合作事宜。

11日，霍州市召开全域旅游总体策划汇报会。市领导黄晓君、刘国平、朱源洪、张伟兴、张发宁、刘元建、吕文博、张谦出席会议，各相关部门负责人参加会议。

12日晚，霍州市委副书记、市长黄晓君，政府副市长张发宁对部分企业对重污染天气应急响应措施落实情况、采取“四不两直”方式进行突击检查，公安、交警、环保等相关单位执法人员联合执法。召开应对重污染天气紧急部署会，政府副市长晋学斌通报临汾市应对重污染天气会议精神，政府副市长张发宁安排部署下一阶段散煤整治行动。

16日，霍州市召开七届人大常委会第十次会议。市人大常委会主任陈占平、人大常委会副主任安志勇、朱源洪、孟援斌出席会议。政府副市长吕文博、法检两院负责人及“三账”督查重点单位负责人、各乡（镇、街道）人大主席（工委主任）、重点建议领衔代表列席会议。

17日，霍州市委书记崔山原主持召开市委中心组学习暨四套班子会议。会议研究讨论霍州市委《关于开展“对照会议”全面传达学习省市经济工作会议精神》，安排部署学习宣传贯彻十九届中央纪委二次全会精神和习近平总书记“1·5”重要讲话精神。

17日，霍州市3D建筑打印技术项目洽谈会在霍煤集团召开。市委书记崔山原，市委副书记、市长黄晓君，副市长张谦，盈创建筑科技（上海）有限公司，霍煤集团负责人等出席会议，各相关部门负责人参加会议，共商霍煤集团引进3D建筑打印技术落地霍州市相关事宜。

18日，山西建设投资集团总经理乔建峰一行在霍州市深入洽谈就粉煤灰综合利用项目合作，就企业装配式建筑产业化园区入驻霍州市经济技术开发区进行考察。市领导崔山原、黄晓君、刘国平及各相关市直部门负责人陪同。

23日，中共霍州市委召开七届四次全体（扩大）会议。总结回顾2017年工作，安排部署2018年工作。会议由市委书记崔山原主持。市委委员、候补委员参加会议，不是市委委员和候补委员的市级领导，各乡（镇、街道）党政负责人，市直各单位、各条管单位负责人列席会议。市委书记崔山原代表市委常委会作题为《把握新时代担当新使命奋力开启霍州全面建成小康社会新征程》的工作报告。会议表决通过《关于市委常委会工作报告的决议（草案）》。

25日，霍州市委书记崔山原率领霍煤集团、霍源通公司、市招商局等一行9人，到湖南华曙高科技有限公司和远大住宅工业集团股份有限公司进行考察。政府副市长张谦、霍煤集团副总经理赵耀东陪同。

31日，霍州市委常委班子召开2017年度民主生活会。市领导崔山原、黄晓君、郭宏生、田晋川、程军、刘国平、牛福生、郭丽华等，临汾市纪委常委、监委委员杜斌生，临汾市委组织部组织三科科长柳剑出席会议，市政协主席薛泽会列席会议。

2月

1日，霍州市政府党组召开2017年度民主生活会。市领导黄晓君、刘国平、郭丽华、张伟兴、张发宁、晋学斌、刘元建、吕文博、张谦、计军亚等参加会议。

2日，霍州市委召开经济工作会议。市四套班子在家领导及担任过县级实职的老干部出席会议，各市直行政事业单位、学校、医院党政负责人，条管单位负责人，各乡（镇、街道）人大主席、市人大工委主任、政协专委主任，“两代表一委员”（中共霍州市党代会代表、人代会代表及政协委员）和农村“两委”主干、企业界、工商界代表等400余人参加会议。市委书记崔山原作重要讲话，市委副书记、市长黄晓君安排霍州市经济工作，市委副书记高雅铭主持会议。

5至6日，临汾市第三考核组到霍州市考核2017年度目标任务完成情况。市领导崔山原、黄晓君、高雅铭、陈占平、薛泽会、郭宏生、田晋川、程军等出席考核会。崔山原代表市党政班子作工作汇报和个人述职。

6日，霍州市委副书记、市长黄晓君到白龙镇柳树腰、前柏木沟村，看望慰问包联建档立卡贫困户李红彦和老党员陈红杏，为他们送去慰问金、慰问品。市领导张伟兴、王英才与市民政局、白龙镇相关负责人陪同。

7日，霍州市委书记崔山原、市人大常委会副主任朱源洪、政府副市长晋学斌到基层慰问特困职工、省级劳模、困难党员，看望包联孤儿、建档立卡贫困户，到辛置镇段庄村，走访慰问建档立卡贫困户张海生、张红兵及72岁老党员张桂成，送去慰问金和慰问品。

9日，霍州市委书记崔山原、市委常委、市委秘书长郭宏生到霍煤集团团柏煤矿检查节前安全生产情况。

9日，山西省政府第十督查组到霍州市，对霍州市“两节”“两会”期间安全生产工作进行督导检查，召开汇报会。市领导黄晓君、张伟兴出席会议，市安委会成员单位负责人参加会议。

11日，霍州市领导崔山原、黄晓君、陈占平、薛泽会、郭宏生、高峻、卢卫红、张发宁、计军亚等到市人武部、公安消防大队、武警中队，看望慰问驻霍武警官兵。

22日，由临汾市委统一组织，17个县

市同步联动，助力 2018 年山西省旅发大会“美丽临汾·霍州千人健步走”活动启动。霍州市四套班子领导，各乡（镇、街道）、市直各单位、省地营厂矿企业、各条管单位干部职工，各协会以及社会各界人士等，3500 余人参加活动。

23 日，霍州市委书记崔山原主持召开市委中心组暨四套班子学习会议。传达学习临汾市纪委四届三次全会及中共十九届二中全会精神，对春节文化活动及 2018 年工作进行安排部署。

27 日，霍州市委副书记、市长黄晓君，副市长晋学斌带领住建、国土、水利、环保等部门负责人，检查汾河沿岸生活污水处理工程。

27 日下午，霍州市委书记崔山原为市委办党支部成员讲党课，传达习总书记“一五”讲话精神和省部级干部培训班讲话精神。

3 月

5 日，霍州市召开市委政法工作会议。回顾总结 2017 年工作，安排部署 2018 年工作任务。市领导崔山原、黄晓君、郭宏生、田晋川等出席会议，公、检、法、司中层以上干部、综治成员单位负责人 200 余人参加会议。会议由市委常委、市委秘书长郭宏生主持。

5 日，霍州市召开 2018 年安全生产工作会。市领导崔山原、黄晓君、刘国平、张伟兴、张发宁、刘元建、吕文博等出席会议，各乡（镇、街道）、市直各部门、市安委会成员单位及部分重点企业负责人参加会议，会议总结 2017 年安全生产工作，安排 2018 年安全生产工作和全国“两会”期间安全工作。

6 日，中国共产党霍州市第七届纪律检查委员会第三次全体会议在市委党校召开。总结回顾 2017 年纪检监察工作，安排部署 2018 年工作任务。市委书记崔山原出席会议并讲话。市领导黄晓君、陈占平、薛泽会、郭宏生、田晋川、程军、刘国平、郭丽华等出席大会，会议由市委常委、纪委书记程军主持，作题为《深入落实全面从严治党战略部署，奋力开创新时代纪检监察事业崭新局面》的工作报告。

7 日，霍州市委农村工作暨脱贫攻坚会议召开。市四套班子领导出席会议，市委农村工作领导组成员单位和市脱贫攻坚领导小组成员单位负责人，各乡（镇、街道）党政“一把手”，分管扶贫工作的副职，农林、水利、畜牧、农机等涉农部门班子成员，市扶贫办、下乡办全体人员参加会议。会议由市政府副市长张发宁主持。会上，市委书记崔山原与各乡（镇、街道）签订脱贫攻坚责任状。

同日，山西兆光发电有限公司举行固废物综合利用项目论证会，就企业产生的主要固废物粉煤灰、石膏等综合利用项目与天津天筑、山西建投、山西光瀛达等企业进行合作洽谈。市领导黄晓君、刘国平、张伟兴，格盟国际能源有限公司副总经理蔡昊盛、山西建投集团、天津天筑建材有限公司、山西光瀛达建材有限公司、山西兆光发电有限公司等主要负责人及市直各相关部门负责人参加论证会。

8 日，霍州市环境保护工作暨生态环境治理攻坚行动大会召开。市四套班子领导出席会议，各乡（镇、街道）党政一把手，市委各部、委、办，市直各单位相关负责人参加会议。市委副书记、市长黄晓君主持会议。

13日上午，霍州市四套班子领导同干部群众、“学雷锋”志愿者服务队，在旅游路沿线参加义务植树活动。

20日，中汽公司霍州项目投资座谈会在市政府八楼会议室召开。霍州市领导崔山原、黄晓君、刘国平、张伟兴、王英才与中汽商用汽车公司董事长郭建君、中国八达电汽集团董事长刘云其及相关专家学者出席。会议由政府副市长张伟兴主持。

30日，霍州市党务工作会议召开。会议回顾总结2017年党务工作，安排部署2018年党务工作。市四套班子领导出席会议，各乡（镇、街道）党政负责人，分管组织、宣传、统战工作的副职，市直行政、事业单位党政负责人，党的组织关系在霍州的垂直管理部门主要负责人，市直工委书记、非公和社会组织负责人，统战、组织、宣传班子成员和科室负责人参加会议。会议由市委副书记、市长黄晓君主持。市委副书记、统战部长高雅铭作统战工作报告；市委常委、组织部长牛福生作组织工作报告；市委常委、宣传部长郭丽华作宣传工作报告，市委书记崔山原对党务工作提出要求。

30日，2018年度森林防火暨民兵应急分队在悬泉山景区广场拉动演练。临汾军分区副司令员杜海峻，市领导黄晓君、刘国平、高峻、卢卫红、张伟兴、张发宁、刘元建等出席。市长刘国平、法检两院相关负责人、各乡（镇、街道）人大主席（工委主任）列席会议。

4月

4日，霍州市在霍州署博物馆举行“临汾市党员教育基地”挂牌仪式暨“不忘初心，继承传统，牢记使命，奋力前行”主题党日活动。市领导崔山原、黄晓君、高雅铭、薛泽会、郭宏生、田晋川、程军、刘国平、牛福生、郭丽华等同市直相关单位党员及入党积极分子共计200余人参加仪式。仪式由市委副书记、统战部长高雅铭主持，崔山原、黄晓君为“临汾市党员教育基地”揭牌。

8至10日，政协霍州市第七届委员会第三次会议在霍煤宾馆召开，全市各个界别、各条战线的163名政协委员参加。市领导崔山原、黄晓君、高雅铭、陈占平、程军、牛福生等出席会议。会议审议市政协主席薛泽会代表市政协常委会所作的《政协第七届霍州市委员会常委会工作报告》、市政协副主席薛有生所作的《政协第七届霍州市委员会第二次会议常务委员会提案工作报告》、市长黄晓君所作的《政府工作报告》，审议通过《政协第七届霍州市委员会第三次会议政治决议（草案）》《政协第七届霍州市委员会三次会议关于七届二次会议以来提案工作情况报告的决议（草案）》和《政协第七届霍州市委员会第三次会议关于七届二次会议以来提案工作情况报告的决议》。

9日至11日，霍州市第七届人民代表大会第三次会议在市委党校会议室召开。市委书记崔山原在闭幕式上作重要讲话。审议通过市长黄晓君所作的《政府工作报告》、市人大常委会主任陈占平所作的《霍州市人民代表大会常务委员会工作报告》、市法院院长任军所作的《霍州市人民法院工作报告》、市检察院检察长王志刚所作的《霍州市人民检察院工作报告》，《关于霍州市2017年国民经济和社会发展执行情况和

2018年国民经济和社会发展计划的报告》《关于霍州市2017年财政决算和2018年财政预算的报告》，通过霍州市第七届人民代表大会法制委员会和财政经济委员会的组成人员。

10日，霍州市“强化责任、严守纪律、树好形象”专项治理活动动员大会召开。市四套班子领导出席会议，各乡（镇、街道）党（工）委书记、社区负责人、市直各行政事业单位一把手参加会议。会议由市委副书记、市长黄晓君主持。市委副书记、统战部部长高雅铭宣读《中共霍州市委关于在全市“开展强化责任严守纪律、树好形象”专项治理活动实施方案》，并对活动进行具体部署。

15日，“美丽临汾·魅力霍州”全省文旅推广暨“语文报杯”全国中学生作文大赛首届梁衡作文奖颁奖仪式在霍州煤电集团文化活动中心举行。著名学者、作家、新闻理论家梁衡，中央电视台高级记者董岩，原北京日报《新闻与写作》主编李培禹，人民日报出版社编辑张炜煜，中国当代诗人、中华儿童文化艺术促进会专家委员阿紫，《语文报社》社长兼总编辑蔡智敏，临汾市政协原副主席成继东，临汾市旅游发展委员会主任李艾珍，临汾市文化局局长董凤妮等及霍州市四套班子领导出席活动，全国部分知名专家、学者、作家、媒体人及省、市、县媒体参加活动。霍州市各乡（镇、街道）、市直单位负责人、梁衡研究会霍州会员、部分在校学生等参加活动。市委书记崔山原作重要讲话。

16日，《山西省汾河流域生态修复与保护条例》（以下简称《条例》）执法检查组抵达霍州市，对汾河流域及周边生态环境进行执法检查。临汾市人大常委会主任陈小洪、副主任张庚博，临汾市政府副市长王兵等陪同。霍州市领导崔山原、安志勇、朱源洪、晋学斌等陪同，市水利局、住建局等负责人现场作情况汇报。

22日，临汾市政府副市长王兵等到霍州市，就全面落实河长制、汾河流域水环境治理和水生态修复等工作进行巡河调研。霍州市市委副书记、市长黄晓君，环保、水利、住建等相关部门负责人陪同。

24日，霍州市委书记崔山原、市委常委、市委秘书长郭宏生，政府副市长晋学斌带领环保、住建、国土、水利、卫计等单位负责人，督查霍州市企业环保工作。

24日，霍州市委副书记、市长黄晓君带领环保、农林委等相关部门负责人检查大张镇贾孟村生活污水处理站、砂场。

24日上午，山西省审计工作会议电视电话会召开，霍州市领导黄晓君、刘国平、王英才在霍州分会场参加会议。

25日，霍州市整治群众身边腐败问题工作推进会召开。会议贯彻落实习近平新时代中国特色社会主义思想和中共十九大精神、中央纪委二次全会精神，传达学习山西省、临汾市专题会议精神，对霍州市开展扶贫领域、民生领域、涉黑涉恶等专项整治工作进行再安排、再部署。市领导崔山原、黄晓君、高雅铭、薛泽会、田晋川、程军、刘国平、牛福生、张发宁、薛有生、王英才、王志刚、计军亚等出席会议，市委整治群众身边腐败问题领导小组成员，各乡（镇、街道）党政和纪检负责人，市直单位主要负责人，驻霍省地企业负责人，市纪委监委班子成员，市纪委各派驻纪检监察组长，市纪委监委机关各室主任参加会议。会议由市委副书记、市长黄晓君主持。市委书记崔山原讲话。

25日，霍州市人民政府第34次常务（扩大）会议召开。市领导黄晓君、刘国平、郭丽华、张伟兴、张发宁、晋学斌、吕文博、薛有生、王英才出席会议。各乡（镇、街道）、市发改局、经信局、教科局及国资中心、农机中心、人民医院等相关单位负责人参加会议。

25日，霍州市2018年文化、科技、卫生“三下乡”活动启动仪式在大张镇贾村举行。临汾市文联副主席杨红旭，霍州市领导黄晓君、郭丽华、朱源洪、吕文博、薛云彪等出席活动，副市长吕文博主持启动仪式，市委副书记、市长黄晓君宣布“三下乡”活动启动。宣传部、文化局、农林委、卫计局、人社局等20余家“三下乡”成员单位参加仪式。

25日，霍州市政府系统推进“强化责任、严守纪律、树好形象”专项治理活动会召开。市领导黄晓君、刘国平、郭丽华、张伟兴、张发宁、晋学斌、吕文博、薛有生、王英才等出席会议。各乡（镇、街道）、发改局、经信局、教科局、国资中心、农机中心、人民医院相关负责人等参加会议。市委副书记、市长黄晓君讲专题党课。

28日，国家林业和草原局专家刘立军、山西省国有林管理局副局长盖强带领森林康养专家团队考察调研霍州七里峪建设康养基地项目。市委副书记、市长黄晓君，市委常委、政府副市长刘国平一同考察。

28日，市委副书记、市长黄晓君，政府副市长张伟兴到霍州署、七里峪风景区，霍州东站检查旅游及出行安全问题。市公安消防大队、交警大队、旅游局、安监局、运管局、交通局等相关部门负责人陪同检查。

5月

4日，霍州市“强化责任、严守纪律、树好形象”工作推进会召开。市委副书记、统战部长、专项活动常务副组长、办公室主任高雅铭出席会议，综合组、督察组、指导组、宣传组全体人员参加会议。

5日，山西建筑产业现代绿化建材霍州园区项目签约暨开工仪式在兆光发电有限责任公司举行。霍州市委书记崔山原，市委副书记、市长黄晓君，市委常委、政府副市长刘国平，政府副市长张伟兴，山西建设投资集团有限公司董事长孙波，天津住宅建设发展集团有限公司董事长康庄，山西国际能源集团董事长曹阳等出席仪式。

8日，霍州市召开环保系统警示教育作风整顿动员大会。市四套班子领导出席会议。市委书记崔山原作重要讲话，市委副书记、市长黄晓君主持会议。各乡（镇、街道）党政负责人，市生态环境治理攻坚行动领导组成员单位负责人，市环保局全体人员，“一煤两电”等企业负责人150余人参加会议。

9日，霍州市委书记崔山原主持召开市委常委班子“强化责任、严守纪律、树好形象”专题会议暨市委中心组集中学习会议。市领导黄晓君、陈占平、薛泽会、郭宏生、田晋川、刘国平、牛福生、高峻等四套班子领导出席会议。

10日，山西省林业管理局副局长盖强、临汾投资集团公司负责人狄学飞带领专家考察团到七里峪实地考察森林康养基地建设。霍州市领导崔山原、黄晓君、刘国平、吕文博及李曹镇、国土局、农林委、霍山管委会、文旅公司等相关负责人陪同考察。

14日，霍州市第一期科级干部读书班在市委党校开班。市委书记崔山原，市委常委、组织部长牛福生，市委党校常务副校长胡韩平出席开班式。培训为期1个月，通过专题授课，观看电教片，听教育讲座、社会调查、撰写论文等方式，对50名科级干部进行集中培训。

15日，霍州市召开农村集体产权制度改革工作动员会。市领导黄晓君、高雅铭、张发宁、王英才等出席会议，市农村集体产权制度改革工作领导组成员单位负责人、各乡（镇、街道）党政一把手、分管副职、乡镇经管站、会计中心代理中心工作人员、农林委经管站相关人员等参加会议。会议由市委副书记、统战部长高雅铭主持。

16日，临汾市政府副市长闫建国带领临汾市交通局、市综治委铁路护路办等有关部门负责人，在霍州市南环路街道圣佛村，就圣佛站平交道口防洪安全隐患整改工作进行现场办公。霍州市领导崔山原、黄晓君、张伟兴、晋学斌等一同。

16日晚7时，由霍州市总工会主办的霍州市2018年度助力旅发全市职工运动会在市灯光球场举行。临汾市总工会副主席张宏杰，霍州市领导崔山原、黄晓君、高雅铭、田晋川、孟援斌、张伟兴、晋学斌、刘元建、薛有生、王英才等参加开幕式。开幕式由政府副市长刘元建主持。

17日，霍州市委书记崔山原主持召开中心组学习暨四套班子会议。会议传达学习习近平总书记在纪念马克思诞辰200周年大会上的重要讲话、中央纪委国家监委网站五一端午曝光专区“每周通报”（第二期）警示教育内容；市委常委、组织部部长牛福生汇报临汾市抓党建促脱贫攻坚暨党建引领村集体经济发展经验交流会议精神及有关情况；农林委工作人员宣读《关于进一步加强脱贫攻坚市级包联领导工作的通知》。市委书记崔山原就脱贫攻坚工作进行讲话。

17日，山西省人大常委会调研组到霍州市，对新施行的《山西省旅游条例》及《宗教事务条例》宣传贯彻情况进行调研。临汾市人大常委会副主任张学伟等一同调研，霍州市领导崔山原、黄晓君、陈占平、安志勇、吕文博等陪同。

23日，霍州市委办公室党支部组织全体党员开展“脱贫攻坚你我同行”主题党日活动。市委书记崔山原，市委常委、市委秘书长郭宏生以普通党员身份参加活动，带头扫描中国社会扶贫网二维码。

24日，霍州市召开山西省森林康养基地建设启动仪式对接会。山西省林业厅副巡视员、林业厅森林康养工作领导小组副组长李振龙，省国有林管理局常务副局长、林业厅森林康养工作领导小组办公室副主任盖强，霍州市领导崔山原、黄晓君、高雅铭、郭宏生、刘国平、郭丽华、张发宁、吕文博等出席会议，协商康养基地建设启动仪式的筹备方案。

25日，霍州市干部大讲坛暨市委中心组集中学习开堂授课。市四套班子领导，各乡（镇、街道）、市直各单位分管领导，文艺界的相关人士180余人聆听讲座。会议由市委常委、宣传部部长郭丽华主持。

28日，洪洞县委组织部组织观摩团到霍州市就“三基建设”及基层党建等工作进行观摩交流。霍州市市委书记崔山原，市委常委、政法委书记田晋川，市委常委、组织部部长牛福生，市政府党组成员、公安局局长计军亚等陪同，在公安局、鼓楼街道前进社区观摩。

30日，霍州市七届人大常委会第十三次会议召开。市领导陈占平、晋学斌、安志勇、孟援斌、任军等出席会议，市政府有关部门主要负责人、各乡（镇、街道）人大主席（工委）主任等列席会议。会议由人大常委会副主任孟援斌主持，会议审议通过霍州市人大常委会《2018年工作要点》。

6月

1日上午，霍州市领导黄晓君、陈占平、郭宏生、吕文博等与教科局、团市委、关工委、妇联等单位负责人一起走进霍州市实验小学，与师生共度儿童节。

5日，山西省住房和城乡建设厅厅长王立业、临汾市住建局局长杜敏在霍州市，就城乡规划总体情况进行调研。霍州市领导刘国平、晋学斌及市住建局班子成员、相关单位负责人随同调研。

6日，霍州市领导崔山原、黄晓君、高雅铭、陈占平、薛泽会、程军、吕文博、王英才等带领教科局、环保局、卫计局、食药局等相关部门负责人巡查高考准备工作。

7日，霍州市领导崔山原、黄晓君、郭宏生、刘国平、张发宁带领交通局、农林委、爱卫办等单位负责人，检查霍州市旅游路沿线、七里峪风景区环境卫生。

8日，由山西省人社厅转型项目建设年调研组到霍州市，就推进技工学校实训基地建设情况进行调研。市委书记崔山原，市委常委、政府副市长刘国平等随同调研。调研组通过实地查看、听取汇报等方式，了解霍州市技工学校实训基地建设等相关情况。

12日，霍州市政府党组“强严树”学习暨第37次政府常务（扩大）会议召开。市领导黄晓君、刘国平、郭丽华、孟援斌、张发宁、晋学斌、刘元建、吕文博、薛有生、王英才、张谦等出席会议，各乡（镇、街道）、市直各相关单位负责人参加会议。

13日，临汾市委常委、政法委书记郭行杰一行到霍州市，就扫黑除恶专项斗争工作进行督导检查。霍州市领导田晋川，法院、检察院、公安局相关部门负责人陪同督导检查。

15日，霍州市委书记崔山原主持召开市委常委会暨市委中心组学习会议，市领导黄晓君、高雅铭、陈占平、薛泽会、郭宏生、田晋川、程军、刘国平、牛福生、郭丽华等出席会议。

同日，霍州市政协七届十二次常委会召开。政协主席薛泽会，政府副市长张发宁，政协副主席薛有生、沈晓静、薛云彪、王英才等出席会议。会议由政协副主席薛云彪主持，政府副市长张发宁代表市政府介绍霍州市乡村振兴战略总体工作进展情况。

20日，霍州市县乡医疗卫生机构一体化改革领导组召开（扩大）会议，贯彻落实省、临汾市关于推进县乡医疗卫生机构一体化改革的相关精神，研究全市医改相关工作，健全完善霍州市医疗卫生机构一体化改革相关方案。霍州市委副书记、市长黄晓君，副市长刘元建，政协副主席、财政局长王英才出席会议，市委宣传部、编办、人社、卫计、食药等部门相关负责人参加会议。

23日，纪念中国共产党成立97周年暨《今日霍州》创刊20年座谈会在市文化活动中心举行。市委常委、宣传部部长郭丽华，政协副主席薛有生、薛云彪，部分离退休老干部等出席会议，市委宣传部、市文化局、外事旅游局、广电中心、档案馆、文联等部门负责人，《今日霍州》历任领导及部分摄影爱好者参加会议。

29日，山西省人大常委会副主任、临汾市委书记岳普煜到霍州市，对霍州市部分污水处理建设项目和辛置河环境整治进行调研。霍州市领导黄晓君、郭宏生、晋学斌及市住建、环保、水利等部门负责人陪同。岳普煜一行通过听取汇报、实地查看等方式，了解霍州市汾河沿岸污水处理建设项目和辛置河环境整治进展情况。

同日，霍州市纪念改革开放40周年暨庆七一书画作品展在市文化活动中心举行。市领导崔山原、陈占平、刘国平、牛福生、郭丽华、刘元建、吕文博等出席开幕式。各乡（镇、街道）、市直各单位负责人，市委组织部、市委宣传部、中镇书画院、老年书画家协会等全体人员参加开幕式。市委常委、组织部部长牛福生主持宣布书画展开幕，市委常委、宣传部部长郭丽华致辞。

同日，霍州市在市委党校召开庆祝中国共产党成立97周年暨“两优一先”表彰大会。市领导崔山原、陈占平、薛泽会、田晋川、刘国平、牛福生、郭丽华、高峻等四套班子领导出席会议。市委书记崔山原讲话，市委常委、政法委书记田晋川主持会议。

30日，临汾市农村道路交通安全工作现场推进会在霍州市召开。山西省公安厅交管局副局长武小彪，临汾市政府副市长、公安局局长马德荣及霍州市委副书记、市长黄晓君，政府副市长张发宁出席会议。临汾市17个县（市、区）分管交通安全的主要领导、公安局局长、交警大队队长及霍州市相关市直单位、乡（镇、街道）等负责人参加会议。

7月

2日，霍州市委书记崔山原，市委副书记、市长黄晓君带领环保、住建、国土、水利、发改、经信、执法、运管、辛置镇、白龙镇、退沙街道、南环路街道等部门负责人检查汾河排污口及沿河散乱污企业治理情况。市领导郭宏生、张伟兴、晋学斌、计军亚等参加检查。

4日，霍州市在市委党校六楼召开传达学习“全省攻坚深度贫困现场推进会精神”会议。市委书记崔山原，市委副书记、市委统战部部长高雅铭，市委常委、市委组织部部长牛福生，市政府副市长张发宁，市政协副主席、财政局局长王英才出席会议。会议由牛福生主持，市委书记崔山原传达“全省攻坚深度贫困现场推进会”会议精神，对脱贫攻坚提出要求。

6日，霍州市突出问题集中整治推进会召开。市领导黄晓君、高雅铭、陈占平、薛泽会、郭宏生、刘国平、郭丽华、晋学斌、刘元建、吕文博等出席会议，各乡（镇、街道）负责人，环境保护工作领导组、市河长制领导组成员单位负责人，市环保局、住建局相关工作人员及霍州煤电、霍州发电厂、兆光发电厂等企业负责人参加会议。会议由市委副书记、市委统战部部长、市委党校校长高雅铭主持。

11日，霍州市委副书记、市长黄晓君，政府副市长张发宁带领市国土等部门负责人到白龙镇虎燕公路虎头山段、白龙村等地，检查地质灾害防控工作。

12日，临汾市扫黑除恶专项斗争督导组到霍州市督导扫黑除恶专项斗争工作。市委常委、政法委书记田晋川，市法院院长任军，检察院检察长王志刚等陪同。

16日，霍州市委书记崔山原主持召开市委常委会。传达学习中央政法委督导组在山西督导扫黑除恶专项斗争工作有关情况，全国、省、区市纪检监察工作座谈会暨省委、省纪委监委、市委、市纪委监委会议精神，临汾市三基建设推进会和组织部长座谈会议精神及《关于进一步做好领导干部个人有关事项即时报告工作的通知》。

17日，霍州市委副书记、市长黄晓君带领环保、国土、水利等相关部门负责人，采取“四不两直”的方式对李曹镇砂厂整改情况进行实地督查，确保中央、省、临汾市环保督察组对霍州市反馈出的环境突出问题得到整改落实。

17至18日，霍州市委书记崔山原检查霍州市境内10余座煤矸石山治理现场，推动整改工作。

20日，霍州市突出环境问题交办会议召开。市领导崔山原、黄晓君、高雅铭、陈占平、郭宏生、刘国平、郭丽华、高峻、安志勇、孟援斌、张伟兴、晋学斌、胡韩平等出席会议，各乡（镇、街道）、市直部门及驻霍重点企业等负责人参加会议，会议由市委副书记、市长黄晓君主持。

25日，山西省林业厅副巡视员李振龙带领国信集团、省森林康养投资管理集团有限公司相关负责人，对七里峪森林康养基地进行考察调研。市委书记崔山原，市委副书记、市长黄晓君，市委常委、市委秘书长郭宏生，政府副市长吕文博，太岳林局、旅游局、农林委等相关部门负责人陪同。

25日，霍州市委书记崔山原，市委副书记、市长黄晓君，市委常委、市委秘书长郭宏生带领城乡执法局负责人到退沙街道什林村、108国道许村段、紫晟煤业，就环境突出问题集中整治工作推进情况进行督察。

26日，2018年霍州市国防教育专题讲座开讲，特邀原海军军事学术研究所研究员曹卫东大校授课。市领导黄晓君、郭宏生、牛福生、高峻、卢卫红、安志勇、刘元建、吕文博、薛有生、薛云彪等参加培训，各乡（镇、街道）、市直相关单位负责人参加学习。讲座由市人武部政委卢卫红主持。

8月

8日，由山西省发改委重大项目稽查特派员尚日红带领的山西省、临汾市发改委调研组莅临霍州市，对霍州市资源枯竭城市转型发展工作进行调研。霍州市委书记崔山原，市委副书记、市长黄晓君，政府副市长张伟兴、吕文博及市发改局、统计局、财政局、农林委、国土局、招商局、重点办等相关部门负责人陪同。

10日，霍州市三基建设重点任务推进会召开。市委书记崔山原，市委常委、组织部部长牛福生，市政协副主席王英才出席会议，各乡（镇、街道）、市直各相关部门负责人等参加会议。会议由牛福生主持，市委书记崔山原安排部署三基建设工作。

14日，霍州市四套班子领导同全市中层以上干部，部分党代表、人大代表、政协委员，部分离退休老干部和涉及重点项目相关职能部门负责人组成的观摩团，观摩2018年全市重点工程建设。

15日，霍州市第四届道德模范颁奖仪式暨“不忘初心·砥砺前行”社区主题文艺晚会在中镇文化广场举行。市四套班子领导同上千名群众观看演出，评选出道德模范、霍州好人、文化名人、文化新星各10名。

16日，霍州市2018年散煤污染专项整治推进会召开。市委副书记、市长黄晓君，政府副市长张发宁、晋学斌出席会议，各乡（镇、街道）、各相关单位负责人参加会议。会议由晋学斌主持，会议通报《霍州市2018年生态环境治理攻坚八大工程责任分工》，安排部署霍州市散煤污染专项整治工作。

18日，“敬佑生命、救死扶伤、甘于奉献、大爱无疆”暨霍州市医疗集团庆祝首个中国医师节大会在霍州煤电文化活动中心举办。市领导崔山原、高雅铭、郭宏生、高峻等出席晚会，并为临汾市“名医百杰”“百名好医生”、霍州市名医及优秀医务工作者颁奖。

21日，“中镇霍山·华夏州署”第十届文化旅游月暨“夏养山西·康养霍州”系列活动启幕。临汾市人大常委会副主任张庚博、临汾市人民政府副市长闫建国、省国有林管理局常务副局长盖强、省森林康养投资集团副总经理李美文、霍州煤电集团董事长王永革、霍州煤电集团总经理戎生权、中国人民解放军长江支队部分霍州籍南下干部、临汾市文化局、临汾市园林局、临汾市林业局、临汾市旅发委相关负责人及霍州市四套班子领导、驻霍企业负责人出席开幕式。《山西日报》、山西电视台、《山西晚报》《山西经济日报》《三晋都市报》《山西画报》《临汾日报》、临汾电视台、《生活晨报》、秦晋中原网、山西新闻网等媒体记者同霍州市部分离退休老干部、党代表、人大代表、政协委员、各乡（镇、街道）党政一把手、市直各相关单位负责人参加活动。临汾市人民政府副市长闫建国讲话，霍州市委书记崔山原致欢迎辞，市委副书记、市长黄晓君主持开幕式。

31日上午，由霍州市委、市政府主办的2018年四类贫困家庭学生救助暨爱心助学活动在中镇文化广场举行。2018年是霍州市连续十年举办爱心助学活动。霍州市四套班子领导，副科级以上干部，捐助单位负责人和受助学生代表及家长、市一中部分师生3000余人参加。市委书记崔山原讲话。市委副书记、市长黄晓君主持会议。现场捐助善款107余万元。

9月

3至4日，霍州市委书记崔山原带领发改、住建、国土、招商以及大张镇、李曹镇负责人，赴陕西省神木市实地考察激光熔覆项目。市政府副市长张伟兴陪同考察，与项目方协商，达成合作意向。

4日，山西省重点工程建设项目专项督查组在霍州市，督查霍州市部分省重点项目。霍州市委副书记、市长黄晓君陪同。督查组一行通过听取汇报、现场检查等方式，了解霍州市重点项目推进情况及建设过程中遇到的困难和问题，对项目推进中有关问题进行沟通协调。

5日，霍州市委副书记、市长黄晓君到基层检查“煤改气”“供暖扩户”项目进展情况。政府副市长晋学斌及住建、国土、环保等相关部门负责人陪同。

5日，霍州市突出环境问题反馈整改会召开。市领导崔山原、黄晓君、张伟兴、张发宁、晋学斌、刘元建、吕文博、张谦、王英才等出席会议，各乡（镇、街道）党政一把手、市直各单位、驻霍企业相关负责人100余人参加会议。会议由市委副书记、市长黄晓君主持。

10日，霍州市召开庆祝第34个教师节暨表彰大会，出资300万元，奖励2017—2018年度在全市教育工作中成绩突出的26个先进集体和300余名模范个人。市四套班子领导出席会议，各乡（镇、街道）负责人、分管副职，市直相关部门负责人，各中小学校长、民办学校校长，受表彰的先进集体代表和先进个人400余人参加会议。会议由市委副书记、统战部部长高雅铭主持。市委书记崔山原，市委副书记、市长黄晓君分别讲话。

12日，霍州市委副书记、市长黄晓君带领环保、政府督查室等部门负责人，督查国家环保部强化督查反馈问题整改情况。政府副市长晋学斌及各相关乡（镇、街道）、市直部门负责人参加。

12日，霍州市委书记崔山原到部分乡镇（街道），调研“供暖扩户”和“煤改气”“煤改电”项目进展情况。市住建局、供电公司、炬能公司、中国燃气等相关部门及企业负责人陪同。崔山原作讲话并提出要求。

14日，霍州市2018年重点项目推进会暨2019年重点项目大起底工作会议召开。市四套班子领导出席会议，各乡（镇、街道）、市直各相关单位、相关企业负责人等参加会议。会议由市委副书记、市长黄晓君主持。市委常委、市委秘书长郭宏生宣读《关于加快推进2019年重点项目工作的通知》。崔山原、黄晓君分别作讲话。

19日，霍州市防范化解金融风险暨农信社改制化险工作会召开。霍州市委副书记、市长黄晓君，市委常委、政府副市长刘国平，政府副市长张谦出席会议；各乡（镇、街道），金融办、人行霍州支行、经信局、工商质监、农林委等部门负责人参加会议。

19日，霍州市委副书记、市长黄晓君带领交通、国土、公安、住建、爱卫办等部门负责人，检查“两节一会”期间安全、环境整治工作。政府副市长张伟兴、吕文博，政协副主席、文物局局长薛有生，政府党组成员、政府办公室主任张卫东参加。

19日，霍州市首届霍州工匠（餐饮服务类）选树大赛暨地方特色食材（地方名优农产品）展览会开幕。临汾市总工会副主席师红阳，中国烹饪大师、临汾市名厨协会会长、该次特邀评委贾兴旺，霍州市领导高雅铭、刘元建出席活动，38名参赛选手、10家参赛酒店和21家食品加工企业参加活动。

22日下午，山西省深化扫黑除恶专项斗争边督边改工作电视电话会召开，霍州市四套班子领导在霍州分会场参加会议。临汾市立即召开深化扫黑除恶专项斗争边督边改工作会议，传达山西省会议精神。霍州市召开深化扫黑除恶专项斗争边督边改工作会议。各乡（镇、街道）、市直各相关单位负责人参加会议。市委书记崔山原，市委副书记、市长黄晓君讲话。

27日，霍州市全面深化改革推进会召开。市四套班子领导出席会议，公检法部门相关负责人及涉及改革任务的市直和垂直管理部门负责人参加会议。会议由市委副书记、市长黄晓君主持。市委常委、市委秘书长郭宏生安排部署全市2018改革工作和迎接改革督察工作。

30日，霍州市四套班子领导，驻霍部队，武警官兵，各乡（镇、街道）、市直单位负责人，实验小学部分师生在南塔烈士陵园举行向烈士纪念碑敬献花篮仪式，参观革命烈士纪念馆。

10 月

13 至 14 日，由山西省督学张俊耀带领的省级督查组到霍州市督导检查义务教育均衡发展工作。市委副书记、市长黄晓君，政府副市长吕文博出席会议，各乡（镇、街道），市教科局、财政局、人社局等相关单位负责人参加会议。

17 日，霍州市委书记崔山原在三教乡调研脱贫攻坚工作。市委副书记、统战部部长高雅铭，市委常委、市委秘书长郭宏生，市委常委、宣传部部长郭丽华及农林委、扶贫办相关负责人陪同。

17 日，霍州市委副书记、市长黄晓君调研师庄乡脱贫攻坚工作。市委常委、组织部部长牛福生，扶贫办负责人陪同。黄晓君一行在尉家沟村查看村民吃水用水情况。

23 日，临汾市政协主席、统战部长张建平到霍州市对固定资产投资和转型项目建设进行督导。市领导崔山原、高雅铭、薛泽会、刘国平、张发宁及市经信、发改、水利、环保、文化、国土等部门负责人陪同督导。

23 至 24 日，霍州市委副书记、市长黄晓君带领政府办、招商局等单位负责人先后到浙江传化集团、传化物流公路港，上海产业合作促进中心、上海国际设计师平台，就物流园区建设、固废回收利用、图书发行产业等项目进行深度考察洽谈。政府副市长张伟兴一同考察。

26 日，霍州市第三次妇女代表大会在市委党校召开。临汾市妇联副主席吕学慧应邀出席会议，霍州市领导高雅铭、郭丽华、吕文博、沈晓静出席会议。政府副市长吕文博主持会议。

同日，霍州市委副书记、市长黄晓君带领环保、住建、公安、供电公司、华润燃气、炬能公司等相关单位和企业负责人，调研霍州市中央环保督察问题整改“回头看”情况。政府副市长张发宁、晋学斌，市委党校常务副校长胡韩平一同调研。

29 日，临汾市汾河治理现场会在霍煤宾馆召开。临汾市政府副市长王兵出席会议，霍州市领导崔山原、黄晓君、张发宁、晋学斌，各县（市、区）长，省、市管河流县级河长，各县（市、区）住建、环保、水利局长，污水处理厂负责人及沿河工业、养殖业代表，霍州市河长制成员单位负责人等参加会议。在现场会上，霍州市委副书记、市长黄晓君汇报霍州市汾河污水排污口整治工作情况；尧都区、侯马市、洪洞县政府负责人分别作表态发言。

31 日，山西省人大常委会执法检查组同 2018 年三晋环保行记者团到霍州市检查环保工作。临汾市人大常委会副主任王金珍、临汾市政府副市长闫建国同霍州市领导崔山原、黄晓君、陈占平、安志勇、朱源洪、晋学斌等陪同检查。

11 月

1 日，霍州市委副书记、市长黄晓君，政府副市长张发宁、晋学斌带领环保、国土、水利、住建、发改、公安、中燃公司等部门负责人到李曹镇和退沙街道，就中央环保督察问题整改及冬季清洁取暖工作进行专项督察。黄晓君提出要求。

6 日，霍州市委副书记、市长黄晓君带领住建、环保、炬能公司负责人，检查热电联产集中供热推进情况。政府副市长晋学斌参加。

9日，霍州市委书记崔山原带领住建、炬能公司负责人检查城市集中供热工程准备情况，政府副市长晋学斌参加。

同日，霍州市委书记崔山原主持召开迎接中央生态环境保护督察“回头看”暨秋冬防工作例会。市领导黄晓君、高雅铭、张发宁、晋学斌、胡韩平出席会议。

9日上午，霍州市委书记崔山原主持召开专题会议，对全市农村集体产权制度改革工作进行再安排、再部署。市委副书记、市长黄晓君，政府副市长张发宁。各乡（镇、街道）及相关部门负责人参加会议，汇报产权制度改革工作。

13日，市委书记崔山原，市委副书记、市长黄晓君、市委常委、市委秘书长郭宏生带领环保、住建、水利、爱卫办及部分乡（镇、街道）负责人检查中央环保督察组反馈问题整改情况。

16日，临汾市政府副市长王兵在霍州市调研重点工程项目建设工作。霍州市委书记崔山原，市委副书记、市长黄晓君，政府副市长张伟兴陪同。王兵到李曹镇政府、七里峪护林防火检查点检查森林防火工作。

21日，霍州市委书记崔山原主持召开脱贫攻坚第三十八次工作周例会。山西农业大学副教授王宏民，霍州市领导黄晓君、高雅铭、张发宁出席会议，各乡（镇、街道），农林、财政、住建、卫计、民政及扶贫办、下乡办等相关部门负责人参加会议。

22日，霍州市委书记崔山原主持召开生态环境治理秋冬防攻坚工作第二次周例会，通报霍州市生态环境治理秋冬防攻坚工作面临的严峻形势，安排部署下一阶段工作。黄晓君、陈占平、薛泽会、郭宏生、程军、田晋川、刘国平、牛福生、郭丽华等四套班子领导出席会议，市环保局负责人参加会议。

22日，霍州市委书记崔山原主持召开市委常委会暨市委中心组集中学习会。会议传达学习中宣部《深刻认识美国对华政策新动向扎扎实实做好自己的事情》，《习近平新时代中国特色社会主义三十讲》及中纪委、省纪委《关于集中整治形式主义、官僚主义的实施意见》文件精神；听取全民健身中心建设项目推进情况；研究市人大2019至2022年召开人代会时间初步安排的意见。

27日，霍州市委副书记、市长黄晓君带领住建、扶贫办等部门负责人，调研陶唐峪乡脱贫攻坚、环境整治、乡村振兴工作。政府副市长张发宁一同调研。

27日，霍州市委书记崔山原到包联的辛置镇段庄村，走访看望贫困户，关怀困难群众生产生活。

28日，霍州市召开采煤沉陷区综合治理工作推进会。市委副书记、市长黄晓君，政府副市长张伟兴出席会议，发改、国土、住建、财政、人社等部门及涉及采煤沉陷区的8个乡（镇、街道）负责人参加会议。

30日，临汾市召开11月安全生产工作电视电话会议。霍州市领导黄晓君、刘国平、张伟兴、张发宁、刘元建、吕文博及各乡（镇、街道）、市直部门负责人在霍州分会场参加会议。会议通报1至10月临汾市安全生产情况、执法年开展情况；安排部署近期安全生产重点工作。霍州市立即召开11月安全生产工作例会。

30日，霍州市启动2018年冬首个重污染天气橙色预警。当晚18时，市委副书记、市长黄晓君带领市政府督查室来到相关部门、部分企业，检查重污染天气应对措施落实情况。

12 月

4 日，霍州市委副书记、市长黄晓君带领大张镇、农林委、国土局等乡镇、部门负责人到西张垣现代农业示范园区，督察“大棚房”清理整治工作。政府副市长张发宁，政府党组成员、办公室主任张卫东一同督查。其间，黄晓君督查全市脱贫攻坚工作。

10 日，霍州市召开全市非洲猪瘟等动物疫病防控工作专题会，安排部署非洲猪瘟防控工作。市委副书记、市长黄晓君，副市长张发宁出席会议，全市各乡（镇、街道）负责人、市直相关部门及部分养殖户参加会议。黄晓君与各乡（镇、街道）及相关单位负责人签订《非洲猪瘟防控工作责任书》。黄晓君讲话。

17 至 19 日，霍州市人大举办市乡两级人大代表首期集中履职培训班。市人大常委会主任陈占平、副主任安志勇出席并讲话。全市各乡（镇、街道）75 名人大代表参加培训。

18 日上午 10 时，庆祝改革开放 40 周年大会在北京举行。霍州市四套班子领导同社会各界广泛关注，通过电视、广播、手机直播、互联网等各种途径收听收看大会直播盛况，共同分享改革开放 40 周年辉煌成果。

19 日，霍州市委副书记、市长黄晓君带领住建、国土、发改、政府办等部门负责人，督察采煤沉陷区综合治理工作。市委常委、市委秘书长郭宏生参加南环路街道的汇报会。黄晓君查看南环路街道圣佛污水处理站和陶唐峪乡南李庄村的采煤沉陷区综合治理工程。

概　况

【地理位置】 霍州市因霍山得名。位于山西省中南部，临汾市北端，地理坐标为东经 111°38′—112°03′，北纬 36°26′—36°42′。东枕霍山（太岳山）与古县、长治市的沁源县毗邻，西望吕梁山与汾西县相连，南有汾水一脉相通，和洪洞县接壤，北靠韩信岭同晋中市灵石县交界。境内地势险要，自古为南北交通要冲，素有中州重镇、河东屏障之称。汾河、南同蒲铁路、108 国道、大运高速公路、大西高铁、霍永高速公路贯穿全境。以霍州城为起点，东距沁源县城 79 公里；东南距古县县城 72 公里；南至洪洞县城 46 公里，至临汾市区 72 公里；西至汾西县城 26 公里；北至灵石县城 50 公里，至省会太原市 199 公里；东北至首都北京 703 公里。境域内东西宽 36 公里，南北长 30 公里，总面积 765 平方公里。

【地形、地貌】 霍州市地处霍山背斜与吕梁隆折带之间，地层出露较为完整，受地层地质影响，境内四周环山，中间低洼。山高塬阔，丘陵起伏，山谷梁峁，台塬阶地，沟堰河滩俱全。以山地丘陵为主，山地主要分布在市境东部，是太岳山断隆的一部分。霍山是霍州市最大的山脉，为五岳五镇十大名山之一的中镇。霍山跨越洪洞、古县、安泽、沁源、灵石、介休、霍州 7 县市，在霍州部分全长 53 公里，总面积 234 平方公里。霍山重峦叠嶂，险峰峻岭极多，较大山峰有老爷顶、莲花山、摩天岭、溺陀翁、金沟漫、五龙鏊。其中老爷顶是霍山主峰，海拔 2343.8 米，位于市境东南端，距市区 35 公里：五龙鏊是霍山最高峰，海拔 2504.3 米，位于三教乡东北，距市区 40 公里。总体上东北高，西南低，山地丘陵占总面积的 68.9%，平原占 31.1%。

【气候条件】 霍州市的气候属温带大陆季风气候，总的特征是：四季分明，区域间差异较大，冬季寒冷干燥，夏季炎热多雨，冬夏长，春秋短，山区降水多于平川，云量少，日照足。境内气温受地形影响较大，一般平川温暖，山区凉寒，由于受大陆性影响，季节变化大，年际变化大。年平均气温为 12.4℃，境内年降水量为 437.3 毫米年，日照时数介于 1300 至 3000 小时之间，全年无霜期日数 235 天。风向多偏北、西北、北、南、西南。河谷风力较小，塬上风力较大，春夏之交常有寒流或雷雨。

【土地资源】 霍州全域总面积 765 平方公里，境内东西长 40 千米，南北宽 30 千米，四周环山中间低洼，东北高，西南低，其中平原面积 238 平方千米，丘陵面积 294 平方千米，山地面积 233 平方千米，全市森林面积 37.85 万亩，有自然保护区 1 个，自然保护区面积 11.83 万亩，有植物 124 种，其中树木、乔灌木 76 种。

【水资源】 霍州市水资源总量 17.79

亿立方米，其中平均地表径流量5720万立方米，地下水蕴藏量2450万立方米，河道径流量16.98亿立方米。

霍州市境内共有大小河流32条，汾河是境内第一大过境河流，年平均流量16.5亿立方米。其他较大的河流有：南涧河、北涧河、西涧河、姚村河等。这些河流多为季节性河流，大都从高原、山地流入平原，落差大，水流急，含沙量高。全市有小型水库两座，总库容量为156万立方米。地下水根据地质类型可分为孔隙水、裂隙水、裂隙熔岩水等3个含水组和5个含水层，蕴藏量2450万立方米。泉水散布于霍山石山区、丘陵区、沿河横槽地区，境内出露源泉49处，其中郭庄泉清水涌出量最大，为8.86立方米/秒。沿东部霍山山峪有很多山间小溪流出，因霍山山区降雨量较为充裕，植被覆盖较好，长年溪流不断，但出山口进入洪积扇即大部渗漏。

【矿产资源】 霍州市矿产资源丰富，其中13种储量较大，主要有煤炭、耐火黏土、石膏、铝土、白云岩、磷矿、石灰石、铁矿石等。质量优，开采价值高。霍州煤炭资源丰富，素有“山西煤乡”之称。埋藏从市境南端的辛置镇、陶唐峪乡直到北端的退沙街道、师庄乡均有分布，煤层埋藏面积350平方公里，探明储量62.5亿吨，煤种有低硫肥煤、肥气煤、肥焦煤，为全国稀有的优质煤田之一。金属矿产资源种类多，主要有铝、铜、铁、钴和稀有元素矿产，其中铝土矿储量大。什林铝土矿区面积约10平方公里，储量为2000万吨，达到大型矿床规模。非金属矿产已探明有10多种，储量可观，品位上乘，具有开采价值。其他矿产有白云岩、硅线石、石英、长石、石英砂、耐火黏土、电石灰岩、黑砂石、石膏、紫砂石、磷矿、辉绿岩等。

【生物资源】 霍州市生物资源品类繁多，主要粮食作物有小麦、玉米、谷子、大豆薯类等，经济作物有棉花、油葵、油菜和各类蔬菜。天然牧坡辽阔，草种丰富，有牧草地总面积57982亩。天然牧草地分为亚高山草甸类，灌木草丛类、山地灌丛类等三大类。野生植物有草本植物，木本植物和可食用植物。植物有124种，其中树木、乔灌木76种，主要有松树、云杉、柏树等，野生动物有飞禽、走兽及其他。

【人口】 霍州市人口分布于平川、丘陵山区，平川人口高于丘陵山区。2018年，霍州市下辖三乡（三教乡、师庄乡、陶唐峪乡）4镇（辛置镇、白龙镇、大张镇、李曹镇）和5个街道（鼓楼街道、开元街道、北环路街道、南环路街道、退沙街道），共计18个社区，189个行政村。2018年，霍州市总人口308888人，其中男160579人，女148309人，城镇人口133066人，乡村人口175822人，全市全年出生人口3209人，死亡1040人。

【民族宗教】 霍州居民以汉族为主，少数民族人口均因工作、婚姻等原因迁入，主要分布在鼓楼街道、北环路街道、开元街道及辛置镇、李曹镇、三教乡等乡镇。根据2010年第六次人口普查，霍州市有蒙古、回、维吾尔、苗、彝、壮、满、瑶、白、土家、哈萨克、黎、佤、土、怒15个少数民族277人，占全市人口的0.10%。外国人加入中国籍1人，为女性。

霍州市现有佛教、道教、天主教、基督教四大宗教。有合法宗教活动场所42处，信教群众3万余人，其中信仰佛教的1.2万人，信仰道教的2500人，信仰天主教的9000人，信仰基督教的8000人。佛教登记场所共7处，分别是：祝圣寺、赵家庄活动点，水月庵、宋庄活动点，辛置活动点，白龙活动点、退沙活动点，分布在霍州辖区内的12个乡（镇、街道）。

【国民经济与社会发展】 霍州市全年生产总值产值83.2亿元，比2017年增长4.6%。工业增长值产值358723万元，同比增长16.7%，固定资产投资产值223276万元，同比下降44.1%。社会消费品零售总额345398万元，同比增长7.2%。城镇常住居民人均可支配收入30421元，同比增长5.8%。农村常住居民人均可支配收入13785元，同比增长6.6%。财政总收入产值135221万元，同比下降3%。一般公共预算收入累计完成59325万元，同比增长1.33%，从产业结构看，霍州市以工业为主。2018年末，全市三大产业结构为4.4∶6.1∶34.6，其中第一产业产值3.7亿元，同比下降1.2%，第二产业产值50.8亿元，同比增长4.4%，其中工业产值45.3亿元，同比增长7%，建筑业产值5.5亿元，同比下降14.1%，第三产业产值28.8亿元，同比增长5.7%，其中交通运输、仓储和邮政业实现5.4亿元，同比增长8.5%，批发和零售业产值4.6亿元，同比增长12%，住宿和餐饮业实现1.23亿元，同比增长2.7%，金融业4.4亿元，同比增长3.6%，房地产业4.7亿元，同比增长12.1%。

中国共产党霍州市委

综　述

霍州市下辖3个乡、4个镇、5个街道，189个行政村（居），18个社区，总人口30余万人。全市有党员14489名，其中女党员3647名，预备党员209名。基层党委12个、街道党工委5个、市直工委1个、非公经济组织和社会组织工委1个、基层党总支43个、基层党支部645个。其中乡（镇、街道）党委7个，街道党工委5个，党总支11个，党支部272个，共有党员8521名；建制村中有党组织211个，农村党员6878名；市直党委1个，党总支29个，党支部244个，有党员5704名；非公有党委1个，党支部69个，党员223名；社会组织党支部60个，党员41名。

【党的建设不断加强】　2018年，中共霍州市委坚持以习近平新时代中国特色社会主义思想和中共十九大精神为指引，落实“两个责任”，以“不忘初心，牢记使命”系列主题教育活动为统领，以“三基建设”为抓手，加强领导班子、干部队伍、基层组织、队伍建设。

1. 推进十九大精神走深走实。中共霍州市委紧扣“八大本领”实施“五大培训”工程，分3期对全市694名科级干部进行十九大精神、新《党章》、习总书记视察山西重要讲话精神集中轮训；对全市630余名基层党组织书记乡镇党委、街道党工委和市直工委培训全市1万余名党员进行十九大精神专题培训；全年举办干部大讲坛12次，完成“送下乡”3次，开展各类专题培训9次，举办十九大精神各类宣讲场次，培训党员干部3.5万余人次。

2. 三基建设成效显著。2018年，霍州市财政投入基层党建保障资金9800万元，完成年初确定的46项重点任务。打造北环路街道永泉社区、李曹镇石鼻村等省市一流的“三基建设”先进典型，涌现出71个明星、红旗、“五好”基层党组织，占全市农村基层党组织的30%以上。打出“组合拳”整顿23个农村软弱涣散党组织，解决具体问题88个，占问题总数的98.8%。在临汾市率先建立集大数据可视平台、便民微信公众号和手机应用软件于一体的“智慧党建”信息化系统，为群众解决各类问题和诉求2万余件，实现“数据多跑路、群众少跑腿”的目标。

3. 党风廉政建设全面加强。2018年，中共霍州市委开展整治群众身边腐败问题，推进扶贫领域、民生领域、涉黑涉恶三项整治，解决侵害群众利益的不正之风和腐败问题。加强对反腐败工作的集中统一领导，市委反腐败领导小组定期听取汇报分析研判反腐败工作形势，加强对反腐败工作的“全过程领导”。开展第四、五、六轮巡察，运用监督执纪“四种形态”，探索运用“七种方式”开展日常监督，查处履行“两个责任”不力问题40件47人；查实违反中央八项规定精神和“四风”问题线索38件，处理61人；党纪政务处分177人，移送司法17人。

【经济社会全面发展】 2018年，中共霍州市委团结带领全市各级党组织、全体党员干部群众，统筹推进经济、政治、文化、社会、生态文明等各项事业发展。

1. 产业升级步伐加快。工业方面，增强霍州经济技术开发区产业集聚功能，霍煤机电制造6个公司陆续投产，投资5.5亿元的山西建筑产业现代化绿色建材园区快速推进，投资3.6亿元的隆旺佳农副产品深加工企业投入生产，投资2.6亿元的鑫钜出行共享汽车扩大，投资1亿元的激光熔覆项目签定协议，投资7000万元的中汽商用环保汽车生产线投入使用，初步形成带动转型发展的产业集群。农业方面，持续抓“一园五基地”建设，全市干鲜果种植面积7万亩，蔬菜种植面积3.6万亩，文冠果栽植面积5700亩，小杂粮种植面积5000亩，中药材种植面积3000亩，规模养殖企业52家。成立康和利电子商务公司，整合霍州知名农副产品，构建外销服务平台，与海航集团成功合作，提升绿和祥福、裕鑫博康等特色品牌的知名度。鸣梦老粗布被评为中国特色旅游商品大赛金奖，“霍州核桃”申报国家地理标志产品，文冠果科技有限公司在“新四板”挂牌。霍州市被评为2018中国产业互联网农业品牌示范县。三产方面，文化旅游深度融合发展，举办“中镇霍山·华夏州署”第十届文化旅游月、首届中国（霍州）教育产业博览会、“梁衡杯”全国中小学生作文大赛等文旅活动，助力全省旅发大会在临汾市举办。完成陶唐峪景区开发一期工程招投标，霍州署国家AAAA级景区创建推进，许村朱家大院完成主院、南辅院、祠堂的修复，初步形成传统民居旅游景点。三教乡库拔村、大张镇贾村、退沙街道退沙村入选第五批中国传统村落名录，退沙街道许村入选中国历史文化名村，霍州市获“全国生态文化旅游市”“首批国民休闲旅游胜地”“夏养山西”森林康养示范基地3张名片。

2. 改革创新纵深推进。2018年，中共霍州市委推进七大类43项改革，确保各项改革任务的落地见效。深化供给侧结构性改革，推进“三去一降一补”，白龙、团柏、丰裕3个煤矿退出产能450万吨，关停霍煤矸石电厂，每年减少燃煤消耗10余万吨。推进“放管服效”改革，实现涉企证照“十七证合一”“一照一码”；推行企业投资项目试行承诺制，实行无审批工作改革。深化群团工作改革，发挥工青妇等群团组织优势，在全市开展“助力污染防治攻坚战”环保主题宣传活动。开展农村产权制度改革清产核资和成员身份确认工作，完成国地税机构合并，加快霍州农信社改制筹建农商行工作，推进驻霍国有企业“三供一业”资产和服务管理职能的分离移交，释放转型发展活力。

3. 民生事业全面发展。脱贫攻坚方面，全市新建13个光伏发电站，落实教育政策补助58.9万元，为345户贫困户发放扶贫贷款1723万元，为贫困户报销医疗费792人次451万元，完成35户贫困户危房改造任务，1627名贫困户实现政府兜底保障。2018年，全市完成脱贫301户685人。基础设施方面，完成阳光首府一期项目、橡苑新区、公厕及垃圾中转站建设，实施经二路北段、纬三路、永安大街人行道等道路建设，集中供热总面积达到810万平方米，天然气扩户工程在市区全覆盖的基础上，延伸到9个乡（镇、街道）、26个村居，覆盖近4.5万住户。社会事业方面，推进现代学校管理改革省级试点工作，临汾市全面实施《义务教育学校管理标准》整体提升县域办学水平现场会在霍州市召开，为全省教育改革提供先行先试经验。连续10年开展爱心助学活动，累计筹资2000余万元，资助困难学生2万余人次。落实全民技能提升工程，培训5038人，举办春季、秋季人才招聘会，扶持困难人员再就业388人。完成全市111个基层工会的新建和换届工作，新增工会会员5795人。在西安、深圳等地成立在外务工人员工会组织。市财政拨付工会经费1000万元。全民健身中心项目完成大楼主体工程在建设中。新建老年人日间照料中心5所，全市22所。医疗集团挂牌运营，家庭医生签约工作完成，覆盖率100%。全年新建保障性住房200套，健全社会保障体系。开展科普宣传活动，提高群众的科学文化素质，连续三届获“全国科普示范市”。

4. 城乡建设全面提标。乡村振兴战略推进。2018年，霍州市启动《霍州市乡村振兴战略（2018—2022）总体规划》及6个分项规划编制，制定《霍州市农村人居环境整治三年行动计划》，实施总投资1928万元的农村环境连片整治示范项目。实施投资7.2亿元的汾河、南涧河生态治理工程。投资4.5亿元，完成国电、兆光电厂6台发电机组超低排放改造任务和煤场封闭工程，国电的煤场封闭设施，采用双层球形网壳结构，跨度113米，为亚洲之最。完成总投资1.6亿元的朝阳污水处理厂二期扩建、辛置南矿区污水处理厂和汾河霍州段生活污水处理“9＋1”工程。临汾市汾河污水治理现场会在霍州市召开，推广霍州治污经验。SO_2、$PM_{2.5}$、PM_{10}等空气主要污染物指标同比下降27.6%、8%、7%。城市面貌逐步改善，对城市卫生老大难问题进行彻底清理，拆除临建违建13处，新增可利用土地面积70余亩。整治不文明行为，提升市容环境。

5. 社会大局和谐稳定。提高安全生产水平。2018年，中共霍州市委树立安全发展理念，加大重大隐患排查治理力度，全年排查生产经营单位1030家，整治各类安全隐患2043条，全市安全生产形势总体平稳。推进信访化解工作，推行“三三”信访工作机制，受理群众来访351批1442人次，化解涉法涉诉、军队退役人员安置、农民工欠薪等方面的热点难点问题，上级交办信访案件办结率达100%，实现重大活动和重要节点赴省进京零上访目标。投资385万元完成三级综治中心一期建设，聘请331名人民调解员，调处各类矛盾纠纷800件，夯实社会治理的基层基础。实施公安大数据战略，投资2576万元完成“雪亮工程”，新建监控探头381路，实现对城区重点部位的全覆盖。开展扫黑除恶专项斗争，开展“36666”宣传活动，围绕12个打击重点深入摸排线索，做到全覆盖、无死角。

【领导班子】

书　记：

崔山原（2016.8—2018.12）

副书记：

黄晓君（女，2016.8—2018.12）

高雅铭（2016.8—2018.12）

常　委：

郭宏生（2016.8—2018.12）

田晋川（2016.8—2018.12）

程　军（2016.7—2018.12）

刘国平（2011.6—2018.12）

李　峰（2015.8—2018.2）

牛福生（2016.7—2018.12）
郭丽华（女，2016.8—2018.12）
高　峻（2018.2—2018.12）

（薛忠华）

中共霍州市委办公室

【概况】 霍州市委办公室有正式工作人员29人，中共党员29人，正科级干部4人，副科级干部7人，一般人员18人。市委办下设9个科室，其中综合科、材料信息科、政工科属内含科室，接待处、督查室、机要室、保密局、台湾事务工作办公室、信息化中心属挂靠单位。

2018年，霍州市委办公室履行“三服务”职责，在参谋辅政、办文办会、后勤保障、机要保密等方面做工作，完成各项目标任务，开创新形势下党委办公室工作新局面，为临汾党委办公厅（室）年度工作考核先进单位。

【文秘工作】 2018年，霍州市委办公室从全局的高度发现、分析和思考问题，坚持吃透上情、掌握下情、了解外情，坚持从平时的言谈、请示批示中领会领导思路，秉承精稿意识，起草大量符合上级精神、领导意图、群众愿望的高质量、高水平文稿。全年起草各类讲话稿、典型材料、情况汇报200余篇，印发文件50余篇，收集采编《霍州信息》90余期，200余条。拓宽决策服务领域，开展调研，把调研内容放在事关经济社会发展的重点上，放在事关群众切身利益的热点难点上，提出富有前瞻性、科学性、可行性的意见建议。

【综合工作】 2018年，霍州市委办公室深改会风，提升会务工作的科学性。建立会议审批制度，控制会议次数及规模，尽量少开会、开短会、多会并一会。做到召开会议主题明确、内容充实、程序简便、准备充分，每次会议开会必定事，定事必落实，落实必反馈。全年组织承办重要会议85次，重要会议办出质量，日常会议办出效率，对外交往的会议办出形象。发挥协调左右、联系内外、沟通上下的作用，加强与上下级党委系统的纵向联系，以及与各大班子办公室、机关各部门之间的横向联系，确保运转流畅、政令畅通、节奏合拍。

【督查工作】 2018年，霍州市委办公室按照“突出重点、抓住关键、健全机制、创新手段”的工作思路，采用“跟踪、一线、联动、调研”等方式，对重大决策、领导批示和群众反映等主动组织督促检查，及时了解情况、反馈信息、提出建议。全年督查脱贫攻坚、污染防治、重点项目、安全生产等重点工作30余次，下发督办通知28份，编发《督查简报》21期，撰写报送《督查专报》12期。2018年，接收社情民意14件、网民留言16件，按时办结，办结率达100%。自全省社情民意通道开通以后，霍州市有27件被省委社情民意通道“办得好”栏目通报表扬。

【机要保密工作】 2018年，霍州市委办公室坚持绝对安全、万无一失的工作标准，开展密码通信“精品年”活动，执行密码通信主渠道安全保密管理规定，遵守24小时值班纪律，强化保密宣传教育和业务培训，加大涉密网络的管理和检查力度。组织机要人员专业培训2次，保密检查7次，接收明报687份，密报475份，中办文件527份，省委文件157份，市级文件315份，上报专项检查材料18份。收报工作做到在10

分钟内签收，第一时间送达领导批示，全年未发生一起压报、漏报、误报、错发事件，高效及时、准确无误地完成各种文件、信函、电传的收转工作，做到绝对安全、绝对畅通，保障与上级党委机关的工作联系和信息畅通。

【党务内网工作】 2018 年，霍州市委办公室强化电子办公应用，搭建党务内网平台，确保大组工网、纪检专网及全省编办网络终端的正常运行。坚持实时实地监控，加强密码、密钥、密码机管理和内网计算机联网操作管理，全年无泄密事件和重要数据丢失现象发生。利用各种新兴媒介，对重大方针、政策及霍州市不同阶段中心工作进行全方位宣传，发布各类通知。

【对台工作】 2018 年，霍州市委办公室抓住做好台海两岸人民工作主线，加强沟通联络，增进霍台两地良性互动。接待三批台胞到霍州进行主题交流，通过各种渠道把霍州威风锣鼓等传统民俗文化展示到台湾，支持裕鑫博康、文冠果茶公司在台湾开辟新市场，把霍州特色产品销往欧盟国家，引领霍州企业出口创汇产值再创新高。发挥“唐风元韵·臻美霍州”网站的作用，宣传霍州经济社会发展变化，鼓励台胞回乡交流、投资，全年共上传稿件 586 篇、图片 267 幅。开展“魅力霍州”宣传工作，《古霍新韵》为台湾民众直观认识霍州、了解霍州、品味霍州、亲近霍州提供实用信息。对台属不定期走访和重大节日集体慰问。

【发挥参谋助手作用】 2018 年，霍州市委办公室在起草七届五次全委会报告的过程中，深入基层调查研究，征求各乡镇、各部门和老干部的意见建议，提出围绕“践行新思想，建功新时代，加快建设文明开放幸福美丽新霍州”总目标，打好三大攻坚战，推进“一山一署一区一带”四大重点建设，做好深化改革、产业升级、城市提质、乡村振兴、民生改善五项工作。

【服务全市重点工程】 2018 年，霍州市委办公室围绕临汾市“转型项目建设年”活动，全程参与、服务、支持。霍州市年初确定的总投资超百亿 60 项重点工程，市委办公室在每项工程实施中至少有 1 名副主任参与其中，出谋划策、协调配合、督查落实。

【服务基层群众】 2018 年，推进信访工作机制改革，完善“三三”信访工作机制，加大信访处置力度，集中化解军队退役人员、房地产、企业职工养老保险等领域的突出信访问题 20 多件。市财政拿出 700 多万元解决转业士官安置和下岗退伍军人再就业问题，出台退伍军人再就业解决方案并建立长效机制，化解涉军人员信访问题。

【领导班子】

秘书长（办公室主任）：

郭宏生（2016.8—2018.12）

副秘书长（办公室副主任）：

杨五锁（2008.8—2018.12）

时宏伟（2013.4—2018.12）

（薛忠华）

组织工作

【概况】 中共霍州市委组织部下设办公室、干部科、干部综合科、干部教育科、干部监督科、组织一科、组织二科、组织三科、人才办、考核办、大学生村干部管理办公室、电教中心、信息中心、党代表联络组办公室 14 个科室。

【队伍建设】 2018 年，霍州市组织部围绕建设高素质专业化干部队伍目标，激发广大党员干部担当作为、干事创业。推进干部选拔任用。坚持事业为上、因事择人、人岗相适，完成霍州市纪委监委综合派驻纪检监察组人员调整配备工作，选派12名派驻纪检监察组组长；调配1名街道办主任；配合完成七届三次人代会法制委员会、财政经济委员会委员选举工作；协助市妇联完成换届选举工作；对2017年任职期满的10名科级干部进行试用期考核。制定《关于进一步激励广大干部新时代新担当新作为努力建设高素质专业化干部队伍的实施办法》，解决干部队伍中存在的不想担当、不敢担当、不能担当等问题，激发干部干事创业；着眼科级干部青黄不接、结构不合理等问题，制定《关于适应新时代要求大力发现培养选拔优秀年轻干部的实施办法》，通过3至5年培育和发现一大批优秀年轻干部。强化干部监督管理。推进科级干部“履职担当”工程，在岗科级干部围绕“1＋3＋X”目标制定履职清单2200多项，激励干部担当作为、干事创业。制定下发《科级干部“八小时外”监督管理实施办法》，将干部监督管理延伸至“八小时外”，构建单位、个人、家庭、社会“四位一体”监督体系。举办领导干部个人有关事项报告表填报培训会，完成县处级领导干部个人有关事项报告填报工作。落实“凡提四必”，开展“六查”工作，做好科级领导干部提拔、调整工作。探索完善谈话制度建设，从基础设施、制度配套、科学管理等方面入手，高标准建立谈心谈话室，对党员干部开展警示性、提示性、指导性、沟通性谈心谈话，将问题解决在“萌芽状态”，让“红脸、出汗、排毒”成为常态。在干部选拔任用、脱贫攻坚、年度目标责任制考核、基层党建等方面提醒45人次，诫勉1人，党员干部日常管理日趋规范。推进干部档案信息化建设。投资100余万元，实施人事档案信息化机房建设工作，建立人事档案系统和干部信息系统，完成档案整理1390本，制作档案目录及扫描档案1199本，处理1198本，档案信息录入1122本。完成管理权限内工作人员工资审核套改及2018年增资工作；完成全省党群系统招录公务员涉及霍州市10个招录职位的资格复审、考察、录用等工作；对2017年考录的8名公务员（参公）和2名选调生进行任职定级；配合市公安局完成四级高级警长职数审批、执法勤务警员和警务技术职务序列套改等工作；对登记上报符合公务员登记条件的24名人员；审核批复职务职级晋升领导干部55人。

【基层党建】 2018年，霍州市财政投入基层党建保障资金4846万元。在“三基建设”上求突破，46项重点任务落地见效。2018年确定的14条46项“三基建设”重点任务，除乡镇办公用房填平补齐工程因涉及省级审批问题外，其余均完成。打造霍州市公安局、鼓楼街道前进社区、北环路街道永泉社区、李曹镇石鼻村等一批山西省、临汾市一流的“三基建设”先进典型，实现“两年深化拓展、显著改观”的总体目标。建强基层组织方面，把党支部建设作为最重要的基本建设，落实“抓实基层支部30条”，规范使用“六簿一册一台账”，5个街道、18个社区全部推行大工委、大支部制，实现规范化管理目标。实施两个“千万级”工程：投资1200余万元的乡镇办公用房填平补齐工程，将在审批手续办结后尽快开工建设；投资870万元的9个社区活动场所提档升级工程，完成并投入使用。北环路街道永泉社区活动场所2100余平方米，成为全市社区活动场所面积最大、功能最全的社区。设立100万元的农村集体经济专项资金，扶持全市 110 个村集体经济收入达到 5 万元以上，占比达 55%。开展非公和社会组织党组织“质量提升年”活动，选树 5 个“双强六好”示范党组织，非公和社会组织党组织覆盖率 88%和 100%，党的工作实现全覆盖。创新推行“六责”工作法，加强农村党员分类管理；农村“两委”主干报酬平均达到 24286 元，实行差异化发放；“七一”重奖 3 名农村党组织“功勋”书记。夯实基础工作方面，12 个乡（镇、街道）、76 家副科级以上党政群机关全面编制完成“一目录三手册”，5 月进行第二次验收评估，优秀率 92%以上；举办《村级档案管理办法》培训示范班、《城市社区档案管理办法》培训班，系统培训全市 80 余名乡镇、街道分管领导干部和 31 个示范村（居）、18 个城市社区的档案管理员，工作经验在《晋组信息》上推广。强化效能建设，在全市普遍推行首问负责制、AB 岗制、服务承诺制等 8 项制度。提升基本能力方面，分两期举办干部通用基本能力提升培训示范班，培训师资力量 645 名，培训全市 7536 名干部职工 14 种通用基本能力。各行业主管部门通过举办主体班次培训、开设“领导干部大讲堂”“微信公众学习平台”、开展“岗位练兵”等方式，加强各领域专业素养和职业技能培训，建立干部职工个人能力提升档案，干部职工的专业能力、提高履职能力。在软弱涣散党组织整顿上求突破，23 个农村党支部整顿成效明显。打出“组合拳”全力攻坚：落实“五个一”包联措施，即一村一名市级包联领导、1 个市直结对帮扶部门、1 个驻村工作组、1 个乡镇整顿工作组、1 名“第一书记”。特别是 4 个因涉黑涉恶被确定为软弱涣散党组织的村，由市乡两级书记亲自挂点包联、督促整顿。在 3 月农村“两委”主干领头雁培训后，突出问题导向，瞄准能力短板，于 10 月举办 2 期农村干部履职能力提升培训示范班，实现农村“两委”班子成员培训“全覆盖”。对全市 189 个农村“两委”班子成员按照“五个一”“五个双”的程序再次“回头看”，有前科劣迹、涉黑涉恶、拉票贿选以及不胜任的村干部撤换调整，有 42 名“两委”班子成员不再任职。采取源头把关、部门联审、考察审批的办法，加强农村后备干部队伍建设，在全市确定 398 名村级后备干部。将全市 23 个农村软弱涣散党组织，全部列为“提升创建村”，解决问题 88 个，占存在问题总数的 98.8%。在创新“党建融合”载体上求突破。开展“城乡党建结对共建”活动，125 个城市领域基层党组织与 189 个农村党组织采用组织联建、活动联办、资源联用、产业联促、治理联抓“五联”措施，签订“双向”需求清单，开展“共同党日活动”“共上一堂党课”等系列活动。2018 年，城乡党组织开展各类活动 600 余次，市直各基层党组织为农村党组织办实事、好事 1000 余件（次）。在打造信息化“品牌”上求突破，提升党组织服务功能。把党建信息化建设作为“特色品牌”之一，投资 50 余万元，采用大数据、云平台等现代化管理手段，在临汾市率先建立集大数据可视平台、便民微信公众号、手机 app 于一身的“智慧党建”信息化系统，与山西智慧党建有机融合，实现“向信息化要效率、让大数据多跑路”的目标。12 个乡（镇、街道）便民服务中心、160 个村（居委会）便民服务站规范工作流程、优化服务环境、提升服务质量，实现宽带网络、信息传输全覆盖。“智慧党建”平台和乡、村两级便民服务中心（站）共解决各类问题 2 万余件。

【干部教育】 2018 年，霍州市委组织部紧扣“八大本领”，实施“五大培训”工程。分3期对全市694名科级干部进行十九大精神、新《党章》、习总书记视察山西重要讲话精神集中轮训；培训市直机关支部书记和党务干部200余人学习十九大精神和习近平总书记系列讲话精神培训；对全市630余名基层党组织书记进行专题培训，乡镇党委、街道党工委和市直工委对全市1万余名党员进行中共十九大精神专题培训；对20余名人大机关干部进行PPP专题培训，赴四川、湖北、安徽等地实地调研；举办两期为期1个月的科级干部读书班，对全市100名科级干部进行习近平新时代中国特色社会主义思想、十九大精神和习近平总书记视察山西重要讲话精神等内容系统培训，赴太行干部学院、红旗渠、兰考进行延伸培训。全年举办干部大讲坛12次，完成“送教下乡”3次，开展各类专题培训9次，举办中共十九大精神各类宣讲108场次，培训党员干部3.5万余人次。

【人才工作】 2018年，霍州市委组织部深化人才体制机制改革。印发《关于贯彻落实市委〈关于深化人才发展体制机制改革的实施办法〉任务分工方案的通知》，将4个方面20条改革具体任务分解到29家市直单位和12个乡（镇、街道）。推荐评选出30名霍州市委联系的高级专家。建立全市科技人才信息库，首次入选190人。引进高端人才。树立柔性引才理念，引进吸纳紧缺人才、高端人才、创新创业人才。聘请江苏、陕西4名农业专家，对果蔬种植大户和农村实用技术人才进行技术培训。盘活用好现有人才。围绕市委“1346”战略和“355”工作部署，明确21个人才领导组成员单位单位、6个市直相关单位及12个乡（镇、街道）工作职责，发挥实用人才、乡土实用人才主力军作用，举办文冠果技术、企业管理人员素质提升、医师护理、汽修机电、小学学科专业建设等10个班次，培训2000余人，增强各类人才的专业技能和综合素质。营造尊贤爱才氛围。市委书记崔山原，市委副书记、市长黄晓君带头慰问创新创业人才，登门拜访四川大学博导贾大、麻省理工学院陈昭、浙大博士薛蕃衍等高层次人才。参与书商图书营销会、霍商霍才新春联谊会、“首届中国（霍州）教育产业博览会”等系列活动，在微信公众号《天南海北霍州人》，亮出“南有陈峰、北有梁衡”两张名人名片。临汾市委、霍州市委联系专家陈海平、薛云龙指导的20余名青年教师成为学校教学的中坚力量。市委联系专家薛云龙负责的临汾市级小学科学课题《霍州市小学科学“做中学”》部分研究成果成为《小学科学课堂教学理论与实践》教材经典课例。深圳市鑫教育图书有限公司董事长张新记为母校姚村小学的师生捐赠价值2万余元的学习用品及御寒物资。

【领导班子】

市委常委、组织部部长：

牛福生（2016.7—2018.12）

副部长：

韦建兵（2002.7—2018.12）

宋根宝（2007.7—2018.12）

刘树华（2013.10—2018.12）

（蔡亮　高亮）

宣传工作

【概况】 中共霍州市委宣传部内设办公室、宣传科、政工科、理论科、文明办、通讯组6个股室，副科级科室1个：新闻网络中心。

【理论武装】 2018年，霍州市委宣传部坚持把理论武装工作摆上重要议事日程，学习贯彻习近平新时代中国特色社会主义思想和十九大精神，特别是习近平总书记在视察山西时的重要讲话。抓好广大党员领导干部特别是“关键少数”的学习。制定下发《霍州市委中心组2018年学习计划》，明确学习内容、学习形式、学习要求和考核方法，全年市委中心组集中学习23次，为全市各级党委（党组）中心组学习起到引领示范作用。加强理论研究阐释工作。定期开办“霍州市干部大讲坛”，举办理论骨干培训班，组织《习近平谈治国理政（一、二卷）》《习近平新时代中国特色社会主义思想学习纲要》和一批马克思主义经典著作普及读本的学习工作。利用党建经费和宣传经费征订《习近平新时代中国特色社会主义思想三十讲》，实施辅导读本万名党员赠阅工程，为全市党员干部提供学习途径。开展社会宣讲普及工作。以市委宣讲团为引领，抓好习近平新时代中国特色社会主义思想和习近平总书记视察山西重要讲话精神“六进”工作，抓好领导干部、普通党员干部、社会群体“三大层面”的学习宣传工作。

【舆论宣传】 2018年，霍州市委宣传部强化舆论宣传主阵地建设。结合霍州实际，构建以霍州东站广场为主的中国梦和社会主义核心价值主题广场，以永和公园为主的法治文化主题公园、以清雅园为主的廉政文化主题公园、以中镇文化广场为主的文明道德建设宣传专栏、以霍东大道和永康路为主的社会主义核心价值观宣传专栏、以霍州署为主的廉政文化教育基地、以南塔烈士陵园为主的爱国主义教育基地、以七里峪十三烈士陵园为主的红色文化教育基地和以档案馆为主的新型爱国主义教育基地等“一场两园三栏四基地”主流宣传阵地。加强传统媒体和新兴媒体的深度融合，优化办好《今日霍州》，形成报纸、信息网、微信、数字报、电子报、新华社手机客户端“六位一体”全新宣传格局。

【新闻宣传报道】 2018年，做好与省、市各大媒体的合作，全年在省市级以上报刊发稿285条，其中临汾市级媒体发稿200条，山西省级以上媒体发稿80条，两会特刊1篇，《临汾日报》5个头版头条。《今日霍州》出版46期，编发微信800余条，开设《庆祝改革开放40周年》《清风霍州》《脱贫攻坚在基层》《众志成城保护环境》《助力旅发大会》《深入开展扫黑除恶》等专栏；霍州电视台播发各类新闻消息新闻稿件2300余条，在临汾电视台播发新闻400余条，开设《两学一做》《市乡换届选举》《城乡卫生综合整治》《“华夏根，黄河魂”助力临汾》《旗帜》《创业霍州人》《道德力量》等专栏。组织开展“新时代、新气象、新作为”“十九大精神在基层”记者采访活动，宣传各行业各部门学习贯彻落实十九大精神的举措成效和典型事迹；组织新闻记者深入各行各业一线，宣传干部群众干事创业的新风貌新形象。宣传“道德模范”“身边好人”的感人事迹。组织协调配合好旅发大会在临汾召开的各项系列主题活动的宣传报道工作。结合建党97周年和改革开放40周年纪念活动，开展“口述党史汇编”、馆藏霍州40年老照片征集、改革开放40周年书画展等系列专题活动。协调组织举办“中镇霍山·华夏州署”第十届旅游月系列活动，配合完成《晋国》摄制组霍州拍摄工作，举办助力临汾承办旅发大会系列主题活动、“好基地讲好故事”霍州专场等，在扫黑除恶宣传工作中，总结出霍州市扫黑除恶“36666”宣传工作法，推出扫黑除恶系列宣传视频。

【构建安全和谐网络环境】 2018年，构建网络舆情处置和传播矩阵，建立网络安全和信息化领导小组，加强网络安全组织领导；组建52名涉及全市各单位各行业专兼职相结合的网络评论员队伍和69人的舆情信息管理员队伍，提出网络舆情处置“早、快、强”三字工作法，确保网上舆情的管控和主流舆论主导态势，全年监控出有关霍州的热点问题、敏感问题32件，加以正确引导妥善处理。组织网评57次，对一些歪曲夸大事实的不良信息和言论及时跟帖、回应，上传舆情信息1000余条，开展“网络安全为人民，网络安全靠人民”为主题的网络安全宣传周活动，提升全民网络安全意识和防护技能。

【精神文明】 2018年，霍州市委宣传部推进核心价值观建设和宣传。把培育和践行社会主义核心价值观作为贯穿精神文明建设的主线，以领导干部、公众人物、青少年、先进模范等人群为重点，开展学雷锋、诚信建设、“我们的节日”等活动，把社会主义核心价值观日常化、具体化、形象化、生活化。组织开展“图说我们的价值观”“向不文明行为告别”“青年志愿者服务月”“文明行驶”等系列活动。开展学雷锋志愿服务行动、“爱党爱国爱家乡”活动。结合旅发大会，实施文明旅游行动，加强文明旅游宣传力度，加强对旅行社、导游和游客的教育引导，组织开展文明景区创建活动。实施文明办网、文明上网行动。以评选“新时代好少年”为抓手，开展“我的中国梦”主题实践活动，开展好三项经常活动和四项集中活动，组织“扣好人生第一粒扣子”等学习宣传教育实践活动。开展2018年度各级文明单位（村、乡、镇、办事处）文明创建督察工作并提出指导意见，推进各类创建活动的规范化、常态化，提升市民道德水平。开展第四届霍州市道德模范评选活动，评选出10名道德模范、10名霍州好人，举办霍州市第四届道德模范颁奖晚会。联合组织部、纪委监委、妇联开展“家和万事兴”家教家风主题展活动，传承培育践行优良家风、校训、企业精神和乡贤文化，深化“德润霍州·共筑梦想”和“争做霍州好人”主题实践活动。移风易俗具体化标准化。实施“城乡文明牵手共建”行动，开展“推动移风易俗、树立文明乡风”主题宣传教育活动。全市所有行政村（居）均成立文明理事会，按照“一村一策”的原则，制定具体的红白理事操办流程和标准。

【基层文化建设】 2018年，加快落实霍州市“四馆一场一院”建设步伐，霍州市全民健身中心进入大楼主体施工建设阶段，维修灯光篮球场。全年，为全市100个农家书屋补充1万多册图书；为李曹镇5个行政村配套阅览桌、书架、椅子。组织全市各个行政村的农家书屋负责人进行书籍培训；指导基层开展文体活动60余次，参与人数超万人次。为基层配送文体器材、图书等，总价值20多万元。

【文化惠民工程】 2018年，在大张镇贾村组织“科技、卫生、文化”三下乡活动，教科、文化、卫生、农业等20余个部门负责同志参与，为基层农民赠送书籍、实物价值30余万元；春节元宵节期间，组织举办元宵节灯展、书画展、电影放映、戏曲会演、文化进万家活动、广场舞展示、音乐朗诵大赛等文化活动；开展“明春节礼俗，树文化自信”年俗文化展及“扫码看书·百城共读”数字阅读推广活动；举办20期“国学经典大讲堂”活动；举办首届传统文化公益讲座《了凡四训》；聘请霍州市优秀教师开展为期十五天的文化课公益讲座，参加人数超过2000人次；开展“霍州市十大文化名人”和“霍州市十大文化新星”评选活动；开展“梨花奖·我是舞王”选拔大赛；发挥文联基层各艺术协会的人才优势，组建霍州书、歌舞综合表演队深入基层演出10场，全年完成送戏下乡235场，其中政府购买免费送戏下乡55场；送电影下乡2631场；在群众体育和竞技体育工作方面，组织举办羽毛球比赛、全民健步走活动、门球比赛等体育活动。

【“扫黄打非”工作】 2018年，开展三批政治性有害出版物的清查及“护苗2018”“清源2018”“净网2018”等“扫黄打非”专项行动，查缴非法出版物140册。规范指导各乡（镇、街道）成立“扫黄打非”基层工作站，完成18家娱乐经营许可证的年检换证工作，加强对霍州市出版物市场和文化环境的监管工作。

【打造文化精品工程】 2018年，开展全市文化产业普查工作，掌握第一手数据，完善区域文化产业发展思路。抓住图书营销、锣鼓、门神、霍州土粗布，以及剪纸等民间艺术进行改革创新、策划包装，引导其走向市场。

【传统文化】 2018年，霍州有3人被确定为临汾市级非物质文化遗产项目代表性传承人；举办以“非物质文化遗产和乡村记忆”为主题的图片展；组织开展非遗项目现场展演活动。推动文旅融合，实施“文旅兴市”战略，培育文旅产品，挖掘镇山文化、廉政文化、署衙文化、锣鼓文化、面塑文化、民俗文化等文化元素以及历史古迹、寺院庙宇、神话传说等人文资源，将文化资源优势转化为旅游实体经济，在霍州市七里峪中镇门和临汾市华门新天地分别设立霍州市文旅产品展销馆，成立霍州市霍山文化传媒有限公司，以非遗传承威风锣鼓为重点，推进非遗传承的市场化，2018年，霍州威风锣鼓队代表临汾市参加“山西省庆祝改革开放40周年群众文化系列活动”、首届山西非物质文化遗产博览会—“黄河之魂·多彩非遗”传统音乐展演、首届“中国农民丰收节”开幕式表演。

【党史工作】 2018年，推进党史正本的编撰进程，拓展党史教育渠道，在市委党校主题培训班开设党史课程，申报并审核通过一个省级党史教育基地——北顶庙中共山西临时省委扩大会议旧址，位列全省第八十个、全临汾市第四个省级党史教育基地。

【领导班子】

市委常委、宣传部长：

郭丽华（女，2016.8—2018.12）

副部长、文明办主任：

刘俞平（女，2011.4—2018.12）

副部长：

毋永明（2011.4—2018.12）

马耀华（2011.4—2018.12）

宣传工委副书记：

薛四喜（2002.9—2018.12）

通讯组负责人：

杨武锁（2002.9—2018.12）

（樊春谷）

统战工作

【概况】 霍州市委统战部内设办公室、

党派股、经济统战股。行政编制 7 名，其中副部长 3 名，工勤人员 1 名。

2018 年，霍州市委统战部在党外代表人士队伍建设、新的社会阶层人士工作、政党协商、脱贫攻坚、扫黑除恶、宗教稳定等统战领域完成各项目标任务。

【思想建设】 2018 年，霍州市委统战部围绕加强党对统战工作的领导这条主线，实行“一把手”负责制，落实“四个纳入”“三个带头”工作方针，健全完善乡镇专职统战委员和市直部门分管副职等“四支队伍”，出台“三项统战宣传工作制度”，加强党对统一战线工作的领导。围绕学习十九大精神和上级统战工作部署，召开 8 次通报会，举办 160 人次参加的学习贯彻习近平总书记新时代统一战线思想及《宗教事务条例》专题培训班。

【参政议政】 2018 年，霍州市委统战部以新时代多党合作要有新气象、思想意识要有新提高、履职尽责要有新作为的工作目标，围绕市委、市政府中心工作，强化党对宗教工作的领导、如何贯彻落实中央、省委关于民营经济发展的意见等重大事项进行专题研究。围绕乡村振兴、脱贫攻坚、环境治理、扫黑除恶展开调研民主协商。围绕民营企业转型升级召开座谈会，开展专题调研 9 次，完成调研报告 3 篇，撰写提案 138 件，采纳 103 件，完成理论文章 6 篇，提升政党协商质量水平，发挥出“聚合”作用。

【服务非公经济】 2018 年，霍州市委统战部完善与非公有制经济人士经常性联系机制，搭建政商沟通交流的制度化平台；与司法局签订《法律服务战略合作框架协议》，聘用律师担任法律顾问，面向商会会员提供法律服务，为霍州市非公有制经济发展营造良好的法治环境和法律服务环境；工商联创办《商会之声》栏目，开通人物专访《东南西北霍州人》；组织霍州“助力海航、加油海航访问团”赴海南省海口市海航总部对接洽谈，推介霍州特色产品，11 项产品初步达成合作意向。支持在深圳市创业的当地霍州籍企业家张新记筹备成立深圳山西霍州商会。霍州市餐饮行业协会挂牌成立，绿和祥福获“霍州工匠”特等奖。

【宗教工作】 2018 年，霍州市委统战部出台《关于建立市乡村三级民族宗教管理网络和乡村两级工作责任制的意见》，调整民族宗教工作领导小组，加强党对宗教工作的领导。制定机关学法普法计划，提升宗教工作法制化水平。在场所开展“四进”活动，统一发放条例、核心价值观、中华优秀传统文化挂图 40 套，印制发放新修订《宗教事务条例条例》《宗教工作应知应会》等资料 1000 余本。开展佛道教商业化专项治理、民间信仰场所普查备案工作。

【领导班子】

市委副书记、统战部部长、党校校长：

高雅铭（2016.8—2018.12）

副部长：

杨　军（2011.4—2018.12）

路　林（2012.7—2018.12）

薛学文（2012.7—2018.12）

（郝文莉）

党校工作

【概况】 中共霍州市委党校下设办公室、教务处、理研室、总务处、培训中心 5 个职能科室。截至 2018 年底，有干部职工 24 人。

【基础设施建设】 2018年，中共霍州市委党校投资60余万元，购置笔记本、打印机、无线话筒等办公设备，安装文化健身器材、多媒体教室电子屏、热水器等设备，并按照“三基建设”要求建立党员活动室，将每个人的岗位职责制牌上墙。注重加强特色文化建设，制作集党校教育、成长励志、廉洁自律、人文艺术为题材的一系列校园文化牌匾。

【队伍建设】 2018年，中共霍州市委党校进行两次青年教师赛讲活动，聘请临汾市委党校郑巨东、沈新力两位副校长讲评指导。10月，提升教师队伍的理论水平和业务能力。在临汾市委党校2018年赛讲中，1名两次获二等奖、1名获优秀奖。将全体教师在两期主体班培训中形成的优秀课件汇编成册。

【干部培训】 2018年，中共霍州市委党校自主办班11期，培训时间84天，培训科级干部、农村“两委”主干、第一书记、入党积极分子2800余人。举办两期科级干部学习贯彻习近平新时代中国特色社会主义思想读书班，每期50人。采取军事训练、党性教育、参观交流、社会调查、论文答辩等多种形式，赴太行干部学院和河南林州、兰考开展拓展培训。与市人大、市政协、纪委监委、宣传部、武装部、人社局联合办班14次，培训1800余人次。担负中共十九大宣讲、习近平总书记视察山西重要讲话、省委十一届六次全会、“干部大讲堂”、市委中心组学习辅导等任务，全年组织党校教师深入乡镇、农村、社区、机关、企事业单位讲党课83次，培训人员7600余人次。

【科研工作】 2018年，中共霍州市委党校教师深入调查研究，全体教师撰写调研文章21篇，11篇在省级以上报刊杂志发表，其中《关于霍州市发展乡村旅游的几点思考》荣获全省党校系统理论研讨会优秀奖。

【领导班子】

常务副校长：

胡韩平（2007.4—2018.12）

副校长：

吴慧平（2005.8—2018.12）

（段文洋　郭鹏）

信访工作

【概况】 霍州市信访局（原为信访办公室，1970年成立），主要负责协调处理群众上访，参与解决群体性上访案件；查办重点信访案件，转办、交办信访案件及其他信访事项，协调和督促检查信访案件的处理和落实。行政编制2人，其中局长1名，副局长1名。

【信访服务中心】 霍州市信访服务中心有工作人员12人。每周一为市级领导信访接待日，市级党政领导分5组每月轮流到信访服务中心接待来访群众，处理重大信访事项；利用市乡两级视频接访，12个乡（镇、街道）主要负责人与市委领导同步接待来访群众，按照就地解决、就地化解矛盾、就地稳定情绪的要求，对群众提出的合理诉求落实“首访责任制”“首办责任制”，坚持“谁接访，谁负责”和依法按政策办事的原则，在第一时间、第一地点一次性处理妥当，确保合理诉求最大限度解决到位，就地化解率90%，控制和减少越级上访。

【信访工作】 2018年，霍州市信访局按照信访“三三”机制，坚持周一领导接访制度、定期排查制度、信访联席会议制度、督察督办制度。2018年，受理群众来访351批1442人次，与2017年相比批数上涨42.1%，人数下降3.1%。个体访301批475人次，比2017年批数上升60.1%，人数上升17.2%。集体访50批967人次，比2017年批数下降15.2%，人数下降10.7%。其中领导接访107件，化解95件，化解率达88.7%。信访“四个重点”攻坚战活动、进京集访问题大排查大化解活动、省领导对重点事和重点领域包案化解活动中，上级交办13件，全部办结。

【“三三”信访工作机制】 2018年，信访局完善信访“三三”工作机制“三位一体、三级预警、三零目标”“立竿见影、刨根问底、另辟蹊径、刚柔并济”四种化解群众信访问题方法，解决信访疑难问题，在“事要解决”上做文章。

【信息网络平台】 2018年，霍州市信访局规范网上信访事项办理程序，5月，开展信访基础业务规范化培训，分别对信访事项网上办理规程、规范化开展新时期信访督查督办工作、依法分类处理信访诉求工作规则、网上登记录入业务规范等内容进行授课辅导。提升全员素质，促进信访信息系统应用水平的提高。按照国家信访局提出的中央、省、市、县四级信访信息畅通要求，筹备视频会议室建设，12月建成投入使用。在临汾市开展的信访基础业务规范化竞赛中，霍州市代表队取得个人第一名，团体第二名。在全省“信访基础业务规范化建设年”活动现场会上，霍州市是全临汾市唯一一家做书面经验交流材料的县市。

【网上信访受理办理】 2018年，霍州市信访局引导和帮助群众通过网络、手机等全新、便捷的信访方式表达诉求，使各类信访案件在网上流转，信访问题在基层办理，实现网上流转、网下办理，数据网上转、干部多跑腿、群众少跑路，方便群众信访。同时做到来访必登必转，实现群众足不出户就能查询网上信访事项的办理进度，使网上信访可查询、可跟踪、可评价。2018年，网上受理信访案件692件，其中转送683件、网交3件、网督6件；其中转送案件包含网信74件、网投530件、网访20件、领导信箱59件。

【信访专项行动】 2018年，霍州市信访局根据中央巡视组在晋巡视期间移交霍州市交办案件的各项工作和“四个重点”信访矛盾化解攻坚战领导组的安排部署和进京集访大化解大排查、省领导对重点事和重点领域包案化解活动，霍州市委、市政府领导统筹协调各基层党委、政府和各相关责任单位配合，推动信访问题化解。中巡组交办涉及霍州市17件，办结并上报，办结率100%；“四个重点”攻坚战活动通过市信访局交办霍州市1件，已办结；上级交办6件，化解6件，化解率100%；进京集访问题大排查大化解活动和省领导对重点事和重点领域包案化解活动中，上级交办7件，重复1件，实际为6件，化解1件，息诉4件，办结1件。

【信访维稳】 2018年，霍州市信访局实行维稳工作部署到位、信访隐患排查到位、案件包案落实到位、无假日领导接访执行到位、车站值班驻守到位、驻京工作劝返到位的六到位部署，实现霍州市在重点节点的“三零”目标。

【领导班子】

负责人：

韩腊丽（女，2017.8—2018.12）

副局长：

刘国平（1989.7—2018.12）

信访服务中心主任：
韩腊丽（女，2017.8—2018.12）

（王力冉）

机构编制管理工作

【概况】 霍州市机构编制委员会办公室内设3个职能股室，行政编制8名，其中主任1名，副主任2名，工勤人员1名。编办下设霍州市事业单位登记管理局，正科级全额事业单位，编制7名。

【机构改革工作】 2018年，霍州市编办按照“严格总量、盘活存量、优化结构、增减平衡”的思路，根据上级的改革精神要求和全市经济社会发展大局及部门工作需要，进行一系列机构编制优化配置和动态调整，把机构编制资源管好用活。配合监察体制改革，做好纪检全覆盖工作。协调相关部门，做好编制人员划转工作，成立12个纪检监察派驻组和霍州市纪委监委信访接待中心、党纪教育基地管理中心2个事业单位。在调研摸底的基础上，起草机构改革实施方案。

【“放、管、服”改革】 2018年，霍州市编办按照国务院、山西省和临汾市政府简政放权、放管结合、优化服务的要求，推进行政审批制度改革各项工作。下发《霍州市人民政府关于落实和承接省临汾市政府取消及下放行政职权事项的通知》（霍政发〔2018〕8号）及《霍州市人民政府关于落实国务院省临汾市政府取消行政许可事项的通知》（霍政发〔2018〕21号），对应承接的行政职权事项4项，对应取消的行政许可事项4项。根据霍州市人民政府《关于印发霍州市政府部门权责清单动态管理办法的通知》，机构和职能调整情况以及相关文件要求，对“两单、两图”进行两轮动态调整，确认10大类行政职权2901项，按照临汾市减证便民专项行动和霍州市优化营商环境会议部署要求，完成减证便民专项行动，要求各单位以该次减证便民专项行动为契机对权责清单“回头看”，根据法律的立改废释和审改相关文件要求及机构职能调整情况，调整和完善规范。经编办（市审改办）会同市政府法制办进行合法性审查、政府常务会议研究确认后形成《霍州市本级行政审批事项前置申请材料清单（2562项）》《霍州市本级相关证照年审年检清单（27项）》和《霍州市本级政府指定培训清单（3项）》（以下简称“三个清单”），将“三个清单”在市政府门户网站公布。“三个清单”涉及30个市直部门和12个乡（镇、街道）的行政许可、行政确认及其他具有审批性质的事项572项，涉及前置申请材料2931项，保留2562项，取消369项，精简率12.6%；涉及年审年检事项27项，全部予以保留；涉及政府指定培训事项3项，全部予以保留。落实全市“两集中、两到位”会议精神，协调督促各单位在不增加机构编制前提下，有交通局等12个行政和事业单位成立行政审批股。

【控编减编】 2018年，霍州市编办执行中央、山西省、临汾市机构编制管理工作有关法规政策，加强对机构编制的控制和管理，严肃机构编制纪律。2018年通过山西省考招录公务员16名、选调生3名，医疗集团招考事业人员19名，定向医学生入编1名。

【系统管理】 2018年，霍州市编办按照实名制管理有关规定，更新机构编制台帐，完善机构编制实名制数据管理系统，根据人员任免职、新录用人员、调动人员、退休人员等信息对台账数据和机构编制实名制数据系统调整更新。

【领导班子】

主　任：

白　明（2013.4—2018.12）

副主任：

时宏宇（2002.5—2018.12）

马媛梅（女，2012.6—2018.12）

事业单位登记管理局

局　长：

孙　华（2011.4—2018.12）

副局长：

黄晓珊（女，2012.7—2018.12）

（郝兰兰）

老干部工作

【概况】　中共霍州市委老干部局内设综合股、宣教股2个职能股室。老干部局行政编制6名。老干部局下设霍州市老年大学、霍州市老干部活动中心、霍州市关心下一代工作委员会3个事业单位。

【思想组织建设】　2018年，霍州市委老干部局把理论武装作为首要任务，突出政治建设、思想建设，各老干部党支部组织学习习近平总书记系列重要讲话精神和治国理政新理念新思想新战略，传达学习中共十九大精神，用习近平新时代中国特色社会主义思想武装离退休干部，增强“四个意识”，统一购置发放《中国共产党党章》《十九大报告》单行本500余册。邀请霍州市委党校老师对全市200余名离退休干部进行《党章》专题培训。发挥离退休干部党支部、老年大学、老干部活动中心、离退休干部党校主阵地及老干部微信群作用，采取专题辅导、集中培训、座谈讨论、发送微信等多种方式，组织离退休干部党员学习党章党规和习近平总书记系列重要讲话精神，举办学习报告会、座谈会、研讨会等16场次，组织21名老干部理论骨干宣讲12场次。健全工作机制，把离退休干部党支部建设纳入党的建设总体布局，与各乡（镇、街道）及市直单位党建工作同部署、同推进、同考核，确保离退休干部党建工作运转顺畅。完善保障机制，举办全市离退休干部党支部书记理论骨干培训班2次，培训400余人次。将离退休干部党支部工作经费列入财政预算，落实离退休干部党支部党费下拨和党支部书记工作补贴。2018年，下拨离退休干部党费2.5万元，发放党支部书记补贴2.4万元，全市有20名离退休干部党支部书记享受到每月100元工作补贴，确保离退休干部党支部活动正常开展。实现党组织全面有效覆盖。

【参与重要活动】　2018年，霍州市委老干部局执行中办发〔2016〕3号、晋办发〔2017〕28号、临办发〔2018〕6号文件精神，离退休干部代表参加市级经济工作会议、人代会和政协会、重点项目观摩会、旅游日开幕式等重要会议和重大活动。全年召开经济和社会发展情况通报会2次，组织老干部参观经济社会发展成果3次。

【生活待遇】　2018年，春节前夕，市级党政主要领导走访慰问实职副县级以上离退休干部28名。在37名离休干部生日当天，局领导班子带队为老干部送生日花篮。春节、七一、重阳节等重大节庆，走访慰问离退休干部2526人次，全年发放慰问金、慰问品327800元。为副县级以上离退休干部订阅《人民日报》《山西日报》《临汾日报》等党报，为所有离退休干部订阅《中国老年》《山西老年》《老同志之友》等杂志。2018年，订阅党报30余份、老年杂志2200余份。完善离退休干部生活医疗保障，建立离退休干部身体健康情况档案，开展离退休干部体检工作，对580名离退休干部进行体检，投资22.8万元。加强离退休干部特困帮扶经费管理，加大对多病、失能特困离退休干部的关心关爱力度，帮扶61名老干部，发放帮扶资金5万元，精准帮扶特困离退休干部。

【基础设施建设】 2018年，霍州市委老干部局加强活动阵地、学习阵地建设，发挥活动阵地、学习阵地对老同志的集聚引领作用，满足离退休干部精神文化需求。优化老年大学基础设施，粉刷墙壁，安装防盗门，安装电子显示屏，增设合唱课程设置，组建“中镇之声合唱团”，提升老年大学教学管理水平，拓展老年大学的教化功能。推进老干部活动中心建设，乒乓球室铺设塑胶地面，维修门球场围墙。社区离退休党支部和“四就近”工作实现全覆盖，前进社区和永泉社区建成活动场地达标、服务功能完备的高标准社区。前进社区、永泉社区、北兴社区都开展纪念建党97周年、歌颂改革开放40周年系列文艺活动。

【文体活动】 2018年5月19至20日，山西省第五届门球精英赛在霍州市收杆；6月7至18日，老体协举办“42式太极拳莲花扇”培训班；7月1至15日，霍州市老年大学音乐班举行消夏文体活动；8月5日，新建社区召开“纪念改革开放40周年”老干部座谈会；旅游月期间，老干部和涉老组织参与广场消夏晚会、“尧风鼓韵”鼓乐展演、“古衙廉风　千年传承”霍州署文化展演；10月16日，前进社区开展“青春飞扬唱红歌　老少齐聚庆重阳”主题活动；10月16至31日，老干部局举办“霍州市离退休干部第二十六届运动会”；12月24日，霍州市关工委举办“中华魂”读书活动；12月25日，霍州市关工委举办“腾飞的祖国”改革开放四十周年主题演讲比赛。

【主题活动】 2018年，霍州市委老干部局按照临汾市老干部工作会议要求，加强离退休干部思想政治、党组织建设，围绕纪念改革开放40周年主题，通过“讲、写、看、谈、展”等方式，开展“五个一”主题活动。开展“我看改革开放新成就”主题调研，召开离退休干部座谈会10次，参与老同志570人。收集意见建议30余条，征文20余篇。

【发挥余热】 2018年，霍州市委老干部参与“美丽中国　我是行动者”主题宣传活动，以演唱、弹奏等形式宣传环保知识，现场发放宣传资料2000余份。参与“尧风鼓韵”鼓乐展演、“古衙廉风、千年传承”霍州署文化展演等文旅活动。全市老干部结合扫黑除恶专项斗争，发放各类宣传资料1000余份；签订《党员及党员领导干部扫黑除恶承诺书》；创作快板书、三句半等文艺作品，宣传扫黑除恶；霍州市老年大学书画班和音乐班，深入基层，开展送春联、送文艺下乡活动，利用农村庙会，开展书画诗词巡展，丰富农村文化，全年开展文艺演出9场次，举办书画展11场次，为群众书写对联3000余幅；关工委到赵家庄小学、白龙小学、霍州市实验小学等8个学校，开展宣讲十九大精神3场次，受众4000余人次；老干部局在三教乡举办“学习贯彻十九大、草编技术下基层”培训班，60多名草编爱好者参加培训。

【领导班子】

局　长：

韦建兵（2010.4—2018.12）

书　记：

郭庆峰（2013.5—2018.12）

副局长：

卫秀琴（女，2012.6—2018.12）

郭园勤（2007.8—2018.12）

副主任科员：

郭兰凤（女，2012.7—2018.12）

（逯点点）

市直机关党工委工作

【概况】　2018年，霍州市直工委落实全市党务工作会议精神，坚持政治统领、强化思想教育、严格制度规范、突出特色优势，提升机关党建质量，在思想建设、组织建设、作风建设、脱贫攻坚等方面取得一定的成绩，为“进军省强市、全面达小康，共建文明开放幸福美丽新霍州”提供组织保证。

【思想建设】　2018年，霍州市直工委重视思想教育，把中共十九大精神和习近平新时代中国特色社会主义思想作为政治教育的重中之重，分两个阶段对全市机关党员干部进行十九大精神集中培训。在庆祝建党97周年前夕，依托“霍州机关党建”微信公众号，举办“十九大精神知识答题”。4月，工委对机关党支部书记和党务干部进行业务培训，工委副书记授课，就机关党建基础业务工作培训。创新网络教育形式，在干部在线学习基础上，推广“山西智慧党建”，创建“霍州机关党建”微信公众号，转发党的理论、方针、政策80余期，编发基层党组织创新开展学习、活动的信息200余期。

【组织建设】　2018年，霍州市直工委从规范制度入手，建立一整套党建工作制度，使机关党建工作逐步规范化、标准化。下发党支部会议活动一览表，规范“六簿一册一账”的记录事项，实现机关党组织生活标准化。10个机关党建示范点先行规范，于9月28日在国土、交警召开示范点观摩交流推进会，以示范点带动市直机关党组织生活规范化、标准化；以支部为单位，推行在职党员“五诺”目标管理。党员承诺：党员年初结合制定个人年度目标任务，上报党支部；民主评诺：召开座谈，对党员个人承诺进行评议；支部定诺：召开支部大会评定党员承诺；在一定范围内公开党员承诺，接受群众监督；党员自觉严格践诺；规范基础工作。规范发展党员，印制《成长纪实手册》，全年发展预备党员58名。规范党费收缴，明确党费核定基数和比例，全年收缴党费110万元。

【领导班子】

书　记：

师真富（2017.8 — 2018.12）

副书记：

赵　燕（女，2007.8 — 2018.12）

宋晓玲（女，2008.8—2018.12）

陈荣华（女，2008.8 — 2018.12）

（陈荣华）

霍州市人民代表大会

【概况】　霍州市七届人大常委会成立于2016年4月。市第七届人民代表大会第三次会议选举出人大代表163名、两个专门委员会，法制委员会、财政经济委员会。常委会组成人员31人，其中主任1人、副主任4人、委员26人。常委会有工作人员20人，内设“六委一室一中心”，内务司法工作委员会、财政经济工作委员会、城建环保工作委员会、教科文卫工作委员会、农村工作委员会、人事代表工作委员会、办公室和法律法规调研中心，有5个派出机构，为各街道人大工作委员会。

【七届人大三次会议】　七届人大三次会议于2018年4月8至11日召开，听取和审议《霍州市人大常委会工作报告》《霍州市人民政府工作报告》《霍州市人民法院工作报告》《霍州市人民检察院工作报告》；审查和批准《霍州市人民政府关于2018年国民经济和社会发展计划草案的报告》《霍州市人民政府2018年财政预算草案的报告》；批准霍州市2018年国民经济和社会发展计划。

【人事任免】　2018年，霍州市人大常委会依据相关法律法规补选临汾市第四届人民代表大会代表3名；任命国家机关工作人员28名；免去国家机关工作人员20名、免去常委会组成人员2名、免去市人大代表2名，接受代表辞职2名。

【监督工作】　2018年，霍州市人大常委会常委会坚持正确监督、精准监督、有效监督，把监督力量聚焦到稳增长、促改革、调结构、惠民生、防风险上，创新举措，拓展方式，推动市委重大决策部署的贯彻落实。审议通过《市人大常委会关于开展市（县）乡两级人大代表城乡环境卫生整洁行动专项监督的工作方案》；听取《市七届人大三次会议代表部分重点意见建议办理情况的报告》《关于“三账”监督年中查账情况报告》《“三账”监督2018年部分重点单位年中查账情况报告》《关于全市学前教育工作的调研报告》《关于规划法执法检查情况报告》《关于补选代表资格审查情况报告》《关于行政诉讼法执法检查情况报告》《关于2018年度工作情况报告》；补选部分临汾市第四届人大代表；组织全市四级人大代表开展“两情系、四争做”主题实践活动和临汾市“助力2018年全省旅发大会人大代表在行动活动”主题活动。市人大常委会听取和审议市政府《医药卫生体制改革情况报告》《推进“一园五基地”建设情况报告》《关于2018年上半年经济和社会发展计划执行情况报告》《关于2017年财政决算及2018年上半年财政预算执行情况的报告》《关于2017年财政预算执行及其他财政收支审计情况的报告》《关于监外执行人员社区矫正情况的报告》《关于农村集体产权制度改革工作情况报告》《关于市七届人大三次会议代表意见建议办理情况的报告》《关于2018年度环境现状及环境目标任务完成情况报告》《关于审计查出问题整改情况报告》《关于市七届人大三次会议代表部分重点意见建议办理情况报告》《关于2018年本级预算调整方案（草案）的说明》；审议通过《市人民政府2019年预算编制情况及说明》；听取和审议市人民法院《关于民事执行工作情况报告》和市人民检察院《关于公益诉讼工作情况报告》。

【代表工作】 2018年，霍州市人大常委会尊重代表、依靠代表、服务代表，加强知识培训，丰富日常活动，保障依法履职。开展教育培训，提升综合素养。组织全市市乡两级人大代表集中轮训班，通过专家授课、交流座谈、观看视频等方式，对中共十九大精神、代表日常履职情况、庆祝改革开放40周年大会精神等内容进行辅导、讲解和宣传。

强化履职担当，创新活动方式。结合临汾市“助力2018年全省旅发大会人大代表在行动”主题活动要求，组织省、市、县、乡四级人大代表开展“两情系、四争做”实践活动，促使代表通过自身号召力和影响力。保障依法履职，拓宽知情渠道。采取分期分批邀请各乡镇人大工作负责人和市乡两级人大代表列席常委会会议、参加会前集中视察、开展专题调研、旁听法院庭审等方式，强化代表对人大常委会工作、“一府两院”及部门职能职责的熟悉和了解，促进代表知情知政，支持代表参政督政。

【提案议案】 2018年，霍州市七届人大三次会议收到人大代表议案和建议、批评、意见66件（以议案形式提出的32件，以建议、批评、意见形式提出的34件），其中涉及城建交通方面31件、农业农村方面16件、社会事业方面11件、文物旅游方面4件、其他方面3件，涉及法院的建议和批评意见1件。根据《霍州市第七届人民代表大会关于代表议案的提出和处理办法》规定，经大会秘书处议案办理组研究审定，对10人以上代表联名提出的32件议案按建议、批评、意见处理。

【领导班子】

主　任：

陈占平（2018.3—2018.12）

副主任：

安志勇（2018.3—2018.12）

朱源洪（2018.3—2018.12）

张根生（2018.3—2018.12）

孟援斌（2018.3—2018.12）

办公室主任：

段永存（2018.3—2018.12）

（朱文文）

霍州市人民政府

综　述

【概况】　2018年，霍州市人民政府坚持以习近平新时代中国特色社会主义思想为指引，贯彻中共十九大精神和习近平总书记视察山西重要讲话精神，在市委领导下，在市人大、市政协的监督支持下，围绕“进军省强市、全面达小康，共建文明开放幸福美丽新霍州”的奋斗目标，聚力转型，开拓创新，经济社会发展质量实现新提升。

【经济发展】　2018年，霍州市促转型、稳增长、谋发展，经济社会发展稳中有进、稳中向好。2018年，全市生产总值完成83.2亿元，同比增长4.6%；工业增加值完成35.9亿元，同比增长16.7%；固定资产投资完成22.3亿元；社会消费品零售额完成34.5亿元，同比增长7.2%；城镇居民人均可支配收入完成30421元，同比增长5.8%；农村居民人均可支配收入完成13785元，同比增长6.6%；一般公共预算收入完成5.93亿元，增长1.3%。

【工业转型】　2018年，霍州经济技术开发区可研报告通过评审，报山西省政府待批。压减煤炭产能450万吨，优化产能结构。霍煤、国电、兆光等企业推进升级改造，企业转型迈出新步伐。中汽环保车辆制造项目启动，山西建筑产业现代化绿色建材园区开工建设，隆旺佳农副产品深加工项目建成试产，激光熔覆项目成功落地，推进工业转型升级。

【乡村振兴】　2018年，霍州市完成乡村振兴战略“1+6”规划，乡村振兴高标准起步。坚持“一园五基地”建设，全年农业产值完成7.4亿元，同比增长3.8%，创历史新高。田牧禾核桃、裕鑫博康、同兴禽业等农业企业发展稳健，苹果、年馍、枣夹核桃等一批特色农产品对接海航集团，达成供销意向。建成高标准农田5300亩，粮食生产丰收，总产量8300万公斤。启动“四好农村路”建设工程，完成涉及7个村3400余人的饮水安全提升巩固工程，农村改厕完成5500余个、危房改造140余间，创建2个省级美丽宜居乡村，改善农村环境。

【文旅商贸】　2018年，霍州市以全域旅游创建为抓手，加快旅游体制机制改革和景区开发建设。打造“夏养山西·康养霍州”品牌，七里峪康养小镇项目启动实施，入选第四批全国森林康养基地。霍州署AAAA级景区创建稳步推进。许村古村落修缮取得阶段性成果。蝴蝶谷、油盆峪等景点开发着手启动。举办“中镇霍山·华夏州署”第十届文化旅游月、首届中国（霍州）教育产业博览会、“梁衡杯”全国中小学生作文大赛等大型文旅活动，助力全省旅发大会。退沙、贾村、库拔3个村入选第五批中国传统村落，许村入选中国历史文化名村。文冠果产业电商基地建成运行，香江广场、霍州商贸城、丰裕昇超市等一批商贸市场运营，新建南路“美食一条街”。霍州市荣获“全国生态旅游示范市”“首批国民休闲旅游胜地”“中国产业互联网农业品牌示范县”称号。

【城市功能】 2018年，霍州市坚持规划先行，完成综合管廊、海绵城市、污水处理、绿地系统等规划编制。新建热电联产集中供热换热站25个，新增供热面积60万平方米，达到810万平方米；天然气扩户3000余户，达到4.5万户，实现城区全覆盖；中燃集团农村“煤改气”工程覆盖高铁沿线15个村。经二路北段、纬三路东段、永安大街人行道等城市道路工程完工，阳光首府、大众南路棚户区等城市开发项目推进。加强城市管理，开展城乡整洁行动，投入8000余万元，清理城乡垃圾80余万立方米，新增绿化面积3万余平方米，拆除临建、违建160余处。推进采煤沉陷区治理、农村地质灾害治理等工程，完成棚户区住房改造1042套。

【生态治理】 2018年，霍州市坚持“绿水青山就是金山银山”的发展理念，聚力攻坚，开展蓝天、碧水、净土保卫战。狠抓大气污染整治，完成“一煤两电”料场全封闭、13家储煤场高标准治理。科学划定“禁煤区”“禁燃区”，拆除各类燃煤锅炉400余台，回收清缴各类劣质散煤1.4万余吨，向居民供应清洁煤炭1万余吨。开展柴油货车和散装物料运输车污染专项治理，检查和劝返绕行车辆1.2万辆次，取缔非法储油点5处。狠抓水污染治理，落实河长制，开展“清河专项行动”，推进汾河流域生态治理，朝阳污水处理厂二期工程主体完工。沿汾“9＋1”生活污水收集处理工程建成投运，城市污水处理率95％。狠抓土壤污染防治，高标准动态治理5座矸石山，辛置、李雅庄、团柏、白龙等煤矿矿山地质环境治理项目即接近竣工。霍州市空气主要污染物各项指标下降。

【脱贫攻坚】 2018年，霍州市落实“周例会月报告季总结”和“五清单两标准一档案”工作制度，落实产业、金融、健康、教育等扶贫措施。新建小型光伏发电站13个，发放小额扶贫信贷1724万元。健康扶贫“双签约”服务机制创新建立，贫困户医疗报销比例达到92％，“两不愁三保障”各项扶贫政策落地见效。全年实现脱贫301户、685人。

【民生事业】 2018年，霍州市民生支出占财政总支出85％以上。推进全市中小学现代学校管理改革省级试点工作。霍州技工学校获省级职业教育示范院校称号。全民健身中心项目主体工程接近完成。疾控中心、妇幼保健院等项目建设加快，推进新人民医院建设项目，中医院进入装修阶段。新建老年人日间照料中心5所，达到22所。养老、医疗、失业、工伤等社会保险超额完成征缴任务，提高保险覆盖面和保障标准，城乡低保标准每人每年提高420元。举办第十届爱心助学活动，募集善款107万元，资助困难学生1662名。重视创业就业，全年新增就业人员4608人。

【改革开放】 2018年，霍州市戮力改革创新，深化“放管服效”改革，推行企业投资项目承诺制，推进“互联网＋政务服务”平台和政务服务标准化建设，开展“减证便民”专项行动，兑现中小微企业扶持奖励资金，打造“六最”营商环境。完成驻霍国有企业家属区“三供一业”和其他社会职能分离移交工作。农村集体产权、市场监管体制、医药卫生体制、安全监管体制等多项改革均取得进展。优化全市发展环境。扩大对外开放，坚持“走出去、引进来”，与北京碧水源科技、浙江传化集团、上海产业促进合作中心、中汽商用汽车、山西建投、天津住宅集团、江苏俊昇科技等单位和企业进行招商洽谈，一批工业转型、环境治理、文化旅游项目达成合作意向，签约资金 57.15 亿元，部分项目落地建设。

【社会秩序】 2018 年，霍州市坚守“发展决不能以牺牲安全为代价”的红线意识，开展“安全生产执法年”活动，引深安全生产大检查、大巡查，遏制安全生产事故，安全形势稳定。强化社会治安网格化管理，“雪亮”工程完成一期建设，开展“七五”普法教育，加快依法治市进程。开展扫黑除恶专项斗争，增强人民群众的安全感。开展“大棚房”整治，坚守耕地红线，保障粮食安全。应对“非洲猪瘟”等动物重大疫病，防止疫情传入霍州市。做好金融风险防控、涉军安置、信访维稳等方面工作，解决一批热点难点问题。

【领导班子】

市　长：

黄晓君（女，2016.8—2018.12）

副市长：

刘国平（2016.8—2018.12）

张伟兴（2016.8—2018.12）

张发宁（2016.7—2018.12）

晋学斌（2016.8—2018.12）

刘元建（女，2016.8—2018.12）

吕文博（2016.8—2018.12）

栗　军（2018.12—2018.12）

曹宇广（2018.12—2018.12）

政府办公室主任：

张卫东（2016.10—2018.12）

（陈鹏　薛志娜）

政府工作办公室

【概况】 2018 年，霍州市人民政府办公室坚持以习近平新时代中国特色社会主义思想为指引，全面贯彻中共十九大和习总书记视察山西重要讲话精神，围绕市委、市政府中心工作，坚持“枢纽畅通、服务有效、责任到位、保障有力”的工作方针，履行工作职责，提升服务水平，完成各项工作任务，为市政府各项工作高效运转提供保障。

【文秘工作】 2018 年，霍州市人民政府办公室撰写各类大型会议讲话稿、全市性工作汇报等材料 300 余篇、近 80 万字。全年编发政务信息 54 期 348 条，上报信息 210 条，其中 35 条在《临汾市政信息》等政务信息平台刊发。在《临汾日报》《山西日报》等报刊及省市网站上发表署名文章、新闻报道 40 余篇。

【信息工作】 2018 年，霍州市人民政府办公室新增公开各类政府信息 2144 条。强化网上信访渠道的管理，规范市长热线运行，集中处理一批环境保护、小区物业、供水供暖、工程项目、征地拆迁、政务咨询等问题。全年承接临汾市长热线处理单 1385 件，随手拍 36 件，办结率 99%。

【机要工作】 2018 年，霍州市人民政府办公室加大机要保密工作力度，文印室、机要室一律不准闲杂人员滞留，不准带走只言片纸；涉密文件严格登记程序，呈送领导，传达落实领导批示；公章管理实行先签后盖，盖后登记，杜绝偷盖误盖现象发生，不准将公章私自带出，维护政府工作的严肃性和权威性。2018年，政府办未发生任何涉密、泄密事件。

【督查工作】 2018年，霍州市人民政府办公室承接临汾市交办事项82件，办结78件，办结率95%。向各市直单位督办立项483件，办结481项，办结率99%。承办市人大建议66件，市政协提案103件，人大建议和政协提案办理答复完毕。

【应急工作】 2018年，霍州市人民政府办公室上报突发事件信息5期、应急工作动态14期、重大节假日零报告26期、全国“两会”期间应急值守日报22期、汛期期间地质灾害防治情况报告7期。修订应急预案5个，发布重污染天气预警31次、气象预警83期，承办、转办信息文件145份。

【事务工作】 2018年，霍州市人民政府办公室审核、起草、分发各类文件225件，未出现错发、误发或漏发现象。规范公文处理流程，分类处理各种来文、来函、来电，准确反馈信息，流转及时，准确无误。引入电子办公“OA”系统，提升公文处理效率。全年收到上级来文来函1558件，明电179件，涉密文件36件，从未出现延误工作现象。

【领导班子】

政府办公室主任、政府办党支部书记：

张卫东（2016.10—2018.12）

办公室副主任：

马建华（2011.11—2018.12）

张　斌（2011.11—2018.12）

陈　真（2011.6—2018.12）

孟援军（2011.4—2018.12）

朱文平（2016.10—2018.12）

（陈鹏　薛志娜）

人事工作

【概况】 霍州市人力资源和社会保障局有干部职工456人，内设14个股室：局办公室、人力资源市场股、工资福利股、专业技术人员管理股、公务员管理股、事业单位人事管理股、保险股、就业促进股、资金基金管理股、职业能力建设股、法规与信访仲裁股、劳动监察股、劳动关系股、农民工工作股。下设25个机构：企业养老保险管理服务中心、机关养老保险管理服务中心、失业保险管理服务中心、工伤保险管理服务中心、医疗保险基金管理中心、城乡居民基本养老保险管理服务中心、职业介绍服务中心、职业技能培训中心、劳动监察执法大队、霍州市技工学校、考试中心、人力资源交流中心、劳动人事争议仲裁院及12个乡镇劳动保障所。

【劳动就业】 2018年，霍州市人社局通过举办“春风行动”、秋季招聘会、就业援助月等大型活动，加强就业困难人员就业援助，促进高校毕业人员就业。全市城镇新增就业人员4608人，创业带动就业708人，失业人员再就业1458人，扶持就业困难人员再就业388人，转移农村劳动力3722人，全市建档立卡贫困劳动力转移就业298人，小微企业再就业5户48人，财政补贴4.8万元；高校毕业生就业见习15户65人，财政补贴21.68万元，公益性岗位275余人，政府购买基层服务岗位17人。城镇登记失业率控制在4.2%以内。

【全民技能提升工程】 2018年，打造以“霍州年馍”和“霍州豆腐”为特色的“霍州技工”品牌。2018年6月，按照市政府《霍州市全民技能提升工程打造以“霍州年馍”和“霍州豆腐”为特色的“霍州技工”品牌行动实施方案》，采取竞争性磋商政府采购方式，择优选定5家培训学校作为全民技能提升工程培训定点机构。截至2018年底，创业培训180人、城镇失业人员培训978人、农村进城务工人员培训2462人、岗前培训1508人，共计5128人，完成年度培训目标任务的105%。

【劳动执法】 2018年，霍州市人社局完善劳动关系预防、监察、仲裁机制，形成三位一体劳动维权合力，抓好风险预防化解，劳动关系和谐稳定。落实劳动合同制度，推进合同备案制度，提高劳动合同签订率，开展依法监察行动，解决劳动用工中存在的突出问题。劳动保障监察执法队检查用人单位859家，签订劳动合同5210人；接待、解答劳动者或用人单位咨询45起165人；发放宣传材料1万余份；受理举报投诉案件3起，涉及农民工32人。解决拖欠农民工工资问题，打造无欠薪县市。截至2018年11月，农民工工资保证金收入4414万元，支出4111万元，账户余额302万元。加强劳动人事争议仲裁工作，落实调节工作制度，发现处置劳资纠纷，提升调解仲裁机构服务社会的能力。劳动人事争议立案134件，结案率100%，其中调解结案案件数96件，调解成功率67.6%，仲裁裁决案件38件。

【重点工程】 2018年霍州市技工学校，经过山西省教育厅、人社厅、财政厅审查、专家评审、联合审议，被确定为“省级示范院校建设学校”。2014年，经市政府批准，新校区建设选址在霍东新区，占地面积49632平方米（约74.5亩），主要建设内容包括教学楼、实训基地、学生公寓、运动场、新校区大门等工程。在完成教学楼（建筑面积7000平方米）和学生公寓楼（建筑面积3200平方米）的基础上，2018年完成实训楼（建筑面积5200平方米）和学校大门主体工程。

【社会保险】 2018年，霍州市人社局以重点行业、重点人群为社保扩面重心，促进医疗、养老、失业、工伤、生育保险扩面征收，使各项社会保险覆盖更多人群，参保人员享受到参保待遇。2018年，社会保障卡全年发放19.1万张；基本医疗保险参保人数286540人，完成全年目标任务285743人的100%；收缴基本医疗保险基金3.2亿元，完成全年目标任务2.94亿元的109%。其中：城镇职工基本医疗保险参保81420人，完成全年目标任务100%，基金征缴2.858亿元，完成全年目标任务110%元；城乡居民医疗保险参保205120人，完成全年目标任务100%，基金征缴3692万元，完成全年目标任务100%。生育保险参保62867人，完成全年目标任务100%，基金征缴2050万元，完成全年目标任务186%；企业养老保险参保13756人，完成全年目标任务100%，征缴基金1.2亿元，完成全年目标任务160%；城乡居民基本养老保险参保95797人，完成全年目标任务104%，基金征缴1718万元，完成全年目标任务184%；机关事业单位养老保险参保7494人，完成全年目标任务102%，基金征缴1.27亿元，完成全年目标任务106%。失业保险参保13173人，完成全年目标任务100%，征缴保费496.71万元，完成全年目标任务109%；工伤保险参保人数19700人，完成全年任务104%，征缴工伤保险费用866万元，完成全年任务251%。

【人才交流】 2018年，霍州市人社局举办春季、秋季人才招聘大会，提供就业岗位 6165 个，1200 余人与用人单位达成就业意向，为 1300 余名高校毕业生办理人事代理；通过政府购买公益性岗位，安置零就业困难家庭、就业困难大学生、下岗失业退役军人 126 人。

【人事管理】 2018 年，霍州市人社局按照年初工作计划，规范完成全市政府机关公务员、政府部门事业单位人员 2017 年度考核工作，落实事业单位公开招聘制度和兑现各项工资福利待遇，做好专业技术人员资格评审、上报工作。按照《干部管理权限》，对全市 23 个政府机关人员进行考核，被考核人数 478 人。其中：科级以下 201 人中优秀 28 人、称职 166 人、不定等次 7 人；工勤人员 52 人中优秀 2 人、合格 49 人、不定等次 1 人；参公单位 17 个，科级以下被考核人数 166 人，考核优秀 19 人、称职（合格）139 人、不定等次 8 人；全市政府部门所属事业单位 199 家，被考核人数 5635 人，优秀 850 人，合格 4696 人，不定等次 85 人，不合格 4 人。对 7 人进行变更岗位、11 人进行晋升岗位等级、138 人进行岗位续聘；对全市部分机关事业单位工作人员完成 2018 年调资审批工作，共计 6297 人；对全市 1250 名乡镇工作人员按照职务（职级、岗位等级）加发乡镇工作津贴审批；核算全市 194 名到龄退休人员临时退休费，调整 39 名离休干部护理费；完成 2017 年事业单位增人计划招聘工作，招聘 28 人，分别为霍州市医疗集团招聘 19 人、霍州市安全生产执法大队招聘 9 人；审查和审核全市 1000 余名参给与职称评定教师资格，上报 93 名事业单位人员的职称评审材料。

【领导班子】

党组书记、局长：

侯晋川（2011.6—2018.12）

党组成员、常务副局长：

王景文（2010.4—2018.12）

党组成员、副局长：

朱予平（2010.4—2018.12）

安琳娜（女，2010.4—2018.12）

党组成员、党总支书记：

刘建平（2017.9—2018.12）

（冯煦）

经济和信息化

【概况】 霍州市经济和信息化局系正科级建制，行政编制 24 人，内设办公室、投资规划股、经济运行股、能源股、对外贸易股、商贸服务管理股、市场股、科技信息股、粮食办公室、政工人事股、纪检监察室、条约法律股、安全管理监督办公室 13 个行政科室。下设霍州市酒类流通管理办公室、霍州市节能监察大队、霍州粮食储备中心 3 个股级建制事业单位，事业编制 29 人。

【开发区建设】 2018 年，霍州市经济开发区完成《霍州经济技术开发区总体规划（2017—2030）》编制修改，报山西省、临汾市审核。霍州市开发区筹建区内实施转型项目 5 个，新建转型项目 2 个，为山西建筑产业现代化绿色建材（霍州）园区项目和霍州市隆旺佳农副产品深加工项目；技改项目 3 个，为兆光电厂尖峰冷却项目及煤场封闭项目、国电霍州发电厂煤场封闭项目。总投资 10.18 亿元。1 至 12 月，霍州市开发区筹建区内实现销售收入 40.75 亿元，比 2017 年增长 16.6%。1 至 11 月，投资强度为 244.23 万元/亩，提前完成年度目标任务。1 至 12 月，产出强度 100.23 万元/亩，完成年度目标任务。1至12月，税收强度为6.61万元/亩，完成年度目标。

【工业经济运行】 2018年，霍州市经济和信息化局开展以精准帮扶为抓手，确保工业经济支撑企业稳定运行、降低企业用工成本等各个方面的工作，把“入企业服务”活动贯穿工作全过程，协调解决亿能电动汽车企业备案及产品备案等问题，帮助企业扫清规模生产方面存在的障碍。截至12月底，霍州市规模以上工业企业实现工业总产值81.83亿元，同比增长16.91%；完成工业增加值35.87亿元，同比增长16.71%，超额完成年度目标任务，临汾市排名第二。

【淘汰落后产能】 2018年3月，霍州市经济和信息化局根据临汾市淘汰落后工作领导组《关于做好2018年煤电行业去产能工作的通知》（临淘汰字〔2018〕1号）要求，报请霍州市政府向霍煤集团下发《关于加快推进煤矸石电厂发电机组淘汰工作的函》，要求细化分解工作任务，落实责任，确保完成淘汰落后产能任务。2018年7月底，提前完成发电机组拆除移位、输煤皮带及部分附属设施拆除工作，切割4台锅炉汽包。8月9日，山西省经信委组织电力行业协会、山西省人社厅、山西省国网公司对该厂关停工作进行检查。

【粮食工作】 2018年，霍州市经济和信息化局加强粮食仓储设施建设。投资3万元改善仓储管理条件；规范储备粮的管理。按照粮食仓储管理的规定，加强库存粮油监管，推广科学保粮项目，严格保粮制度，全系统粮食仓储“一符六无”达标率稳定在98%，“三专四落实”率100%，没有发生任何安全事故。2018年，组织开展粮食轮换工作，保证质量轮换储备粮小麦250万公斤。确保储备粮储存安全，质量良好，数量真实。

【社会消费品零售总额】 2018年，社会消费品零售总额完成34.53亿元，同比增长7.2%。

【对外贸易工作】 2018年1至12月，备案外贸进出口企业4家，为霍州市白龙工贸有限公司、霍州市鸣梦老粗布有限公司、霍州市田牧禾农林产品有限公司、霍州市超远展越电子科技有限公司。进出口总额72.19万元（人民币）。

【成品油市场监管】 2018年，霍州市经济和信息化局根据临汾市商务局《关于做好2018年成品油经营企业年检工作的通知》（临商审〔2018〕63号），下发《关于做好成品油经营企业年检工作的通知》（霍经信发〔2017〕8号），对全市22家具有成品油零售许可证的加油站按期进行年检，对符合年检条件的加油站年检材料进行初审。年初和各成品油经营企业签订《安全责任书》，督促监管各加油站制定突发险情应急预案。搞好霍州市成品油市场专项行动，召开专题会议研究制定《霍州市成品油市场专项整治行动实施方案》。发挥组织协调职能，采取接受群众举报和组织协调小组成员单位进行摸排等方式，以城区和乡镇加油站、高速公路沿线、主要公路沿线、成品油批发零售企业集中地为重点区域，按照职责分工，查处黑加油站、黑加油点、黑油罐车和制售假劣车用燃油等成品油生产经营违法行为。截至年底，出动执法千余人次，查处黑窝点16处、黑加油车1辆，立案2起。召开由成品油市场整顿领导组成员单位参加的成品油市场专项整治行动专题会议，研究制定工作方案，联合工商局、质监局、电力公司等成员单位开展5次联合行动，查处26个黑加油点。

【**酒类市场监管**】 2018年，霍州市经济和信息化局完成酒类批发户的年检工作，组织企业参加为酒类培训。为维护酒品安全，从强化宣传着手，以“3·15”消费者维权日、食品安全宣传周为契机，宣传酒类知识，散发宣传材料3500余份。落实酒类批发企业的《酒类流通随附单》申领、使用制度和酒品溯源制，严防假冒伪劣酒品进入全市酒类流通市场查处手续不全的经销户。

【**市场监测**】 2018年，霍州市经济和信息化局加大市场监测力度，加强对消费品市场的调研分析，在节日期间，做好对商场、超市、农副产品市场等重点领域生活必需品的监测工作，关注市场供应和价格变动情况，确保市场供应稳定、维护商品价格稳定。加强信息督报，做好市场运行监测工作，向商务预报网站报送信息20余篇，完成市场运行监测工作。

【**领导班子**】

局　长：

赵　波（2010.10—2018.12）

党组书记

蔡文辉（2015.9—2018.6）

党组副书记：

李　刚（2011.4—2018.12）

副局长：

张　闻（2015.10—2018.12）

叶耀新（2007.7—2018.12）

乔珍珍（女，2012.7—2018.12）

薛文林（2015.10—2018.12）

成慧斌（2015.10—2018.12）

张凌燕（女，2012.7—2018.12）

总经济师：

戴宏伟（2010.4—2018.12）

（刘林平）

安全监督

【**概况**】 霍州市安全生产监督管理局在册干部职工96人。内设11个股室，3个直属单位：霍州市安全生产监察执法大队、霍州市安全生产职业教育培训中心、霍州市煤炭综合许村服务场。

【**安全生产控制指标**】 2018年，霍州市共发生生产安全事故7起，死亡7人。其中：铁路运输事故1起，死亡1人；道路交通生产安全事故6起，死亡6人。与2017年相比，道路交通生产安全事故起数和事故死亡人数持平；铁路运输事故增加1起，死亡人数增加1人；其他行业领域杜绝生产安全事故的发生。

【**安全生产监督管理**】 2018年，霍州市安监局加强日常安全监管力度，对煤矿、非煤矿山、危化、工贸、民爆（储存）、烟花爆竹等行业领域开展日常监督检查。煤矿方面，按照山西省人民政府办公厅《关于分解下达2018年煤炭行业化解过剩产能目标任务的通知》（晋政办函〔2018〕53号），对丰峪煤业和白龙煤矿2座煤矿实施政策性关闭。开展“三个会战”（5月“通风会战”、7月“防治水”会战、8月“机电运输”会战和“雨季三防”活动），保障煤矿安全。对各煤矿安全信用等级进行评定，划分为A、B、C、D四类矿井。其中：李雅庄煤矿、辛置煤矿安全生产一级标准化矿井验收已通过国家局公示，已达标，为A类矿井。B类矿井2座（团柏、紫晟），C类矿井1座（力拓）、D类矿井1座（兴盛园）。配合山西省、临汾市检查组对前期督查、检查组所查出问题的整改情况进行复查和验收，形成有效闭环。按照执法计划对全市非煤矿山企业进行安全执法检查10余次，查出安全隐患30余条，整改完毕；对全市采砂、洗砂企业进行摸排，霍州市采砂企业6家，洗砂企业4家，对霍州市永兆砂厂、霍州市李曹镇杨家庄村鑫源砂厂安全设施“三同时”进行审查，竣工验收；霍州市退沙村何红马砖厂、霍州市沟口砖厂2家符合条件的砖厂办理安全生产许可证延期。21家加油站完成安全生产标准化三级达标，中石化霍州许村加油站、中石化霍州城关加油站完成安全生产标准化二级达标；顺达、亚兰2家加油站安全设施“三同时”经临汾市局审查验收完毕，取得安全生产许可证；给山西源丰达贸易有限公司（乙证）及2家符合条件的加油站办理安全生产许可证延期，给鑫创晟、紫桦轩汇2家符合条件的企业颁发安全生产许可证（乙证）。注销城市建成区内9家烟花爆竹经营（零售）许可证。邀请临汾市专家对11家冶金工贸企业（其中：机械加工6家，建材4家，纺织1家）应急预案进行评审、修订，在市行政大厅备案；安全生产标准化到期的企业，全部进行标准化顺延工作；开展冶金工贸行业专项安全生产大检查，11家企业检查覆盖率100%，下达行政执法文书11份，排查出一般安全隐患32条，整改完毕。督促涉及职业危害因素企业完善相关规章制度，建立劳动者监护档案，在醒目位置设置警示标识、告知卡、公告栏等，严防职业病危害事件发生；监督职业危害较重、严重企业完成职业危害因素检测和接触人员体检工作；中冶洗煤厂完成职业病防护设施“三同时”，职业危害因素申报企业1家，变更申报企业2家。

2018年，下发安委办督办函及安全规范文件33份，督办各类安全隐患整治工作。做好综合监管，对全市交通、建筑、消防、农林、水利、民爆、特种设备、旅游、教育、文体、地质灾害等行业领域安全生产工作进行重点督查，形成系统监管。

【安全隐患排查治理】 2018年，霍州市安监局开展安全生产隐患排查、安全生产执法、安全专项整治等活动。将“安全生产大检查”活动与重大节日专项检查相结合，在全市范围内“常态化”开展安全生产大检查。成立检查组253个，出动检查人员4193余人次，检查企业1030余家，排查治理安全隐患2043条，整改1997条，整改率98%。全市各乡（镇、街道）、各部门加强安全生产监管执法工作，打击安全生产非法违法行为。全市行政处罚案例57起，取缔企业8家，实施行政处罚罚款58.95万元（其中：市安监局行政处罚案例1起，行政处罚罚款3万元；市文化局1起，罚款0.1万元；市运管局2起，罚款2.5万元；消防队立案44起，罚款25.35万元，拘留5人；市工商质监局立案9起，罚款28万元）。集中组织开展以查处非法储存、经营成品油为主的专项整治行动；以道路交通安全为主的专项整治行动；以煤矿安全为主的专项整治行动，以煤场封闭为主的钢结构网架工程专项治理行动、以电动自行车消防安全为主的综合治理行动，以打击假冒特种作业操作证为主的专项治理行动，确保安全无事故。

【安全宣传教育培训】 2018年，霍州市安监局以依法治安为核心，加大安全宣传教育培训力度，提升从业人员安全素质，减少事故的发生。从年初开始，市委、市政府主要领导及四套班子领导深入各类企业一线开展安全生产调研督查工作，研判安全形势，带头宣传安全法律法规知识。全市各级各部门各单位结合自身实际，通过电视台、广播、LED屏、展板、条幅等方式，开展“生命至上、科学教育”公益宣传、安全生产月、安全咨询日等各项活动。安全生产月期间，安委会各成员单位围绕“生命至上、安全发展”活动主题，带着安全宣传资料深入国电霍州发电厂等重点企业开展安全生产宣传。活动期间，出动宣传人员1280余人次，发放安全生产法律、法规及安全知识等宣传资料9.5万余份。以企业主要负责人、安全管理人员、特种作业人员和从业人员为立足点，组织企业职工赴太原、临汾市参加安全生产法律法规和知识技能培训。2018年，霍州市安监局直接监管企业培训“三项”岗位人员3474余人，企业自主培训从业人员8548余人。

【领导班子】

局　长：

杨令平（2010.5—2018.12）

党委书记：

李　红（2011.4—2018.12）

副局长：

韩黎平（2012.7—2018.12）

李春波（2002.10—2018.12）

朱全锁（2002.10—2018.12）

工会主席：

张彦玲（女，2002.10—2018.11）

总工程师：

段来友（2012.8—2018.12）

纪检组长：

周云龙（2008.10—2018.12）

地方志编纂工作

【概况】　霍州市地方志编纂委员会办公室有干部职工9人，设办公室、方志股、年鉴股。主要职责是宣传、贯彻、执行有关地方志工作的法律、法规、规章和相关政策；组织、指导、督促和检查地方志工作；拟定地方志工作规划和编纂方案；制定地方志编纂业务规范；组织编纂、审查、验收地方志文稿；组织整理旧志，征集、保存地方志文献和资源；组织开发利用地方志资源，搞好地情资料库和地情网站建设；开展地方志理论研究，培训地方志编纂人员；完成该级人民政府和上级业务部门交办的其他任务。

【修志工作】　2018年，霍州市志办根据临汾市地方志办公室下发的《2018年度全市地方志工作要点》要求，提高政治站位，坚持修志工作的政治性，霍州市二轮修志工作完成，为完成“志鉴”两全目标奠定基础，2018年为三轮修志作准备工作。

【年鉴编纂】　霍州市地方志办公室连续出版5册《霍州年鉴》，《霍州年鉴（2011—2012）》《霍州年鉴（2013—2014）》为内部出版，《霍州年鉴（2016）》《霍州年鉴（2017）》《霍州年鉴（2018）》由方志出版社正式出版。霍州年鉴全面反映全市经济、社会发展的基本资料和发展状况，成为宣传、了解、研究霍州的资料信息库和重要“窗口”，为霍州市的编史、修志工作积累第一手资料。《霍州年鉴（2018）》记载霍州市2017年在经济建设、政治建设、文化建设、社会建设、生态文明建设中所发生的重要事件和各行各业的重要工作，展示霍州的特色和亮点。《霍州年鉴（2018）》在条目框架上，采用“霍州市2017年度工作受山西省、临汾市奖励单位和个人情况”“霍州市委、市政府发文记录”等类目，做到门类齐全、分类科学、信息密集、资料翔实、编排有序，提高依法编鉴水平，发挥年鉴资治辅政作用。2018年10月《霍州年鉴（2018）》进入出版程序，12月5日出版。在第五届全国地方优秀成果（年鉴类）评审活动中，《霍州年鉴（2017）》被评为提名奖。在县级市中山西仅两家获此荣誉，临汾唯一。

【指导部门志、村志编纂】 霍州市志办于2018年4月组织评审班子对《师庄村志》进行终审，从彩页的内容、设计到文字的体例框架等全面对志书进行修改，提出很多建设性意见和建议，已经付印。8月完成《临汾风景名胜志》霍州部分供稿任务。10月底组织评审组对《北村志》进行审阅，11月23日，组织《北村志》评审会。12月8日，市志办班子成员对《许村志》进行业务指导。《陈村村志》《白龙村志》编纂之中。

【领导班子】

主　任：

赵学惠（女，2011.4—2018.12）

副主任：

李亚平（女，2012.7—2018.12）

（王晓英）

档案工作

【概况】 霍州市档案局（馆）2018年底在职人员22人，有高级专业技术职称1人、中级2人、初级9人。内设机构为四股一室一中心，为档案管理股、业务指导股、编研股、法规监督股、办公室、现行文件中心。

【档案移交利用】 2018年，霍州市档案馆接收、整理档案384卷、3476件，包括：知青档案55卷、南下干部段英力个人档案145卷、文书档案184卷及民政局婚姻档案3476件；将闫记红个人照片档案及部分老照片征集进馆。档案鉴定完成1988年馆藏档案的划控到件工作，其中开放档案363卷、4684件；控制档案207卷、9217件。接收报纸、期刊、图书等资料256册。档案数字化完成扫描、挂接49630页，其中：婚姻档案21191页、退伍档案16433页、文书档案12006页。导入数据28807条，包括：退伍档案5387条、婚姻档案3476条，其他19944条。2018年，霍州市档案馆接待查阅利用者880余人次。

2018年，霍州市档案馆在馆藏档案中统计、筛选北京知青在霍插队人数和个人信息，查阅、复印大量有关档案资料，整理、录入北京知青档案55卷。局（馆）长带领相关人员一行4人利用一周时间专赴北京市门头沟区，通过上门走访、召开座谈会等形式征集20世纪60年代门头沟知青在霍县下乡插队的知青档案。召开7次座谈会、采访120名北京知青，采集音像视频资料931分钟、拍摄复制老照片803张，47名知青捐赠老物件、老照片等实物档案261件。

【档案业务建设】 2018年，霍州市档案局（馆）对市委办、巡察办、纪委监委、交警队、武装部、信用联社、鼓楼办、新建社区、北兴社区、文广新局、信访局、人大等单位的档案管理工作。

霍州市档案局（馆）举办《村级档案管理办法》培训班，参加培训的有各乡（镇、街道）分管组织工作、档案工作的副职及档案员、各乡（镇、街道）示范村档案员。培训内容为档案法律法规、《村级档案管理办法》解读、档案业务知识（包括收集、整理、保管、鉴定、利用等）。霍州档案局

（馆）按照《城市社区档案管理办法》培训，全市18个城市社区主任及各社区的档案管理员。提升培训国土资源局各股室、基层队、所31个单位50多名档案员档案专业基本能力。霍州档案局（馆）派出业务骨干参加临汾市企业事业单位档案工作人员培训、临汾市党政机关档案工作人员培训及霍州市市直党政机关事业单位干部三基建设通用基本能力提升培训。贯彻落实中共山西省委办公厅、山西省人民政府办公厅印发的《关于加强新时代党政机关档案规范化建设的意见》，制定《霍州市关于进一步加强新时代党政机关档案规范化建设方案》草案。对《临汾市〈村级档案管理办法实施细则〉（征求意见稿）》提出修改意见并回复。起草《霍州市贯彻落实〈山西省重大活动档案管理办法实施意见〉（征求意见稿）》。

【档案宣传】 2018年，“6·9国际档案日”，霍州档案局（馆）在州署广场开展以“档案见证改革开放”为主题的宣传活动，通过悬挂标语横幅、发放环保宣传袋、《小红的兰台奇遇记》宣传册、《村级档案管理办法》实物手册、档案知识宣传资料及现场咨询解答等形式，向群众面对面普及档案知识，解读档案法律法规。霍州档案局（馆）制作近6分钟的《村级档案管理办法》动漫宣传短片，详细、直观解读《办法》，利用微信公众平台等媒介进行档案宣传；还推出“霍州档案人的‘6·9’足迹”，展现霍州档案局开展的宣传活动。《中国档案资讯网》在“档案见证改革开放”宣传视频栏目中介绍霍州的做法。6月7日的《兰台之家》专门转发霍州档案局（馆）的《漫画说村级档案管理办法》视频。霍州档案局（馆）举办纪念“6·9国际档案日”故事汇。档案工作者苏丽丽、李松蓉讲述《霍州籍红色医生石兰峰》和《霍州籍七大党代表张鉴》的故事。在“中镇霍山·华夏州署”第十届文化旅游月暨“夏养山西·康养霍州”活动期间，由霍州市档案馆、新闻中心承办的“那时只道是寻常——搜寻影像记录·见证改革开放”霍州改革开放40周年老照片影展，在七里峪镇山门展出，展览展出100幅老照片，记录霍州历史变迁。2018年霍州档案局（馆）利用《霍州档案》“微信公众平台”，推送各类信息128期、151篇。其中《庆祝改革开放40年·家庭档案话沧桑》栏目推送28篇、《霍州历史上的今天》栏目推送33篇、《霍县抗战故事》栏目推送17篇、《兰台名人——范仁贵》推送8章。在2018年每周发布的全国微信公众号排行榜中，由霍州市档案局（馆）开通运营的微信公众号《霍州档案》一直稳居总榜前50名，是山西档案系统进入全国百强的唯一单位。3月2日（农历正月十五）推出的“1988年3月2日（农历正月十五）霍县元宵街头文艺汇演”一期老照片，点击率2.293万，有150条留言，获2018年4月3日公布的全国档案微信号原创热文榜全国月榜第一名。在周榜（10月21至27日）全国微信公众号TOP100榜单中，《霍州档案》位居前20名。

【领导班子】

局　长：

李国忠（2002.7—2018.12）

副局长：

张曼丽（女，2012.8—2018.12）

【获奖情况】

2018年2月，霍州档案局（馆）获山西省精神文明建设指导委员会颁发的“文明单位（2016—2017）”。

2018年8月，在临汾市“五个一工程”

评比中，霍州档案局（馆）选送的《历史不会忘记》一书获“档案图书类”五个一工程奖。

（杜黎明）

行政审批工作

【概况】 霍州市政务大厅核定编制10人，在编10人，主任1人，副主任3人。内设5个股室，分别为综合股、业务股、督查股、网络信息股及便民服务股。

【审批服务】 2018年，霍州市行政审批中心根据中央、山西省及临汾市文件精神，动态调整行政审批事项，加强各驻厅窗口单位审批服务监管。截至2018年底，霍州市保留各类审批服务事项352项，其中行政许可187项、行政确认14项、行政征收2项、行政给付1项、其他事项148项。2018年，政务大厅各驻厅窗口办理各类办件15309件，办结率达99.7%，窗口按时办结率100%，提前办结率98.6%，群众满意度测评99%。落实“首问负责制”“一次性告知制”“限时办结制”等制度。通过“霍州政务在线”微信公众号强化审批服务政务公开，将涵盖审批服务事项办理流程、行政审批制度改革工作政策及进展情况、工作成果等向群众公开，接受群众监督。截至2018年底，发布84期268条信息，600余人关注，浏览量超过2万人次。

【“两集中、两到位”】 2018年，霍州市行政审批中心集中利用2个多月时间，对霍州市的“两集中、两到位”工作进行整改。行政审批中心主任孟援军带领业务股、督查股主干与涉及的34家单位进行座谈讨论，针对各单位存在的问题制定相应的整改方案。通过集中整改，住建局下属的5个二级局、税务局、不动产登记局、综合检验检测中心、运管局的服务大厅、企业登记中介服务及民政局的低保救助等按要求进驻政务大厅。各单位对派驻政务大厅的首席审批员及审批股工作人员进行重新授权，由审批中心统一报市电视台进行公示。截至2018年底，霍州市政务大厅进驻35个职能部门，设立62个服务窗口，驻厅工作人员130人，其中首席审批员33人，窗口工作人员97人。

【项目改革】 2018年，霍州市行政审批中心按照山西省人民政府《关于印发山西省企业投资项目承诺制改革试点方案及其配套制度的通知》（晋政发〔2017〕51号）及霍州市人民政府办公室《关于做好企业投资项目承诺制改革试点工作的通知》，为创优霍州市营商环境，强化政府靠前服务，配合市发改局及相关的15家单位，开展企业投资项目承诺制改革工作。集中学习《山西省企业投资项目承诺制改革试点方案》，编制出台霍州市《企业投资项目承诺制改革试点事项清单》及总流程图，出台《霍州市政务大厅企业投资承诺制受理窗口操作细则（试行）》。2018年6月上旬，行政审批中心联合发改局，对涉及的15家单位的工作人员进行承诺制业务培训，组织制订事项服务监管办法、承诺书样本和准入条件等，做到全程技术指导和政府咨询服务。2018年6月28日，霍州市的企业投资项目承诺制工作启动并正常运行。

【“统一受理窗口”】 2018年，霍州市行政审批中心根据《临汾市关于推进简政放权放管结合转变政府职能工作方案的通知》《霍州市政务大厅集中整改行动方案的通知》

等文件要求，为推进“放管服效”工作，优化营商环境，推行综合受理模式于2018年9月设立“统一受理窗口”和“固定资产投资受理窗口”，实行“一窗受理、分类审批”，通过“前台综合受理、后台分类审批、统一窗口出件”，实现审批服务“一窗受理”“数据共享”“效率提升”三大功能，杜绝企业和办事群众在不同部门窗口之间来回奔波，受理企业和办事群众到政府办事“最多跑一次”。行政审批中心在“统一受理”窗口安排业务通、沟通能力和服务意识强的工作人员，进行首问负责、一次性告知、咨询、业务受理、导办等。9月30日，霍州市政务大厅“一窗受理”正式启动，年底受理140项业务。

【“3545”工作】 “3545”是指“企业3个工作日内注册开业、5个工作日内获得不动产权证、45个工作日内取得工业生产建设项目施工许可证”，是临汾市审改办要求全市政务大厅集中整改工作中的一项重点内容。2018年7月底，霍州市行政审批中心组织业务骨干力量，与涉及的发改局、住建局、规划局、工商局、人社局、不动产登记管理局等14家单位沟通研究，根据“3545”工作要求，涉及的审批服务事项流程的重新编制，制定完善工作流程图和一次性告知单、登记卡等，依托政务大厅“统一受理”窗口，统一受理、运行和管理。2018年12月，霍州市完成“3545”工作，顺利运行。

【编制工作】 霍州市的公共服务事项编制工作涉及60家单位，由行政审批中心牵头组织各单位依据参照目录，梳理各自所属的公共服务事项。2018年8月底，霍州市完成公共服务事项的梳理、编制工作，形成公共服务事项清单。公共服务事项涉及一级目录35项、二级目录137项、三级目录294项。政策文件类69项、办事指南类424项、单位名录类29项、服务链接类125项、场馆信息类11项、通知公告类14项、常见问题类9项、普通信息类110项，共791项。

【“互联网+政务服务”】 根据国务院办公厅《关于深化“互联网+政务服务”推进政务服务“一网、一门、一次”改革实施方案》（国办发〔2018〕45号）、山西省人民政府办公厅《关于加快推进“互联网+政务服务”省市平台对接工作的通知》（晋政办发电〔2018〕36号）、临汾市人民政府办公厅《关于印发临汾市加快推进“互联网+政务服务”工作实施方案的通知》（临政办发〔2018〕55号）、临汾市行政审批管理中心《关于加快推进“互联网+政务服务”一张网平台建设的指导意见》等各级政策文件要求，按照临汾市“互联网+政务服务”平台建设县级分建任务的指导意见，2018年，霍州市启动“互联网+政务服务”平台建设工作，2018年9月26日经市政府45次常务会研究通过，进入招投标手续环节。

【政务服务中心】 2018年11月，霍州市新建政务服务中心工程启动，纳入2019年重点项目。2018年，霍州市新建政务服务中心项目经临汾市人民政府批准，报省政府备案。

【领导班子】

主　任：

孟援军（2011.4—2018.12）

副主任：

李长富（2003.7—2018.12）

伍雅娟（女，2012.7—2018.12）

高　锐（2012.7—2018.12）

【获奖情况】 2018年，霍州市政务大厅获“临汾市2018年度政务服务目标责任考核优良单位”称号。

（成明明）

政府采购

【概况】 霍州市政府采购中心有工作人员8人，其中主任1名，副主任1名。采购中心坚持“公开、公平、公正、诚信”的原则，夯实党的基础，加强队伍建设，规范政府采购，完善内部管理，以“严精细实稳”五字要求为主线，结合市委第四巡察组巡察反馈意见要求，抓好整改落实，推进政府采购各项工作。全年实施询价126宗，公开招标6宗，竞争性磋商34宗，竞争性谈判1宗，完成采购金额3810万元，节约资金3114097.31元，节约率8.17%。

【工作交流】 2018年4月，霍州市政府采购中心副主任刘红锁和业务一股股长房耀平去太原参加全省政府采购业务知识培训，9月25至27日中心副主任刘红锁带领2名业务骨干参加临汾市政府采购中心组织的政府采购业务培训班及政府采购工作经验交流会。

【硬件建设】 2018年，霍州市政府采购中心深化采购制度改革，规范采购程序，加强制度建设，形成有效的管理机制和运行模式。对职中综合教学楼四层进行改造修缮，设置开标室、专家休息室、供应商等待室、答疑室、档案室及视频监控办公室，2018年投入使用。

【领导班子】

主　任：

陈　真（2007.7—2018.12）

副主任：

刘红锁（2007.7—2018.12）

（杨秀娟）

人防工作

【概况】 2018年，霍州市人防办坚持以人防建设和经济社会深度融合发展为主线，围绕年初工作目标任务，完成各项工作任务。

【工程审批】 2018年，霍州市人防办搞好企业投资项目承诺制改革，领会市委市政府关于企业投资项目承诺制实行无审批管理有关精神，按照“两清单，一标准”，加强防空地下室建设服务监管，取消审批事项和涉及审批的中介服务。强化防空地下室建设事中事后监管，实现“审批最少、流程最优、体制最顺、机制最活、效率最高、服务最好”。做好行政服务中心窗口审批工作。抓好工程建设质量管理，做好工程建设每个节点的监督检查，确保工程建设质量优、标准高。全年审批项目7个，收缴防空地下室易地建设费54万余元。

【宣传工作】 2018年，霍州市人防办以人防政策、法律法规、国防形势和人防知识为主要内容，开展宣传教育活动，突出对全体市民和中小学生基本常识教育、重点宣传人防法律法规和应急疏散常识，利用“9·18”防空警报试鸣日，在市州署广场和地下商业街及街道举行宣传活动。2018年，编制发放《防空防灾知识宣传读本》2000

册、《人防知识宣传单》1万份，制作展板7块、标语15条。维护检修市区6台人防警报设施，整改更换线路、电闸，安装养护箱体，实地操控培训警报管理人员，使警报设施保持使用状态。“9·18”试鸣正常，鸣响覆盖率达到预期效果。

【领导班子】

专职副主任：

董文华（2017.9—2018.12）

副主任：

张杏红（2001.7—2018.12）

陈文革（2003.2—2018.12）

【获奖情况】

2018年，霍州市人防办被山西省人力资源和社会保障厅、山西省人民防空办公室授予“2018年度县级人民防空工作先进集体”。

（张杏红）

防震减灾

【概况】 霍州市地震局内设办公室、抗震设防股、震害防御股3个股室。到2018年底，有工作人员6名。

【目标责任管理】 2018年4月27日，召开霍州市防震减灾工作会议，对全市防震减灾工作进行安排部署，印发《霍州市2018年防震减灾工作要点》，指导全市防震减灾工作；市政府签订防震减灾目标责任状，明确目标任务，落实责任。

【地震应急救援】 2018年，霍州市地震局组织7次防震减灾应急救援救护培训；购置配备应急发电机、帐篷等应急装备物资；下发《关于开展地震应急准备和抗震设防工作检查的通知》，在全市开展地震安全隐患排查工作，对人员密集场所、重要基础设施和地质灾害进行排查；组织企业、学校和社区等不同地震应急疏散演练15场次；3月18日应对霍州3.6级地震。

【地震灾害防御】 2018年，霍州市地震局加强抗震设防要求监督管理，做好重大建设工程摸排和地震安全性评价工作，对10项建设工程进行抗震设防审批；开展霍州市城区地震小区划工作和对农村民居抗震设防指导，新建一处农村民居安全示范工程。

【地震监测预报】 2018年，霍州市地震局坚持24小时震情值班、震情监视和会商研判，实行周会商、月会商，落实各种宏观异常报告，执行零报告制度，制定《关于做好地震谣传应对和处置工作方案》；依法做好地震观测环境保护工作，保证辖区内3个地震台网正常运行，数据连续率98%以上，增强应急速报和应急响应能力；加强防震减灾“三网一员”群测群防队伍建设及管理工作，开展培训教育，提高“三网一员”专业知识和工作效率，调查处置一起疑似地震声响的宏观异常现象。

【地震宣传教育】 2018年，霍州市地震局制定下发《2018年全市防震减灾工作要点》，对全市防震减灾宣传科普教育活动进行安排部署；通过报纸、设立咨询台、知识竞赛等形式对《山西省建设工程抗震设防条例》和新一代《中国地震动参数区划图》进行宣传贯彻；在州署广场和工商广场组织开展“5·12”“7·28”“12·4”等重点时段的防震减灾宣传，参加全市“科技、文化、卫生”三下乡活动，推进防震减灾科普知识“六进”活动，发放《居民防震减灾手册》

6000 册、科普宣传材料 1 万份；组织举办 6 场以"向灾害 SayNo!"为主题的科普宣传讲座；开展防震减灾示范社区和示范学校创建工作，2018 年，创建省级防震减灾示范学校 2 所，增强全市群众防震减灾意识。

【辖区内震级与次数】 霍州市属国家级地震重点监视防御区，1 至 2 级地震次数较频繁，2018 年，该辖区发生 1 级以上地震 7 次，最大地震为 3 月 18 日 3.6 级地震。

【领导班子】

局　长：

李忠义（2011.4—2018.12）

副局长：

成川峰（2007.8—2018.12）

董玉珍（2008.10—2018.12）

【获奖情况】

2018 年，霍州市地震局被山西省地震局授予先进单位，霍州市人民政府被临汾市授予防震减灾优秀单位。

（高涛）

政协霍州市委员会

综　述

【概况】　2018年，政协霍州市委坚持旗帜引领，提升政治站位高度，筑牢共同思想政治基础，确保政协工作始终沿着正确的政治方向前进。坚持围绕中心，拓展协商议政深度，发挥人民政协协商民主重要渠道作用。分别组织协商座谈会10余次、构建以全体会议为龙头、以重大事项专题协商会议为重点、以提案办理协商会议为常态的多层次协商议政格局。坚持务实高效，增加改革创新强度，拓展履职平台，改进方式方法，完善工作机制，推进经常性工作创新。坚持发挥优势，扩大服务社会广度。坚持共享发展理念，围绕人民群众最关心最直接最现实的利益问题贴心建言，巩固人民政协联系群众、团结各界的桥梁纽带作用得到巩固。坚持严实当头，加大自身建设力度。市政协常务委员会坚持按照人民政协事业的内在规律推进政协工作，探索加强自身建设的新载体、新途径和新方法，提高履职能力和水平。

【重要活动】　*开展“政协委员调研月”活动*　2018年5月8日，部署“政协委员专题调研月”活动。此次活动确定两个方向：实施乡村振兴战略；社区治理，35个课题，在9月30日前完成调研，形成调研报告。

新型农民就业创业情况进行调研　5月23日，霍州市政协组织中共组委员，就全市新型农民创业就业情况进行调研。由副主席薛有生带队，走访退沙街道朱杨庄和许村，对两村的农民外出务工、农民自主创业情况进行调研。采取召开座谈会、实地考察方式进行。

开展红色教育　5月24日，霍州市政协副主席、文物局局长薛有生，市政协副主席、教科局副局长薛云彪，市政协副主席、法院副院长沈晓静带领政协全体机关人员及部分常委到梁家河开展“不忘初心，牢记使命”专题研讨会，了解梁家河村的发展历程和北京知青在梁家河村插队时的生产生活。

农村养殖业发展与管理情况在调研　6月1日，市政协秘书长冯婧带领工商联活动小组全体委员到西张垣同兴禽业展示基地了解养殖业发展情况，对农村养殖业发展与管理进行调研。在板节村富康优种养猪场实地考察，召开座谈会。

农业科技人才队伍建设情况调研　6月5日，市政协副主席、法院副院长沈晓静，市政协经科委主任董云珍带领经企组委员到李曹镇，就农业科技人才队伍建设情况进行调研。在李曹镇召开座谈会，以农村科技人才为主要议题。

新型职业农民培训情况调研　2018年6月7日，由市政协副主席、财政局局长王英

才，市政协社法委主任王春花的带领下，民建宗教组委员们到三教乡龙泉三林苹果种植专业合作社，就新型职业农民培训情况进行调研。调查采取实地考察和召开座谈会进行。

6月7日，市政协副主席、文物局局长薛有生带领市政协专题调研组到陶唐峪乡，就农村合作社发展情况进行调研。调研组到刘家庄村张国喜养殖合作社、孔涧村李卫东种植合作社，了解合作社的生产规模、运营模式、经济效益等情况。在座谈会上，与会人员听取陶唐峪乡农村合作社发展的工作汇报，并就农村合作社发展中存在的突出问题进行交流探讨。

【重要文件】 政协霍州市委员会2018年工作要点　市政协工作总体要求是：学习贯彻中共十九大精神，以习近平新时代中国特色社会主义思想为指导，在中共霍州市委领导下，坚持团结和民主两大主题，坚持稳中求进总基调，紧扣全市中心任务，政治协商聚焦大事，民主监督紧盯难事，参政议政关注实事，增进共识、促进团结，加强自身建设、增强履职本领，发挥人民政协协商民主的重要渠道作用，提升政协工作科学化水平，开创政协工作新局面，为推动霍州市资源型城市转型发展作贡献。

关于开展“强化责任、严守纪律、树好形象”专项治理活动的实施方案　指导思想：学习贯彻习近平新时代中国特色社会主义思想，落实中共十九大精神，贯彻省委十一届五次全会、临汾市委四届三次全会和市委七届四次全会精神，坚持党要管党、全面从严治党，围绕“实现党内政治生态持久的风清气正、实现经济转型发展持久的强劲态势”的目标，按照“进军省强市、全面达小康，共建文明开放幸福美丽新霍州”的总体部署，聚焦活动主题，针对不同程度存在的责任担当不强、纪律规矩不严、社会形象不好等问题，加强学习教育，查摆问题，狠抓整改落实，形成长效机制，以党风政风的持续好转带动社会风气整体向好，为霍州经济社会持续健康发展提供坚强保障。

关于深入开展习近平总书记加强和改进人民政协工作的重要思想学习研讨活动的实施方案　指导思想：深入学习贯彻习近平新时代中国特色社会主义思想和党的十九大精神，认真学习领会习近平总书记加强和改进人民政协工作的重要思想，深刻把握核心要义，联系实际总结经验、查找差距，对标要求明确努力方向，科学谋划工作思路举措，在学懂弄通做实上下功夫，推动全市政协以理论大学习、思想大武装、促进工作质量大提升，把习近平新时代中国特色社会主义思想作为统揽政协各项工作的总纲，把党对人民政协的领导贯彻下去，把各党派团体和各界人士致力实现中华民族伟大复兴的智慧和力量凝聚起来，共同谱写新时代中国特色社会主义新篇章、实现中华民族伟大复兴的中国梦而努力奋斗，开创新时代人民政协事业新局面。

关于开展扫黑除恶专项斗争的实施方案　全面贯彻党的十九大精神，以习近平新时代中国特色社会主义思想为指导，树立以人民为中心的发展思想，贯彻落实总体国家安全观，针对当前涉黑涉恶问题新动向，坚持打早打小、有黑扫黑、无黑除恶，无恶治乱，把专项治理和系统治理、综合治理、依法治理、源头治理结合起来，既有力打击震慑黑恶势力犯罪，又有效铲除黑恶势力滋生土壤，维护社会和谐稳定，巩固党的执政基础、增强人民群众获得感、幸福感安全感，为决胜全面建成小康社会谱写新时代中国特色社会主义霍州篇章创造安全的社会环境。

党组学习宣传贯彻《中国共产党纪律处分条例》的实施方案　《条例》是党在长期执政和依法治国条件下，落实全面从严治党战略部署的治本之举，是全体党组织和党员的行为规范和指南，是管党治党的重要基础性党内法规。市政协党组成员和机关全体党员干部要把《条例》的学习宣传活动作为2018年的一项重要政治任务，多层次、多形式、全方位地抓好学习宣传和贯彻落实，确保全体党员干部熟记和遵守新《条例》，做到依纪工作。

政协七届常委会会议

【全体委员会议】　政协霍州市七届三次会议　2018年4月7至10日举行。该次大会应出席委员163名，实到161名，请假2名。大会议程为：听取审议政协第七届霍州市委员会常务委员会工作报告；听取审议政协第七届霍州市委员会常务委员会关于七届而次会议以来提案工作情况的报告；列席霍州市第七届人民代表大会第三次会议，听取讨论《政府工作报告》和大会其他报告；审议通过政协第七届霍州市委员会第三次会议的各项决议。市政协副主席薛有生主持开幕式。崔山原书记代表中共霍州市委讲话。

【主席会议】　政协霍州市七届八次主席会议　2018年1月10日召开，会议由市政协主席薛泽会主持，副主席薛有生、沈晓静、薛云彪、王英才，秘书长冯婧出席会议。主要议题是研究安排赴福建慰问霍州籍南下干部事宜。

政协霍州市七届九次主席会议　2018年3月15日召开，由市政协主席薛泽会主持，副主席薛有生、沈晓静、薛云彪、王英才，秘书长冯婧出席会议。会议审议通过七届九次常委会议议程、召开时间和地点，协商通过提交七届三次会议审议通过的有关事项，研究通过市政协2018年工作要点，协商通过2018年政协各专委会调研视察课题，协商通过有关委员调整的人事事项。

政协霍州市七届十次主席会议　2018年4月17日召开，由市政协主席薛泽会主持，副主席薛有生、沈晓静、薛云彪、王英才，秘书长冯婧出席会议。主要议题是研究部署2018年市政协开展乡村振兴战略调研的提纲，确定为常委会议题。会议研究确定2018年重点督办提案。

政协霍州市七届十一次主席会议　2018年5月17日召开，由市政协主席薛泽会主持，副主席薛有生、沈晓静、薛云彪、王英才，秘书长冯婧出席会议。会议主题是根据“强、严、树”活动的安排，开展主题党日活动。

政协霍州市七届十二次主席会议　2018年5月30日召开，由市政协主席薛泽会主持，副主席薛有生、沈晓静、薛云彪、王英才，秘书长冯婧出席会议。会议主题是研究开展征集习近平总书记关于加强和改进人民政协工作的重要思想理论研讨论文的有关事宜。

政协霍州市七届十三次主席会议　2018年7月8日召开，由霍州市政协主席薛泽会主持，副主席薛有生、沈晓静、薛云彪、王英才，秘书长冯婧出席会议。主题是传达临汾市委组织部关于做好领导个人事项即事即报的有关通知精神。

【常务委员会议】　政协霍州市七届八次常委会议　2018年1月30日召开，政协霍州市副主席薛有生、沈晓静、薛云彪、王英才，秘书长冯婧出席。会议议程为听取市委、市政府2017年全市经济和社会发展情况的通报，听取市法院、检察院、公安局2017年工作情况的通报。

政协霍州市七届九次常委会议 2018年3月27日召开，政协霍州市副主席薛有生主持会议。会议议程有：听取讨论通过《政协第七届霍州市委员会常务委员会工作报告（草案）》；听取讨论并通过《政协第七届霍州市委员会常务委员会七届二次会议以来提案工作情况的报告（草案）》；听取并讨论《政府工作报告（草案）》；听取市委办、政府办关于提案办理情况的通报；审议通过市政协常委会2018年工作要点；协商通过市政协七届三次会议有关事项。

政协霍州市七届十次常委会议 2018年4月9日召开。常委会议是在七届三次全会期间召开，主要议题：协商讨论政协第七届霍州市委员会第三次会议政治决议（草案）及两个工作报告决议（草案）。

政协霍州市七届十一次常委会议 2018年4月9日召开。常委会议是在七届三次全会期间召开，主要议题有三项：听取各讨论小组关于《政府工作报告》以及政协两个报告、政治决议和两个报告决议讨论情况的汇报，审议通过会议政治决议和两个报告的决议；审议通过政协提案征集和审查情况的报告。

政协霍州市七届十二次常委会议 2018年6月15日召开，政协霍州市副主席薛云彪主持会议。会议主要议题有：市政府副市长张伟兴代表市政府介绍霍州市乡村振兴战略总体工作情况，市政协委员围绕乡村振兴战略议题发言。

政协霍州市七届十三次常委会议 2018年11月7日召开。由霍州市政府张发宁副市长代表市政府介绍霍州市社区治理总体工作情况；委员代表发言。

政协霍州市七届十四次常委会议 2018年12月25日召开。会议议程为传达学习习近平总书记在庆祝改革开放40周年大会上的讲话和中央经济工作会议的重要精神。

【领导班子】

主　席：

薛泽会（2016.2—2018.12）

副主席：

薛有生（2007.5—2018.12）

沈晓静（女，2008.11—2018.12）

薛云彪（2007.5—2018.12）

王英才（2016.8—2018.12）

秘书长：

冯　婧（女，2011.4—2018.12）

（毛丽花）

纪律检查

【概况】 中国共产党霍州市纪律检查委员会是党内监督专责机关，职责是监督、执纪、问责；霍州市监察委员会是行使国家监察职能的专责机关，依法履行监督、调查、处置职责。有班子成员9人。内设13个行政室，下设1个事业单位，核定室主任14名。

【从严治党】 2018年，霍州市纪委监委履行监督责任，以整治群众身边腐败、涉纪信访处置、“四种形态”运用、“四风”整治为重点，分批次对乡（镇、街道）纪（工）委书记、派驻纪检监察组组长进行廉政约谈，征求意见建议76条，对工作落实不力的4名纪检监察干部进行问责。开展廉政审查，全年共审查129个单位57批1570人次。落实《中国共产党问责条例》，对党的领导弱化、党的建设缺失、全面从严治党主体责任监督责任落实不到位的党组织和党员领导干部严肃问责，全年查处履行“两个责任”不力问题40件47人。

【监察体制改革】 2018年，霍州市纪委监委多次召开专题会议，制定工作规则、计划，实现派驻纪检监察机构和乡镇监察员全覆盖。将制度优势转化为治理效能，全年12个派驻纪检监察组共处置问题线索99件，立案23件29人，党纪政务处分23人，组织处理60人，各派驻组办案数量全部“破零”。安排乡（镇、街道）监察员参与机关全员接访，一帮一、一带一面对上访群众，提高监察员矛盾化解能力；全市12个乡（镇、街道）纪（工）委处置问题线索110件，立案17件20人，给予党纪政务处分16人，组织处理29人。

【纪律建设】 2018年，霍州市纪委监委坚持定位向监督聚焦、责任向监督压实、力量向监督倾斜，统筹用好纪律监督、监察监督、派驻监督、巡察监督四个监督力量，推动监督工作落地见效。强化政治监督，监督检查各单位贯彻落实党中央、山西省委、临汾市委、霍州市委重大决策部署情况的。发挥信访举报问题线索主渠道作用，做好来信来访来电网络举报受理工作，定期梳理、综合分析，结合趋势变化、加强改进监督。建立监督监察对象台账，了解和把握被监督地区和单位情况，实施精准监督。精准运用监督执纪“四种形态”，在“治未病”上积极作为。2018年，运用“四种形态”处置504人次，第一种形态317人，占62.9%；第二种形态154人，占30.5%；第三种形态16人，占3.2%；第四种形态17人，占3.4%。

【反腐败斗争】 2018年，霍州市纪委监委坚持无禁区、全覆盖、零容忍，坚持重遏制、强高压、长震慑，推进反腐败斗争。2018年，接待来访群众800批1552人次，处置问题线索件数496件，处置973次（立案

197件，核实380件，谈话函询97件，了结299件）。全年党纪政务处分177人，其中：乡科级34人、一般干部47人、其他人员96人。移送司法17人，采取留置措施2人。全年越级信访量持续下降，赴省上访同比下降25%，赴临汾市上访同比下降52%。

【纠正“四风”】 2018年，霍州市纪委监委落实习近平总书记关于作风建设的批示精神，查纠“四风”，制定《关于开展“对照‘十问’纠正‘四风’”专项活动的实施方案》，集中整治形式主义、官僚主义，推进作风建设。坚持日常监督和节点监督相结合，通过自查、互查、抽查、督查，推动纠正“四风”常态化、制度化。全年组织集中专项监督检查4次，明察暗访23批次，检查党政机关、企事业单位75次，饭店、景点等场所26次，查办违反中央八项规定精神和“四风”问题线索48件，处理61人。创新方式方法，通过绘制平面图方法清查办公用房使用情况，处分14名办公用房超标问题责任人给予；通过公务加油卡专项监督检查，发现问题线索13件，处理9人；通过节点前典型案例通报机制，帮党员干部“长记性”“敲警钟”。全年通报违反中央八项规定精神问题等典型案例10批次48人。

【专项整治】 2018年，霍州市纪委监委制定《开展扶贫领域腐败和作风问题专项治理实施方案》《霍州市纪委监委扫黑除恶专项斗争监督执纪问责工作方案》，印发《开展民生领域腐败和不正之风专项整治实施方案》《开展专项整治群众身边腐败问题工作的实施方案》，推进专项整治工作。2018年，发现和受理扶贫领域腐败和作风问题线索11件，处理11人；查处群众身边腐败案件312件，处理234人。开展扫黑除恶专项斗争，党纪处分8人、组织处理3人、问责追责1人；配合临汾市纪委监委“9·12”专案组，开除党籍6人，开除公职5人，建议解除劳动合同1人。开展环保领域专项问责工作，对环保领域违规违纪问题快查快结，追究相关责任人，深挖细查隐藏背后的形式主义、官僚主义、“保护伞”等问题，2018年问责追责42人。

【巡察利剑】 2018年，霍州市纪委监委按照山西省临汾市要求，推进巡察全覆盖工作。2018年第四轮巡察发现共性问题119条，整改111条，采取整改措施250项、制定完善制度110项；移交问题线索37件。第五轮巡察发现共性问题线索137条，整改121条，采取整改措施275项、制定完善制度178项，村级覆盖数量78个，发现共性问题线索272条，整改232条，移交问题线索处置15件。以开展常规巡察和“回头看”相结合的方式，推进第六轮巡察。坚持发现问题与整改落实并重，将巡察整改落实情况纳入纪检监察机关和组织部门日常监督内容，对山西省委巡视、临汾市委巡察整改落实情况进行“回头看”，逐一对号销账，压实整改责任，确保整改落到实处。

【领导班子】

市委常委、纪委书记、监委主任：

程　军（2016.8—2018.12）

（2017年3月当选监委主任）

纪委副书记、监委副主任：

张建军（2010.12—2018.12）

（2017年3月当选监委副主任）

杨敬奎（2016.8—2018.12）

（2017年3月当选监委副主任）

纪委常委、监委委员：

孙　华（女，2016.8—2018.12）

（2017年3月当选监委委员）

张海平（2016.8—2018.12）
（2017年3月当选监委委员）

纪委常委：

刘成军（2016.8—2018.12）

席光明（2016.8—2018.12）

监委委员：

曹淑贞（女，2017.3—2018.12）

董　强（2017.3—2018.12）

（赵华　靳志强）

民主党派

中国国民党革命委员会

【概况】 2018年，民革霍州支部有党员43人，其中行政事业单位21人，教育界7人、医药界5人、其他10人。本科以上学历17人，大专以上学历14人。

【组织建设】 2018年，民革霍州支部建立学习制度，订阅《团结报》，方便全体党员了解、掌握有关信息、扩大视野，提高政治修养和思想素质。完善科学的量化考评制度，激发支部党员参加活动，提升支部工作和党员素质。

【参政议政】 2018年，民革霍州支部政协委员做好体察民情、反映民意、集中民智等工作，发挥参政议政、民主监督职能，就全市重大事项和重大决策发表意见，提出建议。参与政协组织的调研活动3次，撰写调研报告2篇。参与小组活动8次，在各级人大、政协例会中提交集体提案5件、个人提案19件、社情民意13件，提交临汾市议政发言3篇。主委刘光明代表民革临汾市委在临汾市政协会议上作议政发言。其中民革霍州市委集体提案《关于集体经济破零的建议》被霍州市政协提案委列为1号提案，提交市委、政府主要领导批示。韩腊丽撰写的《关于职工应享有正常福利的建议》提案，被霍州市总工会采纳并落实。

【服务社会】 2018年，民革霍州支部捐助3名贫困学生；开展校园安全巡展活动；服务高考，高考前请心理师给高考学子进行考前解压；为考生义务送水，组织有关专家义务指导考生填报志愿。开展送医送文化下乡活动，去大张镇养老院义诊发放血压计10件、医药保健箱20个。民革党员刘振洪创办的裕鑫博康企业吸收困难群众30多人，帮助建档立卡贫困户享受金融扶贫25人，每人每年2600元。

【祖国统一工作】 实现祖国统一是民革肩负的重大历史使命，以和平方式实现统一，最符合包括中国台湾同胞在内的中华民族的根本利益。支部通过民革支部党员中的台籍亲属，向台胞宣传祖国大陆发展取得的成就、变化和各项方针政策，邀请他们回乡观光考察、投资兴业，做好台胞与祖国、与家乡的情感纽带，拉近他们和祖国大陆的情感距离。

【领导班子】

主　委：

刘光明（2004—2018.12）

副主委：

覃玉红（2017.10—2018.12）

韩腊丽（女，2017.10—2018.12）

支部委员：

高兴平（2017.10—2018.12）

成　娟（女，2017.10—2018.12）

【获奖情况】

刘振洪荣获山西省“三晋英才”支持计划青年优秀人才；荣获“临汾十大电商领军人物”称号。

（成娟）

中国民主建国会霍州市委员会

【概况】 2018年，民建霍州市委员会内设6个支部，2个专委会，有会员102人。民建霍州市委员会发挥密切联系经济界的特点和优势，团结依靠会员，围绕中共霍州市委、市政府中心工作，履行参政党职能，为推进霍州社会经济发展作出贡献。

【思想建设】 2018年4月25日，民建霍州市委召开纪念中共中央“五一口号”发布70周年大会，加强学习，提高参政议政能力。6月8日组织会内政协委员，召开学习习近平总书记关于《加强和改进人民政协工作的重要思想》座谈会。9月10日召开专题会议，传达学习贯彻中共山西省委十一届六次全会精神。10月25日、28日商贸支部、教育支部召开“学会章·做合格民建会员”主题教育活动。会议学习传达民建中央《关于加强会的思想政治建设的意见》，民建临汾市委《关于在全市民建各级组织中广泛开展“学会章·做合格民建会员”主题教育活动的实施方案》。

【会务工作】 2018年3月7日，民建霍州市妇女委员会举行关爱女性、关爱健康，庆“三八妇女节”系列活动。9月5日，民建霍州市经济委员会成立。9月8日，教育支部举行“教师节”座谈会。10月16日，老龄支部举行“九九重阳节”座谈会。12月16日，民建霍州市委会举行庆祝《霍州民建成立三十周年》纪念大会。

【社会服务】 2018年4月25日，民建霍州市委开展送科技下乡，在霍州市洪昌肥业有限公司调研企业生产经营情况。6月16日，组织专题调研组在三教乡就农村合作社发展、新型职业农民培育现状进行调研。8月31日，四类贫困家庭学生救助暨爱心助学大会举行，临汾市政协委员、民建霍州市委会副主委、新华五交化商场总经理苗永华捐赠1万元；9月21日，开展访贫活动。

【领导班子】

主任委员：

赵忠孝（2014.4—2018.12）

常务副主任委员：

张黎明（2017.10—2018.12）

副主任委员：

成李杏（2014.4—2018.12）

苗永华（2017.10—2018.12）

段向党（2017.10—2018.12）

秘书长：

安瑞锁（2017.10—2018.12）

委　员：

成　功（女，2014.4—2018.12）

郭德兴（2014.4—2018.12）

郭　斌（2017.10—2018.12）

梁文龙（2017.10—2018.12）

李　毅（2017.10—2018.12）

（安瑞锁）

中国民主促进会霍州市委员会

【概况】 2018年底，民进霍州总支有会员55人。

【思想建设】 2018年，民进霍州总支组织全体会员学习习近平新时代中国特色社会主义思想和中共十九大精神；5月，参加临汾市委组织的“五一口号”70周年诵读活动；12月，组织学习民进中央蔡达峰主委讲话，学习《中国民主促进会章程》，参加临汾市委会章会史的培训活动。

【会务活动】 2018年，民进霍州总支组织全体会员学习贯彻中共十九大精神；1月，民进霍州医卫支部在城区入户进行“健康扶贫义诊”活动；3月，民进霍州总支学习习近平“坚持多党合作发展社会主义民主政治”的讲话；6月，民进霍州总支叶励民等6名委员调研霍州农村医疗卫生状况，走访大张镇卫生院、西张村卫生院，了解农村医疗条件和医务人员的配备情况，写出调研报告；8月，民进霍州总支组织20余干部进行旅游调研，走访七里峪、陶唐峪、许村民居，梁衡故居、霍州署等，提出各景点的不足和需要修复的地方，历时1个多月，形成完整的调研报告；9月，民进霍州医卫支部在南环路街道南坛村开展扶贫义诊活动。

【参政议政】 2018年，民进霍州总支政协委员发挥委员职能，就霍州市的经济发展、政治稳定、教育卫生、民情民意、城市建设建言献策，提出合理化建议，参与政协调研活动2次，参与小组活动5次，提交提案12件，其中社情民意提案10件。委员苏建东的《建议临汾市教育局发布关于禁止中小学生带手机进校园的倡议》和委员乔磊明的《康复保健入基层》被临汾政协采用。委员薛毕斌的《关于加强我市旅游业的管理建议》、委员李泽辉的《关于融合我市教育资源的建议》被霍州政协采纳。

【领导班子】

主　委

叶励民（2017.11—2018.12）

常务副主委：

薛华斌（2017.11—2018.12）

副主委

苏建东（2017.11—2018.12）

李泽辉（女，2017.11—2018.12）

委　员

孙　斌（2017.11—2018.12）

翟春秀（女，2017.11—2018.12）

张安莉（女，2017.11—2018.12）

【获奖情况】

2018年，民进霍州医卫支部被民进山西省委评为“五星级支部”。叶励民在民进思想政治教育主题年工作中，被评为“宣传思想工作先进个人”；李泽辉撰写的《新时代民主党派自身建设途径的探索》一文，被民进山西省委评选为理论研究成果三等奖，田艳华撰写的《看这四十年，沧海变桑田》被山西省委会庆祝改革开放40周年主题征文活动中，授予一等奖。薛树华撰写的《不忘历史，牢记使命》被山西省委会举办的“纪念中共中央发布五一口号”70周年活动中，授予二等奖；张安莉撰写的《重温五一口号，珍惜合作使命》被山西省委会授予三等奖，闫记凤撰写的《不忘合作初心，继续携手前进，新时代开启新征程》被民进省委会授予三等奖。

（叶励民）

群众团体

霍州市总工会

【概况】 2018年，霍州市总工会内设机构有基层组织工作部、经济技术部、权益保障部、财务资产部、办公室5个部室。有下属事业单位2个：霍州市职工服务中心和霍州市职工俱乐部。全市各类工会组织167个，会员24662人。

【自身建设】 2018年，霍州市总工会组织机关各部室人员轮流参加山西省总、临汾市总举办的各类培训，组织基层工会主席赴外省学习培训交流35人次。对12个乡（镇、街道）、8个社区、9个行业等29家单位的工会经费收缴、使用和管理情况进行审计。2018年，全市新建工会组织111家，组建经审组织，配齐配强经审人员，规范工会财务管理。

【基层组织建设】 2018年，霍州市总工会新建独立工会111个，覆盖法人单位30个，新增会员5795人，超额完成组建任务。至2018年底，各类工会组织167个，会员24662人。全市12个乡（镇、街道）、机关事业、行业联合会、非公企业、国有企业全部成立基层工会组织，形成市总工会、乡镇（系统）工会联合会、基层工会三级组织网络。在农村建立工会联络员制度。全市189个行政村每村都确定1名工会联络员，负责该村外出务工人员建档立卡、沟通联系、维权服务等工作。在城市社区打造“会员驿站”。通过现场会推进、群团共建等措施，完善全市8个社区的“会员驿站”机构建设。霍州市外出创业务工5万人，有工业、商业、服务业等，有参与企业管理、成为股份拥有者。分布广、人员多、流动大，针对新的历史时期外出创业人员的新情况，成立深圳、陕西、山东博兴4家分会，启动异地帮扶救助、文化建设、法律援助等工作。开展《天南地北霍州人》征文活动，征集到4个省份45名人员的信息资料，将编辑整理《天南地北霍州人》集锦，供广大霍州籍在外务工人员交流和传阅。打造“互联网＋工会服务职工”新模式。通过设立霍州工会微信平台，建立市乡两级工会干部微信群，开展网上入会、职工维权、信息发布、文化传播、素质提升等工作，推进工会与职工线上、线下对接工作，为职工提供便捷化、移动式、指尖上的网上工会服务。

【劳动竞赛】 2018年，霍州市总工会推进“霍州工匠”选树工作，9月19日，举办首届霍州工匠（餐饮服务类）选树大赛暨地方特色食材（地方名优农产品）展览会。大赛设霍州花馍、中式烹调、冷拼雕刻、霍州饸饹4个比赛项目和宴会菜品、霍州特色食材（地方名优农产品）2个参展项目。全市有36名参赛选手、10家酒店和21家企业参加活动。大赛评选出霍州饸饹、霍州花馍、冷拼雕刻、中式烹饪4个比赛项目的特等奖、一等奖、二等奖、三等奖，4名特等奖获得者荣获“霍州工匠”称号，10家酒店被临汾市餐饮协会授予“霍州市十佳品牌餐饮名店”称号。开展“五小”竞赛活动，把全市境内所有企业事业单位职工、学校青年师生、农民工等纳入活动范围，激发全市各领域职工的劳动热情和创造活力。活动收到9家基层单位上报12个项目，向临汾市总工会上报企业4家，上报劳动和技能竞赛理论研讨征文5篇。在全省职工“五小”竞赛优秀成果精品展中，参展的丰陶源食品公司豆浆灌装机技术改造项目荣获全省“五小”竞赛优秀成果三等奖，项目负责人刘冬梅荣记个人二等功。组织企事业单位、乡镇和行业工会主席一行15人，参观山西省职工“五小”竞赛优秀成果精品展。6月，选派人员赴省职工活动中心就工会技能竞赛、“五小”竞赛、廉政建设等内容进行培训。开展职工（劳模）创新工作室规范化建设活动，在文冠果公司和丰陶源食品公司，打造张华创新工作室和刘冬梅创新工作室。11月20日，临汾市总工会对刘冬梅职工创新工作室检查验收。狠抓劳模慰问、评选、推荐、管理、宣传等工作。元旦、春节期间，市级领导走访慰问2名省级困难劳模、1名平阳工匠和2名霍州工匠，为19名省级劳模发放春节慰问金6650元，为4名省级生活困难劳模发放困难补助费8000元。在上级市“五一”表彰工作中，市人民医院张军丽荣获全省“五一”奖章，山西丰陶源食品有限公司荣获临汾市“工人先锋号”称号，成宇、高勇军、董威民等3人荣获临汾市“五一”奖章。

【劳动保护】 2018年，霍州市总工会狠抓安全监督、安全宣传、网络建设等工作，加强劳动保护力度。强化大安全监督网络建设。随着省属煤炭企业的安全监管主体下划到市（县）一级，加强对省属企业安全监督领导和指导，探索县域范围内企业的安全监督新途径、新办法，推进大安全网络建设。开展“安全生产月”宣传活动，与市安监局等部门配合，深入基层单位，宣传各类安全法律法规、普及安全生产知识，发放宣传资料3000余份。开展“安康杯”竞赛活动，组织国新能源公司、供电公司、华润燃气等高危企业职工参与，实现工会安全监督网络化、常态化，确定供电公司、华润燃气为“安康杯”竞赛工作示范点，上报临汾市总工会。

【文化建设】 2018年，霍州市总工会组织广大工会干部和工会志愿者参与“倡导新春环保贺岁，营造碧水蓝天家园”主题春节元宵文艺会演活动，举办庆五一助力旅发大会职工运动会，历时9天，有26支代表队参赛，组织参加临汾市总工会举办的“中国梦·劳动美”全市职工演讲赛，荣获优秀组织奖。联合共青团、妇联、环保等30余家单位，开展以“美丽霍州·我们在行动”为主题的“助力污染防治攻坚战”系列环保宣传活动。

【职工维权】 2018年，霍州市总工会推进春送岗位、夏送清凉、金秋助学、冬送温暖等工作。在元旦、春节两节送温暖活动中，走访慰问困难职工562人、困难劳模5人、困难企业1家，发放慰问金41.6万元。全年发放助学金6000元、大病补偿金228626元、体检卡240张、临汾市工会会员普惠卡1047张。开展“城市困难职工解困脱困”工作，上报16家单位，涉及困难职工59名。562名建档困难职工实现微机联网，联网率100%。2018年制定职工爱心服务站建设“十个一”标准，开展规范化创建工作。市供电局北街营业点、市信用联社南街营业点、市总工会兴霍路服务点基本达到创建要求。加强霍州署“职工爱心服务站”建设。与有关部门合作举办春季人才招聘会，组织92余家用工单位参加，提供6100余个工作岗位，促成1200余人就业。开展“农民工有困难找工会，拿不到工资找工会”专项行动，全年接待农民工来访20人次。开展工资集体协商百日攻坚活动，全市签订区域性合同11份、行业性合同6份，覆盖企业283家，涉及职工5130人，区域、行业和企业最低人均月工资均达到1700元。

【女职工组织建设】 2018年，霍州市总工会在女职工组织建设方面，坚持与工会组建“三同步”原则，全市基层工会全部建立女工组织。组织20多名新一届女职委委员参加市总工会干部秋季培训班，对工会业务知识、女职工法律法规等内容进行系统培训。开展女职工禁忌劳动标准执行情况专项调查，组织2000多名女职工参加《女职工劳动保护特别规定》知识竞赛。推进《女职工权益保护专项集体合同》签订续签工作，女职工特殊权益专项合同与集体合同同步签订率98%；开展外来女职工“助医、助学、助业、助困、维权、服务”等行动，全年服务外来务工女农民工100多次。在女职工文体活动方面，举办“庆三八、助旅发”文艺会演、女职工健康知识爱心讲座等文体活动。推进妈咪小屋建设，全市建设“妈咪小屋”4处，其中2017年被省总授牌1处。2018年将霍州市客运站“妈咪小屋”作为典型上报临汾市总工会。

【领导班子】

主　席：

高雅铭（2017.9—2018.12）

常务副主席：

朱泽军（2017.9—2018.12）

副主席：

朱欣平（2002.5——2018.12）

张志勇（2017.9——2018.12）

【获奖情况】

霍州市总工会被临汾市总工会授予2018年度工会工作先进单位。

霍州市总工会被临汾市总工会授予“中国梦·劳动美”全市职工演讲比赛优秀组织奖。

（王茜）

共青团霍州市委

【概况】 2018年，共青团霍州市委机关有工作人员9人，下设有综合办公室、基层组织部、网络宣传部、发展联络部、学少权益部5个部室。

【主要活动】 2018年，共青团霍州市委加强思想政治引领，实施“青年大学习”行动，开展“缅怀革命先烈　争做合格团员”“红领巾心向党”“3·5学雷锋纪念日”“清明祭扫”“争做新时代好队员——集结在星星火炬旗帜下”、纪念五四运动99周年示范活动暨霍州市第三中学离队入团仪式、“红领巾相约中国梦——我的红色报国梦”等主题教育活动，组织专题学习20余场次，覆盖团员青年1万余名，少先队员7000余名。“向春天报到”——团市委2018年学雷锋日主题志愿服务活动，3月5日启动。组织号召12个乡（镇、街道）、学校、青年文明号集体、霍州市各行业系统和各级各类志愿服务组织、社会服务机构，以“志愿霍州·助力旅发”为主题，走上街头、走进敬老院、走进学校开展学雷锋志愿服务活动，按照“我承诺、我参与、我行动”的理念，团市委动员市民群众报名参与志愿服务活动。5月8日，由共青团霍州市委、市少工委主办，市第三中学承办的霍州市纪念五四运动99周年示范活动暨第三中学离队入团仪式活动在市第三中学举行。8月2日，中国少年先锋队霍州市第四次代表大会召开，来自全市的少先队员代表、少先队辅导员代表、少先队工作者代表和社会各界特邀代表160余人参加会议，代表们听取审议题为《高举星星火炬，肩负时代使命，为建设文明开放幸福美丽新霍州时刻准备着》的工作报告，选举产生中国少年先锋队霍州市第四届工作委员会和出席临汾市第三次少代会的代表。

【志愿服务】 2018年，共青团霍州市委整合资源助力大局工作，以志愿服务为突破，激发团员青年活力，开展植树造林、助力旅发、环保宣传、服务社区、高考志愿服务、走进福利院等各类志愿服务活动。2月28日，团市委联合市环保局、市总工会、市妇联及环保志愿者开展“爱我霍州·文明过节 禁放烟花爆竹”宣传活动。3月2日元宵佳节，团市委联合市邮政分公司开展“文化认同·乡情故土·青春兴晋——我为霍州代言”新春明信片寄递宣传主题活动。3月10日，共青团霍州市委主办“青春公益行·助力旅发会”大型骑行活动；3月13日，共青团霍州市委组织机关工作人员、青年文明号集体华润天然气有限公司、大张镇团委、大张一中等30多名团干团员、青年志愿者们在霍州市国营苗圃开展以“植树312·助力旅发会”为主题的青年植树活动；4月25日，共青团霍州市委在大张镇贾村开展“文化科技卫生三下乡”志愿服务活动；6月5日，团市委在州署广场举行2018年“6·5”世界环境日“美丽霍州 我是行动者”公益宣传活动；6月7至8日，共青团霍州市委组织开展爱心助考志愿服务活动；9月11日，青年文明号集体霍州税务局北环路办税服务大厅举行2018年“金秋助学”活动，为资助的贫困大学生朱怡蓉捐助2000元助学金；11月21日，为响应市委、市政府助力“全市打好污染防治攻坚战”的号召，市总工会、团市委、市妇联联合在全市开展以“美丽霍州·我们在行动”为主题环保宣传活动。

【创新工作】 2018年，共青团霍州市委推行“共青团e时代”工作格局，霍州市道格印象微电影拍摄工作室、霍州生活网等新媒体传播力量，借力“互联网＋共青团”融合发展新浪潮。2018年制作“大美霍州·骑中有你”“霍州市第三中学离队入团仪式”等多部公益短片。通过“霍州青年”微信公众平台对霍州全市的在校大学生及高三毕业生进行志愿者招募。开展“青春兴晋学子归巢志愿者座谈会”“团市委机关实习”青春健步走、户外生存拓展训练、“牵手关爱 七彩假期”励志扶智困境青少年帮扶行动、“喜看家乡发展·重温入团誓词”主题团日活动等。联合前进社区“青年之家”开展中央专项彩票公益支持“助力计划”山西省困境青少年系列志愿服务活动，走进李曹镇石壁村幼儿园、特殊教育学校、下王村寄宿制学校、大张镇、开元办、三教乡、李曹镇18个困难家庭，关爱困境青少年达100余人。

【领导班子】

书　记：

王　强（2013.4—2018.4）

副书记：

张　超（2016.12—2018.12）

原　欢（女，2016.12—2018.12）

少工委主任：

曹艳玲（女，2013.10—2018.12）

（原欢）

霍州市妇女联合会

【概况】 霍州市妇女联合会成立于1949年，至2018年12月共有干部职工7人，主席1人，副主席2人、兼职副主席6人、挂职副主席1人。内设机构有办公室、组织宣传部、权益工作部、妇女发展部、家庭和儿童工作部。基层组织有12个乡（镇、街道）妇联，12个市直单位妇委会。

【思想建设】 2018年，霍州市妇女联合会组织妇女干部参观廉政文化馆，组织北峰村全体党员和妇联干部参观“风雨征程复兴路”档案图片展，赴梁家河、延安红色教育育基地开展“不忘初心·牢记使命”主题党日活动，开展“寻找最美家庭”活动，选树各类最美家庭100余户，举办“好家风、好家训、好家教”最美家庭故事会20余场，举办“家教家风——家和万事兴”主题图片展；推进网上妇联建设，运用“两台一报”和微信公众号平台向全市妇女发出“争当霍州好人”“远离雾霾，妇女在行动”“重阳节敬老孝老”“抵制高价彩礼，倡导文明新风”“乡村振兴·巾帼行动”“助力污染防治攻坚战”“环保节能十小事”、建设五美标准的最美庭院等倡议书；开展普法宣传，开展“反对家庭暴力——呵护美好生活”《反家庭暴力》暨“三八”妇女维权周系列宣传活动、开展“12·4”宪法日宣传；举办庆“三八”广场文艺汇演，举办“顾家杯”广场舞大赛；推动巾帼志愿者活动，实施巾帼志愿服务关爱空巢老人行动，选树表彰优秀妇女典型。

【队伍建设】 2018年，霍州市于10月底完成市、乡两级妇联组织换届工作，全市新配备兼挂职副主席56名，执委3662名。深化村（社区）“会改联”，落实1+10的执委联系妇女工作法，全市189个行政村、18个社区的3662名执委，联系妇女群众3万多人次，1592个妇女小组开展各类活动2000余次；推进乡镇区域化妇联组织建设，横向在区域内机关事业单位、非公经济和社会组织中拓展妇女组织，纵向把区域内所有的妇联、妇女小组等纳入乡镇妇联区域化体系；在各领域各阶层群体中灵活机动建组织，在机关事业单位组建妇委会65个，在两新组织中组建妇女组织8个，全市妇联系统建立巾帼志愿者队伍近百余支。

【维权工作】 2018年，霍州市妇女联合会通过“3·8”妇女维权周、“12·4”法律宣传日、“三下乡”开展法律宣传活动；制作反家暴、建设平安家庭等宣传标语和宣传资料，通过市妇联微信公众平台宣传法律法规，实现线上线下维权互动，提高妇女群众的法治意识和维权能力；落实日常信访维权。“12338”热线主席接听日和妇女谈心、为妇女解惑、听取妇女诉求和意见，做好日常信访工作，接待群众来访来电19件，化解调处17件，2件移送家事审判团队走司法程序。创新基层妇联维权模式，市妇联借助法院家事审判改革契机，构建家事纠纷协调联动解决机制，解决婚姻家庭矛盾隐患，实现维权在源头、在基层、在妇女群众身边，将婚姻家庭矛盾排查化解工作纳入综治考核。

【发展工作】 2018年，霍州市妇女联合会通过举办培训班，提升妇女就业技能，联合市人社、职中、技校举办SYB培训、母婴护理师培训，以及草编、巧娘、绣娘、厨娘等各类培训班10余期，安排妇女就业人数达百余人；运用新媒体，建立网上妇女之家，举办培训班成立的工作群50余个，举办微课堂宣传党的政策、发布妇联工作动态、发布用工通知，近万名妇女在群中学习受益；联合人社、工会、团委举办春秋季人才招聘会，提供妇女就业平台，招聘会提供岗位近千余个、安排妇女就业；举办手工艺作品展，评选工艺大师，利用庙会、旅游月等节日，举办手工艺品展，传承传统文化，成立刺绣协会，4位妇女被授予工艺大师荣誉称号；解决妇女创业瓶颈，为创业妇女发放财政担保贷款贴息40368元；开展巾帼帮扶活动，发展妇女手工艺产业、巾帼家政、巾帼电商、发放小额贴息贷款等带动全市贫困妇女创业就业。

【家庭儿童工作】 2018年，霍州市妇女联合会开展“三个注重”系列宣传活动和“树清廉家风，创最美家庭”系列活动，常态化开展“寻找最美家庭”活动，举办“好家风、好家训”故事会；举办妇联家庭教育读书会38期，市妇联对25名家庭教育志愿者从突出贡献奖、无私奉献奖、成长进步奖三个方面予以表彰奖励；开展“相伴共读·书香润德”家庭教育亲子阅读活动，选树赵家庄小学、前进社区等为“亲子阅读示范点”，辐射带动更多的单位和家长参与到亲子阅读活动中来；推进山西省家庭教育促进条例实施，在9月1日实施首日，开展市、乡、村三级同时联动，开展家庭教育条例和“三个注重”宣传活动，通过沿街悬挂标语、发放宣传资料、宣传手册、购物袋等让全社会重视家庭教育工作，近百名志愿者进学校、进社区、进商场、进家户宣传，发放宣传资料和物品万余份；联合市纪委、组织部、宣传部、文明办、文化局举办“家教家风——家和万事兴”图片展，300多张图片、40多个家风故事。

【关爱妇儿】 2018年，霍州市妇女联合会推动落实妇女儿童“十三五”规划的实施，协调督促妇儿工委各成员单位，按照《霍州市妇女发展“十三五”规划》《霍州市儿童发展“十三五”规划》目标责任分解要求制订实施方案，推动各项任务落实；完成3000例妇女“宫颈癌”检查项目，为6名宫颈癌贫困患者发放救助金6万元；精准关爱困境妇女儿童，为7名特困妇女儿童每人发放救助金1000元；在“幸福启航·三晋光明行”活动中，为三教乡千余百姓眼科检查，免费手术；为北峰村留守流动儿童捐赠书包、文具等；开展“敬老孝老”活动，在中秋节慰问三教乡敬老院孤寡老人；八一建军节为新兵送去鲜花、文具等慰问品。

【领导班子】

主　席：

李晓燕（女，2011.4—2018.12）

副主席：

成麦珍（女，2003.2—2018.12）

梁　艳（女，2012.6—2018.12）

（刘晓丽）

文学艺术界联合会

【概况】 霍州市文学艺术界联合会，简称霍州市文联，是市委宣传部主管的群团组织，是党和政府联系全市文艺工作者的桥梁和纽带。成立于1985年5月，到2018年底，有工作人员8人。下属协会：文学、书法、美术、曲艺、音乐、舞蹈、戏剧、摄影、民间文艺等9个艺术协会，有各类会员300余人。

【刊物发行】 2018年，霍州市文联及《霍山》编辑部完成《霍山》年度编辑出版计划。4期推出原创中短篇小说、散文、电影剧本、诗歌、民间故事等文学作品180余篇。

【各类艺术活动】 2018年1月，组织20余人的文艺队伍，到李曹镇、大张镇、陶唐乡、辛置镇敬老院及市直福利院，市文联扶贫帮扶村陶唐乡曲坡村进行文艺演出和书写春联活动；3月，利用庙会时间组织开展文化下乡活动，给部分村送书刊，办书画展，开展书法讲座等；5月，邀请山西大学语言研究所副所长、文学院教授、博士生导师冯良珍（霍州籍人），举办纪念毛泽东《在延安文艺座谈会上的讲话》发表76周年讲座，市四套班子领导及各单位主要负责人聆听讲座；8月，组织创作力量，创作具有地方特色的“扫黑除恶”专项斗争的文艺宣传资料霍州书《扫黑除恶扬正气》、霍州评书《扫黑除恶就是好》；9月，协同市委宣传部组织开展“扫黑除恶”“六进”活动，即组织小型文艺宣传队，带着三句半、霍州书、霍州评书、快板书等节目，深入农村、广场、景区、学校、社区、厂矿等地进行为期一周的文艺宣传。

【领导班子】

主　席：

安忠伟（2011.12—2018.12）

支部书记：

贺文斌（2013.12—2018.12）

副主席：

武文平（2002.5—2018.12）

副秘书长：

邢　璐（女，2012.7—2018.12）

（武文平、周静）

科学技术协会

【概况】 霍州市科学技术协会由市级协会、乡镇科协、村科普小组组成，是中共霍州市委领导下的人民团体，是党和政府联系科学技术工作者的桥梁和纽带，是国家推动科学技术事业发展的重要力量。内设机构有办公室、普及部、青少部、咨询部。到2018年底，有干部职工8人。

【科普网络建设】 2018年，霍州市科协建立健全12个乡（镇、街道）、189个村（社区）科普组织，有专人负责科普工作。引导、扶持农村专业技术协会发展，重点培养和发展粉条加工协会、芦笋协会、小杂粮协会、中药材协会、丰和豆制品加工协会等10余个协会，每个协会吸引3至5名科技带头人。

【科普阵地建设】 2018年，霍州市科协建有市青少年活动中心、中镇文化广场、永和公园等综合性科普活动场所，设立永和公园科普文化长廊和6组仿古式科普画廊；在开元街安装10组科普宣传栏，创建开元“科普一条街”。实施全国科普活动站、科普宣传栏、科普员（简称“全国科普‘站栏员’”）建设，每月更换一次内容；城区各社区建有科普画廊。街道、乡镇全部建有科普活动室（站）、科普画廊（宣传栏）等设施，配有科普宣传设备。市区中小学校都建有科技活动室。培育扶持退沙芦笋种植基地、永合特色林果种植基地、十里铺甜瓜基地等6个科普示范基地。

【全国科普示范市创建工作】 2018年，霍州市科协贯彻落实《科普法》，推进实施《全民科学素质行动计划纲要》，遵照全国科普示范市标准开展创建工作，加大科普投入，完善工作机制，创新活动载体，健全组织网络，形成全市参与科普工作的浓厚氛围。

【科普日宣传活动】 2018 年 9 月 20 日，霍州市科协开展霍州市 2018“全国科普日”暨“中国流动科技馆第二轮霍州巡展”活动启动仪式，以“创新引领时代·智慧点亮生活”为主题，弘扬科学精神，普及科学知识，激发全社会创新热情和创造活力。发放宣传资料 3500 余份，接受群众咨询 1000 余次。

【科普惠农】 2018 年，霍州市科协利用传统庙会到大张镇大张村、李曹镇李曹村、白龙镇寺庄村等地开展“科技三下乡”活动，为白龙镇寺庄村捐赠价值 5000 元的科普图书，为群众义务发放科普宣传资料 5000 余份，受理现场咨询 2000 余人次。

【社区益民】 2018 年，霍州市科协贯彻实施《全民科学素质行动计划纲要》。利用城区优势，夯实科普基础，打造精品科普阵地。设立“一站、一员、一栏”（一站，即科技服务站；一员，即科技宣传员；一栏，即科普宣传栏），科普宣传员都由大学生村干部担任。霍州市鼓楼街道建起街道科普文化站，安装投影仪、音响、电脑等设备及科普图书室，收藏各类科普图书 2 万余册，组织科普知识专题讲座 6 次。2018 年 12 月，霍州市科协引导扶持霍州市鼓楼街道文庙社区申报山西省社区益民计划项目，获得 4 万元的奖补资金，用于社区科普建设。

【青少年科技教育】 2018 年，霍州市科协引导和鼓励青少年参与科普活动，参加科技创新大赛。4 月 20 至 22 日，霍州市实验小学教练王伟华带领 4 名队员参加第 18 届山西省青少年机器人竞赛，在超级轨迹赛小学组 76 个参赛队中两个代表队荣获 1 个一等奖、1 个三等奖。王伟华荣获山西省优秀教练员，霍州市实验小学荣获山西省优秀学校。5 月 7 日，山西省科技馆展教中心在霍州市实验小学和第三中学进行科普表演。在 2018 年举办的全省第 34 届青少年科技创新大赛上，霍州市上交作品 1000 多件。10 月 29 日，在霍州文旅公司—奇幻世界成立霍州市科普教育基地，打造霍州首家 VR 科普馆。

【宣传工作】 2018 年，霍州市科协在市新闻中心开设《科普大篷车》栏目，在《今日霍州》设有科普专栏，在政府网站设有科普网页，更新科普知识、科普信息。

【领导班子】

主　席：

张文萍（女，2013.4—2018.12）

副主席：

高　霞（女，2012.8—2018.12）

杨丽霞（女，2012.8—2018.12）

秘书长：

孙俊芬（女，2007.8—2018.12）

【获奖情况】

国家级：霍州市被中国科协命名为 2016—2020 年度“全国科普示范市”；

省级：霍州市科协被山西省科协评为 2018 年“全国科普日”优秀组织单位

在山西省青少年机器人竞赛超级轨迹赛中，王伟华荣获山西省优秀教练员，霍州市实验小学荣获山西省优秀学校。

（杨丽霞）

工商业联合会

【概况】 2018 年，霍州市工商业联合会驻会人员6人，其中党员3人，会员705个（其中企业会员19个，个人会员676个，团体会员10个），有基层商会10个，其中乡（镇、街道）商会7个（白龙商会、辛置商会、鼓楼商会、李曹商会、开元商会、三教乡商会、南环办商会），市场商会1个（唐荣商会），行业商会2个（现代装饰家具商会、烹饪餐饮饭店协会）。

【会员发展】 2018年，霍州市工商业联合会成立鼓楼商会、李曹商会、开元商会、三教商会、南环商会、烹饪餐饮饭店协会，完成白龙商会与辛置商会的换届工作，乡镇商会覆盖率70%。2018年，全市发展会员51名，其中企业会员8家。启动深圳、成都、北京等地霍州商会的筹备工作，商会辐射逐步延伸。

【服务非公经济】 2018年2月19日，霍州市工商联利用正月在外老乡回家过年时机，筹备组织召开“霍商霍才”联谊会。2018年，走访博兴县、青岛市、烟台市等地的霍州籍在鲁经商创业人员，在了解企业经营状况的同时，诚邀他们回乡创业办企。2018年8月，与司法局签订《法律服务战略合作框架协议》，聘用3名优秀律师担任法律顾问，指导会员企业日常法务工作，对会员进行法律知识培训。11月，和检察院举办支持和服务企业家创新创业、营造良好法治环境座谈会，出台实施方案。

【公益事业】 2018年，霍州市工商联组织引导会员企业参与公益事业，投身到全市精准扶贫等工作。8月在金秋助学活动中，企业会员参与，捐赠爱心基金达30多万元。深入企业调查统计用工信息，与扶贫工作结合，协调有劳动能力的贫困人口在会员企业就业，对技术落后的鸣梦粗布员工进行工艺品设计、技术提升培训，对失去劳动力的建档立卡贫困户，通过“四位一体”模式为企业争取1000多万元贷款。

【领导班子】

主　席：

陈　英（2017.3—2018.12）

专职副主席：

周霍龙（2017.3—2018.12）

（高蕾　安乐）

三晋文化研究会

【概况】 霍州市三晋文化研究会成立于2010年11月，有会长1人、副会长兼秘书长1人，副秘书长5人，理事56人。

【出版书籍】 2018年，霍州市三晋文化研究会出版《历史天空闪烁的星》。

【研究成果】 霍州市三晋文化研究会的主要研究成果有：官衙（廉政）文化、霍山文化、霍氏文化、威风锣鼓、四社五村、霍州红色革命历史、霍邑之战、霍窑、娲皇壁画、霍州门神、霍州名人梁衡与陈峰、霍州美食、霍州民间艺术、霍州书、霍州剪纸等地方非遗。2018年，重点研究霍商霍才人物，常务理事胡中华主编订阅号《天南海北霍州人》，由霍州市老区建设促进会、霍州市三晋文化研究会、霍州市委人才办、霍州市工商联共同主办的人物专访公众号平台，主要专访对象为霍州籍政界、商界、学术界杰出人士和典型人物，包括为霍州经济文化建设作出突出贡献的外籍人士。“百人计划”是引进梁衡、陈峰为代表的各行业高级专家100人，为霍州经济、社会和文化发展献计献策。

【研讨会】 2018年8月25日，来自全国各地的霍氏宗亲欢聚故乡霍州，召开中华霍氏文化研究联谊会二届一次理事会，举行祭祖典礼。中华霍氏文化研究联谊会撰修霍氏大典一卷、二卷，在部分省、市、县成立分级联谊会。

【其他工作】 2018年，霍州市三晋文化研究会注重四个结合：三晋文化研究会的工作与霍州市委、市政府的重点工作相结合，与宣传文化工作相结合，与文物旅游工作相结合，研究历史文化与现代文化相结合。收集资料、编写《霍州市地域文化通览》，三晋文化研究会开展传统文化进校园及文化下乡等活动，理事们深入乡村，调查研究，通过摄影、写论文，宣传霍州文化，56名理事为挖掘、整理、抢救、传承霍州历史文化做大量工作，利用格图、美篇等微信平台，全年发表文章200余篇，建立霍州市三晋文化研究会工作群，发表新作，交流工作。

【领导班子】

会　长：

段新莲（女，2010.11—2018.12）

副会长：

赵　利（2017.7—2018.12）

秘书长：

赵　利（兼，2017.7—2018.12）

（胡中华）

军　事

霍州市人民武装部

【概况】 2018年，霍州市人民武装部深入学习贯彻中共十九大精神，学习习近平总书记重要讲话精神和军委国防动员部首长的讲话精神，全面贯彻落实军委主席负责制，突出改革任务主线，聚焦国防动员主业，创新开展征兵工作，推进军民深度融，推进年度各项工作开展。

【思想政治建设】 2018年，霍州市人武部坚持每周四政治教育、周五党委中心组学习。形成以抓教育增管理，以强管理促教育氛围。在人武部党委机关深入开展“传承红色基因，担当强军重任”主题教育，带专武干部和民兵骨干深入开展主题教育活动，慰问退休干部；组织全体干部、职工、专武干部、民兵骨干、驻霍部队在南塔烈士陵园开展“缅怀革命先烈、传承红色基因”清明祭扫英烈活动；组织民兵参加市委组织的国家“公祭日”活动；“七一”组织全体干部、职工、专武干部观看红色电影《开天辟地》；利用节假日等敏感时期，组织安全警示教育、“四反”教育和预防犯罪等教育，学习军人使用互联网、微信“十个严禁”等制度规定，开展安全保密教育、车辆安全驾驶教育；传达学习违规违纪、腐败案件的通报。

【双拥共建】 2018年，霍州市人武部弘扬爱国拥军传统，提高市民对军人的认同尊崇，春节、八一前夕，人武部两次联合市委、市政府、市民政局和乡镇负责人为××名立功受奖干部战士送去“立功喜报”，送去慰问金；七一前，联合乡镇主要领导，对乡镇退伍老兵进行慰问。人武部党委重视涉军维权工作。2018年，处理两起军属维权事件，为辽宁丹东某部服役女战士秦某家庭，争取到6万元救助金；协调市民政部门将西藏某武警部队服役的战士江某家人纳入低保户。

【岗位练兵比武】 2018年6月5至10日，霍州市人武部按照军分区统一安排部署，采取区分类别、集中组织、全面普考的方式，对全市专武干部、民兵骨干××人进行为期5天的封闭式集训，对其进行以军事理论、业务技能和军事体育为主要内容的比武竞赛活动。

【征兵任务】 2018年，霍州市人武部在年度征兵工作中，完成上级赋予的工作目标，高标准完成××名新兵征集。其中，网上报名××人，上站××人，体检合格××人，双合格××人，定兵××人，其中大学生××人。在廉洁征兵工作中，按照规定选齐配强廉洁征兵“监督员”。

【新兵回访】 2018年，霍州市人武部在新兵起运开始，就指定专人密切与接兵部队联络，掌握新兵的训练复检情况。并由政委卢卫红和副部长赵雷斌分别带队专武干部参加对接兵部队进行全面回访，确保所属新兵无身体和思想原因退兵情况的发生。为确保新兵思想稳定，人武部联合市电视台开展家长“寄语”送军营，新兵“心语”报国情亲情小视频交叉互送活动。

【学生军训】 2018 年 9 月 20 日，霍州市人武部按照霍州市国防教育委员会学生军训计划教育安排，抽调新训教官，对霍州市一中、二中、职业高中、煤电中学等学校进行为期一周的军训，因训练效果较高，部分初中学校邀请为新入学初中生进行军训。

【国防动员训练演练】 2018 年 11 月 19 至 23 日，霍州市人武部利用 5 天时间，同步参加山西省军区国防动员课题训练演练。采取上导下演与自导自演相结合、指挥所演习与实兵演练相结合的方式，分四个阶段，完成省军区国防动员课题演练任务。

【国防教育】 2018 年，霍州市人武部坚持国防教育制度化，调整国防教育委员会成员，与市教科局展开合署办公，指导中小学常态化落实国防教育。把国防教育纳入党委中心组学习、党政机关日常教育和干部培训班学习计划渗透到社区和学校文化中。坚持国防教育全民化，利用民兵整顿、军事日、国防教育日、征兵等有利时机，通过流动宣传车、咨询站、广播电视等形式向全市群众进行国防教育宣传。结合学生军训和“全民国防教育日”纪念活动，组织全体学生开展国防知识竞赛。坚持国防教育多样化，邀请专家教授为霍州干部进行国防教育授课，利用广播电视播放系列爱国主义教育影视剧；在高速出口、立交桥、交通要道、广场等群众集聚地，利用灯箱、电子屏、展板、永久性标语等形式，进行国防教育宣传。

【森林防火应急演练】 2018 年 3 月 20 日，霍州市人武部联合市森林防火指挥部在李曹镇悬泉山景区组织开展霍州市 2018 年度森林防火暨民兵应急分队拉动演练。各乡（镇、街道）民兵应急分队、农林委森林消防专业队、人民医院医疗救护分队、消防大队等××支队伍、××余人、××余台车辆参加演练。

【百日安全活动】 2018 年，霍州市人武部根据军分区百日安全活动安排，迅速成立组织机构、细化责任到人，在军分区明确的八大类问题的基础上，排查出十大类问题，11 个问题清单，逐一细化到人、制定措施、严格时限，对营区的角角落落进行责任分工，包片到人；对所有公用物资进行重新清理，登记入册，责任人签字画押，明确惩罚措施；对工作秩序进行细化管理，落实每周两次集体出操、每半月一次军容风纪检查、每月进行一次公用物资抽点。

【领导班子】

部　长：

高　峻（2017.7—2018.12）

政治委员：

卢卫红（2014.12—2018.12）

副部长：

赵雷斌（2017.7—2018.12）

军事科科长：

李鸣鸣（2015.8—2018.7）

政治工作科科长：

张　文（2018.11—2018.12）

保障科科长：

王晓明（2015.8—2018.7）

【获奖情况】

2018 年 6 月，霍州市人民武装部被中部战区党委政法委和北京、天津、河北、山西、河南、湖北、陕西省（市）委政法委联合表彰为维护国防利益和军人军属合法权益工作先进单位；

2018年度，霍州市人民武装部被山西省军区表彰为“民兵调整改革工作先进单位”；

2018年度，霍州市人民武装部副部长赵雷斌被山西省军区表彰为“先进人武干部”；

2018年度，霍州市民兵武器装备仓库主任段建军被山西省军区记嘉奖一次；

2018年度，霍州市人民武装部被临汾军分区表彰为“2018年度征兵工作先进单位”；

2018年度，霍州市人民武装部被临汾军分区表彰为“2018年度国防教育工作先进单位”；

2018年度，霍州市鼓楼街道办事处人民武装部被临汾军分区表彰为“2018年度先进基层人民武装部”；

2018年度，霍州煤电集团有限责任公司人民武装部被临汾军分区表彰为“2018年度先进基层人民武装部”；

2018年度，霍州市三教乡人民武装部被临汾军分区表彰为“2018年度先进基层人民武装部”；

2018年度，霍州市鼓楼街道办事处人民武装部干事朱江华被临汾军分区表彰为“优秀专武干部”。

（张文）

法　治

政法工作

【概况】　霍州市委政法委有工作人员25人，正科级干部9人，副科级干部5人，一般人员11人。下设6个科室，其中办公室、政工人事股、执法检查股、调研室属于内含科室，市综治办、市防范办与政法委合署办公。

【扫黑除恶工作】　2018年，霍州市政法委贯彻落实中央扫黑除恶部署。围绕政治站位、宣传发动、综合治理、线索摸排、打伞断血、组织领导六个方面和中央扫黑除恶第二督导组在临汾下沉督导中提出的4个方面12个问题，制定“5＋3”整改方案，参与谈话934人，查找问题286个，收集黑恶犯罪线索694条。分别以市委、市政府和市扫黑办名义两次发出“致全市人民的一封信”，每次分发6万份。全市各部门、各单位制作大型宣传版面20面，刷写、悬挂、屏显标语1800余条，发放宣传单20余万份，开展问卷调查3万余份，在全市进行宣传。成立文艺宣传小分队，通过霍州三弦书、快板、三句半、漫画、书法、移动版面等形式，集中开展宣传10余场。在《今日霍州》、霍州电视台开设专题专栏，播发各类新闻55条，滚动播报宣传标语、宣传口号、公益广告1.5万余次，跟踪报道工作动态。打掉以张某某和李某为首的2个黑社会性质组织犯罪团伙，抓获2006年在逃涉黑骨干成员范志亮，破获恶势力刑事案件4起，刑事拘留逮捕27人。

【国家安全工作】　2018年，霍州市政法委普及国家安全观教育，开展国家宪法日、国家安全日和依法行政宣传月活动，凝聚起维护国家安全的全民力量；打击和严密防范非法宗教势力、邪教组织颠覆破坏，落实监控可能渗透的途径，动态管控全市重点人员；坚持教育挽救和依法打击并重，把教育巩固工作融入社会管理中；开展反邪教宣传，营造“人人参与反邪教、共建和谐霍州”的氛围；注重网络监管，建立健全情报信息收集研判机制，加强情报搜集，开展“净网行动”，净化网络环境，掌握网络意识形态主动权。

【平安霍州建设】　2018年，霍州市政法委把维护群众合法权益放在第一位，创新社会治理方式，坚持维稳与维权统一，处理社会矛盾。

开展平安创建活动。开展平安医院、平安村、平安社区、平安企业等基层平安创建，以点带面、整体推进。在农村实施“平安互助”群防群治工程，在市区完善治安卡点，提升巡防工作实效。推进雪亮工程建设，增设公共安全视频监控设备和“人脸识别”摄像机，建设公共安全视频监控点381

个，基本覆盖全市主要出入境路口，全市防控体系和联防联治网络初步形成，为全市平安建设提供硬件支撑。强化社会治安风险隐患排查，把市区主要街道、城乡结合部、工矿区、出租房屋、城中村列为治安重点进行集中整治，打击“两抢一盗”、聚众赌博、黑网吧等群众反映强烈的热点难点问题。强化管理“六类特殊人群”，完善特殊人群服务室建设，开展心理疏导工作。构建多元化矛盾纠纷调解体系，防范化解风险是2018年“三大攻坚战”之一，霍州市政法委把矛盾纠纷化解摆在重要位置。加强“三级综治中心”建设，配备236个网格长，乡（镇、街道）综治专抓副职和专干到位，市级中心与省平台联通，形成社会治安管理三级联动新型模式。健全“五调”对接联动机制，包案调处涉法涉诉信访问题，化解“六大领域”矛盾，纠纷800件，没有一起民转刑案（事）件发生。设置涉法涉诉救助专项资金，专门化解“法度之外、情理之中”的涉法涉诉疑难信访案件，对闫某某等17案20人实施救助。强化道路交通和消防安全管理，开展农村交通安全“两站两员”建设，6月30日，临汾市农村道路安全现场会在霍州市召开。查处消防隐患和道路交通违法行为。

【法治霍州建设】　2018年，霍州市政法委贯彻落实《党政主要负责人履行推进法治建设第一责任人职责规定》，书记、市长抓法治工作，政法委书记田晋川围绕司法体制改革、执法规范化建设、普法宣传、法治队伍建设多次进行部署和安排。出台《创建法治霍州工作实施方案》，明确职责、责任到人，霍州市法治工作步入规范化轨道，在全市各党政机关、企事业单位推行法律顾问、公职律师、公司律师制度；与全市52个普法责任单位建立《普法责任清单》，使系统内普法与社会普法相统一；搭建“四位一体”的普法宣传平台；开展“法律六进”“送法进校园”活动，扩大法律宣传覆盖面。

【司法改革工作】　2018年，霍州市政法委贯彻落实深化司法体制改革的各项部署，提升改革整体效能。落实司法责任制。出台法官、检察官权力清单、责任清单，完善办案质量终身负责制和错案责任倒查问责制；建立新型审判权、检察权运行机制，确立法官、检察官办案主体地位，霍州法院由独任法官、合议庭直接签发裁判文书案件比例为100%，全年市法院收案1617件，结案1538件，结案数和满意度提高，发回案件数下降。市检察院深化以案件信息公开为核心的检务公开，推进“互联网＋阳光工程”建设，保障人民群众对检察工作的知情权、参与权、监督权，加强执法监督，落实《关于党委政法委员会对政法部门执法活动进行监督的规定》精神，加强对法院、检察院、公安、司法行政机关执法人员、执法活动的监督，干预而不干扰、监督而不代办，指导和协调政法各部门相互制约、相互配合。

【领导班子】

市委常委、政法委书记：

田晋川（2016.8—2018.12）

副书记：

赵纪红（2007.7—2018.12）

荀三林（2011.4—2018.12）

闫建华（2012.8—2018.12）

委　员：

乔建民（2002.7—2018.12）

李德恩（2002.7—2018.12）

【获奖情况】

霍州市被山西省委政法委授予省级平安市称号。

闫建华被中共山西省委政法委荣记个人二等功。

（杨涛）

公　安

【概况】　霍州市公安局内设12个科（室、队），12个派出所（一级所1个、二级所3个），2个直属机构（看守所、拘留所）。其中执法勤务机构5个，分别为指挥中心、国保大队、刑警大队、交警大队、治安大队；综合管理机构4个，分别为政工监督室、法制大队、警务保障室、市纪委监委第十二派驻纪检监察组；选设机构3个，分别为户政大队、经侦大队、巡警大队。到2018年底，有政法编制219人，总人数873人（其中授衔民警226人，未授衔干部32人，工人身份103人，协勤512人），班子成员18人，党员356人。

【亮点工作】　2018年，霍州市公安局“三基建设”走在全省前列，将“三基建设”效能贯穿于扫黑除恶专项斗争，山西省委书记骆惠宁9月21日在霍州调研时肯定霍州市公安局“三基建设”工作经验。落实民警警衔工资、执勤岗位津贴、加班补助等待遇近2000余万元，执行新标准；大数据战略投资2576万元，完成“雪亮工程”一期建设，建成监控探头381个，投入使用；建成全省一流的指挥中心合成作战大厅、办案区；监所改造完成。

【安全保卫】　2018年，霍州市公安局把信访维稳作为政治任务，坚持情报预警、讲究策略、依法办案、确保效果，完成全国、省、市“两会”“省、市两会”、庆祝改革开放40周年、“青岛上合峰会”等敏感节点的安全保卫任务，守住“三个不发生”“七个坚决防止”的底线，制定工作方案，实行全天候集中研判与联合指挥一体化运作，对各类重点人员全部按照“一人一册、一人一档”要求，落实动态管控措施，确保各类重点群体、重点人员稳定。

【扫黑除恶】　2018年，霍州市公安局组织开展扫黑除恶专项斗争工作，在全临汾市率先打掉2个涉黑团伙、2个涉恶团伙。中央扫黑除恶第2督导组下沉组到霍州市公安局检查指导。省委书记骆惠宁，省人大常委会副主任、临汾市委书记岳普煜，政法委书记郭行杰等领导实地调研。市财政批拨200万元扫黑专项经费。霍州市委、市政府下发《实施方案》和《通知》等系列文件，相关成员单位制定下发通知方案。成立一把手任组长的领导机构，设立扫黑办公室，划分“四大战区”，成立扫黑中队，制定出台三年规划、2018年实施方案，建立领导包联、宣传发动、举报奖励、线索排查、案件督办、责任倒查等29项工作机制，张贴《通告》和《举报奖励公告》6万余份，悬挂宣传条幅、刷写标语3000条；印制下发《应知应会100题问答手册》2000本，全局民警、辅警掌握扫黑除恶知识；对中央督导组下发的线索，逐条组建专班核查，核查办结；收集举报线索，核查办结，办结率为100%。

【刑事犯罪侦查】　2018年，霍州市公安局部署开展打击文物犯罪、“盗抢骗”、黄赌违法犯罪、严打民生领域重点犯罪等专项行动，保持严打高压态势，落实全国、山西省、临汾市文物安全会议精神，对全市4处国家级、3处省级文物单位提出防范、监管、整治建议，建档分析近10年涉及文物犯罪接处警警情，梳理近10年全市文物案件；保持对电信网络诈骗犯罪严打高压态势，推进打击治理电信网络诈骗犯罪工作。全年刑事案件立案447起，其中危害严重的八类刑事案件36起，“两抢一盗”案件239起，破获各类刑事案件221起，3起命案侦破，抓获犯罪嫌疑人210人，逮捕111人，移送起诉166人；受理治安案件467起，查处291起，处理违法行为人228人；抓获各类逃犯53人。

【经济犯罪侦查】　2018年，霍州市公安局破获各类经济案件16起，抓获犯罪嫌疑人13人，起诉13人，其中破获一起涉案金额3亿元的虚开增值税专用发票案。

【禁毒工作】　2018年，霍州市公安局坚持“四禁”并举，严格执法，标本兼治的禁毒工作方针，开展禁毒人民战争“三年攻坚战”、禁毒宣传、禁种铲毒等各项业务工作，遏制毒品问题的发展蔓延，打击零包贩毒、以贩养吸等犯罪，净化社会环境。全年破获涉毒刑事案件9起，抓获犯罪嫌疑人10人，缴获冰毒54.42克，咖啡因2440克；查处吸毒案件38起，处理吸毒人员63人，社区戒毒3人，社区康复5人，强制隔离戒毒10人。

【安全保卫】　2018年，霍州市公安局围绕公众食品药品安全问题，开展隐患排查、专项整治、法制宣传等各项工作，确保人民群众饮食用药安全，全年检查各类单位315家，约谈医疗机构负责人150人，签订责任书，破获销售假药案件6起，抓获犯罪嫌疑人6人，完成山西省厅专网集群协查案件13起，核查30人；组织开展打击环境违法犯罪及散煤专项整治行动，破获刑事案件6起，抓获犯罪嫌疑人14人，查处行政案件11起，查处违法行为人20人，依法移交霍州市纪委监委案件2起，犯罪嫌疑人3人。

【网络安全巡查】　2018年，霍州市公安局开展“净网2018”专项行动，加强网上巡查，发现处置有害信息138865条，网上舆情导控13185条，网警公开巡查执法7341条；强化互联网企业安全管理，对全市政府网站、企业网站进行检查，开展等级测评，对网站的漏洞进行检测，发现问题通知相关单位对网站进行整改；检查全市15家网吧，停业整顿2家、警告6家；全年办理刑事案件4起，刑事拘留5人，配侦20起，抓获22人。

【危险物品管理】　2018年，霍州市公安局组织开展打击整治枪爆违法犯罪和治爆清查行动，明确任务目标，发现问题，整改隐患，严防各类涉爆案件事故发生。全年收缴销毁各类子弹941发、猎枪1支、黑火药5枚、旧时期手榴弹10枚；聘请专业爆破公司销毁过期炸药4098公斤、雷管3454枚、手榴弹10枚、手雷2枚、小炮弹1枚；参加临汾市局统一集中销毁行动，销毁各类枪支34支，子弹2854发。

【交通安全】　2018年，霍州市公安局创建山西省精品大队，临汾市农村道路安全“两站两员”和缉查布控现场会在霍州召开。坚持“降事故、保安全、保畅通”工作重心，围绕国省道公路、农村、城市道路三个重点区域的主要矛盾，深化“4＋3×3”工作模式，开展“2911”工程，打造全省公安交警系统工作的“示范区”“排头兵”“新高地”，实现道路安全文明畅通有序和道路交通事故稳中有降的目标。全年查处违法行为175419起，简易处罚85043起，非现场87904起，与2017年同比增加150.1％。强制处罚2472份，行政拘留26人；新增护栏

1730米，交通安全宣传牌103块，城市街道交通安全宣传标语灯箱54组216条，交通安全警示牌19块，安装标志、标牌、提示牌35块，行人提示牌28块，贴摩托车驾驶人安全头盔反光条1000顶；接处道路交通事故1460起，其中道路交通事故立案446起，死亡16人，受伤529人，直接财产损失增加169400元；简易程序处理的交通事故458起，54人轻微伤，直接财产损失69200元，快处快赔341起；调解道路交通事故案件272起，调解222起，调解率81.62%。

【消防管理】 2018年，霍州市公安局在以预防重特大火灾事故为目标，改善消防安全环境，联合各职能部门对全市消防安全重点单位、社区住宅、高层建筑进行消防安全隐患全面排查整治。全市96家重点单位和19家社区全部建成微型消防站，推广安装“智慧用电”监管系统215套，涉及场所139家，设置电动车集中停放、充电场所31个，安装智能充电设备35套，新建市政消火栓60部，消防水鹤5部，修复不能正常使用的33个市政消火栓和2座消防水鹤，确保市政消火栓完好率98%以上。全年检查单位1382家，发现火灾隐患2339处，督促整改火灾隐患2314处，临时查封11家，责令“三停”25家，罚款25.35万元。

【出入境管理】 2018年，霍州市公安局以实施公安部集中推出的多项出入境便民措施为重点，开展各项业务专项行动，推进自助智能化建设，加强民警业务知识培训，落实各项便民措施。全年落实“双备库”动态管理机制，新增报备89人，补录补全单位信息16家，没有发生1人违规出境事件；“一网通一次办”平台上完成实名认证952人次，办理的出入境证件100%的网约率；受理公民因私出国（境）5290人次，其中因私出国2948人次，赴港澳1880人次，赴台湾462人次，发证4359人次；整理档案48卷，4658人次。

【“一网通一次办”】 2018年，霍州市公安局开展“一网通一次办”宣传推广工作，组织全体民警到全市社区、农村、企业、学校、机关等部门，向群众发放宣传资料，讲解“一网通一次办”平台的注册流程及用途，现场帮助群众进行手机注册，演示平台使用方法，使群众认识到“一网通一次办”平台给群众办事，减少往复办理业务的次数。全年粘贴宣传海报3000余张，发放宣传页5.5万余张，关注量53180人，注册量39822人。

【信访工作】 2018年，霍州市公安局深化涉法涉诉信访改革，实现信访工作过程标准化、工作场所规范化、工作制度系统化、工作流程信息化，日常工作中接待信访群众150人次，接待报案咨询类业务群众370人次。全年按要求办结公安信访信息系统转办案件29起，其中公安部13起、公安厅10起、临汾市局6起，全部办结；中央督导组交办信访案件12起、山西省厅交办信访案件6起全部办结；完成霍州市信访局信访信息系统转交办件案件12起，在重大敏感结点配合信访局做好重点人员统计核对工作和劝接返工作。

【户政管理】 2018年，霍州市公安局加强派出所基层基础工作，保障派出所和社区警务室办公、业务等经费支出；引深“一标三实”信息采集应用，开展便民利民服务工作，依托山西公安“一网通、一次办”便民工作平台、山西公安微信公众号，为人民群众提供公安审批服务在线咨询、预约、查询、办理业务，停征首次申领居民身份证工本费，精简户口迁移流程，实现山西省各市辖区内户口迁移“一地办结”，群众只需持相关资料到迁入地公安机关办理迁入手续。截至2018年底，全市有实有人口309002人，城镇比例43.11%，其中出生2955人、死亡958人、迁入1174人、迁出3265人；暂住人口3162人。2018年，办理居住证3021个，登记率100%，办证率96%（居住登记满半年可申领居住证）；办理居民身份证20944人次，办理身份证邮政特快专递3857个，办理异地身份证107个，签发异地身份证867个，登记出租房屋1423间，全市采集录入基础信息599867条，录入居住人口213705人，采集覆盖率90%以上。

【信息化建设】 2018年，霍州市公安局建成警务信息基础平台、指挥平台、治安平台、信访平台、四级会议平台、执法办案平台“六大平台”；完成“三台合一”改造升级，LCD拼接大屏幕集中显示全市治安、道路、智能卡口和社会视频监控图像，投入建设室外WIFI采集150个点，室内审计160个点；投资2576万元建设完成“雪亮工程”投入使用，建设监控点381个，其中增加监控点位150个、新增设监控杆111根、布局枪机摄像机264台、人脸识别摄像机8台、人脸对比摄像机10台、球形摄像机31台、微卡摄像机26台、鹰眼摄像机4台、高空瞭望2台、治安卡口14套。

【规范化建设】 2018年，霍州市公安局完成局机关办案区高科技智能化改造建设，推进交警大队、派出所中心办案区升级改造；推广使用执法全流程智能管理平台和新版警综应用平台，实现全案统一入口、网上流转、自动提醒、全程监督的应用效果；落实网上办案要求，除案件涉及国家秘密以外，100%实现案情信息和主要证据材料网上记载、网上流转；完善执法视音频存储系统建设，保证执法记录仪记录及办案区、看守所的同步录音录像等视音频上传、规范存储；开展“新刑诉法”、两个“程序规定”和新版公安法律文书制作使用的学习培训和贯彻落实，研究解决基层执法实践困难和问题，提供准确的法律指导服务。

【从优待警】 2018年，霍州市公安局做实从优待警工作，落实执勤岗位津贴和加班补贴“两项津贴”185万余元，执法勤务警员和警务技术职务“两个序列”改革完成229名民警的首套和205名民警的晋升工作；完成局机关生活区修缮改造，推进派出所“五小工程”；组织离退休老干部体检工作，向老干局报送76名离退休民警的个人信息及相关资料；加强民警心理健康保护，专门设立心理咨询室；配合组织部完成霍州市公安局部分民警档案文件缺失的搜集工作，全局正式民警个人信息采集表的填报工作；组织完成2018年度职务职级并行、全局民警和离退休老干部的调资工作。

【领导班子】

党委书记、局长：

计军亚（2016.6—2018.12）

党委副书记、政委：

关玉龙（2016.11—2018.12）

副局长：

王康杰（1999.11—2018.10）

许谟平（2011.12—2018.12）

张　诚（2011.12—2018.12）

朱永忠（2011.12—2018.12）

刘雅斌（2011.12—2018.12）

党委副书记：

朱明启（2011.12—2018.10）

副政委：

周　鹏（2016.11—2018.12）

交警大队大队长：
郜崇栋（2011.12—2018.12）
交警大队教导员：
王　力（2003.3—2018.12）
政工监督室主任：
王　丹（2014.1—2018.12）
法制大队大队长：
陈　平（2014.1—2018.12）
消防大队长：
杨　宇（2016.12—2018.12）
局长助理：
杨志华（2014.1—2018.12）
薛　强（2014.1—2018.12）
贾晓明（2014.1—2018.12）
李志毅（2014.1—2018.12）
贺俊锁（2014.1—2018.12）

【获奖情况】

霍州市公安局被山西省委组织部列为全省“三基建设”工作示范点；

霍州市公安局被山西省公安厅政治部通报表彰；

霍州市公安局被临汾市委评为“全市先进基层党组织”；

霍州市公安局交警大队荣获临汾市公安局集体三等功。

（韩文军）

公安局交通警察大队

【概况】　公安局交通警察大队机关位于霍州市主城区北边，108国道退沙段，占地面积9000平方米，建筑面积3800平方米。其中：车辆业务大厅、秩序业务大厅各一个，办案区一个，警体馆1个，会议室2个，荣誉室1个，办公室38间，宿舍16间，床位48个，机关院内设有停车场1个，绿化面积1200平方米。

大队设立城市中队、公路巡警一中队、公路巡警二中队、辛置中队、白龙中队、什林中队、大张中队、环监中队。根据交通安全管理职能，设立办公室、宣教科、秩序科、车管所、事故中队、霍州市道路交通事故快速理赔服务中心、道路交通安全形式分析室、督察室、法制科、安全设施科、指挥中心和交通事故调解委员会等。2018年大队有民警267人。

大队设立党总支，下辖十四、十五、十六、十七、十八共5个支部，90名党员。设共青团支部、妇女委员会和工会。

2018年，全市道路总里程1910.684公里，其中：国道108线1条，19.342公里，省道桃临线1条，16.642公里。市（县）道6条111.6公里，乡道43条336.9公里，村道284条480.9公里。一级公路23.5公里，二级公路60.4公里，三级公路87.7公里，四级公路742.1公里，等级外里程31.6公里。通车里程达1910.684公里，公路密度为每平方公里0.40公里。基本框架为三纵三横网络。

【道路交通管理】　2018年，围绕创建省级精品大队，建立大队领导轮流担任值班长制度和指挥中心平台大指挥长新警务模式，科室所队中心负责人轮流担任值班科长制度和指挥中心平台值班指挥长的新警务模式。适应新时代、新思想、新目标、新要求，提升大队领导干部大局意识，组织能力、协调能力和履职水平。

【严重交通违法】　2018年，共查处违法行为175419起，与2017年同比增加61.5%。简易处罚85043起，与2017年同比增加 21.3%。非现场 87904 起，与 2017 年同比增加 150.1%。强制处罚 2472 份，与 2017 年同比减少 26.1%。行政拘留 26 人，与 2017 年同比减少 68%。毒驾 5 起，与 2017 年同比增加 4 倍。涉牌涉证 1869 起，与 2017 年同比减少 29.6%。查处酒后驾驶 406 人，与 2017 年同比增加 0.7%，其中醉酒驾驶机动车 19 起。主城区施划停车位 1471 个，与 2017 年持平。在人行道上有选择地施划非机动车停车位 186 处，与 2017 年持平。开具违法停车通知书 9510 份，与 2017 年同比增加 25%。拖移乱停乱放机动车、非机动车 32 余辆，与 2017 年同比减少 97%。清理占道经营摊点 287 余处，与 2017 年同比增加 25.9%。

2018 年接处道路交通事故 1460 起，同比增加 103 起，上升 7.59%。其中：道路交通事故立案 446 起，同比增加 275 起，上升 167.68%；死亡事故 16 起，同比增加 4 起，上升 33.33%；死亡 16 人，同比增加 4 人，上升 33.33%；受伤 529 人，同比增加 331 人、上升 167.17%；直接财产损失增加 169400 元，上升 332.69%。简易程序处理的交通事故 458 起，同比增加 80 起，上升 21.16%；造成 54 人受轻微伤，同比减少 17 人，下降 23.94%；直接财产损失 69200 元，同比增加 730 元，上升 1.07%。快处快赔 341 起。调解道路交通事故案件 272 起，调解 222 起，调解率 81.62%。处理刑事立案件 51 起。

【清除安全隐患】 2018 年，公安局交通警察大队登记注册机动车 2494 辆，其中大型汽车注册 76 辆、挂车 16 辆、小型汽车注册 2187 辆、普通摩托车注册 137 辆、低速车注册 42 辆。机动车转移登记 1178 辆，其中小型汽车转移 1078 辆、普通摩托车转移 3 辆、低速车转移 10 辆、小型新能源汽车转移 87 辆。机动车转入登记 454 辆，其中小型汽车转入 384 辆，普通摩托车转入 4 辆、低速车转入 2 辆、小型新能源汽车转入 51 辆。机动车补领业务 453 起，其中补换登记证书 105 本、补换牌证合格标志 348 起。机动车委托检验 45 辆。核发检验合格标志 31145 辆，其中上线核发 24822 辆、6 年免检核发 5395 辆、受托核发 928 辆。驾驶证补换证 6076 本，驾驶员审验 3716 人。驾驶证初次申请 37818 人次，其中科目一 8661 人次，合格 7108 人次，合格率 82.06%；科目二 11373 人次，合格 8237 人次，合格率 72.42%；科目三道路技能驾驶考试 11410 人次，合格 5156 人次，合格率 45.18%；科目三安全文明常识考试 6374 人次，合格 5101 人次，合格率 80.02%。到企业、农村、学校 300 余次。与去年同比增加 30%。逐车逐人排查 21600 余人次，与去年同比增加 30.15%。集中约谈客货运企业负责人，9 次 850 余人，与 2017 年同比增加 60%，车辆检验率 98.23%、报废率 100%，大型旅游、公路、“营转非”客车、校车、危化品车检验率 100%，B2 以上驾驶证换证率 99.97%、审验率 98.62%。督促违法未处理重点车辆违法清零工作 259 辆。发放整改通知书 100 份，与 2017 年同比增加 50%。满分教育 359 人，合格 261 人，合格率 72.70%。

2018 年排查事故多发路段隐患 21 处，发放隐患通知书 21 份（其中提请市政府挂牌督办 9 处），21 处全部整改。新增护栏 1730 米，交通安全宣传牌 103 块，城市街道交通安全宣传标语灯箱 54 组 216 条，交通安全警示牌 19 块，安装标志、标牌、提示牌 35 块，行人提示牌 28 块，贴摩托车驾驶人安全头盔反光条 1000 顶。

【交通法制建设】 2018年，霍州市交警队建立完善执法规范“四大体系”①。坚持固化法律培训体系。组织学习《道路交通安全法》《行政强制法》《道路交通安全法实施条例》《交通违法行为处理程序》《道路交通事故》《机动车登记规定》《驾驶证申领和使用规定》和《公安机关办理行政案件程序规定》等法律法规。坚持规范执法办案体系。坚持“日志周评月考季小结”制度，自查自纠梳理汇总执法中存在的制作文书字体潦草不规范、执法视频摄录不完整、执法用语方言重、法言法语少等问题，列出清单，立行立改，提升执法标准。坚持完善执法管理体系。严格办案审批，办案流程，处罚决定等重点环节和步骤，强化规范引领，形成完整有效监督体系。坚持强化执法保障体系。配齐完善民（辅）警执法记录仪和科室所队中心终端平台设备，升级改造大队执法办案区。

【缉查布控系统建设】 2018年，以缉查布控系统建设和应用作为突破实施整改。集中研究报请市委政府拨付专门资金，以108国道霍州段为切入点，投入资金1000余万元，以间隔1公里为标准，设置17处职能监控系统，增加卡口、电子警察和灯控路口等设备。建立车辆大数据研判系统和霍州市智能交通综合管理平台，实行扁平化管理，实现支队、大队、中队三级指挥联网体系。通过综合措施大队缉查布控工作进入全国公安交警系统先进行列。2018年9月15日，临汾市公安局交警支队在霍州召开全市公安交警系统缉查布控系统应用推进会。

【道路交通安全】 2018年霍州市交警队找准摸清不同类型、不同领域、不同特色服务对象的工作难点和症结，强化“两站两员”建设，旅游景区以文明有序安全畅通、居民小区以交通文明习惯养成、郊区以纠正交通文明陋习为抓手，打造共建共治共享的交通安全防控新模式，初步建立“三区三共”②长效工作新机制，实现全省5个第一③。2018年6月30日，临汾市在霍州召开农村道路交通安全工作现场推进会。

【道路交通环境治理】 2018年，霍州市交警队主动对接山西省、临汾市和霍州市《大气污染防治2018年行动计划》和霍州市政府办公室《关于霍州市柴油货车和散装物料运输车污染治理联合执法专项行动实施方案的通知》，《关于霍州市柴油货车和工程机械污染综合治理工作方案的通知》等文件精神，采取“3＋9＋N”工作模式④和“3X”工作法⑤，开展全市生态环境治理攻坚战。查处涉及道路交通环境违法23151起，与2017年相比增加374％。其中：机动车载运物行驶时遗洒飘散载运物20712起，与2017年相比增加513％；机动车不按规定遮盖篷布653起，与2017年相比增加176％；市严控区机动车违法闯禁令253起，与2017年相比增加690％；驾驶排放检验不合格的机动车上道路行驶1533起，与2017年相比减少24％；涉及道路环境的行政拘留案件3起，与2017年相比减少75％。

【“放管服”改革】 2018年，霍州市交警队根据公安部“放管服”改革精神，山西省厅交管局和临汾公安交警支队8类26项便民服务要求，大队完成20项。

【基础设施建设】 2018年，霍州市交警队投资890万元对国道108线示范公路创建及指挥中心改造升级。在国道108线以每公里建设1处卡口、电子警察等设备，在南北交界处设电子屏；改造大队指挥中心数据存储及电子屏幕等设备。投资150万元对全体民（辅）警配备对讲机。投资56万元对5辆警用巡逻车辆安装移动式辑查布控及执法现场实时监控系统设备。投资550万元新增主城区中镇广场十字路口、地税局岗楼等5处建设红绿灯电子警察系统，鼓楼东街、鼓楼北街、开元街等15处建设违停电子抓拍系统和国道108线许村路口等3处建设红绿灯及电子监控系统；投资30万元在上霍线、南赵线、桃临线、霍东大道等重点管控路段增设移动式测速设备。投资100万元升级改造执法办案区，配齐完善相关设备。投资50万元配齐完善执法记录仪终端平台。投资700万元，统一对大队秩序业务大厅、车管业务大厅、事故中队进行改造。投资120万元对城市中队营房进行改造，新建中队指挥中心。投资50万元完善七里峪风景区、霍煤集团开元小区、寺庄等23个农村道路交通安全劝导站。投资150万元以数据合成为中心，融合车管、秩序、事故、宣传等数据，筹建交通安全管理数据合成室，实现精准分析，精准打击。新建大队警体馆和大队荣誉室。

【领导班子】

党总支书记、大队长：

郜崇栋（2016.12—2018.12）

党总支副书记、教导员：

王　力（2003.3—2018.12）

党总支委员、副大队长：

曾广平（2000.1—2018.12）

吕小环（2000.1—2018.12）

朱耀平（2009.1—2018.12）

朱　敏（2014.1—2018.12）

李玉平（2014.1—2018.12）

党总支委员：

薛新红（2014.1—2018.12）

【获奖情况】

2018年山西省厅交管局确定霍州公安交警大队为省级精品大队。

霍州公安交警大队获临汾市公安交警篮球比赛三等奖。

2018年临汾市公安局记霍州公安交警大队集体三等功。

2018年度临汾市公安道路交通管理工作综合考评名次第一。

名词注解

①执法规范“四大体系”：法律培训体系、执法办案体系、执法管理体系、执法保障体系。

②“三区三共”：旅游景区、城乡结合部小区、郊区，共建、共治、共享。

③全省5个第一：建立“警保联动”工作机制全省第一，建立小区（社区）道路交通劝导站全省第一，在小区（社区）道路交通劝导站开展城市化的管理全省第一，建设弯道预警科技化、信息化全省第一，建立贫困户与道路交通相融合工作机制全省第一。

④“3+9+N”工作模式：“3”即：在霍州客运站、辛置执法站和高速东口三处，设立了由巡一、巡二、大张中队与公安、交运、环保等部门组成的联合执法站。“9”即：围绕主要路口设立白龙十字路口、后湾桥三岔路口、火车站丁字路口、工业路与旧108国道交叉路口北、高速引道东路口、迎宾路北路口、工业园区南路口、南沟桥头、城市中队大门外设立9处环保执法检查点。“N”即：全面启动9个乡镇道路交通安全管理站和23个农村道路交通安全劝导站，开展生态环境治理攻坚战大劝导工作。

⑤“3X”工作法：“3”即：公安交警、

环保和交通运输部门，组成三部门联合综合整治组。“X”即：针对运输管理、国土和安全等不同类型的环境交通违法行为进行整治，合力进行生态环境治理攻坚战。

（陈春洪）

公安消防大队

【概况】 2018年10月9日，公安消防部队移交应急管理部。全国17万现役消防官兵，建制划归应急管理部。霍州市公安消防大队更名为霍州市消防救援大队，隶属于临汾市消防救援支队、霍州市应急管理局，改革转制后，作为霍州市应急救援的主力军和国家队，承担着防范化解重大安全风险、应对处置各类灾害事故的职责。截至2018年底，大队下辖1个政府专职消防队，有消防指战员4人、专职队员20人、文职人员13人，有水罐消防车4辆、抢险救援车1辆、多功能登高车1辆，担负着全市防火、灭火及各类抢险救援工作任务。

【灭火救援】 2018年，霍州市公安消防大队完成灭火救援任务28次，其中火灾扑灭9起，抢险救援16起，社会救助3次，出动消防车64辆次，消防官兵304人次，抢救被困人员9人，疏散被困人员97人，抢救财产价值48.9万元。

【部队管理】 2018年，霍州市公安消防大队做抓好条令条例落实，落实规章制度，用条令条例约束官兵行为，规范官兵的日常养成和一日生活制度；加强日常精细管理。大队在管理上“大处着眼，小处着手”，管理抓细节，教育抓养成，干部、班长一起跟班作业，量化考评官兵在训练、作风、卫生等方面。定期召开安全例会，分析事故苗头，落实安全防事故措施。经常性维护保养车辆器材，加强“人、车”的管理，特别是行政车辆和执勤车辆，以及公勤人员的八小时以外和节假日的管理。全年没有发生违反禁令的事件，无失密、泄密事件，无车辆事故。

【练兵工作】 2018年，霍州市公安消防大队加强实地训练，全市96个重点单位分别进行战术演练和战术训练，利用大队营区训练设施，提高队员的实战能力；开展辖区情况“六熟悉”，对辖区重点单位、道路、水源进行全面熟悉。修改、完善战训基础工作手册的编写，制定及演练新调整的96家重点单位灭火作战计划，完成战训业务基础工作的建设；将政府专职消防队、企业专职消防队、微型消防站纳入全员练兵体系，围绕“建、管、训、用”4个环节，建立“联勤、联训、联战、联防”工作机制，开展8期集中轮训，提升消防队员、微型消防站人员灭火能力。6月，市政府组织消防、安监、住建、工商、大张镇、华润燃气公司等多部门开展城镇燃气综合应急抢险演练，完成险情应急处置。11月22日，市政府组织消防、四七五处、工会、公安局文保大队、医疗、交警、武警联合开展山西物资储备管理局某处消防应急演练。

【执法工作】 2018年，霍州市公安消防大队开展8次联合检查，检查单位247家，整治火灾隐患339处。大队发动全市各乡（镇、街道），消安委各成员单位开展重大火灾隐患排查，摸清重大火灾隐患底数。通过隐患排查、梳理、判定，确定1家挂牌重大火灾隐患单位（佳美商场），对其实施挂牌督办，摘牌销案。2018年，霍州市公安消防大队检查单位1535家，发现火灾隐患

2594处，督促整改火灾隐患2566处，临时查封11家，责令“三停”28家，罚款30.55万元，拘留5人；推广安装“智慧用电”监管系统215套，涉及场所139家；设置电动车集中停放、充电场所31个，安装智能充电设备35套。

【宣传工作】 2018年，霍州市公安消防大队以宣贯《消防安全责任制实施办法》为重点，通过以会代训、视频辅导、赠阅读成本等形式，组织实施党政领导干部消防管理知识培训；落实宣传培训制度，组织宣传人员每周一次到辖区重点单位、“九小场所”等社会单位开展员工集中上消防常识课、参加应急疏散演练，确保员工掌握“一懂三会”，培训40个单位，培训员工1000余人；依托公安消防队、微型消防站，组织社会单位、群众分散或集中上门，开展火场“体验式”逃生培训，开放消防站40余次，受益人数2000余人；在霍州广播电视台消防宣传专栏《消防天地》播发消防安全知识，使全民参与消防，全年制作40期，播放80次，微信同步播放40次；以“119”活动宣传月为契机，开展走进红门学消防、消防知识书法展、消防车巡回宣传、开展人员密集场所疏散演练，走进红门4次，书写消防知识书法103幅，人员密集场所疏散演练11次，受教育6000余人。

【领导班子】

教导员：

闫瑞杰（2017.1—2018.12）

大队长：

杨　宇（2014.12—2018.12）

参　谋：

侯佳琦（2017.8—2018.12）

【获奖情况】

2018年，霍州市消防大队被临汾市消防支队评为先进大队、2018年度冬季练兵先进单位；侯佳琦荣立三等功一次。

（武芳芳）

检察工作

【概况】 2018年，霍州市人民检察院内设5部1中心，分别为：综合保障部、政治部、刑事检察部、民事行政检察部、检察业务管理监督部、后勤服务中心。截至2018年，全院共有干警68人，检察长1人，副检察长2人，政治部主任1人，工会主席1人，党组成员5人，检委会专职委员3人。员额检察官10人，检察官助理8人，司法警察2人，司法行政人员7人，事业编制人员1人，超编人员38人。

【刑事检察】 2018年，霍州市人民检察院共受理审查逮捕案件122件207人，经审查：批准逮捕76件132人，不批准逮捕50件69人。审结案件126件201人。受理移送审查起诉案件150件231人，审结131件171人，向人民法院提起公诉110件146人，不起诉21件25人。

在审查逮捕案件中，立案监督案件15件21人；监督撤案2件5人；发出纠正违法通知书21份；侦监适时介入侦查2件4人；监督行政机关移送公安机关涉嫌犯罪线索2件3人；公安机关立案1件2人。移送审查起诉案件中，向侦查机关发送纠正违法通知书28份。依法向法院提出纠正违法3件。

加强对看守所和社区矫正工作、法院财产执行情况的监督检查，坚持以专项检查、日常检查和不定期抽查的方式相结合，完善看守所的各项规章制度和督促看守所民警严格依照制度工作，矫正社区人员依法履职，依法保障社区矫正人员的合法权益。向看守所和司法局发出纠正违法通知书41份，向相关部门发送纠正违法通知书91份，向法院发出纠正违法通知书9份，均已回复。

受理审查逮捕未成年犯罪案件7件18人，全部逮捕归案。受理审查起诉未成年人案件3件16人，起诉2件5人，改变管辖1件11人；侵害未成年人案件6件7人。未检部门开展“关爱祖国未来，擦亮未检品牌”的检察开放日活动，发扬新时代“枫桥经验”牢牢把握未成年人全方位的司法保护宗旨，2018年，帮教回访3次，其中，两次为管制期间的未成年人、一次为未成年被害人的帮教救助。12月，对辖区内的中小学、幼儿园进行法制宣传活动。

截至2018年底，受理审查批准逮捕涉黑恶案件15件43人，其中批准逮捕案件14件41人、不批准逮捕1件2人；受理审查起诉案件5件20人，全部起诉；接收群众举报线索10条，移送霍州市公安局。

【检察业务管理监督】 2018年，霍州市人民检察院案件管理部门共受理各类案件297件，其中，审查逮捕类124件、审查起诉类156件、民事行政类案件5件、决定不予受理案件2件，要求公安机关补送材料90余件次。审核各类法律文书3462份，送案审核274件，提出口头纠正意见117件，提出书面纠正意见2件，均已纠正。评查案件58件，其中，协助临汾市院开展案件评查3件、提出评查意见20余条、完成政法委交叉评查案件5件、扫黑除恶专项评查15件、常规评查35件、提出评查意见及建议120余条。依托“12309”检察服务中心，打造一站式服务。受理网上辩护与代理预约36件次，安排律师阅卷36件次，公开程序性信息264条，公开各类法律文书112份。全年为入党、评先、职务晋升的提供查询1400余人次，开展行贿档案查询369件。

控告申诉部门受理信访事项18件，其中举报类信访事项4件，控告类信访事项1件，民行类信访事项6件，申诉类信访事项4件，其他类信访事项3件。经审查，直接答复4件，转该院其他部门办理7件，转该院民事行政检察部门办理6件，转该院纪检监察部门办理1件。加大刑事申诉审查办案力度，受理群众来访和临汾市院交办的不服人民法院生效判决类刑事申诉案件2件，决定立案复查2件。截至2018年底，完成调研文章4篇，被《临汾检察》采纳2篇。

检委办实行司法体制改革，开展检察委员会各项日常工作，完成检委会子系统的升级和后台配置，对检委会进行专题培训。上会审议案件5件，提出明确的法律意见并阐明理由5件，均被检委会采纳。检察院两次列席霍州市人民法院审判委员会，11月22日检察长王志刚首次列席审委会。

【民事行政检察】 2018年，霍州市人民检察院受理各类民事监督案件11件。其中，受理生效裁判监督案件1件，提请抗诉案件1件；受理审判程序违法案件2件，法院采纳2件；受理执行监督案件2件，法院采纳2件；受理支持起诉案件5件，支持起诉5件，法院采纳5件；受理行政机关不当履职案件1件，发出督促履职检察建议1份，收到回复。实施“互联网＋阳光工程”的检察监督，加强对涉农资金的监管，定时查看、督促各成员单位报备数据。加强与人社、民政、工会、法律援助、公安等部门的协调配合，制定长效互通信息平台机制，发挥民行检察服务民生的职能作用，做好对下岗职工、农民工等弱势群体涉及劳动仲裁、交通事故、赡养纠纷等案件的支持起诉工作，维护其合法权益，2018 年，受理民事支持起诉案件 5 件，提出支持起诉 5 件，被法院采纳 5 件。推进公益诉讼工作开展，发现各类公益诉讼案件线索 20 余件，经审查：立案 14 件，涉及生态环境和资源保护 5 件，涉及食药安全领域 5 件，涉及国有资产领域 4 件。

【综合保障部工作】 2018 年，霍州市人民检察院上报市院信息 82 条，被市院微信公众号转发 26 条。机要传真方面，2018 年，一级机要收文 164 份 3984 页；三级机要收文 322 份 2419 页，发文 28 份 57 页；收明文传真 231 份 917 页，发明文传真 20 份 64 页；收密文传真 10 份 50 页。没有虚报、漏报、错报现象的发生；技术方面，5 月 22 日，签订《涉密信息系统运维协议》，技术信息每月都按照山西省院、临汾市院的要求上报，做好视频会议的保障工作，解决好各业务部门在办案操作应用中存在的问题。8 月，按照上级院要求在霍州市看守所安装密码机，确保驻所检察室能连接检察专线网；9 月，完成“12309”检察服务中心后台建设；11 月，技术部门协同后勤服务中心更换 4K 高清会议系统大屏幕，确保更换屏幕以后视频会议系统正常运行；保密工作，执行各项安全制度，涉密传真、涉密文件都作造册登记，确保涉密载体的安全。1 月 2 日，组织全体干警参观临汾市保密教育宣传展，使干警增强和做好保密工作；4 月初，参加由临汾市院组织的保密工作培训，由分管领导组织保密人员每月进行 1 次保密检查，保证无泄密事件发生；12 月 18 日，对全院干警进行保密知识测试，档案管理工作方面，2018 年，检察院对诉讼、文书档案进行分类整理并归档。5 月 10 日，档案管理员到临汾市院进行档案培训，全年借阅档案 95 次。

【政治部工作】 2018 年，霍州市人民检察院共新进 7 名书记员，构建开放透明的阳光司法体制，利用“两微一端”等平台，引导社会舆论，落实检务公开，审核发布各类信息 2000 多条，受到社会 1300 多人的关注与订阅。政治部做好各部门干警的培训工作。3 月 9 日，“两微一端”管理员参加临汾检察机关“三网学习”管理员专题培训班，分别于 3 月 22 日、3 月 27 至 30 日，技术人员、政工骨干参加全省检察机关队伍管理信息系统应用培训班，4 月 22 至 28 日，法警参加全省检察机关第八期司法警察晋（授）衔培训班。5 月 27 日至 6 月 2 日，检察长参加全省检察机关省管干部学习贯彻习近平新时代中国特色社会主义思想和中共十九大精神学习班。6 月 20 至 29 日，1 名公诉业务骨干参加国家检察官学院第 2 期公诉业务实训班。完成中国检察教育培训网络学院 2018 年专题培训班的培训任务。10 月 22 日至 11 月 23 日，参加山西省人民检察院举办的基层检察人员培训班。法警部门按照公车使用制度，公车管理责任到人。2018 年，配合检察业务部门出车 330 余次，全年无事故、无违章。严格办案区工作区维护，全年配合检察业务部办案区使用 35 次，提审犯罪嫌疑人 40 余人。严格机关安全保卫工作，执行门卫登记制度，坚持 24 小时制值班。重大节假日，法警按照规定严格落实值班，全年无脱岗、漏岗现象发生，确保机关工作的安全稳定。11 月开展司法警察大练兵活动。

【领导班子】

党组书记、检察长：

王志刚（2016.6—2018.12）

党组副书记、常务副检察长：
成红福（2003.3—2018.12）
党组成员、副检察长：
朱惠林（2003.3—2018.12）
党组成员、政治部主任：
李燕燕（女，2003.3—2018.12）
党组成员：
王小虎（2003.3—2018.12）
杨福兴（2003.3—2018.12）
李　垒（2013.8—2018.12）
郭锐华（2013.8—2018.12）
乔华民（2013.8—2018.12）
工会主席：
闫　林（2003.3—2018.12）
专职委员：
董泓江（2013.8—2018.12）
王慧慧（女，2013.8—2018.12）
成晓林（女，2013.8—2018.12）

（杨军军）

法院工作

【概况】 霍州市人民法院有内设机构13个，为政治处、刑事审判一庭、刑事审判二庭、民事审判一庭、民事审判二庭、民事审判三庭、行政庭、立案庭、审判监督庭、执行局、办公室、监察室、法警队。派出法庭两个，即什林法庭、辛置法庭。下属事业单位1个，为后勤服务中心。到2018年底，共有干警66人。

【刑事审判】 2018年，霍州市人民法院受理各类刑事案件121件，审结115件，结案率95.04%。院党组重视扫黑除恶专项斗争，8次召开专项会议安排部署落实上级法院和市委要求，出台实施方案，建立各类台账28个，对2012年12月以来的750件刑事案件进行“回头看”，摸排出13条线索，移交公安机关。落实罪行法定等法律原则和制度，把好案件的事实关、证据关、程序关和法律适用关，保持对各类黑恶势力犯罪的高压态势，依法快审快结涉黑案件1件，判处1人，涉恶案件1件，判处8人。突出打击各类危害社会公共安全、损害群众人身权利和财产权利的犯罪，审结“两抢一盗”、破坏环境、危险驾驶、交通肇事、集资诈骗等犯罪案件42件，判处罪犯54人；依法审结贪污、贿赂等职务犯罪案件6件，判处罪犯17人，促进反腐败斗争开展。

【民事审判】 2018年，霍州市人民法院受理各类民事案件999件，审结971件，结案率97.2%。审结买卖、借款、租赁、建设工程等合同纠纷案件385件。审理人身损害赔偿、道路交通、医疗损害纠纷等案件25件，保障人民安居乐业。妥善化解离婚、抚养、赡养等婚姻家庭纠纷303件，调撤率55.3%，维护婚姻家庭和谐稳定，保障未成年人、妇女和老年人的合法权益。

【行政审判】 2018年，霍州市人民法院审查、受理行政诉讼案件和非诉申请执行案件24件，审结24件，结案率100%。强化诉讼保护和依法监督，化解行政争议，规范行政裁量基准和行政执法程序，保护行政相对人合法权益，促进、监督行政机关依法行政。

【执行工作】 2018年，霍州市人民法院部署开展“执行攻坚跨年”“迎新春、打拒执”“假日执行”等攻坚执行难专项活动。执行干警加班加点，按照第三方评估指标体系的要求，对2016至2018年案件逐案登记造册，逐案进行整改，实现评估案件全覆盖。受理各类执行案件537件，执结508件，执结率94.6%，执行到位金额6454.09万元。推动构建“基本解决执行难”工作格局。成立“基本解决执行难”工作领导小组，协调全市27家相关部门对解决执行难工作进行统筹规划，全年召开执行工作联席会5次，协调解决涉党政机关、公职人员等特殊主体的执行案件8件，全部结案。推进网络查控系统建设，基本实现对被执行人主要财产“一网打尽”。利用执行指挥中心集中查控系统，查询被执行人652人次，查询出财产2126万元，冻结被执行人账户597个，冻结财产783万元，查封车辆12辆，查封门面、房屋14套，网络司法拍卖39次，实现执行查控方式的根本变革。加强社会各界联动，合力编织失信惩戒天网。加大失信被执行人曝光力度，依法通过电视台、报纸、微信等向社会公布失信被执行人名单469人次，在全国法院失信被执行人系统公开曝光失信被执行人114人，限制高消费939人，对拒不履行生效法律文书的被执行人司法拘留5人。联合公安、检察加大对抗拒执行行为惩治力度，以拒不执行判决裁定罪判处罪犯1案1人。

【立案工作】 2018年，霍州市人民法院投资100余万元建成集诉讼服务指引、立案登记、财产保全等功能为一体的诉讼服务中心，拓展大厅自助服务和网上诉讼服务功能，打造诉讼服务中心“升级版”。对1949年以来的30112件诉讼档案进行数字化处理，实现纸质档案与电子档案同步生成。推行院领导值班接访制度，全年接待群众1800余人次，当场化解疑难、复杂问题120件。诉前调解结案29件，方便当事人诉讼。依法为经济确有困难的当事人减、缓、免诉讼费339687元。加大对困难群众的司法救助力度，依法对符合条件的16名申请执行人救助资金38万余元。

【司法公开】 2018年，霍州市人民法院在中国裁判文书网公开文书1602份；庭审直播275件；录入电子卷宗1097件；庭审录音录像729件。发挥人民陪审员作用，现有55名陪审员参与审理案件569件，参审率54.08%。

【干警培训】 2018年，霍州市人民法院提高干警司法能力。招录新干警3名，劳务派遣书记员18名；坚持集中培训与专项培训相结合，邀请专家为全体干警授课2次，选派干警赴国家法官学院、省高院、临汾市中院学习、培训51人次，提升法官正确适用法律、解决矛盾纠纷的能力。

【职业保障建设】 2018年，霍州市人民法院投资200万元对市法院办公楼外墙进行维修、内墙进行粉刷、走廊地板进行改造。落实国家带薪休假相关制度，2018年全院90%以上的干警均休假。分期分批对全院在编在职干警进行健康体检检查。

【领导班子】

院　长：

任　军（2015.12—2018.12）

副院长：

荀杏红（2003.3—2018.12）

沈晓静（女，2003.5—2018.12）

纪检组长：

姚学义（2012.8—2018.12）

工会主席：

吴国庆（2003.3—2018.12）

党组成员：

秦建华（2003.3—2018.12）

朱壮平（2003.3—2018.12）

白银峰（女，2013.12—2018.12）

专职委员：
陈建斌（2013.12—2018.12）
魏武昌（2013.12—2018.12）
张燕萍（女，2013.12—2018.12）

（李兵平）

司法行政工作

【概况】 霍州市司法局有6个内含股（科、室），为办公室、政治科、宣教股、基层股、司法工作管理股、社区矫正股，有12个基层司法所。主管霍州市法律援助中心、霍州市公证处、山西秀竹律师事务所、山西星硕律师事务所、霍州市鼓楼法律服务所、白龙法律服务所、北环法律服务所和辛置法律服务所。到2018年底，在编人员39人，公证员2人，注册律师7人，注册基层法律服务工作者27人。

【普法宣传】 2018年，霍州市司法局组织各司法所利用传统庙会、“三下乡”、各专业法颁布日、“3·15”、开展“法律六进”。组织编印《法律进乡村普法宣传手册》《霍州市扫黑除恶专项斗争宣传手册》《宪法宣传手册》，开展宪法、扫黑除恶专项斗争有关法律法规的宣传。搭建多媒体普法宣传平台。依托电视台、电台、《今日霍州》报和移动短信搭建“四位一体”的多媒体普法宣传平台，普法短讯平台随时发送最新法制动态，与电台开办《与法同行》《法律讲堂》等栏目，《今日霍州》报常年开辟普法专栏，霍州电视台定期播放法制栏目。推进法治文化建设。拍摄普法短剧《彩礼风波》。2018年，组织全市公务员及参公管理人员、国有企事业单位管理人员、中小学、幼儿园教师及管理人员参加全市无纸化学法用法宪法知识考试工作，合格率90.81%。

【基层工作】 2018年，霍州市司法局健全完善教育培训常态机制，开展岗位练兵、业务交流等活动，提高基层队伍整体素质和工作水平。设立司法所周工作例会制度，每周二定期召开，在汇报季度工作的同时计划部署下季度工作；坚持贯彻化解矛盾在源头，以春节、两会、扫黑除恶专项斗争矛盾纠纷排查调处工作为契机，在全市范围内进行矛盾纠纷排查、涉黑涉案线索排查；按临汾市司法局要求，上报因换届调解人员工作变动而发生变动的调解委员会。对各乡（镇、街道）和村（社区）调委会、专业性行业性调委会人员变动和调解员花名册进行收集汇总，经摸底汇总全市有229个调委会，636名人民调解员；在人民调解委员会工作实行“六个一”的基础上，再定期对调委会情况进行摸底；10月19日组织全市人民调解员培训学习和交流经验，进行业务大比武，对人民调解案卷规范统一。2018年，全市各级调解组织排查调处矛盾纠纷973件，成功906件。

【社区矫正安置帮教】 2018年，霍州市司法局开展全面排查。社区矫正工作管理股和司法所通过入户走访、当面谈话等方式，掌握社区服刑人员和安置帮教对象动态对排查出的重点人员，落实监控措施，防止脱管失控。落实监管制度。定期报告制度，掌握社区服刑人员和安置帮教对象活动情况，对不能按期报告情况的社区服刑人员，视情节给予批评教育、警告；加强重点社区服刑人员监管。对重点社区服刑人员增加其向司法所报告频率和次数，确保监督管理措施落实到位。在全市范围内组织开展刑满释放人员和解除社区矫正人员系统摸底，掌握其动态，预防再犯，盘点排查涉黑涉恶“两类人员”数量，排查出涉黑刑满释放人员2人。教育社区服刑人员，鼓励其揭发检举涉黑涉恶线索。重点评估涉黑涉恶类案件社区服刑人员，在入矫后加强扫黑除恶方面的思想教育和心理疏导工作。对在册的107名社区矫正服刑人员签订扫黑除恶保证书。2018年，霍州市接收社区矫正人员86名，解除社区矫正人员95人，在册105人（其中，管制5人、缓刑98人、暂予监外执行2人）。接收刑满释放人员90人，接回重点帮教人14人。按照规定，建立执行档案、工作档案。

【法律服务】　2018年，霍州市司法局法援中心在环保局、法院、看守所、劳动仲裁院等单位建立起法律援助工作站，在法院立案庭、看守所设立法律援助值班台，制定法律援助律师值班制度，为弱势群体提供法律援助服务，开展好法律援助宣传工作。在乡镇集市开展法律援助宣传活动，现场接待群众咨询。开展送法下乡活动，在农村集市设置法律咨询台，向过往群众散发宣传资料。2018年，受理各类法律援助案件共计62件。其中民事54件，刑事8件，接待群众来电、来访1580余人次。办理各类公证事项709项，其中经济295件，民事414件。

【领导班子】

党组书记、局长：

郭建国（2010.9—2018.12）

党组成员、支部书记、副局长：

孙亚丽（女，2007.8—2018.12）

党组成员、副局长：

张　丽（女，2007.8—2018.12）

党组成员：

晋秀萍（女，2007.8—2018.12）

党组成员、政治科科长：

李晓琳（女，2012.8—2018.12）

【获奖情况】

霍州市公证处被临汾市司法局评为2018年度法律服务工作优秀单位。

李晓琳被山西省人力资源和社会保障厅、山西省司法厅评为2018年全省司法行政系统先进工作者。

（李晓琳）

法制工作

【概况】　霍州市政府法制办成立于1999年，是政府依法行政的重要监督部门，正科级建制。前身是政府法制局，主要是担负指导、协调行政复议、行政赔偿、行政应诉、行政执法主体登记、行政执法资格确认、行政执法人员培训、行政执法证件颁发和注销、协调市内各级行政机关之间在执行法律、法规、规章的矛盾和争议、及市政府法规范性文件审查、变更、废止等工作。

【依法行政宣传】　2018年，霍州市法制办结合“12·4”国家宪法日和第18个法制宣传日文件精神，制定《霍州市2018年依法行政宣传月活动实施方案》，组织安排20余个行政执法单位分期、分批、分点进行上街宣传。要求横挂宣传标语、编印宣传资料、设立宣传咨询台、组织专题学习等活动。

【行政执法责任考核】　2018年，霍州市法制办抽查4个具有依法行政执法职能的单位。对参与环境保护工作的国土、水利、农林委、卫计等单位进行系统检查，确保依法行政程序不留纰漏。

【行政执法人员培训】 2018年8月，霍州市法制办向全市各行政执法单位下发《关于对全市行政执法人员进行培训和考试的通知》，要求培训单位有培训计划，培训人员有笔记。培训内容涉及《中华人民共和国行政处罚法》《中华人民共和国行政复议法》《中华人民共和国行政许可法》《山西省行政执法责任制规定》《行政强制法》及各部门所执行的法律法规等。

【行政复议和行政应诉】 2018年，霍州市法制办办理行政复议案件3件，办理行政应诉案件3件。

【案件评查】 2018年，霍州市法制办年评查行政处罚案件180余件、行政许可案件130余件。

【规范性文件审查】 2018年，霍州市法制办规范性文件审查3项、变更1项、废止2项。

【领导班子】

主 任：

成建忠（2000.4—2018.12）

副主任：

孟文会（2002.2—2018.12）

韩四元（2001.10—2018.12）

（韩四元）

临汾市公安局霍东分局

【概况】 临汾市公安局霍东分局前身是霍州矿务局公安处，2000年3月，按照国务院以国发〔1994〕19号文件批转《公安部关于企业事业单位公安机构体制改革意见的通知》精神，上划临汾市公安局，2002年1月，更名为临汾市公安局霍东分局。内设机构9个，治安派出所3个，政法行政编制46名，在册人员108人，其中授衔民警41名，党员91名，班子成员6人。一级派出所1个，二级派出所2个，为正科级派出所。

【维稳工作】 2018年，霍东分局健全完善依法处置、舆论引导、社会面管控“三同步”机制。落实退役军人问题解决、稳定风险有效化解工作，对重点人员进行谈心教育稳控。严密重点群体重点人的稳控，“晋商贷”受损人员等重点群体、重点人全部稳控在当地。加强网上斗争，巡查处置互联网舆情和有害信息6000余条，舆情导控5385条，落地谈话稳控2人。

【严打整治】 2018年，霍东分局开展各项打击犯罪专项活动，打掉以李雅庄村村干部李某某为首的寻衅滋事、敲诈勒索恶势力犯罪团伙和以大张村村民韩某某为首的“楼霸”恶势力犯罪团伙。打掉以曹某某为首的犯罪团伙，抓获涉案成员13人。实现现发命案必破目标，发一破一。追逃工作取得新战绩，抓获网上逃犯32人。全年，立刑事案件65起，破案41起，破案率63%，破案率同比提升57%，抓获各类犯罪嫌疑人76人；受理治安案件138起，查处85起，行政拘留33人。

【治安管理】 2018年，霍东分局接处警、情报信息综合研判会商、巡逻防控和群众求助事项社会联动服务机制，重点要害部位安全监管到位，流动人口底数清、情况明，社会面巡逻防控措施落实，企业周边治安秩序改善。推进“雪亮工程”建设，完成一期建设高清视频监控163个任务。民爆物品安全监管实现3个100%目标，收缴子弹6发、雷管314枚、小型炮弹1枚。“黄赌毒”得以整治，查处涉赌治安案件1起8人、吸食毒品治安案件5起5人。消防安全监管到位，未发生重大火灾事故。社会治安好转，刑事案件同比下降17%，治安案件同比基本持平。

【信息化建设】　2018年，霍东分局硬件建设投入到位，三级网千兆改造完成，指挥中心“三台合一”平台投入运行，山西公安专用移动通信平台（钉钉）装备全警，无线上网WIFI管控平台完成建设并与市局数据对接，网安、情报会商研判视频系统建成，4G执法记录仪、警务通和多维身份认证设备配置到位。深度建设和应用基础信息化，采集录入各类基础信息12万余条。

【执法建设】　2018年，霍东分局夯实执法基础建设，完成执法办案场所升级改造，建成案管中心办公场所。推进执法办案，“五个一律”落实到位，执法视音频资料上传率100%，案件质量日常考评率100%，网上办案实现动态管理。执法培训形成常态，从源头遏制执法安全问题，实现执法“零过错”目标。做实信访化解工作，信访案件全部办结。

【领导班子】

局　长：

葛晋洁（2016.7—2018.12）

政　委：

王亚琦（2007.6—2018.12）

副局长：

史清龙（2014.1—2018.12）

曹云峰（2014.1—2018.12）

杨晋生（2008.1—2018.12）

政工监督室主任：

赵峰泽（2016.9—2018.12）

（赵峰泽）

经济管理

发改工作

【概况】 霍州市发展和改革局内设办公室、国民经济综合股、经济发展股、行政审批股、社会发展股、固定资产投资股、政工股、物价管理办公室8个科室。下属5个事业单位包括信息中心、价格认证中心、农村物价管理所、城区物价管理所、工程建设招标投标管理办公室。发改局机关行政编制为20名，其中：局长1名，副局长4名，纪检组长1名，总经济师1名，股级领导职数8名，其余为一般人员。另行核定工勤人员编制2名。

【综合实力】 2018年，霍州市经济运行总体平稳，生产总值完成83.2亿元，同比增长4.6%；工业增加值完成35.9亿元，同比增长16.7%；固定资产投资完成22.3亿元；社会消费品零售额完成34.5亿元，同比增长7.2%；城镇居民人均可支配收入完成30421元，同比增长5.8%；农村居民人均可支配收入完成13785元，同比增长6.6%；一般公共预算收入完成5.93亿元，同比增长1.3%。

【重点领域改革】 2018年，霍州市推进“三去一降一补”。统筹做好化解过剩、优化结构、保障供给等工作。推进煤炭行业化解过剩产能工作，对丰峪煤业和白龙煤矿实施政策性关闭，压减煤炭产能450万吨。加快实施对霍州煤电集团、霍州大电厂、铁路公司等国企住宅小区“三供一业”的清产核资，帮助企业减负瘦身。加大脱贫攻坚、基础设施、科技创新、社会民生、生态环保等薄弱环节投资力度，补齐发展短板。落实国地税征管体制改革，完成霍州市税务局改制组建。推进户籍制度改革，简化出入境证件申办材料，加快出入境改革政策落地。推进个体工商户“两证整合”制度执行，落实企业名称自主申报改革，开展电子营业执照登记和发放工作。推进企业投资项目承诺制改革，探索实施审批职责、审批事项、审批环节“三集中”和“一枚印章管审批”的集中行政许可权改革试点工作。

【经济转型发展】 2018年，霍州市发改局推进产业结构调整，培育接续替代产业，开展转型项目建设年活动。坚持领导包联制，组织“项目手续集中办理月”“项目集中开工月”“进工地、到一线、解难题”等活动，全年实施41项重点项目，其中，产业转型项目24项。

【产业结构优化】 2018年，霍州市现代农业高质量发展。完成农村饮水安全巩固提升工程、石鼻滩高标准农田建设和退沙片高标准农田建设项目，推进无公害蔬菜、特色经济林、规模养殖“三大产业”和“一园五基地”建设。完成“三品”认证工作，霍州市田牧禾农林产品有限公司种植的核桃荣获“中国农产品展览会山西分会场金奖”。传统产业规模化升级。兆光发电厂煤场封闭项目和2×600兆瓦机组尖峰冷却器改造项目年内投资1.34亿元实施项目技改升级。投资5亿元的干河—白龙选煤厂储装运系统环保综合治理项目和投资8000万元的辛置选煤厂运煤排矸系统建设项目推进。壮大新兴产业。总投资2.6亿元的亿能电动汽车项目投入生产，具备年产电动汽车1.8万辆、产值6.3亿元的生产能力。山西兆光发电有限责任公司固废综合利用项目年内投资1亿元，安装生产线设备部分到场。第三产业加速发展。开展文明守望文物保护工程，完成三教庙修复工程，推进许村朱家大院修复工作，启动娲皇圣母主殿清代壁画修复工程和陈村玉皇庙修缮保护工程。举办“中镇霍山·华夏州署”第十届文化旅游月系列活动，完成陶唐峪景区一期项目招投标手续。编撰《中镇霍山·华夏州署——离凡尘最远，离心灵最近的地方》旅游发展创新案例，荣获“首批国民休闲旅游胜地”称号。

【项目引进和建设】 2018年，霍州市发改局采取“有方向、有意向、有目标、有目的”的招商策略，实行小分队精准招商，与山西建投集团、西安1405防务科技有限公司、航海集团、浙江传化集团等企业协商洽谈，达成投资意向。全年签约项目14个，涉及资金57.15亿元，落地项目10个，开工项目9个，项目落地率71.4%，开工率64.3%。项目监测跟进。2018年，全市监测项目58项，总投资108.27亿元，年度计划投资48.67亿元，实际完成投资20亿元，完成年度投资计划的41%。其中，新建项目46项，开工率67.4%；续建项目12项，复工率91.7%。全年申报省级重点项目3项，市级重点项目3项，地处郭庄泉域保护区的隆旺佳农副产品深加工项目作为省重点推进项目，首获山西省水利厅水环境影响评价的批复。2018年，争取到上级资金15600万元，农村饮水安全巩固提升工程争取到中央预算内资金100万元，疾病预防控制中心业务楼建设项目争取到中央预算内资金600万元，国家资源枯竭城市中央预算内转移支付资金争取到14900万元。

【城乡发展】 2018年，霍州市发改局落实控制性详细规划编制，中心城区8个区域的控规编制完成。落实控规动态维护机制，将城市设计、专项规划、城市“双修”、绿色建筑、海绵城市等有关指标纳入控规。规范乡镇机关办公用房配置管理，出台《霍州市乡镇机关办公用房管理工作实施方案》。完善道路设施。投资1.64亿元的2018年四好农村路建设项目顺利推进，经二路北段道路建设工程、纬三路道路工程、永安大街人行道改造工程完工，南堡—悬泉山公路改造工程进入扫尾阶段。维修永康路、前进街、中镇南通街、桥西街等街路路灯571盏，更换高压变压器和控制柜接触器断路器300余个。城市功能增强。“雪亮工程”（一期）建设项目收工，实现城市道路及重点部位监控、高空鹰眼瞭望、人脸识别、车辆识别及跟踪等功能。投资2亿元的南街农贸市场改造项目完工，推进投资3.2亿元的全民健身中心项目、投资2.27亿元的大众南路城市棚户区（城中村）改造项目，启动疾病预防控制中心建设项目。开展采煤沉陷区治理。全市采煤沉陷区综合治理工作在8个乡镇铺开，签订协议3990户，拆迁621户，具备拆迁条件的2000余户，发放资金（包括个人）2743.07万元。

【三大攻坚】 2018年，霍州市发改局加强小额贷款公司监管，不定期检查仁和小额贷款公司、中小企业融资担保有限公司。开展为期两个月的涉嫌非法集资风险专项排查活动，打击非法集资，推进互联网金融风险专项整治。聚力攻坚深度贫困。投入280万元新建分布式小型屋顶光伏发电站13个，惠及贫困户695户。实施干果林提质增效工程，发展畜禽养殖，带动贫困户180户418人增收。发放小额扶贫贷款1724万元，对311名建档立卡贫困人员进行免费技能培训。建立健全“先诊疗后付费”的“一站式”扶贫医疗服务机制。完成35户贫困户危房改造任务。全年实现脱贫685人。打好污染防治攻坚战。总投资3430万元的霍煤集团辛置矿洗煤厂、李雅庄洗煤厂、白龙洗煤厂煤场全封闭项目主体完工，兆光发电厂5座煤场全封闭工程业完成，新增天然气用户3000余户。建成李曹、贾孟两处农村生活污水处理站，辛置南矿区污水处理厂工程、汾河沿岸生活污水处理工程完工，霍煤集团辛置矿和李雅庄矿矿井水深度治理工程完满收工，朝阳污水处理二期扩建工程完成总投资的80%。编制土壤污染防治工作方案，开展矸石山治理和采煤沉陷区矿山地质环境治理，实施畜禽养殖粪污无害化综合治理，提升农村土壤污染防治能力。

【民生保障】 2018年，霍州市推进全市中小学现代学校管理改革省级试点工作，辛置镇中心幼儿园建设项目完工，投入使用。技工学校公实训基地建设项目主体封顶，技工学校运动场建设项目完成三通一平，推进室外景观绿化工程。完善社会保障体系。规范社会救助体系，将建档立卡贫困户中符合低保条件的丧失或部分丧失劳动力的对象纳入低保范围，实现政府兜底保障。开展急难救助、助学救助、低收入家庭中重残重病人员生活补助、农村80岁以上高龄人员等临时救助1277人次，发放救助补助金211.35万元。提升社会事业。开展撤并行政村和社区提档升级工作，对永康社区、永泉社区等9个社区进行升级改造。新增5所日间照料中心，加强养老院服务人才队伍建设。

【领导班子】

局　长：

李新平（2013.4—2018.12）

书　记：

张卫东（2007.9—2018.12）

副局长：

杜文彬（2002.8—2018.12）

武维斌（2012.6—2018.12）

纪检组长：

米宝龙（2002.7—2018.12）

工会主席：

胡泽军（2002.7—2018.12）

总经济师：

史　琼（女，2012.6—2018.12）

（张琴琴）

统计工作

【概况】 霍州市统计局主要职能是贯彻实施国家和省制定的统计法律法规、政策和计划、组织实施国家统一的基本统计报表制度和国民经济核算体系，搜集、整理提供统计资料，对全市国民经济、社会发展和科技进步情况进行统计调查、统计分析、统计预测、统计监督，向市委、市政府有关部门提供统计信息和咨询建议，搜集、提供外县市的基本统计资料，同霍州市进行对比分析。定期发布全市国民经济和社会发展情况的统计公报。承担全国人口普查、农业普查和经济普查工作以及国家统计调查、地方统计调查工作任务。到2018年底，有干部职工20人，设办公室、综合股、工业股、国民经济股、农业股5个股室，下属事业单位有城市社会经济调查队、农村社会经济调查队，完成全市国民经济核算、工业、交通、农业、农调、城调、物价、工业品价格、能源、商贸餐饮服务业、建筑业、固定资产投资、劳资、人口、妇女儿童监测、畜禽监测、名录库等17个专业的统计调查和统计报表任务。

【普查和重点调查任务】 2018年，霍州市统计局完成第四次全国经济清查登记工作及普查前期准备工作，涉及全市18个社区，189个行政村，近4000家单位及7000余家个体户。

【重点调查】 2018年，城乡一体化调查调查100户，城镇点：文庙社区、北兴社区、辛置社区、辛置镇北村、大张镇西张村；农村点：退沙街道退沙村、大张镇上乐坪村、大张镇青郎坪村、李曹镇杜苏沟、陶唐峪乡偏墙村。调查每户收入消费记账、推算出全市居民人均可支配收入、城镇居民人均可支配收入、农村常住居民人均可支配收入等指标。2018年，统计工作围绕提高统计"四大工程"即：联网直报、名录库建设、统计信息化、数据采集软件系统，抓好统计调查数据源头，提高统计数据质量，对全市规模以上商品批零贸易和餐饮服务业法人单位13户，个体户26户，限额以下商品批零贸易调查户40户，劳动工资定期表160户，城乡调查户100户，规模以上畜禽养殖调查户13户，工业品出厂价格调查户2户，经济普查近4000家单位及7000余家个体户。印发《统计法》、《山西省统计检查监督规定》和《统计违法违规处分决定》宣传手册2000余册，发送统计调查单位和个人，利用各种普查和12·4法制宣传日进行普法宣传。

【统计服务】 2018年，霍州市统计局完成农业、工业、能源、固定资产投资、建筑业、社会消费品零售业、基本单位名录库维护、综合核算等各专业年报、季报和月报任务、国情国力调查及各种专项调查工作。开展"三新"统计监测，了解和掌握"三新"经济活动的特点和统计难点、应对思路和工作措施，熟悉"三新"相关统计标准、口径范围、统计原则和指标涵义，对多家新兴产业单位进行调研，现场指导企业办理入库手续、填报统计报表等；开展各项专项调查。围绕市委、市政府对经济工作的总体要求，利用统计调查和统计资料的权威性，对经济发展敏感指标进行专项调查研究，收集统计信息；通过对客观数据的解读，撰写统计分析，反映现实情况，提出意见和建议，提供给市委、市政府领导及相关部门参阅。2018年，在临汾统计网发布统计信息、分析36篇，按年度发布《2018年霍州市国民经济和社会发展统计公报》和年度《统计数据资料提要》；每月出一期统计资讯。

【领导班子】

局　长：

赵建荣（2007.7—2018.12）

支部书记：

郭志忠（2007.9—2018.12）

副局长：

刘姝平（女，2002.10—2018.9）

王　龙（2012.7—2018.12）

总统计师：

李　英（女，2002.10—2018.12）

（郭建华）

审计监督

【概况】 2018年，霍州市审计局人员编制27人，在编27人。设办公室、财金股、法制股、行事股、企业股、投资股、经济责任审计中心、监察室。

【预算执行审计】 2018年，霍州市审计局完成13个部门单位的预算执行和其他财政收支审计。审计出主要问题金额22068.28万元。其中违规金额22003.97万元，管理不规范金额64.31万元。审计处理处罚资金11730.89万元，其中应上缴金额131.67万元，应调账处理资金747.32万元，审计罚没金额3000元，应归还原渠道资金1000元，责令改正10851.50万元。移送案件线索3起，其中2起移送纪检机关、1起移送主管部门。

【经济责任审计】 2018年，霍州市审计局完成6名领导干部的经济责任审计。首次尝试开展1名乡镇领导干部自然资源资产离任审计。

【乡镇财政决算审计】 2018年，霍州市审计局完成3个乡镇财政决算审计。责令辛置镇在往来科目核算单位收支行为改正；对违规向企业收取费用、挪用专项资金的行为，结合乡镇巡察工作，报送巡察组处理，将处理结果函告审计局。

【安居工程审计】 自2017年12月至2018年3月，霍州市审计局对霍州市2017年保障性安居工程（含公共租赁住房、经济适用住房、限价商品住房等保障性住房和各类棚户区改造、农村危房改造）进行审计。审计涉及市政府及所属住房城乡建设、财政、人社等有关部门，审计中入户调查52户农村危房改造家庭和30户城镇住房保障户。审计围绕专项资金、配套住房、服务对象，通过人社、财政等部门人员信息比对，发现应退出已退出住房补贴14户违规资金13053元；保障对象虚报家庭收入、住房等资料，骗取住房保障资金2.8万元等问题。审计针对发现的问题，提出4项审计建议。

【政府投资建设审计】 2018年，霍州市审计局完成霍州市迎宾路道路建设工程、桥西街道路改造工程等119个工程建设项目。送审金额23401万元，审定金额22125万元，核减金额1277万元，核减率5.46%。

【政策跟踪审计】 2018年，霍州市审计局完成重大政策跟踪落实审计。按照中央关于优化审计职能的文件精神，加大对重大政策措施跟踪审计力度，按季度、按要求、选重点、啃难点，围绕防范化解重大风险、精准脱贫、污染防治等涉及民生领域、民生资金开展审计，对以前季度发现的问题整改情况跟踪督促，真实反映问题整改进度，为上级部门决策提供依据。

【乡镇卫生院收支审计】 2018年，霍州市审计局完成14个乡镇卫生院的财务收支审计。通过询标竞价、择优选择、采取购买中介服务的方式，厘清各乡镇卫生院资产、人员情况，为乡镇卫生院转变管理体制，服务人民群众，提供数据支持。该项审计，在中介进行审计的基础上，安排机关业务人员分组对不同的卫生院的审计报告进行复核，确保审计质量。

【巡察工作】 2018年，霍州市审计局接受市委第三巡察组对审计局党组进行的政治巡察。巡察期间，对全局干部职工进行调查问卷26人次，谈话18人次，调阅档案资料120余卷。巡察整改中采取整改措施35条，制订和修改制度4项，补缴党费3762元。

【领导班子】

局　长：

朱壮军（2007.7—2018.12）

支部书记：

张文莲（女，2013.4—2018.12）

副局长：

李　明（2007.8—2018.12）

李会文（2001.8—2018.12）

范新海（2007.5—2018.12）

李宝平（2002.10—2018.12）

总审计师：

赵　芳（女，2012.6—2018.12）

【获奖情况】

2018年，霍州市审计局被评为临汾市级“文明单位”。

（郝晓娟）

工商和质量监督管理

【概况】　霍州市工商和质量监督管理局内设股室有：办公室、政工人事股、计划财务股、法规股、行政审批股、经济检查股（队）、市场监督管理股（网络商品交易监督管理股）、企业监督管理股、商标监督管理股、广告监督管理股、特种设备监管股、标准化和计量认证管理股、产品质量监督执法股、非公有制经济组织党建工作股、党建办公室、12315消费者申诉举报中心。派出机构有：东城所、西城所、辛置所、什林所、白龙所、大张所、李曹所、专业市场所。到2018年底，有干部职工121人。其中公务员94人，工勤人员9人，事业人员等18人。

【商事改革】　2018年，霍州市工商和质量监督管理局在实施企业、农民专业合作社“五证合一、一照一码”登记制度改革和个体工商户“两证整合”的基础上，将涉及企业登记、备案等有关事项和各类证照（涉企证照事项）整合到营业执照上，使“一照一码”营业执照成为企业唯一身份证，使统一社会信用代码成为企业身份代码。2018年，办理各类企业设立登记783户（电子登记90户），变更816户（电子变更10户），注销111户（简易注销8户），受理群众咨询500余次。

【年报工作】　2018年6月28日，霍州市工商质监局吊销成立后无正当理由超过6个月未开业或者开业后自行停业连续6个月以上的110户企业；2018年7月3日，未按规定期限公示年度报告的121户企业、28户农民专业合作社、294户个体工商户列入异常名录。

【信用监管】　2018年，霍州市工商和质量监督管理局“双随机”抽查3次共18个任务，共抽查各类市场主体688户，检查结果已全部录入公示。2018年5月，召集商事制度改革领导组的部分成员单位的分管领导和具体操作员，以“双告知”认领、信息归集公示为重点，培训系统操作。

【市场监管】　2018年，霍州市工商和质量监督管理局开展校园周边环境整治、安全生产大检查、两节期间安全稳定等专项行动，出动执法人员300余人次，执法车辆200余台次，检查各类经营户1600余户次，抄报（告）排查中发现的11户涉嫌非法集资或涉嫌从事非法金融活动的经营户。开展反不正当竞争专项执法行动，查办扰乱市场竞争秩序、侵害消费者合法权益的不正当竞争案件；打击传销，规范直销；开展整治超限超载活动，对非法货运大源头单位和非法车辆改装拼装市场进行监管。2018年，出动执法人员40余人次，监督检查霍州市5家化肥生产企业。其中有4家企业停产，1家企业正常生产；抽检霍州市辖区的三户农资经营者的15个样品，样品全部合格；质量抽检12家加油站的27个油样和9家加油站的10个车用尿素样，不合格的加油站立案查处；约谈26个加油站代表、12家柴油货车和工程机械经营企业，签订承诺书。在全市开展严厉打击黑加油加气站点专项整治行动，出动工作人员125人次，车次62辆次，排查出“证照不全”加油站3户，“黑加油站点”2户，储油点3处。

【商标广告监管】 2018年，霍州市工商和质量监督管理局帮助企业申请注册商标9件；帮助个人申请知识产权，专利医学书籍两册，即“张氏小儿推拿”“张氏小儿推拿挂图”；帮助企业转让商标1件，即“霍龙”（霍州市煤电集团白龙多种经营公司皮带扣厂）转让给霍州煤电集团白龙工贸有限公司；帮助企业续展商标1件，即“青郎”（霍州市大张镇青郎平大葱专业合作社）；帮助企业、个体户查询商标注册、转让、续展等服务80余次。

【大气污染治理】 2018年，霍州市工商和质量监督管理局成立应急指挥部，严把市场准入关，开展市场监管，加大执法力度，在规范成品油市场经营资格监管和煤炭销售市场检查中，出动执法人员46人次，检查经营单位15户次，抽取100余个煤炭样品，检验结果向市散煤领导组汇报。抽取流通领域挥发性有机物（VOCs）产品样2个，检验结果合格。

【消费维权】 2018年，霍州市工商和质量监督管理局受理、处理消费者申诉60件，挽回经济损失6万余元；举报、来电、来人咨询达140余件，新增“12315消费维权服务站”2个，并录入名录，梳理之前已建站点，把不再经营的主体从“五进”名录中删除。举办“3·15国际消费者权益日”宣传活动，培育放心消费示范点，分别是山西吉隆斯商贸股份有限公司霍州市家家利超市和霍州市北环路万宝隆超市。

【行政执法】 2018年，霍州市工商和质量监督管理局清理权责清单，自查2018年已办结的16份行政处罚案卷。办理行政处罚案件36件，涉及罚没款536061.49元，其中一般程序案件36件，核审率100%。

【质量整治】 2018年，霍州市工商和质量监督管理局监督检查霍州市的8家生产许可证获证企业，确定霍州煤电集团亿能电气股份有限公司为质量提升重点企业，开展质量状况大调查和中小企业调研，引导企业开展质量强企活动。

【安全监管】 2018年，霍州市有特种设备使用单位161家，特种设备1130台，其中锅炉16台，压力容器257台，起重设备294台，电梯530部，厂机31辆，大型游乐设施2台，压力管道134.3千米。霍州市工商和质量监督管理局联合市环保局、各乡（镇、街道）将10吨/时以下燃煤锅炉13台全部拆除。联合安监、燃气等部门，检查燃气锅炉12台（均为常压、负压运行，不属于特种设备监管范围）。检查霍州市6家气瓶充装单位。登记14家电梯维保单位，维保电梯数量334台。监督检查20家电梯使用单位，发现电梯安全隐患7处，下达特种设备安全监察指令书7份，查封电梯10部。检查特种设备使用单位52家，排查出特种设备安全隐患26处，下达《特种设备安全监察指令书》26份，立案9起，收缴罚款28万元，避免特种设备安全事故的发生。

霍州市工商和质量监督管理局在国电霍州发电厂、霍州香江城购物商场开展电梯困人和扶梯急停的应急演练，在华润燃气公司、兆光发电厂开展压力管道泄漏和锅炉阀门泄漏应急演练。

【标准计量认证认可】 2018年，霍州市工商和质量监督管理局为霍州市79家单位4768台计量器具进行强制检定计量器具登记备案。对全市辖区内所有加油站在用的计量器具进行监督检查。对霍州煤电集团有限责任公司环境检测站及其李雅庄煤矿在用的计量器具，有环境监测项目的3家资质认定实验室在用的计量器具进行监督检查。配合霍州市散煤领导小组，对霍州市的5家储煤场的6台计量器具进行暂扣，移交给市散煤领导小组办公室。查处霍州市亚兰中心加油站的加油机在投入使用前未经计量检定案件，对其进行立案处罚。对霍州机动车综合性能监测有限公司和霍州市环境监测站进行监督检查。对霍州市的4家强制性产品获证企业进行监督检查，签订承诺书，建立企业档案。截至2018年底，16家企业129项产品标准自我公开。

【非公党建】 2018年，霍州市工商和质量监督管理局做好非公党委“评、定”工作，开展巩固提高非公企业“两个覆盖”专项行动和“城乡党建结对共建”活动。2018年新建2个党支部，对单建支部企业已注销，申请组织部门予以撤销3户。对于联合企业覆盖的支部，有23户注销。2018年，非公党委的16个基层党支部与18个农村党支部结对共建，设立“党员示范岗”“党员先锋岗”93个，2018年，非公经济组织确定入党积极分子82名，确定发展对象28名，职工12名入党。

【培训宣传】 2018年，霍州市工商和质量监督管理局重点强化对自身建设和宣传报道力度。2018年派出10余人次去深圳、山西省市局、临汾市局及洪洞等地进行培训，涉及商标监管、广告监督、标准化、经检、市场监管、特种设备、企业电子档案、非公党建等业务培训10余次，政治党建学习10余次，网络学习3次涉及300余人次。组织10余次宣传咨询活动，发放宣传材料万余份，接受群众咨询1000人次。加强宣传报道工作，在各级新闻媒体刊登稿件90篇。其中省级35篇，市级38篇，霍州政府网和信息网17篇。组织实施干部专业能力测试和专业能力测评工作。

【领导班子】

党组书记、局长：

李晋峰（2015.10—2018.12）

党组成员、副局长：

解永刚（2015.10—2018.12）

朱明元（2015.10—2018.12）

郭建平（女，2015.10—2018.12）

李旺民（2015.10—2018.12）

李俊杰（2015.10—2018.12）

党组成员：

郭润泽（2015.10—2018.12）

刘向东（2015.10—2018.12）

（刘高彦）

国土资源管理

【概况】 霍州市国土资源局担负着贯彻执行国土资源管理法律、法规，依法管理、保护和合理开发利用国土资源的重要职责。机关内设办公室、规费股、用地股、地籍股、矿管股、地环股、执法监察股、土地利用股、测绘办9个行政股室，下设9个直属事业单位和10个国土资源管理所。截至2018年底，有干部职工190人。

【耕地保护和用地保障】 2018年，霍州市国土资源局签定县、乡、村三级耕地保护目标责任书，确保30.1万亩耕地、29.36万亩基本农田面积不减少、质量不降低、用途不改变，保护率100%。收缴土地出让金2313万元；收缴资源价款8326万元；批次供地面积3.69公顷，保障七里峪旅游小镇项目、北关居委会城中村棚户区改造、陶唐峪景区建设等项目的用地需求。

【地籍管理】 根据《国务院关于开展第三次全国土地调查的通知》（国发〔2017〕48号）文件精神以及山西省、临汾市统一部署，霍州市于2018年开始准备工作，组织印发《关于开展霍州市第三次土地调查工作的通知》《霍州市第三次土地调查实施方案》《霍州市第三次土地调查城镇内部土地利用现状调查实施方案》，成立领导组及办公室，申请落实工作经费，组织人员进行宣传和技术培训。完成2017年度土地变更调查工作与遥感监测工作，完成2017年度45个遥感监测图斑的外业核查工作，总面积268.29亩，其中农用地143.29亩，未利用地124.69亩。完成13个新增建设用地的内业变更工作，上报数据库及相关成果资料。2018年5月通过国土部审核确认。

【节约集约利用土地】 2018年，霍州市国土资源局，在节约集约用地方面完成区域评价年度更新工作。近五年所供宗地开工违约比例为零，开工未竣工违约比例5.66%。土地供应工作方面，2018年国有建设用地供应计划完成率104.48%，住宅用地供应计划完成率100%。农转征工作方面，近五年农转征项目供地率90.41%。

【地质灾害防治与搬迁】 2018年，霍州市国土资源局强化地质环境管理，召开地灾防治趋势会商会、汛期地灾防治工作会，并形成纪要，印发2018年度地灾防治方案。完成2018年度40户的地质灾害搬迁任务。制定地灾培训和应急演练方案，举办1次应急演练；全年发放地质灾害防治工作明白卡110份，发放地质灾害避险明白卡1350份；出动车辆460台次、人员2055人次，重点对排查巡查核查霍州市110处地质灾害隐患点及中小学校、旅游景区和沿山陡坡、沟口居民点、重点建设项目，做好隐患点预警预测和风险防控。规范建立地质灾害隐患点台账，完善霍州市110处地质灾害隐患点的基本信息、成因分析、发展趋势分析、应急预案、防灾预案及处置建议等信息，对每个地质灾害隐患点的科学化、精准化、动态化管理。联合气象、水利等部门密切监测天气、雨情、汛情变化，加强灾害性天气及汛情、雨情预测分析，利用微信、短信、网络等多种途径发布地质灾害预警信息，提醒监测人员及群众主动采取措施防灾避险。霍州市辛置、李雅庄、团柏、白龙4煤矿的采煤沉陷区综合治理矿山地质环境治理项目是山西省人民政府确定的全省59个重点矿山企业中的4个项目，4个项目总投资8796.12万元，总治理面积为1305.9公顷，到2018年底，主体工程完工，组织自验。

【矿产资源管理】 2018年，霍州市国土资源局完成资源价款8326万元的征收任务。煤炭供给侧工作方面完成霍州煤电集团有限责任公司丰峪煤业有限责任公司和白龙煤矿的关闭工作。完成4座省级1座市级度矿山储量年报编制和上报市局审查工作；完成8座省级3座市级储量审查登记表的填报上报工作。

【国土资源执法监察】 2018年，霍州市国土资源局按照“全覆盖，零容忍、严执法、重实效”和“依法、及时、有效”的原则，加大县域交界、关闭坑口、旧盗采点等重点区域的巡查力度，对辖区内所有取缔私开矿点和关闭井口进行拉网式再排查。截至12月全局出动3500余人次，车辆760余台次，局班子成员到一线检查120人次。霍州市范围内112处（2018年10月11日新增政策性关闭移交坑口2处）废弃井口关闭完好，未发现有非法违法采矿行为；土地卫片执法检查方面，霍州市2017年度卫片图斑数为45个；根据省卫片办下发到霍州市的疑似违法用地总面积148.9亩，其中耕地57.5亩，对此国土资源局对45个图斑进行核查判定，结合土地变更情况进行整改，确定霍州市2017年度新增建设用地14宗（13个图斑），合法10宗（10个图斑），违法4宗（3个图斑），新增建设占用耕地面积19.62亩，违法占耕地面积2.5亩。

【不动产登记发证】 2018年，霍州市国土资源局颁发682本不动产权证书和1644本不动产权证明。

【基层基础建设】 2018年，霍州市国土资源局编制上报国土资源形势分析报告以及《山西国土资源综合统计指标》；抓好宣传报道工作，共向临汾市局报送信息99期，国土建言24期，调研报告2篇。在“4·22”地球日、“6·25”土地日、“8·29”测绘日当天向全社会宣传国土资源相关法律法规知识。开展行政执法案卷评查工作，形成自查报告上报临汾市国土资源局。对国土所工作人员进行5期业务培训。

【环保督查整改工作】 2018年，霍州市国土资源局加大环保督查整改力度，抓紧抓实问题整改。通过核查霍州市有7座矿业与保护区发生重叠，其中与郭庄泉域重点保护区发生重叠的有6座，与山西霍山省级自然保护区重叠的有1座。7月下旬，根据山西省人民政府和省自然资源厅有关退出保护区的政策，督促霍州煤电集团团柏煤矿、白龙煤矿向省国土资源厅申请办理采矿权注销登记工作，8月20日省自然资源厅批准团柏煤矿、白龙煤矿的采矿权注销登记；与郭庄泉域重点保护区部分重叠霍州煤电集团紫晟煤业、霍州煤电集团兴盛园煤业、山西霍州力拓煤业按时向山西省自然资源厅申请变更矿区范围的申请，领取新的采矿许可证，完成退出郭庄泉域重点保护区的整改工作。县级发证的霍州市长盛砂厂与郭庄泉域重点保护区全部重叠，为其办理采矿权的注销登记工作，该矿已“两断三清”，机械设备、物料退出保护区；与山西霍山省级自然保护区部分重叠的霍州市李曹镇杨家庄村鑫源砂厂，为该矿办理变更登记手续，颁发新的采矿许可证，退出山西霍山自然保护区。

【领导班子】

局　长：

王慧博（2017.7—2018.12）

副局长：

李月罡（2012.6—2018.12）

高怀斌（2016.12—2018.12）

纪检组长：

李宏伟（2012.6—2018.12）

总工程师：

刘前茅（2016.12—2018.12）

主任科员：

曹明忠（2016.12—2018.12）

王　婧（女，2017.12—2018.12）

副主任科员：

陈建平（2016.12—2018.12）

执法监察大队队长：

王荣生（2012.6—2018.12）

土地收购储备中心主任：

陈　鹏（2012.8—2018.12）

（李陆陆）

招商工作

【概况】 2012年根据临编发〔2012〕31号文件和霍编发〔2012〕9号文件精神，设置霍州市招商局，为市政府直属事业单位，编制8人。是霍州市人民政府主管全市招商引资、投资促进和对外开放的职能机构，内含科室3个，为办公室、招商室、外商投诉室。

【招商引资活动】 2018年1月25日，霍州市委书记崔山原、政府副市长张谦，霍煤集团、霍源通公司、招商局等部门负责人就3D打印项目赴湖南长沙华曙高科技有限公司和远大住宅工业集团股份有限公司进行招商考察；9月3至4日，市委书记崔山原带领招商、发改、住建、国土以及大张、李曹等相关部门负责人赴陕西神木市神南产业园考察，西安壹肆零伍防务科技有限公司和山西慕鑫隆科技公司共同投资7500万元建设的激光熔覆项目，9月18日项目实现签约，进入筹建准备阶段；9月28至30日，市委书记崔山原带领老促会、招商及临汾机场主要负责人，赴海南省海口市，与海航集团董事局主席陈峰洽谈，双方就推介霍州特产，在霍州建设“霍山书院”达成初步意向，就“临汾—海口、临汾—三亚”通航确定日期，10月12日，海航基础股份有限公司投资副总裁冯勇到霍州，10月13日，去七里峪山门下考察、洽谈霍山书院用地，推进相关事宜；3月25日，霍州市委副书记、市长黄晓君、政府副市长吕文博、张谦，临汾投资集团董事长狄学飞在北京就七里峪文旅小镇建设与北京大学建筑研究院副院长石健吾洽谈对接；4月14日，市委副书记、市长黄晓君参加山西省临汾市（北京）招商引资推介会，山西建投装饰产业有限公司、天津天筑建材有限公司、山西兆光发电有限责任公司，三方共同出资设立“山西建投天筑兆光绿色建材有限公司”，投资5.52亿元建设“山西建筑产业现代化绿色建材（晋南）园区”项目，三方签约，5月5日，三方企业举行开工仪式；4月17至18日，市委副书记、市长黄晓君带领政府副市长张谦、政府办负责人就七里峪文化小镇建设、石墨烯新材料、生活污水处理等项目赴北京新华文化金融创新产业园、北京烯研科技公司、北京碧水源科技公司考察洽谈；10月22至25日，市委副书记、市长黄晓君、副市长张伟兴带领政府办、招商局等单位负责人走进浙江传化集团、传化物流公路港，上海产业合作促进中心、上海国际设计师平台，就物流园区建设、固废回收利用、图书发行产业等项目深度考察。

【招商引资洽谈会】 2018年，霍州市招商局在“小分队”招商的基础上，采取以企招商、能（名）人招商等多种招商方式，邀请客商到霍州，讲好“霍州故事”。1月9日，市委副书记、市长黄晓君带领政府副市长刘国平、张伟兴以及发改、环保、经信等相关职能部门在山西国际能源兆光发电有限公司组织山西建投集团、天津住宅建设发展集团、国电霍州发电厂、兆光发电有限公司就粉煤灰综合利用合作事宜进行商谈；1月17日，市委副书记、市长黄晓君在霍煤集团与盈创建筑科技（上海）有限公司董事长、3D打印建筑技术发明人马义和，山西焦煤集团副总经理、霍州煤电集团董事长王永革等召开座谈会，洽谈3D打印建筑技术合作项目；1月18日，霍州市委书记崔山原、市委副书记、市长黄晓君与山西建投集团副总经理乔建峰一行洽谈装配式建筑产业园区项目和粉煤灰综合利用项目；3月7日，市委副书记、市长黄晓君在山西国际能源兆光发电有限公司会议室与格盟国际能源副总经理蔡昊盛等就兆光电厂固废综合利用项目进行论证座谈。4月14日，项目在山西省临汾市（北京）招商引资推介会上正式签约，5月5日开工建设；2018年3月20日，市委书记崔山原，市委副书记、市长黄晓君在霍州市政府八楼会议室与中汽商用汽车（杭州）有限公司董事长郭建君、中国八达电气集团董事长刘云其以及霍煤集团有关负责人等洽谈环保类设备、车辆制造项目。5月10日，在霍州政府八楼会议室与3家企业举行环保类设备、车辆制造项目合作签约仪式，6月1日，中汽商用汽车有限公司（杭州）霍州分公司正式注册成立；4月16日，霍州市委书记崔山原陪同中科亿顺慧通智慧城市科技有限公司董事长李东霖、总经理杨军辉、山西大区经理贾素芳等5人，实地考察拟建图书交易大厦的原红星厂旧址、南涧河60亩建设用地、香江城建设空地，就推进项目细致座谈。5月4日，中科亿顺慧通智慧城市科技有限公司总经理杨军辉、山西大区经理贾素芳、清华人居集团清尚建筑设计院研究所所长倪镔等人，在霍州就项目推进和市委崔山原书记进行衔接和洽谈；2018年4月18日，市委书记崔山原在霍煤宾馆会议室就新能源领域合作与江苏百川高科新材料股份有限公司董事长郑铁江、江苏海基新能源股份有限公司董事长沈娅梅、深圳灏源创业投资管理有限公司董事长石生磊、山西城市动力新能源有限公司许艳梅、霍煤集团总经理戎生权等进行座谈，双方如何在新能源领域找到契合点、扩大合作进行探讨与交流。

【签约项目】 2018年，对标优质企业，交流洽谈，签约项目14个，签约资金57.15亿元。涉及工业、农副产品加工、生态治理、公用事业、环境治理等行业，分别是：山西兆光发电责任有限公司投资7157万元建设的二期2#600兆瓦机组尖峰冷却器节能改造项目；山西兆光发电责任有限公司投资7950万元建设的煤场封闭环保改造项目；山西建投装饰产业有限公司、天津天筑建材有限公司、山西兆光发电有限责任公司，三方共同出资设立山西建投天筑兆光绿色建材有限公司，投资5.53亿元共同建设“山西建筑产业现代化绿色建材（晋南）园区”项目；霍州煤电投资5亿元建设的干河—白龙选煤厂储装运系统环保综合治理项目；安丰豆制品有限公司投资3.6亿元建设霍州市隆旺佳豆制品有限公司，年产2万吨腐竹项目；山西建设投资有限公司投资2亿元采用3P模式建设的霍州市全面健身中心项目；东旭蓝天投资7.2亿元采用3P模式建设的汾河流域生态工程；格盟集团投资3905万元建设的污水处理二期扩建工程；昌易德科技有限公司投资2000万元建设的水性油墨新材料建设项目；西安壹肆零伍防务科技有限公司和山西慕鑫隆公司共同投资7500万元建设的激光熔覆项目；太原炬能再生能源有限公司投资1492万元建设的2018扩户工程项目；七里峪林场投资1200万元建设的七里峪—五龙壑道路和游步道建设项目；山西皓达房地产开发有限公司投资30亿元建设的永康新区综合开发项目；投资 6000 万元建设的中汽商用汽车有限公司（杭州）霍州分公司”项目。

【领导班子】

局　长：

关文旗（2011.11—2018.12）

支部书记：

董铁柱（2013.12—2018.12）

副局长：

芦　芳（女，2012.7—2018.12）

乔志峰（2012.7—2018.12）

（芦芳）

财政税收

财　　政

【概况】　霍州市财政局是综合管理全市财政收支，实施财政监督，参与宏观经济调控的职能部门。到2018年底，有干部职工88人，下辖8个行政股室、6个下属事业单位。

【财政收入】　2018年，全市一般公共预算收入完成59325万元，为预算60095万元的98.72%，同比增长1.33%。其中：税收收入完成43672万元，同比减少19.39%；非税收入（不含基金）完成15653万元，同比增长24.41%。一般公共预算收入中，税收收入占比为73.6%，非税收入占比为26.4%。上级补助收入112346万元，地方政府债券转贷收入10912万元。

【财政支出】　2018年，一般公共预算支出执行170192万元，为调整预算的93.45%。其中：一般公共服务支出18166万元，为调整预算的99.42%，同比增长6.73%；公共安全支出10449万元，为调整预算的98.72%，同比减少24.82%；教育支出29862万元，为调整预算的97.89%，同比增长1.4%；科学技术支出443万元，为调整预算的98.89%，同比增长3.5%；文化体育与传媒支出2204万元，为调整预算的90.44%，同比减少0.45%；社会保障与就业支出23589万元，为调整预算的99.52%，同比增长12.37%；医疗卫生与计划生育支出19987万元，为调整预算的91.63%，同比增长7.6%；节能环保支出10079万元，为调整预算的87.86%，同比增长92.46%；城乡社区支出12801万元，为调整预算的98.74%，同比减少4.62%；农林水支出12056万元，为调整预算的81.02%，同比增长7.77%；交通运输支出4628万元，为调整预算的72.57%，同比减少10.31%；资源勘探信息等事务支出1070万元，为调整预算的66.01%，同比减少42.04%；商业服务业等支出988万元，为调整预算的100%，同比减少12.57%；金融支出1048万元，为调整预算的100%；国土海洋气象等支出14658万元，为调整预算的89.47%，同比增长63.96%；住房保障支出6833万元，为调整预算的99.07%，同比减少8.92%；债务付息支出1331万元，为调整预算的100%。经汇算，民生支出占一般公共预算支出85%以上，保证政府为民办实事的资金需求。

2018年，全市政府性基金收入完成2915万元，同比减少64.63%，减收5325万元；全市政府性基金支出8221万元，为调整预算9744万元的84.37%，同比减少10.2%，减支934万元。

【支持经济发展】　2018年，霍州市财政局按照国务院、山西省发布的统一取消、停征、减免涉企政府性基金和行政事业性收费政策文件要求，落实调整涉企收费项目。在政府门户网站公示《临汾市行政事业性收费目录清单》《临汾市涉企行政事业性收费项目目录清单》《临汾市政府性基金项目目录清单》和《临汾市企业投资项目承诺制改革试点“一费制”清单》，接受社会监督。2018年4月1日，开始执行残疾人就业保障金征收新标准，征收上限由当地社会平均工资的3倍降低至2倍；投入普惠金融发展专项资金2.71万元，为18户妇女创业担保贷款财政贴息资金3.963万元。截至2018年12月底，霍州市全民健身中心建设项目、汾河流域生态治理项目、朝阳污水处理二期工程和“四好农村路”PPP项目100%通过财政部审核，在国家PPP管理中心综合信息平台向全社会公布。全民健身中心建设项目已成立项目公司向银行洽谈融资，汾河流域生态治理项目开工建设，朝阳污水处理二期工程完成50%的工程量。全民健身中心建设PPP项目，在2018年9月被山西省财政厅列入第五批PPP省级示范项目，并奖励霍州市资金100万元；2018年，投入200余万元，支持外出招商、小分队招商，通过财税优惠、资金奖励、贷款贴息等方式，鼓励和吸引外来投资者到霍州市投资兴业；支持中小企业发展，2018年下达扶贫资金50万元，用于中小企业服务体系建设、中小微企业创业创新基地等。

【财税联动机制】 2018年，霍州市财政局建立“财税”信息沟通、数据交流和情况通报协调联动工作机制，关注入库动态；围绕年初财政收入预期目标，逐月下达部门收入目标，压实责任，把任务分解到位，确保一级抓一级，层层抓落实；霍州市财政局联合市税务局开展财税收入运行情况调研，分析研判全市经济走势、重点税源和税收变化趋势，发现问题，提出应对之策。实施财政收入长效督导机制，依法加强税收征管，落实税收政策，强化收入稽查，确保各项收入应收尽收、足额入库。

【财政职能】 2018年，霍州市财政局共争取到上级财力性补助5000万元，较大项目上级补助52255.24万元。其中：采煤沉陷区搬迁治理43640.2万元，高标准农田建设资金723.88万元；疾控中心业务用房建设资金600万元；农村饮水安全工程资金100万元；城市公交车燃油补贴63.27万元，农村客运燃油补贴197.33万元，农村“四好公路”建设资金1765万元；清洁取暖专项资金1000万元；汾河沿岸污水处理工程资金2300万元。

【打好“三大战役”】 2018年，霍州市财政局加大扶贫资金投入力度，全市扶贫资金投入1251.36万元，比2017年增长65.14%；金融扶贫小额信贷工作开展。建立完善扶贫小额信贷风险补偿资金管理办法，做好贷款贴息拨付工作，补充金融机构风险补偿金155万元，对351户贫困户贷款1749万元，财政贴息80.79万元。打好污染防治攻坚战。2018年投入污染防治资金9198.61万元，支持大气、水、土壤污染防治。霍州市大气污染防治资金投入35万元，用于空气自动监测子站建设等；全市水污染防治资金投入98.25万元，用于水源地污染防治等；农村环境保护投入697.83万元，用于各乡（镇、街道）环境整治工作。支持清洁取暖工程。落实《临汾市2018年冬季清洁取暖实施方案》及霍州市的安排部署，2018年，霍州市财政投入资金2042万元，用于支持集中供热扩户、煤改电、煤改气工程建设；支持环境保护管理事务与能力建设。2018年，财政投入3118.81万元，用于环境保护监测站建设、第二次污染源普查、环境监测运行及人员工资等；其他污染减排方面；2018年，财政投入3206.72万元，用于垃圾处理厂渗沥液、环卫车辆购置、污水收集管网建设等。打好防范化解重大风险攻坚战。完善规章制度。成立债务领导小组，制定出台《霍州市政府债务风险应急处置预案》（霍政办发〔2018〕45号），建立健全工作机制；落实主体责任。签订防范化解政府债务风险责任书，明确终身问责、倒查责任；纳入预算管理。重点做到“三个纳入”，即将存量债务、新增政府债务、政府债务还本付息全部纳入预算管理，严把债务入口。

【保障民生工作】 2018年，霍州市财政局投入教育发展资金29862万元，同比增长1.4%。其中：日常公用经费3954.53万元，用于幼儿园、义务教育、高中、职业中学、局机关及中心校日常办公经费；投入各类学生资助资金513.25万元，用于经济困难家庭寄宿生生活补助、高中助学金、职中助学金、爱心助学捐助等；投入教育工程项目资金3133.75万元，用于煤改电工程项目、学前教育建设项目、校舍维修改造项目、职业中学职教中心工程及零星维修项目、债务还本付息、市一中图书楼及硬化工程项目、市二中运动场、市三中运动场项目等；投入其他教育资金1650.03万元，用于教育信息化建设及通信维护、教师节奖励、中高考考务及考点维护、取暖费、教师培训支出等。2018年，投入社保资金23589万元，同比增长12.77%。全年发放养老金16946.6万元，保障全市3249名退休人员退休金的及时足额发放。投入困难群众救助补助资金307.1万元，从2018年1月起，再次将城乡低保对象保障标准每人每月提高35元；投入城乡低保对象补助资金1851.2万元；投入农村五保供养补助资金477.5万元，救助特困供养人员463人；投入省级重度残疾人护理补贴资金111.6万元，生活补贴44.88万元；投入城乡居民养老保险补助资金3733万元，加大兜底线、补短板力度。开展道路交通救助工作，垫付3笔丧葬费，共计50430元，降低和化解部分困难群众因无力治伤而引起的致残、致贫问题，保障基本民生，维护社会稳定。根据《公立医院取消药品加成财政补偿办法》，2018年，财政投入资金212万元，用于霍州市公立医院取消药品加成后减少合理收入的财政补助。投入城乡居民医疗保险地方财政配套资金1493.27万元，确保城乡居民医疗保险财政补助每人提高40元达到490元，惠及全市20.5万人参加城乡居民医保；投入城乡医疗救助和疾病应急救助资金423.52万元，资助城乡低保对象及低保边缘户参保，对医疗机构救助的无承担能力的患者救助费用予以补偿；投入基本公共卫生服务经费1217.3万元，确保人均基本公共卫生服务经费提高5元达到55元，推动全市居民享受免费公共卫生服务。霍州市财政局投入40万元，用于图书馆、文化馆、文化站免费开放；全市投入农村文化建设专项资金4万元，惠民演出经费22万元，文物保护专项资金264万元。科技专项奖励34万元，科技研发资金10万元，科技创新资金5万元，科普行动计划资金4万元，支持霍州市科技创新。

【财政调控】 2018年，霍州市财政局压缩一般性支出，集中财力办大事。2018年“三公”经费预算执行827万元，较2017年减少15.18%。其中：因公出国（境）经费0万元；公务车辆运行维护费611万元，同比增长9.11%；公务接待费216万元，同比减少20%，三公经费支出得到控制。采取“超期收回”的措施盘活存量资金，唤醒“沉睡资金”，确实解决“资金趴在账上睡大觉”的问题，用于调结构、惠民生支出，发挥财政资金效益，避免资金再次沉淀。全市盘活财政存量资金4619万元，节约下来的资金主要用于保民生、保重点。全市投入财政支农资金2881元，用于农业支持保护补贴、农业生产发展、林业生态保护恢复、农业综合开发补助、水利发展等。制定“2018年，财政局三基建设任务清单”。2018年全市财政部门投入“三基建设”资金4404.4万元，用于乡镇运转经费、新增乡镇工作补贴、村级运转经费补助、农村第一书记工作经费等。全市投入旅游宣传活动经费139万元。用于七里峪文化挖掘、旅游广告宣传、悬泉山景区维修、“五个一批”等旅游项目。举办“中镇霍山·华夏州署”第十届文化旅游月暨“夏养山西·康养霍州”系列活动。2018年，市财政投入基础设施建设资金16924.43万元，推动市政重点工程建设。用于纬三路道路建设、经二路道路建设、棚户区改造、汾河污水处理站建设、市政绿化环卫等基础设施建设。落实“扫黑除恶”专项斗争工作经费及装备经费，政法系统各项工作经费投入8336万元，投入扫黑除恶专项斗争经费125.6万元，其中，公安局扫黑办扫黑除恶专项斗争经费50万元，政法委扫黑除恶专项经费20万元，法院扫黑除恶专项经费5.6万元，其他部门扫黑除恶经费50万元。

【财政管理】 2018年，霍州市财政局规范资产处置程序，办理处置审批事项3项，报废固定资产390.47万元，处置资产收入上缴国库。推进资产管理与预算管理相结合，完成2017年度行政事业单位经管资产报告及自然资源国有资产报告试点工作。利用财政投资评审机制，对财政性投融资建设项目的工程概算、预算进行评价审查，控制财政投资项目建设资金，提高财政建设资金的使用效益。通过完善工作流程，建立复核制度等手段，使评审工作各节点环环相扣、相互促进。完成政府性投资工程项目评审40个，项目送审投资额38811.09万元，审定金额36174.17万元，审减资金2636.92万元，核减率6.79%。贯彻落实“放管服”改革要求，改进政府采购管理，限额标准以下实行单位自行采购，限额标准以上实行集中采购，2018年，监督完成集中采购业务262笔，预算资金为14850.87万元，实际采购资金14182.16万元，节约资金为668.71万元，节约率4.5%。

【监督检查】 2018年，霍州市财政局按照财政部《关于加强财政内部控制工作的若干意见》，结合“六权治本”，建立健全覆盖财政资金运行全过程的监督管理机制，聚焦预算编制、预算执行、支付管理等核心业务环节，健全和完善相应制度，强化内部流程控制。检查李曹镇、南环路街道办事处财政预决算情况，延伸检查李曹镇源头村、鸭底村，南环路街道南庄村、赤峪村2017年度财务收支情况，完善乡镇财政资金信息通达、公开公示等工作制度，确保乡镇财政资金安全、规范、高效运行。根据临财监〔2018〕4号和晋财监〔2018〕13号文件精神，对霍州市交通运输局、霍州市环境保护局、霍州市扶贫办进行会计信息质量监督检查、出具报告。

【领导班子】

党组书记、局长：

王英才（2007.7—2018.12）

副局长：

李德云（兼任农发办主任）

（2013.4—2018.12）

董燕妮（女，2002.10—2018.5）

陈建斌（2002.10—2018.12）

李玉琴（女，2007.8—2018.3）

党组成员：

王荣安（2018.1—2018.12）

总会计师：

张芙蓉（女，2012.7—2018.12）

工会主席：

孙建斌（2003.3—2018.12）

【获奖情况】

霍州市财政局被临汾市财政局评为“2018年度全市财政工作目标责任制考核”优秀奖。

国　税

【概况】　国家税务总局霍州市税务局于2018年7月20日正式挂牌。内设办公室、法制股、税政股、社会保险费和非税收入股、收入核算股、纳税服务股、征收管理股、风险管理股、税源管理股、财务管理股、人事教育股、机关党委、纪检组13个股室，下设第一税务分局、第二税务分局、辛置税务分局、李曹税务分局、白龙税务分局、大张税务所、开元税务所、南环税务所、鼓楼税务所、退沙税务所、七里峪税务所11个派出机构和票证管理所、信息中心2个事业单位。负责霍州市4426户纳税人的增值税、消费税、企业所得税、个人所得税、资源税、城市维护建设税、房产税、印花税、城镇土地使用税、土地增值税、车船税、车辆购置税、烟叶税、耕地占用税、契税、环境保护税以及社会保险费、教育费附加、地方教育附加、文化事业建设费、残疾人就业保障金、工会经费等各类税费的征收管理工作。到2018年底，有职工197人。

【税收收入】　2018年，国家税务总局霍州市税务局完成各项收入12.67亿元，其中税收收入12.19亿元，超收2092万元；完成县级公共预算收入4.37亿元，落实税收优惠政策和各项减税降费措施，有253户企业享受到企业所得税、水资源税、环保税等各类税收优惠3648.34万元，落实山西省局“28条”措施和临汾市局“60条”措施，减免税收582.94万元。开展“万名税干入企服务”期间，为企业减免税收49.6万元。

【征收管理】　2018年，国家税务总局霍州市税务局完成21063户次管户调整以及征管业务流程整合工作，共修改清理各类数据13760余条。应对风险357户次，开展跨区域协作任务3条，查补税款及滞纳金298.3万元，清理欠税8779.84万元，实现风险应对任务完成率100%，跨区域协作任务完成率100%。完成纳税信用等级评价1772户。完成2017年度企业所得税汇算清缴申报1371户，受理2017年度个人所得税年度申报155户、年所得12万元以上自行纳税申报1125人。以“两税”管理为抓手，加强沟通协作，全年申报水资源税4527.6万元、环保税1835.23万元。个人所得税改革稳步推进，社会保险费和非税收入征管职责划转平稳过渡，完善契耕两税“先税后证”机制、信息交换长效机制、房地产税收一体化管理机制。

【法治税务】　2018年，国家税务总局霍州市税务局树立“依法行政是税收工作生命线”意识，落实税收执法责任制，开展税收宣传月和“12·4”法制宣传日暨国家宪法日宣传活动，与霍州市实验小学合作，建立青少年税法宣传基地，开展“税法进校园”“小小税官体验日”和“我与税收的故事”主题征文等活动，向学校赠送税法宣传书包、书籍。上报创意文案两个，制作《孔子新游》和《迈出失信第一步，余生将寸步难行》微视频分别荣获临汾市局一等奖和三等奖。重新制定工作流程、股室职责和个人岗责。强化绩效管理，完成人员调整、指标承接、过渡衔接和考评考核等工作，组织开展绩效培训、语录征集和主题征文活动，发挥绩效“指挥棒”作用。健全督办管理机制，制定督办管理办法，制作督办通知单、延期申请审批单，完成霍州市政府“13710”督办系统任务。

【纳税服务】 2018年，国家税务总局霍州市税务局坚持“机构改革、服务先行，改革深化、服务优化”原则，按照为民便民利民的思路，规划两个办税服务厅设置，在霍州市政务大厅开设全职能服务窗口2个，方便纳税人和缴费人。落实国家总局“最多跑一次”清单、山西省局“全程网办”清单和“十项服务制度”，扩大即时办结范围，缩短限时办结时间，提高办事效率。组建人员精、流程精、业务精“三精”导税队伍，完善办税厅难点盲点分析制度，解决“预缴税款”模块操作、车船税缴纳中存在问题和各税种征收优惠管理等热点、难点问题。落实“放管服”改革6大类124个涉税事项，为新办100余户次纳税人12项基本业务提供网上“套餐式”服务，组织“两会委员话春风”活动，“万名税干入企服务”纳税人20户次，征集意见建议10余条，解决实际问题26项。举办4期个人所得税“纳税人学堂”，培训扣缴义务人1589户。

【领导班子】

党委书记、局长：

贺立华（2018.7—2018.12）

党委副书记、副局长：

米玉峰（2018.7—2018.12）

党委委员、副局长：

马红石（2018.7—2018.12）

郭继宏（女，2018.7—2018.12）

薛德明（2018.7—2018.12）

薛武鸿（2018.7—2018.12）

王虎良（2018.7—2018.12）

朱建平（2018.7—2018.12）

陈银花（女，2018.7—2018.12）

张学军（2018.7—2018.12）

党委委员、纪检组长：

王临纲（2018.7—2018.12）

【获奖情况】

原霍州市国家税务局被山西省精神文明建设指导委员会授予省级文明单位标兵；原霍州市地方税务局被山西省精神文明建设指导委员会授予省级文明单位；中共霍州市国家税务局税源管理一科党支部被中共临汾市国家税务局党组评为全市国税系统先进基层党组织。

郭春燕被山西省地方税务局党建工作领导小组授予全省地税系统“三基建设”先进个人；成冠平被中共山西省国家税务局党建工作领导小组授予全省国税系统优秀共产党员；郭建英被中共山西省国家税务局党建工作领导小组授予全省国税系统优秀党务工作者；杨丰菁被国家税务总局山西省税务局稽查局表扬；余超被临汾市总工会授予“中国梦·劳动美”全市职工演讲比赛三等奖；贺立华、王虎良、王文明、任荣萍、刘凯琴、朱刚刚、李婷、李福珍、史红丽、高源、杜文静、杨丰菁、张耀华、高鹏鹏、邹登龙、朱志芳、王建军、朱瑞章、李亭锐被临汾市地方税务局分别授予全市地税系统 2017 年度优秀公务员；任荣萍、张耀华分别获得临汾市地方税务局个人“三等功”一次；张志华获得临汾市国家税务局个人“三等功”一次；张华荣、翟建慧分别获得临汾市国家税务局个人嘉奖；李彦婷、曹娟、王亚琴被中共临汾市国家税务局党组分别授予全市国税系统优秀共产党员；张荣荣、尚小伟、牛春明被中共临汾市国家税务局党组分别授予全市国税系统优秀党务工作者。

（陈慧芳）

金　融

金融办

【概况】 霍州市金融工作办公室于2015年10月设立，正科级建制，为霍州市人民政府工作部门。市金融工作办公室设1个综合股，负责处理机关日常事务和综合协调工作。至2018年底，有行政编制5人。主要负责：贯彻执行党和国家金融工作方针政策和相关法律、法规，掌握全市金融运行情况；配合国家、山西省、临汾市金融管理（监管）部门做好货币政策落实及金融监管工作；协调拟定并组织实施霍州市金融产业发展规划和政策措施；研究金融发展重大问题。

【融资监管】 2018年，对霍州市仁和小额贷款公司、霍州市中小企业融资担保有限公司进行分类监管评级，对其公司的公司证件、基本情况、财务报表、规章制度、高管基本情况、资金使用情况等进行现场检查与初审，对其进行规范，了解霍州市仁和小额贷款公司和霍州市中小企业融资担保有限公司的经营状况，规范其经营行为，促进融资担保能力。

【处置非法集资】 2018年，霍州市金融办在非法集资宣传月期间，通过传统方式及网络平台宣传非法集资的欺骗性、风险性和危害性，引导群众自觉抵制非法集资，教育广大群众培养正确的投资理念，提高风险防范意识。召开处置非法集资工作第一次扩大例会，讲解非法集资定义、认定条件、《非法金融机构及非法金融业务活动取缔办法》，对部分企业负责人进行约谈，就公司业务进行规范，企业承诺在今后的经营中，遵照法律法规，绝不参与非法集资。6至7月开展涉嫌非法集资风险专项排查活动，未发现重大原发性非法集资风险。

【小微企业发展】 2018年，霍州市金融办召开“解决民营企业融资难、融资贵问题”座谈会，根据《临汾市人民政府关于促进金融支持小微企业发展若干措施的通知》要求，市金融办与霍州市中小企业局、霍州市工商联合会等相关单位对接，筛选符合条件的中小企业予以重点培养，支持其挂牌、展示、托管和股权融资。

【领导班子】

主　任：

董春波（2015.10—2018.12）

中国人民银行霍州市支行

【概况】 2018年，中国人民银行霍州支行在册干部职工33人，下设四部两室（综合业务部、货币金银部、金融管理部、保卫部、综合办公室、纪检监察审计室）。

【贯彻货币政策】 2018年，中国人民银行霍州市支行支持供给侧结构性改革，鼓励金融机构发展产业链金融产品和服务，满足产业链上下游企业融资需求。开展信贷导向效果评估工作，提升金融机构支农惠农能力。按照上级行《关于推动全市绿色金融发展的指导意见》要求，引导辖区内银行业金融机构落实绿色发展理念，加快创新产品服务，支持循环经济、能源技术创新，做好大气污染、水污染、土壤污染防治等领域金融服务。截至12月底，全辖各项存款141.38亿元，较年初增加12.53亿元，各项贷款82.99亿元，较年初减少3.14亿元。

【普惠金融服务】 2018年，中国人民银行霍州支行推进移动支付便民示范工程，促进普惠金融的落实。制定《2018年霍州市移动支付便民示范工程实施方案》，成立以支行行长为组长的“霍州市移动支付便民示范工程”推广工作领导组，实施“一把手”工程，和政府分管领导沟通协调，召开辖内金融机构“一把手”移动支付便民示范工程推进会，对重点场景、示范商圈、示范街区等建设任务进行细化分解；走访霍州市道路运输管理局、公交公司、东大街、佳美百货商圈等地，收集统计相关信息；组织相关人员和金融机构通过宣传，把移动支付知识、支付工具及安全操作方法送进社区、乡村，为群众提供个性化的操作体验和支付业务安全指导。年末，辖内50辆公交车配备支持云闪付POS机的机具上线运营；佳美示范商圈商户85户按计划100%完成；霍州市仁福堂医院一部、二部移动建成便民场景示范点；为霍州煤电集团丰峪煤业有限责任公司丰裕昇超市安装10台POS机；康源农贸综合批发市场布放农行聚合码25户与银联对接。公交、医疗健康、超市、菜场4个重点便民场景建成，“云闪付”的推广使用，让人民群众享受到便捷有序的支付服务。

【金融管理】 2018年，中国人民银行霍州支行按照“两管理两综合”工作要求，按月对金融机构日常管理进行考核，按季进行通报，做好对辖内金融机构的综合评价工作。2018年，依据《存款保险条例》《央行金融机构评级管理办法（试行）》等相关制度规定，每月对地方法人金融机构开展存款保险现场核查工作，根据各项监管指标情况对该机构作出风险提示。建立主监管人制度，督促地方法人机构按时按额缴纳保费，开展保费费率工作核查，以确保保费缴纳基数的准确性，分两阶段配合总行完成存款保险信息系调试工作。

【人民币管理】 2018年，中国人民银行霍州支行坚持民生导向，建设霍州市反假示范区。与公安部门联合反假长效机制工作全面展开，完善反假联席会议制度，制定反假示范区实施方案，成立霍州市反假联席会议制度，注册“霍州反假货币”公众平台，52家农村综合金融服务站与派出所和区域信用社签订《霍州市银警民联合反假货币三方协议》，实现银警反假信息共享，堵截、宣传、培训、咨询、打击“五位一体”的反假货币工作体系。与灵石支行签订《反假货币长效机制建设备忘录》，为霍州、灵石跨区域开展反假宣传、反假工作奠定基础。全辖金融机构收缴假币810张，金额67335元，较2017年增长129.65%。

【国库资金管理】 2018年，中国人民银行霍州支行开展标准化示范国库创建工作，业务人员按照流程进行业务核算操作，严禁违规违章操作。全年办理手工税票业务542笔，金额47306万元；电子横联92706笔，金额90609万元；直接支付业务31094

笔，金额176779万元；退库业务79笔，金额1658万元；更正业务10笔，金额111万元，未发生差错。

【领导班子】

行　长：

张忠民（2017.3—2018.12）

副行长：

梁亚龙（2011.9—2018.12）

申子正（2017.7—2018.12）

纪检组长：

陈京记（1992.1—2018.12）

副主任科员：

刘杏华（2011.9—2018.12）

张琳珍（女，2011.9—2018.12）

（王铁军）

中国银行业监督管理委员会临汾监管分局霍州办事处

【概况】　中国银行业监督管理委员会临汾监管分局霍州办事处（以下简称霍州监管办）位于霍州市鼓楼东大街38号，隶属于中国银行业监督管理委员会临汾监管分局。截至2018年12月底，霍州市有银行业金融机构营业网点44个，其中工行5个、农行4个、中行3个、建行2个、信用联社22个、邮储银行自营网点2个、代理网点6个；全辖银行业金融机构各项存款1413807万元，较年初增加125271万元；各项贷款829938万元，较年初下降31427万元。

【督导案防】　根据山西省局、临汾分局案防工作会议精神和监管办职责，年初霍州监管办组织辖内银行业金融机构主要负责人召开案防工作会，安排、部署2018年案防工作，明确各银行业金融机构一把手为案防工作第一责任人，将案防工作的落实情况作为监管部门对银行业金融机构高管考核的主要依据；配合霍州市公安局开展辖内金融机构安全保卫评估检查，提出具体整改建议并落实；按季派专人列席各银行业金融机构召开的案防分析会，督促各机构拿出整改措施，做好案件防控两评工作；组织人员对辖内金融机构一季度案防工作开展情况。主要从案防工作的部署、推动、履职情况、案防问责情况等方面进行巡查。召开通报会，对发现问题，提出监管建议，要求各机构建立台账，加大问责力度。

【检查工作】　2018年，霍州监管办对霍州联社同业业务自查情况进行督查。霍州联社不存在跨省、跨系统开展同业业务；督促霍州联社做好股东股权乱象专项排查整治工作，上报相关报告及附表；组织人员通过实地走访的方式对辖内银行业金融机构员工轮岗交流情况开展抽查工作。辖内各金融机构均制定“重要岗位人员的轮岗交流管理办法”，能按照办法规定制定工作计划，进行轮岗交流工作；督导霍州联社对去年现场检查发现不符合条件办理的同业投资业务进行整改。4月全部收回，整改完毕；受分局指派到安泽联社进行信访事件专项调查，在调查中执行分局的廉政要求，做到与被调查单位“零物质往来”，保证调查结论公正客观；根据分局工作安排，对辖内各机构扶贫小额信贷发放情况、风险状况和还款政策衔接情况进行调查摸底。辖内投放的扶贫小额信贷不存在贷款风险，不存在扶贫小额信贷资金挪用非生产用途问题、资金使用非精准用于建档立卡户等问题；开展邮政储蓄银行代理营业机构的现场检查。通过实地走访、查看资料、人员谈话等方式，主要从内部制度建设、配套管理措施、服务设施建设，以及销售行为的合规性4个方面展开检查，检查发现问题2个，检查结果公正客观，事实清楚，完成检查任务；对辖内银行业金融机构关系人贷款的自查情况进行督导；对辖内大型银行专项安全检查开展抽查工作。对工、农、中、建霍州市支行进行抽查，抽查4个营业网点，抽查率28%。各机构均能对照安全标准进行自查，对发现的安全隐患能立即整改的第一时间整改落实到位，不能整改的已向上级行进行汇报；开展对辖内银行业金融机构金融许可证公示情况的检查，发现问题上报分局，进行专题会议通报，督促整改。

【非现场监管】 2018年，霍州监管办科学客观做好霍州联社的监管评级考核工作，根据监管指标，按程序进行监管评级考核；做好1104报表的审核和上报工作，确保数据正确及时。截至12月，监管办从未出现迟报、漏报以及被上级通报等现象；做好信用社监管会谈和约见会谈，年中、年末分别霍州联社存在的问题进行通报，分析发生问题的原因，提出监管要求并督促其限期整改，进行督导。

【领导班子】

主　任：

胡秀斌（2013.9—2018.12）

副主任：

王红斌（2013.7—2018.12）

（王红斌）

中国工商银行霍州支行

【概况】 中国工商银行股份有限公司霍州支行，隶属于中国工商银行股份有限公司临汾分行。下设5个网点，3个部室1个中心。5个网点分别是支行营业室（含牡丹卡业务中心和现金业务中心）、东大街支行、开元支行、辛置支行、矿区支行。3个部室1个中心分别是：综合部、对公业务部、个人金融部和个人贷款中心。截至2018年底，全行共有在职员工100人。

【业务发展】 2018年，中国工商银行霍州支行围绕省市分行2018年重点工作目标和工作思路，坚持以“三增三降三优化，三比三亮三评价”为引导，贯彻中共十九大精神，打好增存稳存、中间业务创收、风险管控三大攻坚战，统筹推进重点率先发展、全量客户拓展、信贷经营转型、资源配置优化、党建企业文化建设五项重点工作，促进霍州支行各项工作发展。

2018年，各项存款27.9亿元，其中：储蓄存款时点较年初净增1.9114亿元，完成全年任务的147%；日均较年初净增1.288亿元，完成全年任务的129%；公司存款时点较年初净增4478万元，完成全年任务的187%，日均较年初净增1197万元，完成全年任务的299%。各项贷款余额16.2亿元，其中：公司贷款12.7亿元，全年新增发放贷款10.6亿元。个贷余额3.4444亿元，较年初增加6530万元，完成全年任务的119%；票据直贴3.3353亿元，实现贴现收入668万元；实现拨备前利润4747万元。收入结构、客户增长、中收提升指标及理财、分期、信用卡、基金、保险、贵金属等核心产品指标有突破增长。

【优质服务】 2018年，中国工商银行霍州支行坚持以客户为中心，改善服务态度，完善服务措施，增强服务质量。强化服务工作组织领导，加大检查的力度和频度，提高员工积极性和自觉性；发挥网点团队服务机制优势，提升网点核心竞争力，构建现金柜员业务识别、大堂经理接触识别、理财经理服务识别的服务体系，挖掘和培育高端客户资源。通过劳动组合的重新优化，提高客户引导分流力度和核心业务的营销效果，提升全行服务水平。

【制度建设和内控案防】 2018 年，中国工商银行霍州支行坚持内控案防分析会工作制度，强化责任落实，提高会议质量和效果。落实动态排查制度，发现和制止违规事件。结合 4 月支行办公楼新址搬迁，加强安全治理。邀请专家举办安全消防实战培训，定期进行“五防”演练和专项消防演练，做好与尧都护卫联勤保卫、监督互助工作，支行网点款包押运和临时加钞工作的顺利开展。开展“固本强化年”主题活动，控制各类风险，化解风险事件，开展“以案治纪、以案说规”警示教育宣讲和“霍州支行合规文化大讲堂”宣讲活动。

【支持地方发展】 2018 年，中国工商银行霍州支行根据霍州实际情况和重点客户的特点以及国家信贷政策变化，维护霍州重点核心客户、企业，帮助企业缓解资金困局。2018 年，全年贷款 11.8 亿元。霍州支行推动个贷业务发展，加强队伍建设，提升员工素质，提高审批效率，扩大项目储备。做好香江城、中镇国际、河畔丽景等重点项目工程的住房贷款按揭业务营销、服务工作。2018 年，个人贷款累放 1.0277 亿元，为 417 户个人购房户解决资金紧张问题。

【领导班子】

党支部书记、行长：

王　政（2017.5—2018.12）

副行长：

安春荣（女，2014.7—2018.11）

田国荣（2016.8—2018.12）

费　明（2017.10—2018.12）

【获奖情况】

2018 年被山西省分行授予“县域十强”支行；山西省分行总工会授予“模范职工之家”。

2018 年中国工商银行霍州支行被临汾分行授予党风廉政建设和案防工作先进单位；授予“先进集体”；被临汾分行党委授予“先进基层党组织”；被临汾分行授予“零售发展先进单位”。

（崔胜远）

中国农业银行霍州市支行

【概况】 中国农业银行霍州市支行位于霍州市东大街 165 号。隶属于中国农业银行股份有限公司临汾分行，下辖鼓楼支行、支行营业室、大众路分理处、鑫泽分理处 4 个网点，内设综合办公室、财会运营部、客户部、风险管理部 4 个部室。至 2018 年底，全行在职员工 81 人。

【业务发展】 存款。至 2018 年底，中国农业银行霍州市支行各项存款余额 16.54 亿元，较年初净增 1.83 亿元。其中：个人存款余额 15.81 亿元，较年初净增 1.54 亿元；对公存款余额 0.73 亿元，较年初净增 0.29 亿元。

贷款。至 2018 年底，全行各项贷款余额 10.68 亿元，较年初减少 0.23 亿元。其中：个人类贷款余额 1.13 亿元，较年初净增 0.3 亿元；法人贷款余额 9.55 亿元，较年初下降 0.52 亿元。

【支持地方经济发展】 2018 年，中国农业银行霍州市支行强化政治担当，夯实

“三农”使命，发挥网点多、产品全、政策倾向的优势，支持农户、小微企业发展。截至2018年底，发放普惠小微企业贷款513.2万元；光伏扶贫贷款300万元；个人生产经营类贷款50万元。做好驻村帮扶工作，帮扶的琵琶垣9户建档立卡贫困户脱贫；脱贫不脱钩，2018年，支行为脱贫户捐款3200元，为尿毒症患者王某送去2000元慰问金，资助其女儿完成学业；开展金融扶贫领域作风问题专项治理工作。

【企业文化建设】 2018年，中国农业银行霍州市支行开展三八妇女节专题讲座、网点风采大赛、“七一”重温红色经典主题党日、秋季运动会、合规演讲比赛、“三基本”知识竞赛等活动。采取工会救助、慰问金等形式对困难职工、困难党员进行关爱帮扶。

【领导班子】

党委书记、行长：

王智勇（2014.9 2018.12）

党委副书记、纪委书记：

郭江波（2015.5—2018.12）

党委委员、副行长：

袁月亲（女，2017.11—2018.12）

韩彦杰（2017.12—2018.12）

【获奖情况】

中国农业银行霍州市支行被农行临汾分行授予“2018年春天行动惠农e贷业务第一名”。

（李婷）

中国建设银行霍州支行

【概况】 中国建设银行股份有限公司霍州支行是一家国有股份制商业银行，位于霍州市鼓楼西街。内设科室：综合业务部、营业部、霍州东大街支行。截至2018年底，有工作人员33人。

【主要业务指标】 2018年，中国建设银行霍州支行一般性存款余额22.11亿元，时点比年初新增2.86亿元，位居霍州同业四行第一。其中：对公存款余额4.31亿元，时点比年初新增0.91亿元，同业排名第二；个人存款余额17.80亿元，时点比年初新增1.95亿元，同业排名第一。各项信贷资产总额48.05亿元，系统内和当地同业位居第一；个人住房贷款投放4119万元，个人消费贷款投放6130万元，个人支农贷款投放490万元，票据贴现14亿元。

【工作措施】 2018年，中国建设银行霍州支行在首季开局不利的情况下，支行班子逐步走出困境，加强营销力量，打造营销团队，分期业务快速发展，票据业务实现大突破，加快资产业务发展，推进重大项目落地；调动员工积极性，在保持存款稳定增长的情况下，带动各项产品销售，确保个人全量资产增长；巩固对公客户合作关系，做大做强对公业务。

【渠道建设】 2018年，中国建设银行霍州支行个人客户达到8多万户，有效客户2万多户，代发工资客户1万多户，适应“综合性、多功能、集约化”要求，服务转型发展，加大自助、智慧柜员机、电子渠道分流力度，新增离行式自助一个。

【领导班子】

行 长：

乔 煜（2014.11—2018.4）

张 鹏（2018.4—2018.12）

副行长：

董玉龙（2011.5—2018.12）

奚学勤（女，2017.4—2018.12）
卫有忠（2017.1—2018.12）

（郭新宇）

中国银行霍州支行

【概况】 中国银行股份有限公司霍州支行位于霍州市鼓楼东大街198号，隶属于中国银行股份有限公司临汾市分行。下设2个部门、3个网点，2个部门分别为综合管理部、业务发展部，3个网点分别为营业部、鼓楼支行、辛置支行。2018年底，全行在职员工63人。

【业务发展】 2018年，霍州中行贯彻总分行及市分行2018年全年工作会议精神，围绕“建设新时代全球一流银行”的经营目标及“科技引领、创新驱动、转型求实、变革图强”的战略部署，推进强党建、拓客户、增收入、降不良、促合规五项重点工作，推进各项业务发展。资产负债：截至2018年底，霍州中行各项贷款余额15.76亿元，较年初下降6.93亿元；各项存款余额22.24亿元，较年初净增2.72亿元。截至2018年底，霍州中行实现净利润4570万元。

【内控建设与执行】 2018年，霍州中行压实内控合规关键岗位责任，从源头把控风险，落实常规案防动作，筑牢合规操作意识，提升担当意识和责任意识，落实信息科技安全、运营管理安全、声誉风险管控等基础工作。

【企业文化建设】 2018年，霍州中行推进总行“两个创建”及山西省分行“双提双减”工作，促进全行经营管理质效提升。开展“担当、诚信、专业、创新、稳健、绩效”新时代全球一流银行价值观宣传教育，把中行价值观融入企业文化、融入党团建设、融入经营管理。以“员工满意就是最大的满意”为原则，针对员工反映强烈的“老大难”问题、侵害员工权益的不正之风等进行专项整治，解决基层反应强烈的突出问题，帮助员工解决工作和生活上的困难。

【领导班子】

行　长：
韩康康（2018.4—2018.12）
副行长：
刘培德（2018.1—2018.12）
闫　峰（2018.1—2018.12）

（王忠和）

中国邮政储蓄银行霍州支行

【概况】 中国邮政储蓄银行霍州市支行依托遍布全市的8个网点，定位于服务社区、服务中小企业、服务“三农”，为地方经济转型中最具活力的客户群体提供服务。邮储银行打造包括网上银行、手机银行、自助银行、电话银行、微信银行等在内的全方位电子银行体系，形成电子渠道与实体网络互联互通，线下实体银行与线上虚拟银行并进的金融服务格局。中国邮政储蓄银行霍州市支行位于霍州市开元街，2008年8月正式挂牌成立，下设“三部两支行”即：综合管理部、三农金融事业部、公司业务部、支行营业部、北环路支行。拥有8处网点，其中自营网点2处，代理网点6处。至2018年底，有在职职工32人。

【业务发展】 2018年，中国邮政储蓄银行霍州市支行各项存款15.4亿元，各项贷款余额 3.37 亿元，全年发放贷款 6797 万元。

【服务小微企业】 2018 年，中国邮储银行针对小微企业融资需求特点，推出信用贷、极速贷、小微易贷、担保公司贷款等新型产品，设计额度循环支用的贷款使用模式和灵活的还款方式，帮助小微企业节省利息开支，降低融资成本，满足其对资金需求“短、小、频、急”的特点。推出保证、联保、房产抵押、设备抵押、经营权抵押、动产质押、仓单质押等 10 余种担保方式。

【服务“三农”】 2018 年，中国邮储银行响应霍州市委、市政府乡村振兴战略工作部署，重视“三农”金融服务工作，研究服务“三农”的有效途径，优化农村金融环境，为助力乡村振兴提供金融保障。支行通过贷款服务“三农”，创新信贷产品，推动信用村建设，整村推进小额信用贷款、家庭农场贷款、专业大户贷款、农村合作社贷款等，将资金直接反哺农村。2018 年，发放涉农贷款 327 笔，共 2297 万元。涉农贷款结余 3000 万元。采用户贷户用的模式，投放扶贫贷款 22 笔，共 100 万元。

【领导班子】

行　长：

李　靖（2015.1—2018.10）

王　燕（女，2018.11—2018.12）

副行长：

张玉芳（女，2016.8—2018.12）

（郑越）

农村信用合作联社

【概况】 霍州市农村信用合作联社是霍州市唯一一家地方性金融企业，是农村金融的主力军。联社下辖 1 个营业部、8 个信用社、5 个分社、8 个储蓄所，共 22 个营业网点。截至 2018 年底，在职员工 265 人。联社机关设职能部室 14 个：信贷管理部、资金市场部、电子银行部、风险管理部、计划财务部、统计信息部、人力资源管理部、稽核审计部、安全保卫部、会计运营部、综合办公室、纪检监察室、普惠金融中心、特殊资产管理中心。

【存贷款业务】 截至 2018 年底，霍州农村信用社各项存款余额 37.98 亿元，较年初净增 3.47 亿元，市场份额、新增份额均居霍州同业首位；各项贷款余额 21.34 亿元，较年初增加 5 亿元。

【业务拓展】 2018 年，霍州市农村信用合作联社创新适应市场需求的产品，成立普惠金融中心，摸排商户、厂矿、企业，了解信贷需求，发放信贷资金，支持中镇商贸城、霍州商贸城等优质企业，通过打造特色网点，创新信贷产品，满足各类群体的信贷需求。结合霍州市出租车换代契机，推出“的哥贷”信贷产品，为换车的出租车司机提供信贷资金。开办商用房按揭贷款、供热收费权质押贷款、汽车消费贷款、公职人员贷款等，满足各类群体的信贷需求；办理同业存款和投资业务，开办代销理财、保险、代收交警罚没款等中间业务。

【经营成果】 2018 年，霍州市农村信用合作联社实现营业收入 1.78 亿元，经营利润 3318 万元。

【支农工作】 2018 年，霍州市农村信用合作联社简化程序、完善功能、改进作风、提高效能，加强支农支小力度，支持地方经济建设。支持传统农业产业，重点支持规模种养、农民专业合作社、家庭农场等新型农业经营主体。全年支持农户、现代农业经营主体 5125 户，支持农业基地园区 4 个、农民专业合作社 26 个、养殖大户 15 户。

【内控管理】 2018 年，霍州市农村信用合作联社在按月召开案防分析会的基础上，组织案防研讨会、风险化解会、案防知识测试、案防知识竞赛、高管谈案防等，扎紧案防关口。定期开展防火、防抢、防爆、防自然灾害等安全演练，提升全体员工的安全防范意识和实际操作能力。按月对基层网点的安防设施进行检查，规避风险隐患。按月开展稽核检查，按季进行员工异常行为排查，对发现暴露的问题建档、销号整改，案件防控水平提升。

【企业建设】 2018 年，霍州市农村信用合作联社为高考、中考考生奉献农信爱心，为考上大学的职工子女发放爱心资金，参加霍州市爱心助学捐款仪式，捐款 2 万余元。举办“激情新时代绽放新梦想”联欢晚会，组织员工参与健步走、羽毛球、庆三八、门球、骑行、植树、诗歌朗诵、乒乓球比赛、“五一杯”足球赛、环保知识竞赛、临汾农信第三届职工运动会等活动，其中：环保知识竞赛取得一等奖、诗歌朗诵比赛取得二等奖，冠名承办“2018 农信杯”登山比赛。自发开展清明文明祭扫、读书日活动、爱心助考、“中国梦、劳动美”主题演讲、爱心助学等。联社工会被山西省总工会授予“模范职工之家”荣誉奖牌。承办“冰雕展”、“3D 电影”，丰富民众节日期间的文化生活。开展征信、反洗钱、反假货币、科技宣传周、信用记录关爱日、金融知识万里行、金融知识进万家等宣传活动。

【领导班子】

党委书记、理事长：

张　敏（2018.9—2018.12）

党委副书记、主任：

闫忠红（2017.11—2018.12）

纪检书记、监事长：

公衍彬（2018.9—2018.12）

党委委员、副主任：

牛红军（2015.10—2018.12）

党委委员、副主任：

郤　平（2017.11—2018.12）

中国人寿保险霍州市支公司

【概况】 中国人寿保险霍州市支公司内设综合管理部、个险销售部、团体业务部、银行保险部、客户服务中心，下辖李曹营销服务部、大张营销服务部、什林营销服务部、辛置营销服务部、陶唐营销服务部 5 个营销服务部，有业务员 300 余人。

【业务发展】 2018 年，中国人寿霍州支公司把握高质量发展要求，抓好销售管理模式转型、业务结构调整、科技国寿建设、风险防控几大任务，实现霍州国寿转型发展。全年总体规模保费达 1.2177 亿元，同比增长 15.18%。包含生存、养老、疾病、医疗、身故、残疾等多种保障范围。2018 年，推进保障型产品销售，践行保险姓保的行业趋势，使疾病、医疗保险惠及霍州家庭。

【经营管理】 2018 年，中国人寿霍州支公司秉承“专业、真诚、感动、超越”的服务理念，推行“机制引才、制度用才、培训育才、环境留才”的人才强司战略，坚持“以人为本、德才兼备”的人才理念，培养素质优良、与国际一流寿险公司需要相匹配的寿险专业人才。落实“以客户为中心”的服务理念作为衡量工作成效的一个重要标准。

【精神文明建设】 2018年，中国人寿霍州市支公司秉承“成已为人，成人达已”的企业文化核心理念，推进“创新驱动，综合经营”发展战略，增强发展动力，扩大经营布局，服务顾客为大局，加快转型升级。

【领导班子】

经 理：

翟志刚（2013.8—2018.12）

副经理：

韩灵芝（女，2015.5—2018.12）

董爱珍（女，2013.8—2018.12）

（高玉强）

人民财产保险

【概况】 中国人民财产保险股份有限公司成立于1949年10月20日，前身是中国人民保险公司。2011年，中国人保财险晋升世界500强，在全世界财产保险排名第二，亚洲排名第一。中国人民财产保险股份有限公司霍州支公司成立于1981年，内设8个营销团队，1个综合办公室，有36人，是霍州市最大的财产保险公司。

【业务范畴】 2018年，霍州财保公司开办企事业单位财产险、家庭财产险、机动车辆险、货物运输险、煤矿企业险、建筑安装工程险、农业保险、责任保险、信用保险、意外伤害险、短期健康险等财产保险业务。

【经济效益】 2018年，霍州市人民财产保险公司机动车辆险保费1794.74万元、意外伤害保费19.49万元、农业险保费203.75万元、家庭财产险保费24.38万元、企业财产险保费841.04万元、货运险保费1.56万元、责任险保费488.52万元、健康险保费36.17万元、保费收入合计3409.75万元。赔款支出1571.65万元。

【领导班子】

经 理：

成建树（2014.4—2018.12）

副经理：

师金峰（2011.4—2018.9）

付卫东（2018.9—2018.12）

李红明（2018.9—2018.12）

（武卫民）

中国太平洋人寿保险股份有限公司霍州支公司

【概况】 中国太平洋人寿保险股份有限公司霍州支公司（以下简称太平洋寿险霍州支公司），隶属于中国太平洋人寿保险股份有限公司山西分公司。2003年10月，成立于霍州市河西区中部宏佳家居建村城四至六层。到2018年底，公司拥有内勤员工9人，外勤营销人员1500余人。

【业务发展】 2018年，太平洋寿险霍州支公司遵循寿险规律，回归保险保障，发展保障型和长期储蓄型业务，拓展个人传统分红期缴业务和短期意外险等核心业务，业务结构持续优化，内含价值增长，公司保持良好的发展态势，标保达成36254万元，达成率152.9%，同比增长60.4%，全省系统排名3位，较2017年提升5位，机构成功晋级为甲AAA级。2018年完成规模保费17579.44万元，市场份额占比47.5%。2018

年，全年理赔案件512件，赔付金额856万元，其中，最大的单笔赔案赔付金额23.1万元，最小单笔赔案赔付金额92.87元。

【企业文化】 2018年，太平洋寿险霍州支公司以“做一家负责任的保险公司”为使命，坚持“以客户需求为导向，专注保险主业，推动和实现可持续的价值增长”的经营理念，建立跨全国的销售网络和多元化服务平台。公司提供基于客户全生命周期的风险保障解决方案，覆盖人寿保险、年金保险、健康保险、意外伤害保险等多个领域。太平洋寿险霍州支公司秉承“诚信天下，稳健一生，追求卓越”的企业核心价值观，“稳健经营，以效益为中心”的经营思想，开拓业务，加强基础管理，应对市场发展变化带来的新挑战，履行社会责任，遵循寿险经营规律，在业务发展、客户服务、内控管理和风险控制等方面取得成效。

【服务理念】 2018年，太平洋寿险霍州支公司探索和实践基于新技术应用的模式创新和流程再造，加快布局企业级移动应用，聚焦客户端，形成以“神行太保”“太平洋寿险”APP、“太平洋寿险”官微及“科技个险”四大应用平台为主要构成的企业级移动应用体系，推动销售和服务模式在业内率先转型，带给客户便捷贴心的服务体验，公司推进“以客户需求为导向”的战略转型，围绕转型三大目标，坚持问题导向，推动转型成果落地：在关注客户需求方面，实现精准销售和精细服务；在改善客户界面方面，运用新技术，确保中后台支持前端；在提升客户体验方面，推动产品创新，将优质、便捷的保险服务带到客户身边。

【领导班子】

经　理：

王延华（2013.6—2018.7）

熊伟伟（2018.7—2018.12）

【获奖情况】

2018年霍州公司太平洋寿险被山西省分公司授予“年度保费达成贡献奖”“团队发展建设金质奖”“交叉销售业务卓越奖”。

（马清林）

农　业

农业林业委员会

【概况】 霍州市农林委组建于2015年9月，是在原霍州市农业委员会、霍州市林业局的基础上组建而成。到2018年底，有干部职工85人，其中行政人员21人，事业人员64人。内设6个行政科室：办公室、计划发展与资金管理股、农业工作股、农村工作股、营林与资源股、审批股。下设事业单位17个：农业综合执法大队、农业林业技术推广站、经作办、农村经营管理站、经济林管理站、种子种苗管理站、植物森林保护检疫站、土壤肥料工作站、畜禽屠宰业监管管理办公室、农村能源工作站、林业站、林权服务中心、森林派出所、森林公园管理中心、国营苗圃、森林消防大队、辛置木材检查站。独立核算的事业单位3个：畜牧兽医服务中心、农机中心、农业广播技术学校。

【农业生产】 2018年，霍州市粮食播种面积29.87万亩，较2017年增加1.64万亩。粮食总产量8300.2万公斤，新增芦笋、秋葵等特色蔬菜1500亩，新增设施蔬菜面积200亩，改造设施蔬菜面积500亩。全市蔬菜播种面积完成3.4万亩，总产量达15.3万，设施蔬菜面积达到1.2万亩。肉、蛋、奶产量分别达到1.98万吨、1.15万吨、0.485万吨，畜牧业产值约为2.4亿元。全市林业产值9441万元。各类经济林共计5318公顷，结果面积3414公顷，木本油料2944公顷，结果1400公顷。年销售收入500万元以上农产品加工企业销售收入达到2.42亿元，较2017年增长15.7%。农林牧渔业产值为70499万元，较2017年增长3.8%。

【农民收入】 2018年，霍州市农村居民人均可支配收入计划数为12931元，计划增幅数为6.5%。到2018年底，霍州市农村居民人均可支配收入为13785元，增长854元，位于全市第4名，增速值为6.6%。

【乡村建设】 2018年，霍州市乡村振兴战略总体规划及“5+1”专项规划完成招投标程序，委托专业设计院进行编制规划。全市确立2个乡镇（大张镇、李曹镇）6个村（大张、贾村、石鼻、秦家岭、下马洼、许村）作为乡村振兴示范乡镇、村庄。农村人居环境持续改善，市级示范村完成整村绿化，完成全村排水渠、防洪渠、机井、管道的维修，改善群众生产生活条件。

【农业行政执法】 2018年，霍州市农林委共出动50车次，检查10个生产企业和60余家农资经营户，出动200人次到农村基层农资市场、农产品交易集散地、农产品批发市场、农贸市场等处发放宣传资料，印发各类宣传资料1万余份，悬挂横幅20条，举办现场咨询培训6场次，接受群众现场咨询5000多人次，展销优质农资产品2000公斤，价值5万多元。全年办理案件7起，其中督办案件4起，控制劣质农业生产资料的生产、销售，打击违法生产经营活动。

【林业执法】 2018年，霍州市农林委开展林业依法行政和行政执法工作，清理排查所有违法建设和未批先建的各类违法占地项目。共办理3起刑事案件、1起行政案件。严厉打击破坏森林和野生动物资源违法犯罪，加强综合整治，解决一些林业违法问题，扭转破坏林地资源的歪风。

【农业产业化】 2018年，霍州市农林委推进无公害蔬菜、特色经济林、规模养殖“三大产业”和“一园五基地”建设，全市蔬菜种植面积达到3.6万亩，优质干鲜果种植面积达到7万亩，规模养殖企业达到62家，文冠果栽植面积达到5700亩，小杂粮种植规模达5000亩，中药材种植面积达3000亩；精心培育省级示范社3个、市级示范社4个、县级示范社54个，认定121个家庭农场，建立家庭农场台账，扶持培育2个临汾市级示范性家庭农场，2个省级示范性家庭农场，1个县级示范性家庭农场，壮大霍州市新型经营主体；全年完成“三品”认证产品7个，认证面积2.6万亩。完成6个申报主体，产品共计8个，认证面积4.6万亩。其中，新认证产品6个，认证面积4.2万亩，复查换证产品2个，面积0.4万亩。

【土地确权】 2018年，全市12个乡（镇、街道），189个行政村，280个发包方，全部开展农村土地确权工作，涉及承包户40827户，承包面积344123.63亩。其中，承包地181361块，实测面积335681.53亩；8508块非承包地，实测面积20348.75亩，全部完成数据汇交入库。

【集体产权改革】 2018年，霍州市农林委坚持统筹安排、试点先行、由点及面、规范操作的原则，确定13个县级试点村。完成186个村的成员身份认定工作和117个村的清产核资工作。

【造林补植补栽】 2018年，霍州市农林委完成未成林补植补栽项目1000亩，共分4个区域。其中，师庄乡白山、赵洼山村205亩；李曹镇悬泉山村220亩；三教乡上三教村230亩，白龙镇牛腰村145亩；白龙村200亩。补植树种有侧柏、国槐、花椒、仁用杏、核桃、文冠果。

【新一轮退耕还林】 2018年，霍州市农林委主要进行项目补植补栽和除草、病虫害防治等管护工作，成活率达到85%以上。完成退耕农户卡号变更登记工作，兑现退耕农户现金补助384万元（每亩300元），拨付造林补助的中央预算内投资128万元（每亩100元）。

【经济林提质】 2018年，霍州市农林委完成经济林提质增效8000亩，其中，综合增产管理7062亩，改接换优938亩，实施树种全部为核桃树，涉及全县4个乡（镇）17个行政村，山西省林业技术推广和经济林管理总站与临汾市林业科学技术推广站对项目进行验收。

【畜禽屠宰管理】 2018年，霍州市农林委屠宰办联合市法制办、畜牧局、食药局全面检查屠宰厂的各个环节进行，检查和规范大型超市、肉品经营场所、摊点、餐厅、饭店、机关食堂等肉品使用单位。该次行动共出动检查人员65人次，检查出票据字迹不规范、台账不完善等问题，要求完善生猪产品资料档案和台账，对检查出的问题要求限期整改。

【护林防火】 2018年，霍州市各乡镇主要领导履行森林防火属地责任，以“属地管理、条块结合、群防群治、综合促管”为原则，建立“网格化”管理体系，具体到山头、地块、人头；实现森林防火管理无缝衔接。农林委成立防火督查组，深入各乡（镇、街道）督查重点林场等森林防火一线。实地察看防火值班、森林扑火队伍、防火制度建设、扑火物资储备、森林防火监测点和沿山沿路等重要地点防火登记等情况，对督查的问题立整立改，限期整改。

森林消防专业队每天出动两台宣传车，10余人在沿山、沿高速、高铁重点乡镇开展巡查巡护；清明节、五一节等关键时段，根据火险等级，加强对野外上坟烧纸、燃放烟花爆竹和燃放孔明灯等用火行为的管控力度。霍州市发挥全市150余名护林员作用，从源头消除火灾隐患。在高火险时段，对重点火险区域和关键地段，采取严格封禁措施，严防森林火灾发生。加强防火宣传，提高防火意识。先后印发《霍州市人民政府关于森林防火工作的通告》《霍州市人民政府禁火令》《霍州市封山禁牧管理办法》4000余张贴于各个村委重点地段和主要入山路口；霍州市电视台每天播放森林防火警示片；通过短信平台先后发布防火信息200余策，时刻紧绷森林防火这根弦。开展防火演练，提升应急能力。霍州市于2018年4月2日，在李曹镇悬泉山村组织森林防火应急演练，该次演综活动，参演人数达到200多人。

【植物保护】 2018年，霍州市农林委组织技术人员对小麦、玉米、果树等病虫害进行调查，指导农民防治面积累计达24万亩。对全市3.2万亩果树、2000亩蔬菜按植物产地检疫规程进行全程监控；完成植保田间观测场及应急药械库建设并通过省级验收，提升霍州市病虫害预测预报手段及预警水平；聘请常年管护员对全市造林项目进行管护，加强对管护范围内森林病虫害的看护，做好林业大户病虫害的防控工作，为干果种植大户和村提供技术服务，到地头进行虫害防治指导。全年全市没有成灾面积，林业有害生物成灾率为零。发生防护统计表和检测原始资料齐全；没有财政经费，没有上级防治资金，森林病虫害发生防治面积为零。预测预报材料齐全。预测发生的亩数实际没有发生，测报准确率为100%。对全市所有出田苗木进行产地检疫，对县级林业工程从外地调运的苗木全部进行复检。

【职业农民培训】 2018年，霍州市农林委共有377人培训任务，通过发文申报、实地考察，优中选优，选取有长期生产经验、讲诚信的霍州市众望职业技能培训学校、霍州市龙泉三林苹果种植专业合作社和文平职业技术学校承担培育任务，霍州市众望职业技能培训学校187人培育任务，其中，经营主体带头人苹果经营与种植117人，专业技能型玉米种植70人培育任务；霍州市龙泉三林苹果专业合作社经营主体带头人苹果经营与种植110人培育任务；文平职业技术学校养养技术80人的专业技能型培育任务。年底，三个机构全部完成培训任务，资金全部拨付到位。

【脱贫攻坚】 2018年，霍州市完成脱贫任务301户685人。光伏扶贫方面，投入280万元在6个乡（镇、街道）新建分布式小型屋顶光伏发电站13个，共计390千瓦，全部建成且并网发电，全市45个光伏电站累计发电194.4万千瓦，结算资金110万元，惠及贫困户695户。产业扶贫方面，依托新一轮退耕还林工程、干果林提质增效项目，鼓励支持贫困户发展文冠果、核桃等经济林，实施干果林提质增效、发展畜禽养殖等，共带动贫困户180户418人增收，累计补助21.9万元。教育扶贫方面，开展“雨露计划”和捐资助学活动，对贫困家庭学生进行救助，全年完成“雨露计划”资助贫困学生99人，发放补助资金23.7万元。金融扶贫方面，霍州市扶贫小额信贷共发放扶贫贷款1723.99万元，涉及345户贫困户。就业扶贫方面，开展4期培训，对311名建档立卡贫困人员进行厨师、家政、母婴护理等免费技能培训，累计安置67名贫困户就业，安置7名贫困户为护林员。健康扶贫方面，建立健全“先诊疗后付费”的“一站式”扶贫医疗服务机制，落实“136”贫困户医疗救助保障制度，完善“双签约”医疗团队和干部队伍两本台账，明确住院结算模式、一站式服务、费用报销、长期护理等相关内容，并创新建立大额疾病（慢性病）管理工作与“双签约”服务联动机制，防止贫困群众因病因残返贫致贫。为提高贫困户住院报销比例，霍州市多次召开专门会议进行安排部署，对近200户贫困户住院报销比例不到位的情况进行追补，明确五保户和剩余贫困户的报销比例，全市建档立卡贫困户报销比例已达到92%。全年为全部贫困户购买医疗保险82.7万元，为217名贫困残疾户发放辅具198件，累计报销贫困户医疗费792人次451万元。危房改造方面，先后召开6次周例会进行研究讨论，制定实施方案，落实工作责任，推进工程开展，促进贫困户危房改造工作落实，完成35户贫困户危房改造任务。

【领导班子】

主　任：

张云峰（2015.9—2018.12）

党组书记：

薛文斌（2015.10—2018.12）

副主任：

张建华（2015.10—2018.12）

徐　强（2015.10—2018.12）

杨红平（2015.10—2018.12）

李宝春（2015.10—2018.12）

总农艺师：

王亚平（女，2015.10—2018.12）

党组成员：

翟春明（2015.10—2018.12）

（闫昭）

水利工作

【概况】 霍州市水利局位于汾东开发区，担负着全市农田水利基本建设、农村饮水安全、防汛抗旱、水政执法、水土保持、水资源管理、河道管理等重要职责。内设办公室、规划计划股、农村水利与水土保持股、行政审批股4个职能股室；下辖水资办、水保站、河道站、移民办、抗旱服务队、七里峪灌区、十里铺扬水站、城郊灌区、杨家庄水库、凿井队等10个基层事业单位，其中水资办、水保站为副科级建制。共有干部职工208人，其中，公务员9人，全额财政开支人员11人，自收自支人员188人。其中，班子成员7人，中层干部34人，党员74人，大专及以上学历60人，中专学历53人。

2018年，霍州市水利局共完成农田灌溉面积9.8万亩，13.5万亩次；水保初治面积1.5万亩；用水总量控制指标5808.4万立方米、万元工业增加值用水量降幅2.2%、万元 GDP 用水量降幅 3.6%。

【水资源管理】 2018 年，霍州市水利局执行最严格水资源管理制度，开展最严格水资源管理制度考核工作，完成自查自评工作任务。结合“世界水日”“中国水周”等重要节点，开展“实施国家节水行动，建设节水型社会”主题宣传活动；启动《霍州市水资源综合规划》等水资源节约保护专项规划编制工作，为霍州市水资源合理利用、节约保护，实现“三条红线”管理标准奠定基础。加强排污口水质检测工作，配合住建、环保部门实施汾河排污口整治工程，高标准完成许村污水处理站、月亮湾污水处理站、辛庄污水处理站等 9 座污水处理站建设工作，解决汾河沿岸污水直排问题，改善人居环境。全市总取水量 4600 万立方米，按取水用途分生活用水 630 万立方米，生产用水 3909 万立方米，生态用水 61 万立方米；按水源分地表水 1200 万立方米，地下水 3400 万立方米。

【重点农田水利工程】 2018 年，霍州市汾河流域生态治理项目。工程概算总投资 72072 万元，实施范围为：霍州市城区西侧及南侧，涉及汾河段 8 公里（许村桥—月亮湾南侧铁道桥）+对竹河入汾口上游 1 公里和南涧河段约 5 公里（南涧河新贾村桥—与汾河交汇处）+北涧河入南涧河口上游 0.6 公里两侧景观绿化工程。建设内容包括：服务建筑、生态驳岸工程、土方工程、铺装工程、整理绿化用地、绿化种植、表流湿地、潜流湿地、以及建筑小品若干。该项目建设项目选址意见书、建设项目用地预审、项目可行性研究报告等手续已办理完成。项目采用 PPP 建设模式，2018 年 4 月 31 日进行项目招投标，中标单位为东旭兰天新能源股份有限公司。2018 年，临汾市水利局下达霍州市小型水库移民后期扶助项目资金 25 万元、水库维修养护工程资金 20 万元、十里铺灌区工程维修养护资金 45 万元。工程建设中，严把工程设计、招投标、项目监理、工程质量，加强对项目建设和工程资金的指导和监管，做好工程方案编制、实施和验收工作。截至年底，水库维修养护工程和十里铺灌区维修养护工程全部完工，小型水库移民后期扶助项目完成政府采购及招投标工作。临汾市财政局下达霍州市维修养护工程资金 35 万元，霍州市财政投入维修养护工程资金 33.37 万元。维修改造三教乡山头村、陶唐峪乡刘家庄村、南庄村、白龙镇柳树腰村、李曹镇下王村、退沙街道姚村等 6 处农村饮水安全工程，2018 年底全部完工。

【农村饮水安全】 2018 年，霍州市农村饮水安全巩固提升工程总投资 174 万元，完成新打机井 1 眼；新建井房 1 座，维修及改造井房 2 座；修建集中水表井 22 座，铺设提水钢管和供水管网共计 22392 米。解决师庄乡周村、马赛沟、下白道 3 个村，1187 口人的饮水安全问题。

【防汛抗旱】 2018 年，霍州市水利局召开防汛抗旱工作会议，修订完善各类防汛预案，加大安全检查和水毁修复，组建防汛抢险应急队伍，开展防汛抢险技能演练，备足备齐各类应急物资，加强 24 小时防汛值班和汛情会商分析。加强预警预报、群防群治工作机制，及时预警，主动应对，做好防御，最大限度减轻灾害损失，提升防汛抗旱能力和水平，确保安全度汛。

【河长制推进】 2018 年，霍州市水利局根据中央、山西省、临汾市全面推行“河长制”工作部署和要求，制定出台工作方案，确定覆盖市、乡、村三级责任的河长名录，确定三级河长 170 名，其中，市级河长

8人、乡级河长71人、村级河长91人；设立各级河长公示牌94块，其中市、乡级公示牌19块，村级公示牌75块，明确各级河长的相关职责以及河流概况、管护目标、监督电话等。开展河流“清四乱”、矮围网围等专项行动，全市47名巡河员持证上岗，加强日常巡查，做到市、乡、村三级河长各负其责，高效联动，形成河道管理常态化的协作机制。按照“一河一档”“一河一策”工作要求，编制完成市管河道“一河一策”工作方案和河道确权划界工作方案，明确治理目标，分解治理任务，落实治理责任和时间节点，推进霍州市河道管理工作。

【领导班子】

局　长：

王林锁（2010.4—2018.12）

总支书记：

王记栓（2007.8—2018.12）

总工程师：

安五达（1998.5—2018.12）

总支副书记：

祁朝辉（2013.5—2018.12）

副局长：

乔晓东（2012.6—2018.12）

纪检组长：

刘国新（2012.8—2018.1）

水资办副主任：

李文忠（2003.2—2018.12）

樊荣平（女，2012.8—2018.12）

（闫会军）

畜牧兽医服务

【概况】　2018年，霍州市生产指标是肉产量1.88万吨、蛋产量1.11万吨、奶产量0.48万吨。到2018年底，肉产量达到1.95万吨、蛋产量达到1.2万吨、奶产量达到0.485万吨。蛋鸡存栏60万只，出栏33万只；肉鸡存栏60万只，出栏300万只；猪存栏4.8万头，出栏5.5万头；羊存栏5万只，出栏2.5万只；牛存栏3200头，出栏700头。畜牧业产值约为2.4亿元，农民人均畜牧业纯收入达到1100元。

【重点工程】　2018年，霍州市畜牧兽医服务中心重点工程有两个养殖项目：瑞兴养殖有限公司猪场及配套设施建设项目，位于李曹镇北侯村，总投资1000万元，设计规模为生猪存栏3000余头，年生猪出栏可达4500余头，至2018年，已投资230万元，完善配套相关设施实现出栏1100余头；金林土猪场新建项目，位于陶唐峪乡南泉村，占地120余亩。两期工程计划总投产600万元，采取“种养＋合作社＋基地＋农户”的模式滚动发展，实施线上经营，线下观光休闲，订单领养的方式发展。一期工程投资200万元，围栏林下养殖场地面积120余亩，建成猪舍30个，面积约1500平方米，存栏500头，年出栏生猪800头，流转土地140亩（种植玉米100亩、小麦40亩），喝山泉吃山粮，生长环境实现生态与科技的结合，完成年初规定工作目标。

【畜禽免疫】　2018年，霍州市畜牧兽医服务中心采取春秋季集中免疫和日常补免相结合的方式，实施应免尽免，免疫密度均达到100％，保障畜牧业发展。开展畜禽免疫及采样技能20余次，防疫员包所辖村（居委会）场户。按国家对动物疫病实行预防为主的方针要求，全年共免疫鸡60万羽，注射高致病性禽流感疫苗30万毫升、新城疫30万毫升；猪4万头，注射猪瘟疫苗4

万头份、口蹄疫疫苗4万毫升、蓝耳病疫苗4万毫升；羊5万只，注射口蹄疫疫苗4万毫升、布病疫苗4万毫升、小反刍疫苗3.5万头份；牛3200头，注射口蹄疫疫苗6400毫升、布病疫苗5400毫升。化验室共送检血清588份，其中高致病性禽流感血清568份，猪蓝耳病血清45份，牛口蹄疫血清56份，羊口蹄疫血清86份。经检测合格率达到100%。霍州市畜牧兽医服务中心及时把检测结果反馈给养殖场（户），养殖场（户）接到反馈后及时开展补免工作，共补免畜禽6万余头（只），集中免疫、及时补免、程序化检疫，确保霍州市没有发生区域性重大动物疫情。规范程序化检疫，严把产地、出境、运输检疫关，共检疫猪2万余头，鸡150万余只，牛200头，羊2500只；无害化处理猪1430头；严格“瘦肉精”抽检，共抽检4050头；畜禽程序化检疫，病死动物无害处理，确保不发生区域性公共安全事件。

【畜禽粪便治理】 2018年，霍州市畜牧兽医服务中心把畜禽粪污治理和资源化利用工作放在重要工作日程，采取以会代训的方式，做到一周一安排，一月一分析一汇总，不定期培训《畜禽规模养殖污染防治条例》《水污染防治法》《大气污染防治法》等法律法规。开展示范创建场8家，总投资150余万元，建成粪污池3000余立方米，即白龙镇陈家庄村浩瀚养殖有限公司、李曹镇石鼻村富康家畜养殖专业合作社、大张镇西张垣同兴禽业有限公司、陶唐峪乡南李庄村聚盛牧业有限公司、大张镇狮子洼村梅花猪场、小张望村斌斌猪场，上乐坪绿色田源养殖有限公司、李曹镇恒安泰养殖有限公司，粪污处理设施等逐步配套。

【畜禽良种繁育】 2018年，霍州市畜牧兽医服务中心抓种畜禽场安全隐患排查工作，向社会提供杜长大优种仔猪7000余头、罗斯鸡600余万只；开展蜂农养殖知识培训79户，核实发放养蜂证25个（50箱以上），发放证件为养蜂场转地放养提供便利，增加蜂农收入。

【领导班子】

主　任：

杜继保（2010.10—2018.12）

副主任：

韩国华（2012.8—2018.12）

总　工：

吴舟平（2012.8—2018.12）

农机管理

【概况】 霍州市农业机械发展中心的主要职责是对全市范围内的农业机械及其驾驶操作人员进行生产指导、安全管理、新技术新机具推广、农机具购置补贴、农机维修、农机产品质量监督管理工作。到2018年，有编制22人，有干部职工17人，内设机构有：农业机械安全监理站、技术推广站、技术培训站、生产经营管理站、产品质量投诉站。

2018年，全市农业机械总动力新增0.43万千瓦、达到8.35万千瓦、农机原值新增600万元、达到1.367亿元，农业机械拥有量2618台，其中大中型拖拉机794台；小型拖拉机1358台、联合收割机286台，玉米收获机新增13台，达到99台，在册驾驶员955人。全市共有耕地30万亩，其中机耕作业面积达16970公顷、机播作业面积16766公顷、机收作业面积为15359公顷，

2018年，新增玉米机收面积6.0万亩，全年完成机械化秸秆还田面积20万亩，全市农机化综合水平率新增1个百分点、达到84%，全市农机总投入为600万元，农机经营总收入新增420万元，达到7900万元，农机纯收入新增360万元、达到3998万元。

【农机购置补贴】 2018年，霍州市实施农机具购置补贴政策，宣传推进惠农政策成果，提升农机化装备水平。共补贴各种机具210台（件），大型拖拉机18台，中型拖拉机15台，联合收割机增加17台，其中玉米联合收割机增加13台，小麦联合收割机增加4台，其他农机具增加143台（件）。全年使用国补金200.83万元，带动农民投资600万元。扶持农户133户。

【涉农资金整治】 2018年，霍州市农机中心对涉农资金进行专项整治，特别是农机具购置补贴资金，抽调专人利用1个月时间走村入户开展对农机购置补贴资金专项整治，对全市2015年至2018年35马力以上大中型拖拉机及动力机械进行人机见面，逐户核查，对700份电子与纸质档案进行比对，消除安全隐患，确保机补资金安全使用。

霍州市坚持农机服务体系建设与市场运行机制相结合的原则，尊重农民、农机户的意愿，发展农机大户、农机专业合作社等服务组织。2018年创建国家级农机示范合作社1个。全市农机维修点46个，从业人员104人，农机经销点21个，从业人员50人，拖拉机驾驶培训机构1个。全市农机专业合作社达到13个，社员86人，农机专业合作社固定资产750万元。

【农机新技术推广】 2018年，霍州市农机发展中心采取政策倾斜，措施扶持，促进新技术推广工作。为搞好2018年度农机深松整地项目，确保项目资金安全使用，新增农机深松智能监控设备8台，累计达到26台，并投入使用，完成农机深松整地作业面积2.0万亩（其中补贴作业面积1.5万亩），作业质量全部达到28厘米以上，项目区涉及霍州市2个乡、2个镇、1个街道的23个行政村。

【农机行政执法】 2018年，霍州市农机发展中心开展农机行政执法活动。利用传统庙会及“3·15”消费者维权日，开展农机法规政策宣传，发放农机驾驶操作及安全知识，农机质量及投诉知识等宣传资料3000余份。深入乡村、农机作业生产第一线，开展送农机依法行政和安全知识下乡活动，对农机作业人员进行法律法规、安全操作、维护保养等相关知识教育宣传，增强农机手的守法意识。2018年，将安全检查与农机检审验相结合，严格拖拉机、联合收割机牌证的核发和年度检验。共检验机车160台，新登记注册拖拉机、联合收割机50台，培训新驾驶员27人，安全教育培训农机驾驶员160人，与农机驾驶员签订安全生产责任书160份、安全承诺书160份。健全完善农机安全监理牌证技术档案，农机安全生产检查台账和农机事故处理档案。2018年，共纠正违章作业10起，车证不符2起，不按规定存放25起，消除农机安全隐患，杜绝农机事故发生。

【新型职业农民培训】 2018年，霍州市农机发展中心按照“政府推动、学校主办、部门监管、农民受益”的原则，结合国家农机购置补贴项目的实施，围绕提高农村劳动力素质，开展新型职业农民培训工作。举办新型职业农民培训班一期，培训60人。

【领导班子】

主　任：

刘国斌（2017.7—2018.12）

副主任：

秦　磊（2012.8—2018.12）

工会主席：

周进华（2003.3—2018.12）

（程惠平）

农业综合开发

【概况】　2018年，农业综合开发办实有人员7人。主要职责是宣传、贯彻、执行国家农业综合开发的方针政策和法规；制定本市农业综合开发有关制度；组织调查本市农业综合开发后备资源和编制农业综合开发中长期规划；负责项目立项前考察，建立项目库，拟定申报项目；编制本市农业综合开发年度项目计划，组织申报、项目实施、检查验收、落实工程管护主体；负责项目与资金的监督和管理、有偿资金的回收；负责农业综合开发人员的培训、统计、档案管理工作；协调相关单位，发挥部门优势，共同实施好农业综合开发项目建设。

【土地治理项目】　*石鼻滩高标准农田建设项目*　2017年度国家农业综合开发土地治理项目，开发面积4500亩，计划投资604.5万元。计划建设内容：修复配套机电井7眼，衬砌渠道24.99公里，埋设管道5公里，新建渠系建筑物1615座，改良土壤81.44亩；新修田间路10.37公里，农田防护林3200株，技术培训360人次，2018年9月12日，临汾市农发办对此项目进行检查验收。完成修复配套机电井7眼，衬砌渠道24.41公里，埋设管道5.34公里，新建渠系建筑物1454座，改良土壤73.62亩，新修田间路10.42公里，农田防护林948株，技术培训360人次。

退沙片高标准农田建设项目　2017年度国家农业综合开发土地治理项目，治理面积2100亩，总投资300万元。计划建设内容：修复配套机电井7眼，架设高压输电线路2.1公里，安装50千伏安变压器3台，埋设管道16公里，新建蓄水池3座，新修田间路5.9公里，农田防护林3100株。2018年9月12日，临汾市农发办对此项目进行检查验收。完成修复配套机电井6眼，架设输变电线路2.1公里，安装变压器3台（套），埋设管道17.12公里，新建蓄水池3座，新修田间路5.97公里，种植农田防护林3060株。

杨枣片高标准农田建设项目　2018年国家农业综合开发土地治理项目，涉及李曹镇东村、西村、杨枣和源头4个行政村，开发面积7200亩，项目总投资903.22万元。计划建设内容：新建提灌站1座，修复配套机电井12眼，架设输变电线路0.02公里，衬砌渠道6.34公里，埋设管道52.51公里，新建渠系建筑物220座，新建蓄水池1座；改良土壤261亩，新修田间路12.36公里；农田防护林3600株。截至2018年12月底完成田间路路基平整11.5公里，改良土壤55亩，埋设管道3公里。

2018年，*石鼻乡村振兴战略试点项目*　治理面积2500亩，项目总投资300万元。计划建设内容：新建防护堤908米，衬砌渠道934米，河道疏浚长度750米。新修田间路1.1公里；农田防护林1466株；墙面美化面积3000平方米，包括彩绘面积500平方米；铺装面积200平方米；绿化绿篱面积570平方米，乔木70株，灌木285株，布设垃圾桶12个。截至2018年12月底，完成财政投资评审。

【产业化项目】 2018年，霍州市浩瀚农牧有限公司“新增出栏24万只优质肉鸡标准化养殖基地改扩建项目”总投资271.18万元。改建高标准鸡舍1栋；新建发酵槽2个280立方米，新建1立方米沉淀池3个，新建6.82立方米沉淀池1个，新建214.3立方回收过滤池1个，新建消毒通道15.37立方米，新建消毒池2个50.05立方米，配套道路硬化1492平方米；购置翻抛机1台，装载机1台，改造更换1号鸡棚设备系统（包括鸡笼鸡架、横斜向清粪系统、侧面管道式通风系统）1套。实际完成投资273万元。

霍州市嘉隆养殖有限公司“年出栏4400头优质商品猪标准化养殖基地改扩建项目”总投资241.69万元。新建母猪舍354.8平方米，保育舍206.4平方米，恒温采精室19.2平方米；改造种猪活动区、采食区、公猪猪舍742.6平方米，产房427.7平方米；场地及道路硬化3038平方米，排洪渠141.9米；改造消毒通道9平方米；购置产床20组，定位栏100组，B超机1台，制冷风机5台，保育床79.2平方米，三轮车1辆；引进种猪135头。实际完成投资242.66万元。

【领导班子】

主　任：

李德云（2013.4—2018.12）

副主任：

成志明（2002.5—2018.12）

任淑华（2007.7—2018.12）

（郭变琴）

气　象

【概况】 霍州市气象局始建于1972年，正科级建制，内设综合管理科、防灾减灾科（机构规格为股级）和直属事业单位霍州市气象台（站）（机构规格为副科级）。位于白龙镇白龙村北，2018年底，有在编职工7人，临时工3人，退休人员4人。其中，党员6人，本科学历6人，大专学历2人。霍州市气象局实行上级气象主管机构和同级人民政府双重领导，以上级气象主管机构领导为主的管理体制。主要承担辖区内气象工作的行政管理职能，依法履行气象主管机构的各项职责，为区域防灾减灾、经济发展和社会稳定服务。

【气象监测】 2018年，霍州市气象局添加称重式降水传感器、光电式数字日照计、Ka波段测云仪和雨滴谱仪。维护观测场地和仪器，多次升级地面气象观测软件，实现降水现象、降水量、日照时数的自动观测。维护网络设备和供电线路，确保网络通信畅通，气象资料上传准确及时，测报综合业务指数达到199.99%。加强区域自动气象站的巡检和维护，每月一次清洁仪器和清理杂草，保障气象仪器正常运行，提高传输率和可用率。加强天气监测与会商，运用综合气象监测、卫星云图、雷达拼图等气象现代化设备进行综合分析判断，作出准确的天气预报，通过MAS手机短信平台、大喇叭、微信公众号、电视台、传真等及时发布最新天气预报。在上级指导产品的基础上，结合实际情况加以订正，制作各种气象灾害预警信号和重要天气专题气象服务产品，发布重要天气的预报预警服务信息。

【气象防灾减灾服务】 2018年，霍州市气象局重点推进山西省一体化气象灾害预警信息发布平台建设。通过现代科技手段，展开直通式预报预警服务，信息渠道畅通。预警信息发布已涉及市、乡级政府机关、涉农部门、交通部门、村级两委班子、农村种植养殖大户、地质灾害群测人、扶贫人员和扶贫对象等，建立县、乡、村三级数据库，预报预警信息发布对象达1911人，气象信息员实现189个行政村及重点灾害区域全覆盖。在大张农业示范园建立樱桃大棚温室小气候站。

【气象服务】 2018年，霍州市气象局拓展服务领域。利用现代科技手段，为地方政府和社会公众提供准确、及时、优质、高效的决策气象服务、公共气象服务、为农气象服务和气象防灾减灾服务。在地面气象站和区域气象站观测的基础上，运用中国天气网、山西省业务内网、临汾气象信息网等预报指导产品，利用各种云图、雷达资料及数值预报产品做好预报预警，重点运用现代科技手段途径，开展预报预警信息发布。在常规天气预报的基础上，开展强对流天气和突发气象灾害的短时临近预报预警服务。针对关键性、转折性天气和对农业生产有影响的灾害性天气，开展针对性的农业气象灾害预警工作。做好气象常态化宣传，利用“3·23”世界气象日、“5·12”防灾减灾日、安全生产宣传月等重要节点开展气象灾害防灾减灾宣传，共发放宣传资料1万余册，展出宣传版面10余块。

2018年，霍州市气象局制作专题服务材料，利用乡镇电子屏、微信公众号发布各类天气预报，2次暴雨应急响应，及时发布降水、预警信息，启动6次重污染应急响应，成立城市重污染天气预警应急响应领导小组，密切监视天气变化，及时发布预报预警，与上级气象台进行天气会商。每天8至9时、17至18时向环保局提供未来3天天气预报，通过MAS手机短信平台向市领导、市直一把手、重污染应急响应领导小组等发布天气预报，17至18时向环保局提供临汾市环境气象公报；具备人工增雨（雪）作业天气条件时，及时向重污染天气领导小组通报情况并组织实施。制作提供的服务产品有：短时临近天气预报、48小时短期天气预报、48小时乡镇天气预报、周（旬、月）天气预报、旬（月）农业气象情报、春耕春播、夏收夏种、汛期、秋收秋播、节假日及重要社会活动专题预报、重要农事季节、重大天气过程、重污染应急响应专项气象服务。全年发布地质灾害预警信息2次、各种气象灾害预信号76期、专题服务287期（次）、重污染应急响应专题预报103期、重要天气报告卡11次。

【人影工作】 2018年，霍州市气象局在山西省人工影响天气办公室技术人员的指导下建设人工影响天气特种观测超级站，第一阶段建设完成。此次安装的仪器为HT101型Ka波段测云仪和雨滴谱仪。Ka波段测云仪，可获取云顶高、云底高、云廓线结构、垂直速度等数据，实现云降水连续演变过程的探测；雨滴谱仪，能够实现降水量、雨滴下落速度、雨滴直径、能见度的连续观测。完成人工增雨火箭架年检、人工增雨烟炉的维护工作，确保人影作业设备的可用性，全年抓住有利天气降水过程，多次开展火箭人工增雨作业和焰炉增雨作业。4月4日，霍州市气象局联合尧都区、汾西局在霍州市库拔流动作业点开展联合增雨作业，共发射WR-98火箭弹11枚。

【领导班子】

局 长：

贾康民（2016.2—2018.12）

副局长：

李计萍（女，2014.3—2018.12）

范亚辉（2017.10—2018.12）

气象台长：

高振朝（2014.10—2018.12）

（高振朝）

山西省农业广播电视学校霍州市分校

【概况】 霍州市农广校创建于1990年，正科级建制，学校编制为5人，2018年底，共有工作人员3人。

【办学理念】 2018年，霍州市农广校举办中专学历教育、职业技术教育、农民科技培训。以成人中专学历教育、农民科技培训为中心工作，后收畜牧兽医专业21人，培训农民学员玉米栽培技术专业260人，农村信息管理与应用13人，另外组织2015年中专生的毕业考核考试工作，办理毕业证书28人，毕业率达96%。

【领导班子】

副校长：

刘文平（2003.3—2017.12）

（刘文平）

工　业

煤炭运销

【概况】 山西煤炭运销集团临汾霍州有限公司（简称：霍州煤销公司），是2009年7月由山西省煤炭运销总公司临汾分公司霍州市公司改制后成立。注册资金2000万元。经营范围：煤炭运销；煤、焦、铁化验；建筑维修服务，房屋修缮；房屋租赁；道路普通货物运输服务（仅限分支机构经营）。截至2018年底，公司内设：综合工作部、财务管理部、人力资源部、安全保卫部、王庄留守处5个部处；基层单位有物流分公司、辛置发煤站（挂靠）2个单位。

【工作重点】 2018年，霍州煤销公司保安全，保维稳，保有序，保工资，加大债权清收力度，全面盘活闲置资产，完成企业户数减少工作。

【财务运行】 2018年，霍州煤销公司资产总额4979.9万元。负债总额12548.5万元。营业收入118.7万元。利润总额−256.9万元。三项费用808.3万元。资产负债率251.98%。

【重点工作】 2018年，临汾公司下达霍州公司减少企业户数1家，实际完成2家：霍州市时通煤焦服务有限公司6月27日已注销、霍州市煤炭运销企业公司11月7日已注销。完成旧欠清收任务64.23万元，完成全年清欠考核指标50万元的128.46%。公司对系统资产进行盘点，对账务资产和实物资产全部清查，做到账实相符，理清账务。2018年，完成王庄煤矿的看护工作及聚晟能源公司三合煤焦发运站和圣佛煤焦发运站的运行、维护、管理工作。

【领导班子】

经理、书记：

刘建刚（2017.7—2018.12）

副经理：

杨水平（2015.9—2018.12）

闫斌华（2007.9—2018.12）

闫淑琴（女，2017.9—2018.12）

（蒋文军）

供　电

【概况】 国网霍州市供电公司成立于1960年12月，占地面积3697.5平方米，位于霍州市北环路17号。国网霍州供电公司担负着霍州市3乡4镇5个街道约30万人口及工农业生产用电伤。运行110千伏变电站1座，35千伏变电站7座，10千伏开闭所3座，总容量203000千伏安。运行35千伏线路15条，线路长度86.26公里；10千伏线路55条，供电线路长度629.56公里；共有公用台区646个；供电面积700多平方公里。公司下设7个部门：综合管理部、发展建设部、财务资产部、安全监察质量部、电力调度控制分中心、运维检修部、营销部（客户服务中心）。

截至2018年底，国网霍州市供电公司共有全民在职员工98人，公司下设5个职能部门和2个业务机构。共有9个班组8个供电所。管理岗位30名，技能岗位58名，技术岗位6名，服务岗位3名。

【经营管理】 2018年，霍州市供电公司售电量完成28666.78万千瓦时，完成年度计划的103.49%，比进度计划增加966.78万千瓦时，与2017年同期相比多售电量1554.82万千瓦时，比2017年同期增长5.73%。销售收入完成1.55亿元，比同期升高4.93亿元，比进度计划升高0.16亿元，完成年度计划的110.60%。综合线损率完成8.7%，比计划降低0.3%，比2017年同期降低0.29%售电均价（含农维费）完成541.72元/千千瓦时，比同期降低4.14元/千千瓦时，比计划升高1.55元/千千瓦时。完善高压业扩工程的施工、验收、投运管理流程，建立习惯性差错责任人由公司党政负责人约谈机制，全年处罚18人，罚款2.09万元，约谈21人；建立高损台区清单，每周一对一帮扶、检查与督导；每日发布不合格台区，以排名增压力，促整改；形成每日一分析，每周一例会工作机制，消除20%以上台区，台区同期线损保持在95%。用户档案核查、抄表异常表计处理由年初的300户减少为50户；消除电价异常12户；专变终端停运数从286个减小到69个；老旧集中器更换242块；查处各类违约用电行为，累计追补电量40万度及电费20余万元。推进“互联网+营销服务”，方便客户咨询和办理业务。全年高压新装、增容57户，容量15755千伏安。低压居民1931户、低压非居民634户，容量2500千瓦。未发生超短、超长工单；整改32个台区，更换一次线18500米，表箱580个，涉及6500余户，处理家电理赔易发小区5处，低压安全隐患28处，报修量同比降低30%；完成辖区内低压台区单相表计新装489块、三相表计295块，处理异常改类表计416块。10千伏线路台区公变、专变新装79块、改类83块，互感器342组。

【安全生产】 2018年，霍州市供电公司全年“四不两直”安全督察作业现场49个，领导干部和管理人员到岗到位103人次，累计自查自纠违章35起，处罚11人2300元；结合春季安全大检查，秋冬季安全督查等活动开展自查自纠，共计检查问题23个，除一项上报计划外其它全部整改，形成制度机制6个。

开展35千伏白龙变电站综合治理和设备整治工作，完成10千伏库拔开设，对老旧、三跨线路情况排查隐患，落实治理要求和时限，完成4条输电线路的运行隐患4处，建立动态管控机制；配电线路以防人身伤害为重点，对树线、房线和交叉跨越等安全隐患进行针对性整改，更换关键地段线路绝缘线8000余米，提升运行末端安全管理，低压设备运维管理，“三类配变”治理动态化，开展低压接线“蜘蛛网”和破旧表箱整治工作，主动延伸服务客户。提升应急管理水平，开展大面积停电应急演练，接受省公司应急能力建设评估复查评，查评问题18项，全部按期整改完成。

【安全培训】 2018年，按照公司年度安全培训实施方案，组织“三种人”安规培训考试，安规“两票”培训、触电急救培训、消防及火灾逃生培训演练、心肺复苏及急救包扎培训、电缆终端制作培训、安规两票培训、配电运检及变电运维岗位技能培训等一系列培训考试，培训参与人数累计达到550人次。

【电网故障处理】 2018年，全市夏季高温和冬季取暖负荷达到6.7万千瓦，通过调整运行方式，合理分配负荷，加强设备监控等方式，保证电网可靠运行。实施调控标准化建设，加强电网精益化调控，严格管控停电检修计划，执行“一停多检”，发布电网预警信息。动态修编10千伏高掉闸线路“一线一案”，及时处理隐患缺陷，线路掉闸率大幅降低。开展保护装置核查、定值核对和电网反事故演练，提升处理应对电网故障能力。

【电网建设】 2018年，霍州市供电公司共计处理对房屋距离不足隐患23处，安装防撞条1200余张，补充杆号牌600块，砍伐修剪树木3700余棵，对跨越高速的线路进行电缆钻地或拆除处理，大修改造2处，对跨越果树、房屋的线路进行绝缘化改造共计更换导线8000余米；完成10千伏库拔开关站改造投运工作；新架并投运10千伏869李库线5.75公里；新架并投运10千伏713丽景线0.04公里；结合停电消缺，共计加装真空开关6台（不含煤改电），更换跌落开关96组、隔离开关72组、避雷器16组、针瓶136只（主要集中在843线路），加固弓子线54处，安装故障指示仪38组。2018年，霍州公司“煤改电”工程涉及10千伏864线路、李曹镇西村、窑底、范村3个村居民463户。新建及改造10千伏线路11.657公里，新建0.4千伏线路11.556公里，共计组立杆塔301基，其中钢管杆6基，新建及增容配变13台，容量为4800千伏安。

【供电服务】 2018年，霍州市供电公司累计受理投诉82起，其中，营销类投诉28起，生产类投诉54起。整治供用电安全隐患，营造服务安全用电氛围；开展专项活动，打造全方位一体化服务管控模式，强化营业窗口学习力。结合省市公司“飞行检查”重点，印制客户经理名片及表箱贴，监督发放情况，截至年底，霍州6个营业厅服务零投诉。通过每日视频在线监控，督查人员到岗到位、着装规范，提升人员思想作风，规范工作流程；通过每周收集服务隐患问题，提前向国网“95598”进行知识库报备，提升合理化解投诉风险能力。通过学习申诉典型案例，总结各类投诉必要的事前申诉证明，按照所需证明提前做好事前工作，并留存影像资料，提升申诉通过率。

出台《窗口服务考核细则》《关于规范营销业务管理的通知》《核查费控协议及加封加锁专项活动的通知》，将营销全业务纳入通报考核。

【领导班子】

经　理：

许　斌（2017.1—2018.12）

书　记：

于　龙（2018.1—2018.12）

副经理兼工会主席：

段红斌（2017.2—2018.12）

副经理：

樊文俊（2017.1—2018.12）

梁安虎（2018.6—2018.12）

【获奖情况】

国网霍州市供电公司获2018年度省公司共青团工作五四红旗党支部。

获2018年度省公司青年安全示范岗变电运检班。

中小企业服务

【概况】 2018年，霍州市中小企业服务中心贯彻落实国家、山西省、临汾市一系列支持中小微企业健康发展的政策措施，坚持“需求导向、服务为本”工作理念，优化发展环境，推进小微企业创办，实施创新能力、管理素质、创业能力提升计划。组织班子成员和机关人员进入健峰生态有限公司、霍州市鸣梦粗布有限公司、霍州市鲜肉厂、晋丰肥业科技有限公司、磊源有机复合肥有限公司、等企业进行政策解读。2018年主要经济指标及目标责任考核任务主要经济指标完成情况。1至11月全市中小企业完成营业收入34.31亿元，比2017年同期下降20.19%；完成工业总产值7.84亿元，比2017年同期下降55.75%；完成固定资产投资1.48亿元，比2017年同期下降39.12%。共有个体工商户8469户，从业人员17099人，营业收入83269万元。

【发展小微企业】 2018年，培育“小升规”企业4户。已达标1户。分别为：霍州市晋丰生物肥业有限公司、霍州市洪昌肥业科技有限公司、临汾华得宇新能源有限公司、霍州市丰隆矿山液压有限公司。霍州市丰隆矿山液压有限公司主营业务（加工矿用油缸、液压设备配件）已突破3100多万，上缴税金300多万，发展潜力大，已上报临汾市统计局，待省统计局认定。其中，临汾华得宇新能源有限公司期待二期工程建成并网发电，营业收入争取突破2000万元。向临汾市局上报“专精特新”中小微企业4个，等待审核通过。山西洲鼎旅游开发有限公司、霍州市绿源生态有限公司、山西文冠果科技有限公司、霍州煤电亿能电气有限公司4家已上报临汾市局，等待审核通过。正式向临汾市局上报管理标杆中小微企业4个，等待审核通过。霍州煤电亿能电气股份有限公司、霍州市鸣梦粗布有限公司、山西文冠果科技有限公司、霍州市旭田有机复合肥厂4家已上报临汾市局，等待审核通过。小微企业创办250户，通过宣传、扶持政策，各种平台，鼓励、支持、发展、壮大小微企业，已完成250户。

【服务中小微企业】 2018年6月19至20日，霍州市中小企业服务中心在党校六楼组织全市中小微企业中层以上管理人员进行能力素质专题培训，聘请国家著名企业培训师陈浩等授课，到会人员250余人。组织企业家和管理人员参加山西省局和临汾市局组织的各项能力提升培训班，10月11至16日组织晋隆源酒店、海燕复合肥厂、富康养殖、鸣梦老粗布等5家企业的总经理、董事长去北京大学参加企业家能力提升培训班，效果良好。组织亿能电气、文冠果科技有限公司等企业参加股份制改造业务培训等，亿能电气股份改制成功，准备上市。为中小企业发展创环境、创条件。为丰隆矿商液压公司、鸣梦老粗布、裕鑫博康等企业协调土地问题。为文冠果科技有限公司、健峰生态有限公司解决融资难、融资贵的问题，据不完全统计，各大银行、信用联社年内为中小企业贷款8700万元。组织霍州市专精特新企业参加辽宁和广州中小企业博览会，鸣梦老粗布系列受到客户青睐。

【领导班子】

主　任：

赵红宏（2010.4—2018.12）

副主任：
韩保平（2011.7—2018.12）
纪组成员：
荀　敏（女，2012.8—2018.12）

霍州市华润燃气有限公司

【概况】　霍州华润燃气有限公司成立于2009年9月，由华润燃气集团控股，山西天然气有限公司参股。2009年11月，获得霍州市行政区域内独家经营燃气权，包括管道燃气、压缩天然气及汽车加气站的特许经营权30年；2011年12月，成功收购霍州市煤气中心，于2012年3月平稳过渡整合，完成市场一体化工作。截至2018年底，公司共有员工113人，员工结构初步实现专业化、知识化、年轻化。公司下设5部室：综合管理部、市场开发部、安全运行部、工程物资部、客户服务部。

【安全生产】　2018年，霍州市华润燃气公司建立完善的EHS管理体系，形成闭环管理。层层签署《安全目标责任书》，落实安全管理目标，安全管理实行量化管理，各项安全指标落实到各部门，使安全管理有量可依，有量必依。强化公司班组安全建设考核工作，考核为重，整改为先，提高班组安全建设成绩；开展部门级班组安全建设考核，提高班组安全成绩；推行班组“六个一”活动；以门站班组和加气站班组为标杆，推广好的做法，开展经验风险活动；对管理薄弱的班组进行一对一指导。OHSAS体系建设工作是公司2018年重点工作，抓制度建立和落实，开展OHSAS职业健康体系建设工作，推动职业健康和安全管理体系建设的相关工作，建立高效的职业健康和安全管理体系，提升安全管理水平，达到降低安全管理风险的目的。

【安全培训】　2018年，霍州市华润燃气公司依托安全学习日开展各类安全培训活动。包括上岗前的三级安全教育、集团组织培训、公司组织开展培训、部门组织培训及班组安全培训。2018年，特种设备作业P5人员复训9人，重新考证6人，DI取证4人；开展“岗位技能比武”“安全知识竞赛”活动，以“生命至上　安全发展”为主题，引导员工树立良好安全生产理念。

【安全文化宣传】　2018年，霍州市华润燃气公司以3·15、安全生产月、进校园进社区等方式，达到“社会效果不留死角”安全教育全覆盖的效果。宣传人次6千余人，发放宣传册1万余份，提高用户安全用气意识。

【燃气抢险演练】　2018年6月22日上午公司联合霍州市住建、安监、质检、消防开展“2018年度城镇燃气综合应急抢险演练”。整个演练过程有序紧凑，场景逼真，接近实战。“预防为主，防消结合”是消防安全的主旨，在进入秋冬季节火灾高发期，联合霍州市消防大队进行火灾爆炸演练。2018年，未发生特别重大事故、重大事故、较大事故；未发生人身死亡和重伤事故；未发生一般事故；管网燃气泄漏自查率100%；未发生重大燃气泄漏、中毒、火灾、爆炸、停气事件；第三方破坏起数0起。

【天然气利用】　2018年，霍州市华润燃气公司结合环保要求，提升霍州市天然气气化率。公司通过与政府部门沟通协调，加快推进天然气利用工程。截至2018年底。中心城区气化率90%以上，周边乡镇气化率达到40%以上。气源保障方面签订2018年供气合同，克服2018年初气荒，基本保证霍州平稳供气。

【民生工程】 截至2018年底，拥有门站1座、加气站1座，商业用户300户，拥有天然气居民用户4.1万户，年销气量1000万立方米。

【领导班子】

总经理：

杨　潇（2017.11—2018.12）

财务总监：

郝文彬（2015.1—2018.12）

副总经理：

李　军（2014.5—2018.12）

吴　涛（2015.5—2018.12）

邱兆龙（2016.3—2018.12）

（邵明）

国　电

【概况】 2018年，国电霍州发电厂围绕企业年度目标任务，强化安全生产，细化精益挖潜，深化从严治党，维护企业和谐稳定，完成上级下达的各项工作任务。

【安全环保】 2018年，国电霍州发电厂加强环保工作，统筹实施检修技改工程，推进安全、高效、清洁生产。截至2018年底，实现连续安全生产2437天。安全生产工作。组织开展“一学、两做、两查、四确保”专项行动，确保企业在全国“两会”、集团重组期间的安全稳定。推行员工人身安全风险预控工作，细化执行措施，全年未发生人身轻伤及以上安全事故。隐患排查治理。完成三号公路滑坡体治理，消除一项重大安全隐患，开展各类安全专项检查146次，落实整改项目2300余项。完善应急管理机制，开展氨站泄漏、安保反恐等应急演练48次，提升各部门协调联动和职工应急处置能力。外委队伍管理。严把资质审查关，实行项目负责人列席生产例会制度。施工现场监护和管理。累计下达考核通知单54份，将外委队伍纳入企业日常安全管理。落实二十五项反措和集团过渡期安全管理规定，狠抓“两票三制”管理，两台机均实现长周期安全稳定运行，其中一号机连续在网运行323天，刷新新机组长周期运行纪录；开展专业技术分析和小指标竞赛，严格执行重大操作生产管理人员到场把关制度，发现重大缺陷14项，完成重大操作61次；开展仿真机事故演练28次。

【环保治理】 2018年，国电霍州发电厂加强环保设施的运维管理，深化排放指标的研究分析，顺利通过中央环保督察组和市环保部门的多次严格检查。推进圆煤场棚化工程，克服工期紧张、作业面小、交叉作业等不利因素，保质保量完成棚化工程，满足环保政策要求。排查灰库、渣仓、灰场等区域进行隐患，制定环保治理项目，规范对固废、危废的处置方式。开展全厂水平衡工作，建设厂前区污水处理站，回收处理所有废水，实现污水零排放。根据市政府采暖季错峰生产方案要求，制定重污染天气应急预案，执行超超低排放标准，确保企业连续稳定生产。

【设备治理】 2018年，国电霍州发电厂统筹实施节能技改项目，完成循环水加酸改造、2＃炉脱硝喷氨优化、高精度皮带秤安装等工作，提高机组经济性和可靠性；深化安全生产标准化建设，将标准化要求融入日常管理，提升现场维护水平；实施标准化C修1次，坚持“应修必修，修必修好”的原则，发现并消除汽轮机隔板导叶脱落、给水泵平衡鼓磨损等4处重大安全隐患，提升设备健康水平。

【市场营销】 2018年，国电霍州发电厂坚持以“争电量、保电价、拓市场、增效益”为主线，深化区域对标，确保边际利润，强化三级联动，争取和抢发效益电量；发挥考核激励引导作用，营销人员紧盯电力市场政策变化，掌握市场信息，开发意向用户，扩大市场份额；在确保基数电量的基础上，争取到迎峰度夏、电网安全运行等相关奖励电量1.54亿千瓦时，机组利用小时完成4668小时，同比增加647小时。

【燃料管理】 2018年，国电霍州发电厂根据“优库、提质、控价”要求，加大市场调研力度，动态调整采购策略，优化来煤结构，科学组织调运，完成连续大负荷、圆煤场棚化及公路治理期间的保供应任务；夯实基础工作，燃料智能化系统投入率100%，完善监管措施，提高煤质管控能力，在集团公司存查样监督检查中，本厂六期指标全部合格；开展精细化掺烧工作，加强入炉煤计量和采制化管理，优化混配方式，争取企业效益最大化。

【财务管控】 2018年，国电霍州发电厂以华北公司下达目标为依据，科学编制预算，严格执行月度资金计划，确保有计划地合理支出各项费用；深入挖掘融资环境潜力，合理优化融资方案；加大应收款项清收力度，实现应收电费100%回收，使经营资金及时回笼，保证资金供应；规范资产管理，优化资产结构，对部分固定资产、废旧物资，依规进行处置；研究学习2018年税收新政变化，妥善处置税改以来出现的新问题、新情况，完成环保税、水资源税的备案、缴纳工作。

【企业管理】 2018年，国电霍州发电厂突出质量效益导向，健全完善管理机制，推进依法治企，增强企业内生动力。调整机构设置和职责分工，主动加强与上级业务部门对接，顺应集团公司新的管理模式；落实“四个集中管控”工作业务，财务前端业务合格率显著提升，燃料保持100%阳光采购，招标采购业务合理规范。修订缺陷考核、修旧利废等9项管理办法，制定应委未委管理办法，调整粉煤灰销售的管理机制。通过召开专业座谈会、工作协调会，消除部门间壁垒障碍，提高工作效率。结合企业实际，组织实施各类空缺岗位竞聘，共180余人次竞聘上岗。贯彻“法治国家能源”建设部署，制定年度法制建设工作计划，开展“七五”普法工作，通过培训班、法治专题文艺汇演等多种方式，加强法治宣传教育。成立“法治企业”建设领导机构和工作机构，加强法治队伍建设。强化重点领域和关键环节法律风险防控，在“三重一大”决策、合同管理中坚持法律审核前置程序，防范企业经营风险。加强效能监察，对#1机组A级检修暨超低排放改造项目、废旧物资管理进行监察。开展提质增效工作，在保持原有业务量的基础上，拓展业务范围，提升创效能力，清理低效、无效资产，提升自主经营水平。强化思想教育，提高人员的市场意识和服务意识，保持员工队伍和谐稳定。

【“三供一业”分离移交】 2018年，国电霍州发电厂按照政府关于加快剥离国有企业办社会职能的部署，确定“先移交职能，后维修改造”的工作思路，经多次与接收单位沟通协调，就资产移交范围、过渡期补贴费用等达成一致，按时完成“三供一业”、企业办社会职能移交协议的签订工作，为企业集中精力发展主营业务、减轻负担、轻装上阵奠定基础。

【企业建设】 2018年，国电霍州发电厂高标准建设“石鑫劳模创新工作室”，启动标准化班组建设，开展“阀门检修技术比武”“集控运行仿真机竞赛”等技术比武活动，组队参加集团公司和华北公司举办的集控运行技能竞赛，参加山西省“五小”竞赛获优胜单位；举办春节文化节和消夏活动月，完成俱乐部修缮，新建职工健身房，威风锣鼓队连续2年参加集团团拜会演出，展示企业良好形象；开展送温暖和专项帮扶，全年慰问困难职工180余人，慰问一线职工500余人，发放慰问金、慰问品累计26万余元，全年共出火警6次，现场动火监护650余次，调解生活区邻里纠纷10余起，修订相关制度16项，组织文体活动7次，协助1000余名离退休职工完成养老保险资格认证，修缮活动场所和硬件设施，实施惠民工程7项。

【领导班子】

厂　长：

刘义新（2016.11—2018.12）

党委书记：

蔺勇奇（2014.3—2018.12）

总工程师：

刘洪志（2014.2—2018.12）

副厂长：

齐保新（2015.8—2018.12）

高新贵（2014.7—2018.12）

纪委书记、工会主席：

武丽梅（女，2014.6—2018.12）

【获奖情况】

厂工会获临汾市“优秀基层工会”荣誉称号。

《“双细则”创效突出》获华北公司2018年度总经理奖励基金一等奖。

山西霍州国新液化天然气有限公司

【概况】 山西霍州国新液化天然气有限公司是山西省国新能源发展集团有限公司旗下山西天然气有限公司下属的全资子公司。2014年12月24日在山西省霍州市注册成立，注册资金1亿元，位于山西省霍州市大张镇西张村，主要负责霍州液化天然气调峰储气设施项目的建设及运营管理工作，负责霍州市及周边县市LNG加气站的建设和管理。下设8个部门，分别为综合办公室、财务管理部、市场营销部、党群工作部、生产运行一部、生产运行二部、安全环境部和工程技术部。

【主要业务】 霍州液化天然气调峰储气设施项目占地面积约80亩，是山西省重点建设项目及省级转型综改重大项目。项目以管道天然气为原料，经过计量稳压、净化处理、深冷液化、常压储存后得到液化天然气，解决上游的不可抗拒因素停气或冬季用气高峰导致供气不足时向霍州市及周边地区安全平稳供气，日处理原料天然气10万立方米，LNG产量约70吨/天。项目投产后年产LNG2.8万吨，可替代煤炭23.56万吨，减排氮氧化物605.46吨，二氧化碳1916.2吨、烟尘1032吨。2018年，公司打造液化天然气产业链，发展业务除液化工厂外，下设LNG加气站2座，均位于108国道旁，结合国企改革的契机，在山西代县和太谷县开展点供业务，改善因排放导致的环境问题。公司与洪洞县通达物流有限公司合作，组建专业的燃气运输物流车队，有液化天然气（LNG）专用运输车10辆。

【领导班子】

总经理：

周　礼（2014.6—2018.12）

党支部书记：

房　飞（2014.10—2018.12）

副总经理：

陈丽珍（女，2015.5—2018.12）

总工程师：

张增旭（2015.1—2018.12）

安全总监：

李　萌（2016.4—2018.12）

（罗刚）

霍州煤电集团

【概况】 霍州煤电集团有限责任公司（以下简称“霍州煤电”）是中国最大的炼焦煤企业、山西省属五大煤炭集团——山西焦煤集团的重要煤炭子公司。前身为霍县矿务局，于1958年成立，2000年改制，2001年加入山西焦煤集团并成为其子公司。2006年签署债转股协议，2013年，完成工商登记变更为有限责任公司，注册资本金440173.02万元，其中，山西焦煤持股58.8%、中国信达持股36.97%、中国建行持股4.23%。截至2018年底，集团公司下辖控参股子公司和分公司79个，下辖二、三级子公司64个，分公司15个；总部机关设置职能部室35个；资产总额741亿元；在册职工51057人。

霍州煤电位于山西省三大煤炭基地之一的晋中基地内，是国内少有的低硫炼焦煤基地之一，分布在临汾、吕梁、忻州、长治和运城5市12个县（市）。拥有矿权井田总面积801.92平方公里，资源储量696503万吨，可采储量306637万吨。延伸发展冶炼精煤、电煤两个大类，主导产品为肥煤、1/3焦煤、焦煤、贫瘦煤等20多个高端优质品牌煤种，具有低灰、低硫、低磷、热稳定性好和粘结性强等特点，打造“辛置”“丰焦”两个名牌产品，产品畅销国内20多个省市，远销日本、韩国等国家。汾河焦煤、吕梁山煤电、晋北能化、晋南煤业、吕临能化5个区域公司及鑫钜煤机、云厦建筑、霍源通新产业、凯兴公司、供电公司、物业服务等专业化板块公司。区域公司重点发展煤炭主营业务，专业化板块公司配套服务跟进，构建以煤炭为主，多业并举，以煤—电—材为主产业链的产业布局。

煤炭主业有矿井28座：生产矿井10座、公告能力1950万吨/年；建设矿井5座、设计能力690万吨/年；整合矿井停缓建12座、设计能力840万吨/年。此外，规划基建矿井6座，规划能力3500万吨/年，其中谭坪一期400万吨煤矿、中峪500万吨煤矿、庞庞塔1000万吨煤矿已取得核准；洗煤厂7座，入洗能力2825万吨/年，初步成了以生产矿井为主体的基础区，以建设矿井为主体的增长区，以谭坪、中峪、桑峨等新井建设为主体战略区的“三区”发展格局。

【主要经济指标】 2018年，霍州煤电集团煤炭生产百万吨死亡率为“零”，非煤和地面实现安全生产；原煤产量2132万吨；洗精煤产量1055万吨；掘进进尺17.7万米；煤炭总销量2212.6万吨；发电量1.56亿千瓦时。

【安全管理】 2018年，霍州煤电集团出台《安全隐患与矿厂级领导联责考核管理办法》《关于进一步规范管理人员下井的有关规定》，将隐患追究联责普通员工变为矿厂级领导干部；辛置、李雅庄等11座矿井双预控管理信息系统上线正常运行；三交河、回坡底、李雅庄、辛置4座矿井通过国家一级安全生产标准化验收，救护大队通过国家总局救护质量标准化特级验收；10座生产矿井实现合法生产、4座技改矿井实现合法建设。霍州煤电集团加强重点整治安全组织机构，加强人员配备，完善规章制度等“十项基础管理整顿”和各系统薄弱环节专项整治；19条重大隐患整改销号，辛置矿东四采区正前出水点封堵等6项安全工程投用，提升安全保障能力。加强监管能力提升。推行安全监管流程规范化、目标系统化、内容表格化、方式立体化、过程动态化、信息传输平台化、工作任务量化“七化”安全监管法。

【环境保护】 2018年，霍州煤电集团坚定生态文明绿色发展理念，健全完善责任、组织、制度、投入、管控、监督、应急、考核等“八大体系”，编制《2018—2022年环境保护与生态恢复规划》，组建环保监察大队。新增11座煤场封闭及硬化除吕临能化洗煤厂煤泥场封闭、辛置中煤场封闭外其余基本完成，4座矿井水深度治理、9座生活水深度治理、15座矸石山规范化治理、方山电厂超低排放改造和10个单位燃煤锅炉清洁能源替代改造完成。对团柏矿实施紧急关停，完成团柏、白龙采矿许可证注销及紫晟煤业、回坡底矿、兴盛园煤业、干河矿等涉及两类保护区重叠采矿许可证变更。

【煤炭主业】 2018年，霍州煤电集团庞庞塔千万吨项目已核准；谭坪项目正式启动，办理采矿许可证条件具备；中峪项目取得项目和环评批复；桑峨项目探转采手续正在按山西省政府要求进行产能置换；庞庞塔300万吨取得联合试运转及延期批复；亿隆、汾源、紫晟3座矿井进入联合试运转，杜家沟煤业复工，金能煤业技改建设，五星—福星煤业异地减量重组方案报山西省煤炭厅；推进辛置仇池、店坪、紫晟、亿隆、张端5个扩区资源配置手续。

【非煤产业】 2018年，霍州煤电集团鑫钜煤机公司整合重组汾河生化、晋北多经、中冶焦化机修业务，实现机修业务专业化、集中化。云厦公司通过与设计单位采取联合招标等方式占领内部市场，建筑建材业务积极开拓晋南、晋北市场，建成投产金能搅拌站。霍源通新产业公司矿用材料、机电修造、科工贸、综合服务4个专业化分公司取得营业执照，新组建的旅游分公司正式运营，晋北多经物流车队正式运营。培育新动能。凯硕传媒取得国家版权局颁发的“凯硕动漫素材交互绘制系统”等6项软件著作权，重工业动漫项目荣获山西省科技工作者大赛银奖和“创响山西”最具投资价值产品；丰裕昇超市曹村矿区店、开元社区店、城区新建南路综合超市等8个店面开业运营；印刷厂改制成立品墨文化产业分公司，在太原成立广告设计公司，文化产业格局初具雏形；鑫钜出行取得《山西省汽车租赁经营许可证》，实现依法合规运行；煤矸石热电厂储能电站项目报告已报至省能源局。

【民生改善】 2018年，霍州煤电集团丰峪锦绣家园小区5#楼、团柏汾东花苑教学楼室外配套、开元小区绿化工程和幼儿园完工；开通开元小区到集团公司机关和本部矿井的通勤车，南矿区澡堂投用空气能热力泵，“霍煤影城”正式运营，南矿区工人文化宫、吕梁山公司职工体育馆等文化娱乐场馆改造完成，职工健康体检实现全员覆盖。

【领导班子】

党委书记、董事长：

戎生权

党委副书记、副董事长、总经理：

张有狮

职工董事、专职党委副书记：

张立忠

董事、副总经理：

赵耀东

董事、副总经理：

卫广生

董事、党委常委、工会主席：

秦雪贵

副总经理：

靳文虎

副总经理、总工程师：

李民族

党委常委、副总经理：

张金耀

总会计师：

王新奎

副总经理：

王寿宾

霍州煤电集团公司副总经理、安全监察局局长、安全生产监督管理局局长：

张胜云

副总经理：

曹怀建

党委常委、纪委书记：

王建鹏

总法律顾问：

罗　劼

（米兰）

住建环保

住房城建

【概况】 霍州市住建局是霍州市人民政府负责住房保障和城乡规划建设管理的行政职能部门，经霍政办发〔2010〕8号文件批准，于2010年3月成立，内设办公室、政工人事股、计划统计股、市容建设与园林管理股、村镇建设管理股、建筑业管理股、房产住房管理股等一办六股，下辖规划局、市容管理局、房产管理局、公用事业局、园林局等5个二级局和基层企事业单位34个，共有干部职工770余人，局党总支下设16个支部，共有党员400余名。

【市容管理】 2018年，霍州市住建局投资147万元添置2辆洗扫车，加大洒水压尘频次，减轻道路扬尘。除对市区主要街道全日保洁，人行道定期清洗除垢外，生活垃圾日产日清，无害化处理率达到100%。对光明路、大张镇霍东大道、陶唐峪乡观堆村3处非正规垃圾投放点进行治理。落实农村垃圾治理资金667.46万元，全市189个行政村的煤堆、料堆、粪堆、柴堆等四堆均得到有效治理。

【城市绿化】 2018年，霍州市住建局对绿化带内花灌木、绿篱实施整形修剪，对绿地内垃圾进行拉网式清理。组织绿化队在南环路修剪苗木及霍东大道打草的过程中开展技术竞技比赛。五一、十一前夕，市委、市政府、广场、鼓楼周围及东门桥等地摆放垂吊牵牛、一品红等品种草花2.5万余盆。修缮滨河路、霍东大道、东门桥等20余处损坏的花池；更换河西段地税局门口、开元街花池损坏的花池栏杆；更换南游园损坏的10余个石凳、40余个石座；迎宾南路桥西头新建景点1处。全年新增原108线退沙至许村景观大道绿化、辛置煤矸石山治理、新职中、阳光首府、星河蓝湾小区等绿化面积15.36万平方米。

【住房管理】 2018年，霍州市住建局按照《临汾市住房和城乡建设局关于对全市在建在售房地产项目进行摸排及制订防范化解风险预案的通知》要求，制订霍州市在建在售房地产项目防范化解风险预案，开展市场巡查。规范房地产开发企业的行为，规范商品房预售审批，加强商品房买卖合同备案管理，加强资金监管，强化舆论监管，畅通投诉渠道，保护广大业主的利益。棚户区住房改造新开工197套，棚户区住房改造基本建成1027套。大众南路棚户区签订《征收补偿协议》75户，支付补偿款5604万元，安置197套。全年共发放保障房租金补贴户数350户，补贴资金652867元。完成农村建档立卡贫困户等四类重点对象危房改造27户。加强对全市物业服务企业的监管，组织全市25家物业服务企业负责人参加《物业管理条例》学习培训，指导成立供电局文明和谐物业小区业主委员会，配合市国资中心对霍州煤电集团、霍州大电厂、铁路公司等国企、央企的住宅小区“三供一业”进行清产核资。配合霍州市消防安全委员会对全市有住宅小区进行综合检查。对全市有电梯小区进行电梯安全专项检查，重点对电梯年检、维保、巡检以及应急预案等内容进行检查，提出整改意见，确保物业小区创安、维稳工作的落实。

【城乡规划】 2018年，霍州市住建局加快总体规划调整，修改方案编制完成经专家评审通过。霍州市中心城区八个区域控规均编制完成，经市政府批准实施。落实控规动态维护机制，将城市设计、专项规划、城市“双修”、绿色建筑、海绵城市等有关指标纳入控规。综合管廊规划、海绵城市规划、“十三五”近期建设规划、污水处理设施规划、排水防涝规划、管线综合、绿地系统、综合交通、停车设施、燃气专项规划、天然气加气站布点规划等专项规划批准实施；城镇中小学、幼儿园建设规划、市域农村垃圾治理专项规划、绿色建筑集中示范区规划、总体城市设计、城市双修评估、城镇开发边界划定等专项规划已评审通过；汽车充电设施布局规划及城市功能单元划定、环城生态休闲区划定专项规划正在进行编制。

【城市供水】 2018年，霍州市住建局共完成供水量634.5万立方米，比2017年同期增长8.7%，新增用户2572户。新建供水管网9.2公里，管网总长度达247公里。累计安装完成远传水表1039块、普通水表1808块、安装超声波总表26块，新建水表井110座。供水主管道故障抢修61次，支管道故障抢修63次，改造主管网226米，支管网440余米，维修水表、阀门井143座。“供水服务热线”受理用户用水诉求4000余人次，水质综合合格率、供水管网压力合格率、管网维修及时率均保持100%。

【城市排水】 2018年，霍州市住建局加强城市防汛工作，制定《霍州市住建局关于加强城市防汛工作的实施方案》，更换维修检查井、雨水井300余座。关岳巷道路（水厂至三中段）、滨河路贵宾楼北侧路面及主要道路沥青修补共计1550平方米；维修永康南路、北环路、开元街等街路人行道共计750平方米；完成兴霍路、鼓楼北街、北环路、鼓楼西街、永康路、大众路、赵家庄、火车站广场、原常委家属区暗渠清淤共计2760立方米，备足防汛物资，确保城市安全度汛。完成汾河沿岸生活污水处理工程，启动朝阳污水处理厂二期扩建工程。

【城市集中供热】 2018年，霍州市住建局实施热电联产集中供热工程。投资7700万元，新建换热站25座，扩户4347户，实现扩户面积约63万平方米。

【城市道桥】 2018年，霍州市住建局实施经二路北段和纬三路东段道路建设工程及永安大街人行道改造工程，推进城区道路损毁路面修复工程——南通街等工程建设。

【城市燃气】 2018年，霍州市住建局规范城市燃气管理，对正中液化气站、国新能源许村加气站、华润燃气有限公司大张CNG加气站进行全面检查。配合消防部门，对喜龙液化气站、华润加气站等企业进行加强消防安全工作的检查工作，督促企业落实消防安全责任。全年完成天然气民用用户扩户5909户，商业用户扩户38户，铺设市政中压5000米。

【城市照明】 2018年，霍州市住建局检查永康路、开元街、霍东大道、大众路、前进街、光明路、中镇南通街、滨河路、兴霍路、桥西街等街路的路灯进行，共计维修571盏；更换开元街、桥西街、北环路、兴霍路多处高压变压器的老化高压开关，确保高压线路的安全运行。更换前进街控制柜接触器及主要街路损坏、丢失的小型断路器300余个。

【城市公厕】 2018年，霍州市住建局新建公厕4处：红崖堡村门楼1处、靳壁村高速口1处、赵家庄村1处、大张村1处。

【领导班子】

局　长：

刘怀忠（2011.11—2018.12）

总支书记兼规划局长：

梁红毅（2011.4—2018.9）

总支书记：

梁红毅（2018.10—2018.12）

副局长：

段连锁（2002.5—2018.12）

纪检组长：

马利民（2011.4—2018.6）

总工程师：

乔鹏军（2007.8—2018.12）

副局长：

孟祥林（2013.5—2018.12）

总支副书记：

刘　峰（2013.4—2018.12）

市容管理局局长：

房延忠（2011.4—2018.12）

（张记锁）

环　保

【概况】 霍州市环保局成立于1990年，主要职责：贯彻执行国家、省、临汾市有关环境保护方针、政策、法律、法规和规章制度；制定霍州市环境保护规划；负责污染防治工作，组织实施环境管理、综合整治、环境监测、环境宣传；负责生态保护、环境安全、辐射管理、技术推广等工作；负责查处环境纠纷、污染事故、生态破坏事件等工作；组织编制发布环境质量报告和环境状况公报等。内设6个股室：办公室、法制股、管理股、宣教股、人事股、生态股。下属单位16个：稽查队、监测站、防尘办、固体废物管理中心、排污权储备交易中心、信息中心、档案室、环境监控中心、环境监察大队、环境监察直属中队、环境监察一中队、环境监察二中队、环境监察三中队、环境监察四中队、环境监察五中队、环境监察六中队。到2018年底，有员工127人，财政开支53人，排污费开支74人；男82人，女45人；党员80人，局班子成员7人。大专以上文化程度108人。

【环境管理】 2018年，霍州市推行网格化环境监管，建立市、乡、村三级环境监管网格，完善网格化监管制度。执行环境影响评价和“三同时”制度，发挥环保服务窗口的作用，优化办事程序，提高办事效率。共办理环境影响评价审批12家，发放排污许可证13家，环保竣工验收5家。立案39起，结案37起，行政复议2起，收缴罚款98.24万元。

【环境治理】 大气污染物减排完成情况2018年，霍州煤电集团煤矸石热电厂3＊12兆瓦发电机组列入2018年淘汰计划。该厂对1＃、2＃、3＃发电机组进行拆除，对4＃输煤栈桥进行拆除。2018年，二氧化硫减排量为51.515吨，氮氧化物减排量为35吨。）2018年1月取缔，霍州煤电集团物业分公司曹村4台锅炉20蒸吨、李雅庄3台锅炉18蒸吨耗煤量大约13500吨，二氧化硫减排量为60.14吨；霍州市化学工业有限公司于2016年10月停产，2018年5月开始拆除生产设施，主要生产设施已经拆除。2018年，二氧化硫减排量为500.7吨，氮氧化物减排量为383吨；散煤治理。通过集中供热、煤改气、煤改电等措施洁净供暖1万户，按照每户3吨用煤，减少用煤量3万吨，可减少二氧化硫排放量177.6吨（排放系数5.92kg/t），减少氮氧化物排放量48吨（排放系数1.6kg/t）。2018年，减少二氧化硫排放量789.955吨，减少氮氧化物排放量466吨。

水污染物减排完成情况　霍州市朝阳污水处理厂2018年1至9月处理水量559.4718万吨，新增处理水量58.6969万吨，2018年1至9月化学需氧量平均进口浓度229毫克/升，出口浓度11.69毫克/升，COD减排量为127.55吨；2018年1—9月氨氮平均进口浓度23.38毫克/升，出口浓度0.83毫克/升，氨氮减排量为13.23吨。南矿区污水处理厂，2018年1至8月处理水量135.6万吨，化学需氧量平均进口浓度58.71毫克/升，出口浓度5.68毫克/升，COD减排量为67.63吨；氨氮平均进口浓度5.86毫克/升，出口浓度0.31毫克/升，氨氮减排量为7.52吨。霍州煤电集团团柏煤矿2018年8月关停，丰峪煤矿2018年10月关停，减少COD排放量171.4吨。霍州市化学工业有限公司于，2018年5月开始拆除生产设施，主要生产设施已经拆除。减少COD排放量19.4吨，氨氮9.73吨。2018年，减少化学需氧量排放量385.98吨，减少氨氮排放量20.48吨。

【大气环境整治】　2018年，霍州市环保局“散乱污”企业整治。开展“散乱污”企业拉网式排查，对2017年核实的19家“散乱污”企业整治完成情况进行“回头看”，杜绝死灰复燃。按照“两断三清”要求进行集中整治，发现一处取缔一处；重点行业污染治理升级改造。实施工业企业环保升级改造工程。华北电力霍州发电厂、山西兆光发电有限责任公司，总投资3.8亿元，完成超低排放改造任务，完成投资7430万元煤场全封闭工程。霍煤集团投资3430万元，完成辛置矿洗煤厂、李雅庄洗煤厂、白龙洗煤厂煤场全封闭工程。退沙何红马砖厂、沟口砖厂料场封闭工程完工。所有砂厂、石料场全部完成料场全封闭。加强禁煤区建设。制定《霍州市2018年散煤污染专项整治实施方案》《霍州市2018年散煤管控实施办法》和《霍州市2018年劣质散煤收缴细则》，划定“禁煤区”“禁燃区”范围，组织多部门开展联合执法行动，严禁散煤车辆进入“禁煤区”和“禁燃区”，严禁企业向群众销售不合格散煤。2018年，霍州市共回收清缴各类散煤14828.91吨，销售和发放优质煤约7034吨。推进清洁取暖工程。2018年，霍州市投资约7700万元，实施热电联产集中供热扩户工程，新建一次供热管网约15公里，新建、改造二次管网70多公里，新建换热站16座，新增供热能力为85万平方米。完成63座换热站内设备的维护、保养，确保冬季正常供热。全市热电联产集中供热新增用户约3000户，供热面积累计达到875万平方米，主城区供热覆盖率达100%。天然气扩户工程。华润公司新增用户4000户，“煤改气”用户约500户，改造民用小锅炉4台；中燃公司已敷设5000户供气管网。煤改电工程。新增煤改电用户550户，已有300户电力设施全部安装到位。

取缔燃煤锅炉。对已淘汰的燃煤锅炉进行“回头看”，严防死灰复燃，建成区内原有的33台营业性燃煤锅炉、和霍州市90家行政事业单位的91台燃煤锅炉全部完成清洁能源改造。霍州煤电集团物业公司李雅庄煤矿3台锅炉（共18蒸吨）于2018年3月取缔淘汰，改用空气能。建成区内和禁煤区内燃煤锅炉已全部淘汰完成。露天矿山综合整治。禁止新建露天矿山项目，推进露天矿山规范整治，未完成整治的一律不得恢复生产。4家石料厂中有3家完成治理任务并通过验收，1家停产治理。重污染天气应对。2018年，共制定下发11次重污染天气预警文件，启动重污染天气预警，其中橙色预警升级红色预警1次，橙色预警8次，黄色预警2次。

【环境监测】 2018年，霍州市环境监测站承担着全市空气、地表水、区域噪声、交通噪声等例行监测，全年空气质量一级天数为9天，二级天数共161天，三级天数为124天，四级天数为49天，五级天数为18天，六级天数为4天。全年空气质量监测，SO_2（二氧化硫）年均值为55微克/立方米，NO_2（二氧化氮）年均值为27微克/立方米，PM_{10}年均值为116微克/立方米，$PM_{2.5}$年均值为69微克/立方米。2018年地表水化学需氧量：王庄桥南61.363微克/升、北益昌桥南53.181毫克/升；氨氮：王庄桥南11.309毫克/升、北益昌桥南8.019毫克/升。2018年，区域噪声平均值：昼间为66.0分贝，夜间为54.5分贝；2018年交通噪声平均值：昼间为66.0分贝，夜间为58.5分贝。

【环保督查】 2018年，中央环保督察共发现霍州市四大类15个问题，其中，共性问题13个，具体问题2个。关于环境保护工作推进落实方面的具体问题。企业治污设施运行管理和升级改造滞后、城乡接合部小企业污染突出、燃煤污染管控不力等问题，整改效果有限，部分环境问题甚至加剧。

关于煤炭资源开采方面的具体问题，郭庄泉域重点保护区涉及临汾市4家煤矿，团柏煤矿等3家处于生产中，1家在建设中。

【环境宣传】 2018年6月5日，霍州市环保局联合共青团霍州市委、公安交警、老干局等部门在州署广场、老干局广场、北泉村等场所开展“美丽中国我是行动者”主题宣传活动。宣传主题是“美丽中国，我是行动者”。

此次宣传活动共制作版面20余块，发放宣传资料2.4万余册；5月21日，组织白龙镇中学30余名学生到霍州市朝阳污水处理厂参观学习。春耕前与夏收期间，通过张贴通告、广播电视宣传、悬挂横幅等形式，开展小麦秸秆和麦茬禁烧宣传。利用百日大会战、生态环境治理等专项行动，宣传环保政策、法律法规、工作重点，强化领导干部、企业负责人、市民群众的环保法律意识。利用《今日霍州》、广播电视台、网络、微信等新闻媒体宣传“绿水青山就是金山银山”的发展理念，宣传霍州市环保工作的成效与经验。在各类媒体发表文章10余篇，向临汾市环保局报送信息60条，报道霍州市环保工作动态。

【领导班子】

局　长：

胡文杰（2017.2—2018.12）

支部书记、副局长：

成周明（2002.1—2018.12）

副局长：

薛小记（2000.12—2018.12）

工会主席：
段向党（2002.6—2018.12）
副书记：
秦仰军（2013.4—2018.12）
党组成员：
张丽兵（女，2012.7—2018.12）
张玲丽（女，2012.7—2018.12）

【获奖情况】

杨周华获临汾市 2018 年环境执法大练兵“先进个人”荣誉称号

（杨旭）

交通　邮电　通信

交　通

【概况】 霍州市交通运输局是霍州市人民政府主管公路交通的职能部门，主要负责贯彻执行国家关于交通运输的法律法规和方针政策，结合全市国民经济和社会发展需要，拟定全市交通运输发展战略建议。承担全市公路运输市场监管责任，组织制定和落实全市公路运输有关政策、准入制度、技术标准和运营规范并监督实施。负责交通运输行政执法行为的监督管理；指导城乡客运及有关设施规划与管理工作、出租汽车行业管理工作和城市公交客运的运营管理。承担公路建设市场监管责任。负责组织全市农村公路的建设、管理和养护；指导全市地方公路网络化建设以及公路行业管理；对全市农村公路建设工程实施质量监督。负责全市公路行业安全生产和应急管理工作。到2018年底，下设办公室、政策法规股、规划投资股、公路科技与安全股、交通路政大队、道路建养中心、财务结算中心、物业租赁管理中心、交通建设工程质量监督站、规划设计室、重点办、农管办、法制办、邮政快递企业属地安监办、城市出租客运管理办公室和道路运输管理局。市国防动员委员会交通战备办公室挂靠合署办公。

【基础设施】 2018年，霍州市公路通车里程为1109.182公里，公路密度145.18公里/百平方公里。其中，行政等级里程为：国道4条70.136公里，省道1条11.58公里，县道6条111.532公里，乡道44条344.563公里，村道329条571.371公里；技术等级里程为：高速公路45.967公里，一级公路23.401公里，二级公路51.087公里，三级公路107.573公里，四级公路856.702公里，等外路24.452公里。全市公路桥梁132座10614.8米，其中特大桥1座2421.96米，大桥23座5185.07米，中桥26座1621.9米，小桥82座1385.87米。

【公路建设】 2018年，霍州市交通运输局将“四好农村路”建设项目分为5个片区，抽调30名技术、协调人员按片区跟踪服务，抓质量促进度。完成“四好农村路”建设85.3公里，建制村“畅返不畅”整治工程7公里，窄路基路面拓宽改造工程路基完成84.3公里，路面完成78.3公里。完成县乡道路安全生命防护工程42.668公里、村道安全生命防护工程13.57公里，投资9000余万元。按时上报农村公路固定资产投资完成情况月报表、2018年新改建情况年报表、“四好农村公路”各项报表，进行相关统计资料的分析。完成自然村公路建设需求、招投标等工作。

【公路养护】 2018年，霍州市交通运输局按照“四好农村路”建设要求，按照县道县管、乡道乡管、村道村管的原则，明确责任，落实到人，与各养管所签订目标责任书。通过公开招标方式选择霍州市2018年农村公路养护工程项目施工单位。2018年，共修复路肩1380余立方米，修复边沟1290余延米，清理路肩、边坡垃圾780余立方米，清理塌方310余立方米，修复路面4460平方米，疏通涵洞4道，修复公路安全标志标牌13块；年初清除道路积雪出动人工200余人次，平地机3台，撒融雪剂40余吨，防滑料100余立方米；年末储备防滑料400余立方米，融雪剂50余吨。2018年，霍州市农村公路优良中率为80.69%。

【桥梁养护】　按照公路桥涵养护规范和办法开展桥梁养护工作，明确养护管理责任主体，坚持一桥一档、一桥一策、一桥一人，按照“谁管养、谁负责”的原则，将养护和监管责任落实到人，强化日常养护巡查和检测维修，实时掌握桥梁技术状况。隧道养护方面，加强隧道安全隐患排查与处置工作，4月，封堵东坡隧道，道路改线，消除安全隐患。其余隧道进出口增设波形护栏，完善安保设施。

【安全生产】　2018年，霍州市交通运输局落实企业安全主体责任、部门监管责任，做好安全从业人员“全培训”、安全防范措施“全渗透”、安全科技支撑“全覆盖”，制定霍州市交通运输局《继续深化安全生产五化一杜绝工作实施方案》《交通运输安全生产专项整治行动实施方案》《2018年度安全生产监管执法工作计划》和《2018年度安全生产执法年活动实施方案》，在霍州市交通运输系统开展安全生产专项整治活动，发现一般性隐患24处，整改率达100%。截至2018年底，全市共有快递企业10家。发现安全隐患3处并上报临汾市邮政管理局，全年无安全责任事故发生。

【平安交通】　2018年，霍州市交通运输局开展平安交通创建活动，制定《平安交通百日行动实施方案》《关于开展扫黑除恶专项斗争的实施方案》《开展整治群众身边腐败问题工作的实施方案》和《交通领域群众身边腐败问题重点整治工作方案》，开展“四好农村路”交通扶贫专项治理等工作，配合综治部门工作，维护行业稳定。

【路政管理】　2018年，霍州市交通运输局以“规范执法，护路为民”为目标，开展“农村公路路域环境综合整治”和“路政宣传月”活动，在主要路口、村镇集市悬挂横幅20余条，制作宣传版面6块，散发宣传资料3000余份，利用新闻媒体宣传加强公路保护的重要意义。路政大队对6条县道、2条乡道进行巡查，坚持每天巡查不少于1次，累计出动2000余人次，检查各种车辆3000余辆，共处理行政案件8起，其中行政处罚案件4起，行政赔偿案件4起。打击损坏路产路权行为，重点治理农村公路乱堆乱放、占道施工、占道经营、私设非公路标志牌等违法行为，查处私设平交道口、损害公路标志及公路附属设施的行为。2018年，共清理县乡公路沿线非公路标志、标牌93块，查处占道经营行为1起，提升路产路权管理和综合服务能力，全年没有发生公路“三乱”问题。

【交通环保】　2018年，霍州市交通运输局开展农村公路路域环境专项整治，制定《农村公路路域环境综合整治实施方案》，整治路容路貌，美化公路环境，完善公路设施，创建精品线路。与交警、运政等部门联动，加大执法巡查力度，抑制道路二次扬尘，通过“大清洗”“大清除”

“大补充”“大整治”，改善全市农村公路环境质量。2018年，共清理边沟杂物1020余立方米。在柴油货车和散装物料运输车污染治理联合执法专项行动中，路政大队抽调精干力量，与环保、交警、运管部门组建联合执法队，在3个固定执法点坚持24小时轮流值守，重点整治柴油货车超标排放和散装物料运输车辆密闭不严、沿路抛洒及道路扬尘污染、优化柴油货车和散装物料运输车辆过境城区通行路线，降低交通污染。

【交通战备】 2018年，霍州市国防动员委员会交通战备办公室在霍州市人武部的领导下，组建交通运输保障民兵分队，并授旗编入市民兵大队。完善交通战备潜力调查数据库，与人武部对接，完成山西省交通图资料收集、审核工作。参加市人武部组织的《国防教育法》专场报告会及太行——2018B军事演练。宣传贯彻《国防交通法》。

【领导班子】

局　长：

孙杏锁（2010.4—2018.12）

总支书记：

张晓波（2011.4—2018.12）

副局长：

王　震（2007.8—2018.12）

刘　飞（2002.5—2018.12）

总工程师：

韦月杏（2012.7—2018.12）

工会主席：

刘　飞（2018.10—2018.12）

交战办主任：

张晓波（2007.8—2018.12）

交战办副主任：

李　民（2003.3—2018.12）

公路管理

【概况】 霍州公路管理段始建于1959年，位于滨河南路62号，占地面积3083平方米，建筑面积1922.88平方米。到2018年底，有干部职工43人。机关下设两股1室1大队：财务资产股、工程技术股、综合办公室、大队：路政大队，下设3个养护道班：退沙中心道班、圣佛大道班、朱杨庄道班，拥有筑养路机械设备16台件。主要担负霍州境内国道108线（K810＋710－K829＋780）19.07公里、省道桃临线（K94＋52－K100＋557计6.505公里；K104＋363－K109＋438计5.075公里）11.58公里、胶海线（K999＋082－K1004＋181）5.099公里，G108复线（K822＋011－K828＋656）6.645公里，共计42.394公里的养建管工作。

【公路养护】 2018年，霍州市公路段以公路养护“八比八看”活动为抓手。公路养护质量：共计养护里程42.617公里，全段养护优良率达到71.36%，公路技术状况指数MQI值自检为87.50，优良路里程达到23.609公里。养护生产完成工程量：2018年，共清理边沟42175米，清理杂物236.8立方米，清扫路面26783.36平方千米，倒杂物1332.7立方米，铲草4182平方米，清理绿化平台35865平方米，清理中央隔离带832米，整修平台42133平方米，整修边坡11840平方米，修剪行道树200棵，整修边沟外台14180平方米，打草6500平方米，粉刷桥护栏1304.62平方米，粉刷面包石106.7平方米，修理伸缩缝14米，粉刷行道树680棵，清理过水槽713个。路面病害处置：完成路面灌缝 8437.7 米，挖补坑槽 1203.975 平方米，刷油 632.913 平方米。桥梁管理：完成三类桥改造提升二类桥东湾桥扫尾工作。道路二次扬尘治理：出动洒水车 158 台班，养护车 75 个台班，清扫车 289 台班，完成清扫路面 2.6 万平方千米，清洗轮廓标 2576 根，清洗标志牌 50 块，清洗防撞墙 851 米，清洗桥护栏 2641.42 平方米，清洗波形护栏 1310361 米/8 次，清洗防眩网 96428 米/8 次，清理路面淤泥 10140 平方米。在重污染天气预警期间，启动应急响应，对路面保洁实行网格化管理，增加养护人员和设备，加大重污染路段清扫频次；加强对国省干线公路沿线两侧及过村镇路段的环境卫生整治。冬季养护：扫雪打冰 103.32 平方千米，洒防滑料 19 立方米，撒融雪剂 19.25 吨。养护机械管理：截至 2018 年底，机械设备平均完好率达 100%，利用率达 85%，红旗设备率达到 33%。

【路政管理】　2018 年，霍州市公路段开展路域环境整治专项行动及抑制公路二次扬尘专项治理，查处抛洒遗漏和不遮盖篷布污染公路的运输车辆，检测车辆 300 辆，查处违法车辆 1 辆。取缔、清理沿线的加水洗车点、非交标志，下发责令整改通知书 8 份，清理非交标志 100 余块，清理桃临线沿线堆积物 500 立方米。8 月，联合交警、运政、交通路政开展柴油货车和散装物料车的治理工作，每天派驻 2 名路政执法人员在辛置中队联合行动，累计共检查车辆 743 辆，劝返车辆 26 辆。宣传中华人民共和国公路法《公路安全保护条例》，开展路政宣传月、依法行政宣传、打场晒粮宣传等活动，全年出动宣传车 5 次，散发宣传单 1000 份，张贴宣传横幅 6 幅，张贴各种布告 50 份；执行“收支两条线”、罚缴分离的规定，坚决杜绝截留、挤占、挪用等违法事件发生。落实治超“新政”，加大流动稽查力度，并与超限检测站、交警等相关部门建立联合执法机制，打击公路货车超限超载违法行为，落实“一超四罚”制度，巩固治超成效。

【安全管理】　2018 年，霍州市公路段组织人员参与分局开展的桥梁、安全养护生产等教育培训，开展《山西省安全生产条例》、公路养护基础知识、消防安全知识、地质灾害防治和防汛知识的培训工作，开展安全例会“一把手讲案例”活动。形成“谁主管、谁负责”和“管业务必须管安全”的安全工作监管体系，层层签订《安全生产目标责任书》及《安全承诺书》。组织开展“安全生产大检查”“平安交通百日攻坚战行动”“打击假冒特种作业操作证”等安全专项行动，对特种设备安全、机械设备安全、机关消防安全等进行专项大检查。在“安全生产月”专项行动中，开展“反对违章操作、违章作业、违反劳动纪律”专项行动活动，修正安全生产管理考核实施细则，完善各项安全生产规章制度、各工种操作规程；在霍州署和南环路设立“安全生产月”宣传点，制作安全宣传版面，散发传单 1000 余份。全年未发生一起安全责任事故。

【应急管理】　2018 年，霍州市公路段结合公路行业自身特点，在原有各项应急预案的基础上，新增应对重污染天气应急预案，明确对各部门职责任务。雨季严格实行领导带班、24 小时应急值班等制度，配齐应急物资，确保汛期道路行车安全。6 月，邀请太原政安消防科教中心高级讲师卫秀平，对全段干部职工进行消防安全知识专题讲座。

【领导班子】

段　长：

秦华平（2016.3—2018.12）

副段长：

王建国（2004.2—2018.12）

齐青海（2014.7—2018.12）

【获奖情况】

2017年12月，霍州市公路段被临汾市精神文明建设指导委员会授予“临汾市文明单位标兵（2016—2017）”荣誉。

2018年3月，霍州市公路段被山西省公路局临汾分局评为“先进班组”。

（陈智华）

运输管理

【概况】 霍州市道路运输管理局是霍州市道路运输市场的行业管理部门，担负着规范、调控、培育和发展运输市场，合理配置市场资源、促进道路运输经济持续健康发展，保障广大旅客、货主和消费者合法权益的职责。管理服务范围包括道路旅客运输经营、道路货物运输经营、道路运输站（场）经营、机动车维修经营、机动车驾驶员培训、机动车综合性能检测、汽车租赁、物流服务（含搬运装卸、客运代理、货物配载、仓储理货和信息服务）、源头治超和城市公共客运经营、出租汽车经营等11个分支行业。主要业务有道路运输经营许可、相关业务备案、道路运输管理行政执法、道路运输行业监督检查、安全管理和行政处罚。截至2018年底，在编人员174人。

【客运管理】 2018年，霍州市共有客运公司3个。霍州市共有班线客车99辆、2293座；旅游客车26辆、1101座；客运班线17条，其中省际班线1条、市际班线4条、县际班线5条、县内班线7条。日均发送旅客5423人次，全年客流量210万人次。7至8月，实施霍州客运站楼顶维修防漏工程。

【货运管理】 2018年，霍州市共有货运企业53个，营运货2698车辆、33327.197吨位。

【机动车维修管理】 2018年，霍州市共有汽车维修企业47个，其中，一类企业1个，二类企业17个，三类企业29个。具有维修救援能力的企业3个。

【驾培管理】 2018年，霍州市共有驾校3所。全年培训驾驶学员4923人。

【源头治超】 2018年，霍州市公示货运源头单位42个。全年治超巡查2240人次，出动巡查车辆560辆次。

【路域环境整治】 2018年，霍州市运管局投入车辆480余辆次，出动人员2400余人次，取缔占道经营修理厂、洗车点4个，在启动环境污染应急响应期间监督全市维修企业停止喷漆作业。维修企业新改建废品回收室1个，安装达标设施套。

【物流管理】 2018年，霍州市共有备案管理物流企业13个。配合市公安局反恐科，对全市货运服务业、物流企业进行清理。

【城市客运管理】 2018年，霍州市共有出租汽车公司2个，出租汽车113辆、出租车从业资格证驾驶员345人；城市公交公司2个，公交车58辆，其中电动公交47辆。更新电动新能源出租车49辆。

【汽车租赁管理】 2018年，霍州煤电集团鑫钜煤机装备制造有限责任公司成立，生产新能源汽车60辆，建设充电桩80个。

【安全管理】 2018年6月，霍州市运管局开展道路运输行业安全生产综合应急救援演练。全年安全检查 2600 人次，排查安全隐患 26 个，整改 26 个。

【领导班子】

支部书记、局长：

成晓文（2016.10—2018.12）

副局长：

朱建文（2010.8—2018.12）

王荣华（2012.5—2018.12）

梁晓华（2014.7—2018.12）

张华栋（2014.11—2018.12）

苗永志（2016.10—2018.12）

副书记：

刘永平（2006.7—2018.12）

郭秋生（2014.3—2018.12）

工会主席：

成　华（2013.2—2018.12）

局长助理：

杨福记（2016.10—2018.12）

【获奖情况】

2018 年，霍州市道路运输管理局被授予全国公共机构节能示范单位。

2018 年，霍州市道路运输管理局获临汾运管系统工作目标责任完成优秀单位。临汾运管系统“打非治违”先进单位，临汾运管系统客运管理先进单位，临汾运管系统机动车维修管理先进单位。

（郭秋生）

治　　超

【概况】　霍州市治理非法超限超载车辆办公室是正科级事业单位，到 2018 年底，共有在编人员 4 人。主要职责：贯彻执行上级关于治超工作的政策、法规，研究拟定全市治超工作的实施办法和有关规定，并监督执行；负责制定全市治超工作的发展规划和工作目标，并组织实施和监督检查；负责组织、协调、指导相关部门治超工作。

【安全管理】　2018 年，霍州市治超办把安全生产作为重中之重，坚持标本兼治，常抓不懈，实现全市安全生产“零事故”。落实政府主体责任、定期研究治超工作、将治超工作纳入政府年度目标考核、成立路警联合执法队进行部门联动；公路超限检测站办案流程规范、案卷资料齐全、培训治超人员、路警联合执法稽查队进行常态化执法和路面监管；霍州市治超办 43 家源头企业进行公示，确定监管责任人、与企业签订装载协议，对企业进行治超培训；对车辆、货运驾驶人、货运企业、货运场所经营者进行处罚。

【依法治超】　2018 年，霍州市治超办加快推进联合治超执法的常态化、制度化，交通运输部门（公路管理机构、公安交警部门）落实治超联合执法的常态化、制度化，并加强督导检查力度；抓好路警联合执法。将货运车辆逃避超限超载检测抓拍系统与新建的公路监测站同步进行。公安交警部门做好电子监控记录抓拍审核工作，确保违法证据规范有效。打击非法超限超载货运车辆绕行超限站的行为，打击假牌、套牌、遮挡号牌和绕行等违法行为，交通运输部门要对辖区内的县、乡道路进行梳理，在不影响消防、急救等应急车辆通行的前提下加装限高、限宽设施。加强督导检查，严格责任倒查。各成员单位发挥职能作用，加大工作力度，定期和不定期对治超工作职责情况进行督导检查，市治超办督办的治超案件，立即组织相关人员查办，并在 5 个工作日内将案件查处情况以书面形式上报。对于公路超限检测站，交通公路匝道入口超限检测系统，具有治超的联合流动稽查队等查获的非法超限超载车辆，必须按规定滞留，由霍州市治超办牵头进行责任倒查，严禁私自放行；按程序进行信息收集。交通运输部门、公路管理机构、道路运输管理机构、收集违法超限超载案件信息和公安交警部门处罚信息，按照管理权限逐级上报，对于违法货运车辆、货运车辆驾驶人，道路运输企业和货运场所经营者抄送运管部门。由运管部门按照《公路安全保护条例》《道路运输条例》等规定，对违法货运车辆，货运车辆驾驶人，道路运输企业和货运场所经营者进行相应处罚，执行“一超四罚”。

【科技治超】 2018 年，霍州市治超办利用钉钉 OA 系统，全省联网，进行科技治超。公路超限检测站对经称重检测认定的每一辆非法超限超载车辆，填写《非法超限超载车辆抄送单》，抄送当地治超办，由当地治超办开展源头核查或按管理权限逐级上报，由上级治超办通知源头所在地的县（区、市）治超办进行源头核查工作；对县（区、市）源头核查工作认定货运源头经营者，作出处理决定，按照山西省治超办下发的《关于规法超限超载货运车辆源头核查的紧急通知》晋治超办字〔2018〕12 号文件要求规定的程序通知暂扣货运车辆的公路超限检测站。对认定为虚假源头信息的，按以上流程通知暂扣货运车辆的公路超限检测站，重新启动源头核查工作；用于上级治超办交办源头核查工作超过限定时限的，催促源头核查工作尽快完结；督办通知，用于上级治超办对媒体、群众反映或领导安排的治超案件下达督办通知。督办回复，用于下级治超办对督办通知、核查办结情况的回复。督办催办，用于上级治超办都对下级治超办交办督办案件超过限定时限的，催促其尽快回复；信息报送，用于下级治超办向上级治超办报送有关治超工作信息。

【领导班子】

主　任：

米玉彬（2012.7—2018.12）

副主任：

赵文溢（2012.11—2018.12）

（张峻铭）

邮　政

【概况】 中国邮政集团公司山西省霍州市分公司服务于霍州市 31 万人口的用邮，覆盖 764 平方公里，5 个街道、4 个镇、3 个乡、189 个行政村、18 个社区。位于开发区滨河北路，是集行政和综合业务与一体的办公大楼。下设：综合办公室、市场部、代理金融中心、发行投递部、寄递事业部。分支机构：鼓楼北街支局、滨河路支局、李雅庄支局、辛置镇支局、桥东街营业所、北外环营业所、北环路营业所、白龙营业所、团柏营业所、电厂营业所、师庄邮政所、三教邮政所、陶唐峪邮政所、李曹邮政所、大张营业所。到 2018 年底，公司有合同制职工 68 人，外包人员 11 人，劳务工 49 人，内退员工 2 人，退休职工 45 人，管理人员 4 人，其中局领导 2 人，部室主任 2 人。

【固定资产】 2018 年，霍州市邮政分公司主要设备有车辆 5 辆；ATM 自助取款机 9 台，办公电脑 29 台，终端设备 40 台，打印机 43 台，捆钞机 2 台，扫描枪 2 把，包裹捆扎机 1 台，新增大型传输设备 1 台。

【企业管理】 2018 年，霍州市邮政分公司推进经营转型和管理创新，以转变分公司整体精神面貌、提高发展速度和突出经营效益为导向，推行改革，加快转型，强化企业管理、确保执行落地，推动各项工作。

【业务发展】 2018年，霍州邮政分公司累计实现业务收入1612.25万元，完成市分公司下达预算目标的84.43%，同比增长2.22%，预算目标调整后各专业除金融和报刊发行完成预算目标，四大业务板块中，渠道平台业务实现业务收入24.25万元，完成全年预算目标的30.31%，全市排名第17，同比增长49.73%；包裹快递业务实现业务收入77.58万元，完成全年预算目标的64.65%，全市排名第14，同比增长45.15%；集邮与文化传媒类实现业务收入168.32万元，完成全年预算目标的63.76%，全市排名第13；金融业务实现收入1336万元，完成全年预算目标的93.23%，全市排名第13，同比增长2.41%；全年身份证受理制证量23079件，寄递转化率18.24%，全市排名第17；全年累计实现散户揽收收入20.05万元，人均揽收7711元，全市排名第9；报刊大收订完成市分公司流转额计划目标116.18%；税邮合作项目全面启动；秋季农资全部转化为线上销售，实现分销业务历史上的“零库存，零欠费”。截至2018年底，推进储蓄余额，提前65天完成跨赛一阶段目标任务；ETC新增687户，完成短程竞赛目标的102.54%，提前50天完成业务竞赛目标。

【领导班子】

总经理：

成长青（2017.5—2018.12）

副总经理：

张卫波（2018.12—2018.12）

（李楠）

霍州车站

【概况】 霍州火车站铁路线路中心里程位于南同蒲线，自大同站起至蒲州站之间550千米300米处，隶属大秦铁路股份有限公司侯马车务段管辖，为双线电气化区段。等级为二等站。按技术性质为中间站，按业务性质为客货运营业站。线路情况：站内有7条线路，5条货运线，1条待机线，1条轨道车库线。车站管辖专用线：霍州三合专用线、四七五专用线、中冶专用线、什林小线专用线。车站设有区域内燃调车机1台。到2018年底，有职工112人。

【货运】 2018年，装车为44240车，卸车为140车，货物发送吨数为276.0875万吨，运输收入为51198.3万元。旅客发送人数46.5290万人。

【安全管理】 车站主要卡控接发列车、穿正作业和调车作业安全。制定并实施值班站长全过程监控施工和穿正作业，除进行接发列车、穿正监控等必要工作外，只要各专用线有作业，值班站长必须全程对车辆静、动态防遛进行现场监控，保证车站的安全生产。规范职工考勤、台账填记、文件收发、信息上报等考核制度。至2018年底，车站实现安全生产2833天。

【后勤文化生活】 2018年，霍州车站开放文化室，设公共健身场地供职工活动。在春节、“五一”节、国庆节期间经常地开展乒乓球、台球、拔河、羽毛球等比赛活动；“三八妇女节”专为车站女职工举办文体活动、妇女健康知识讲座、女职工演讲比赛等活动。完善对车站小单身、小庭院、伙食团、小菜地、小浴室、小图书室、小药箱投入和管理。

【领导班子】

站　长：

吕亚东（2016.9—2018.12）

总支书记：

王会民（2016.9—2018.12）

副站长：

李　鹏（2016.9—2018.12）

李国荣（2016.9—2018.12）

刘建明（2016.9—2018.12）

工会主席：

王欣欣（2016.9—2018.12）

【获奖情况】

2018年，霍州车站2个班组荣获车务段先进集体荣誉称号，5名职工获得车务段“建功立业”个人荣誉称号，6名职工获得车务段“优秀工会积极分子”，1名职工获得太原铁路集团公司“火车头先进个人”荣誉称号，1名职工获得车务段好家属荣誉称号。

辛置车站

【概况】　辛置车站位于山西省临汾市霍州市辛置镇境内。该站铁路线路中心里程位于南同蒲线自大同站至蒲州站之间563千米851米处，隶属大秦铁路股份有限公司侯马车务段管辖，为双线电气化区段。辛置站等级为二等站。辛置站按技术性质为中间站，按业务性质为货运营业站。辛置站内有10条站线。该站管辖铁路专用线：辛置矿专用线、总仓库专用线、国电霍州发电厂专用线、团柏矿专用线、曹村矿专用线和货场专用线。车站设有专区域内燃调车机1台。到2018年12月底，车站有职工67人。

【货运收入】　2018年，装车为25807车，卸车为307车发送吨为1737019吨，运输收入为23860.2万元。

【安全管理】　2018年，辛置车站实施重点作业强力卡控。针对辛置矿专用线紧邻车站，作业量占全站装车的70%的实际，车站制定并实行当班值班站长除进行接发通勤列车、穿正监控等必要的工作外，只要辛置矿专用线有作业，必须全过程对车辆的静、动态防溜。车站规范职工考勤、台账填记、信息上报等考核制度。截至2018年底，车站实现安全生产10360天。

【后勤文化生活】　2018年，辛置车站以创建星级“八小工程”建设为目标，完善对车站小单身、小庭院、小伙食团、小菜地、小浴池、小图书室、小文化室、小药箱的投入和管理，由工会主席\站长、书记共抓，深化职工小家建设，丰富职工业余文化生活，在春节、五一劳动节、国庆节期间开展群众性的乒乓球、台球、拔河、羽毛球、书法及摄影展出等活动；在三八节期间专为车站女职工举办趣味活动，丰富车站职工的业余文化。

【领导班子】

站　长：

张作琴（2018.8—2018.12）

书　记：

李松虎（2015.3—2018.12）

副站长：

贾红卫（2013.9—2018.12）

焦亮川（2013.10—2018.12）

工会主席：

高怀玉（2018.1—2018.12）

【获奖情况】

2018年辛置车站1个班组荣获车务段“建功立业”先进班组荣誉称号，有2名职工获得车务段“建功立业”个人荣誉称号、2名职工获得车务段“优秀工会积极分子”荣誉称号。

（高怀玉）

圣佛车站

【概况】 圣佛火车站位于山西省临汾市霍州市南环路街道境内。该站铁路线路中心里程位于南同蒲线自大同站起至蒲州站之间556千米283米处，隶属大秦铁路股份有限公司侯马车务段管辖，为电气化区段。该站为三等站，按技术作业为中间站，业务性质为货运营业站。站内有7条线路，正线2条，到发线4条，货物线1条。车站管辖专用线：兆光电厂专用线。管辖专用铁路：白龙洗煤厂专用铁路到2018年底，车站有职工32人。

【货运】 2018年，全年装车为11000车，货物发送吨数为68.52万吨。运输收入1.1亿元。

【安全管理】 2018年，圣佛车站从卡控接发列车、穿正作业和调车作业的安全抓起，只要是专用线有作业，值班的副站长全过程参加全过程监控车列的调动，保证车站的安全生产。车站规范职工在考勤、各种账簿的填记、车务段文件收发、各种信息上等内容。截至2018年底，车站实现安全生产6370天。

【文化生活】 2018年，圣佛车站以创办优秀文化室、优秀职工小家为目标，活跃职工文化生活，工会经常开展群众性的乒乓球、拔河、书法竞赛等活动，共享和谐候车文化，管理和发展“八小工程”，让职工树立爱车站、爱岗位、爱铁路的敬业意识。车站完善对“八小的投人，做到“八小”管理好，职工爱站爱岗心情好。

【领导班子】

站　长：

范东波（2018.8—2018.12）

书　记：

张德贤（2015.8—2018.12）

副站长：

乔学雷（2018.8—2018.12）

闫润龙（2014.9—2018.12）

工会主席：

薛　海（2017.1—2018.12）

（闫润龙）

霍州东站

【概况】 霍州东高铁站位于霍州市李曹镇境内，车站中心里程位于大同至西安高速线444千米521米处，隶属大秦铁路股份有限公司侯马车务段管辖。该站为三等站，按技术作业为中间站，业务性质为客运站。霍州东站（站中心K444＋521），设到发线4条（含正线2条）；设大型养路机械停留线1条；工务轨道车库线、接触网作业车库线各1条；安全线2条。设基本站台和侧式站台各1座；站台上均设风雨棚1座。车站设旅客地道1座。车站两端进站方向制动距离内均为超过6‰下坡，在太原南方向到发线接车末端设安全线作为隔开设备，西安北方向利用维修车间岔线作为隔开设备。到2018年底，有职工38人。

【客运】 2018年，霍州东站旅客发送为668554万人，客票收入为3566.3万元。

【安全管理】 2018年，霍州东站以服务旅客为宗旨，从卡控接发客运列车作业入手，规范职工班前点名、设备检查，出场接车、现场组织、班后总结的一班作业标准化作业程序，做到按照军队标准化为准则，保证高铁站安全。在服务旅客方面，强化客运基础管理专项整治，贯彻“让旅客体验更美好”的工作理念，集中展示客运提质成果。至2018年底，车站实现安全生产1644天。

【文化生活】 2018年，霍州东站工会开展健球、乒乓球、拔河、书法竞赛等活动，引导职工共享和谐候车文化建设。管理和发展“八小工程”建设，让职工树立起爱车站、爱岗位、爱铁路的敬业意识。创办优秀文化室、优秀职工小家活动，加大对“八小”投入。

【领导班子】

站　长：

师记龙（2014.1—2018.12）

书　记：

巩小东（2014.7—2018.8）

毛培斌（2018.8—2018.12）

副站长：

毛红梅（女，2015.3—2018.12）

业务主管：

程　斌（2016.6—2018.12）

工会主席：

徐文僧（2014.7—2018.12）

【获奖情况】

霍州东站荣获2018年度中国铁路太原局集团公司模范职工小家，2名职工获得车务段“建功立业”先进个人荣誉称号，1名职工获得车务段“优秀工会积极分子”先进个人荣誉称号。

（师记龙）

电　　信

【概况】 2018年，霍州电信分公司聚焦集团公司三大目标、三大任务、三化转型战略思想，坚持党建统领，以4G业务和光纤宽带两项基础业务为抓手，以互联网＋、天翼高清、智能组网、翼支付、天翼云、物联网等产品应用为突破，提高网络质量和服务水平，收入市场份额提升0.4PP。2018年，营运收入完成1200万元，较2017年增幅20％。

【网络建设】 2018年，霍州电信分公司重点加强网络建设，提升网络支撑能力。4G基站新增10个，累计138个，实现全区，县城及乡镇区域连续覆盖，全区、县城覆盖率达100％，高速及高铁覆盖率达到98％以上，提升关宽端到端的能力，新建端口0.5万个，FTTH端口能力达到5.3万个，其中农村驻地网建设端口2.5万个，达到35％，加强骨干层成环保护，IPRAN设备A成环率从60％提升到85％，全市排名6，4G基站成环率80％，全市排名第5。持续优化传输网络，城域网出口宽带从200G扩容至450G；2018年，新增通达乡镇光缆18条，通达率100％，设基站间接入光缆120段，敷设光缆达268.60皮长千米。

【提速降费】 2018年，霍州电信分公司落实国家“宽带中国”战略，加快高速宽带建设，为“大众创业，万众创新”提供支撑，在霍州开展“千兆大提速”活动，固定宽带单位带宽价格下降50％，移动宽带上网流量单价下降30％，对于99元以上档的融合套餐用户，在具备网络能力的条件下，给予免费使用百兆光纤宽带和天翼高清的优惠。响应国家号召，取消国内长途，国际漫游费，率先推行全流量计费（即电话、短信折合为流量，统一计费）。

【服务提升】 2018年，霍州电信分公司开展新入网关怀，星级服务，流量异常、国际漫游，高额预警、到期关怀等主动服务。推进营业厅服务达标工作，实现自有厅服务显性化，标准化。推进服务管控互联网化，通过用户评价的常态化，自动化、互联网化，实现对营业厅服务的及时测评，建设装维人员满意评估机制，推进宽带“即装即修”24小时修障，超时双倍赔偿，“零拒绝，零退单”等多项差异化服务，提升用户服务水平，使《自有渠道服务规范》、投诉率、投诉处理及时率、投诉处理满意率4项服务指标保持在标准要求以上。

【领导班子】

总经理：

杨志军（2018.7—2018.12）

经理助理：

贾秀君（2018.8—2018.12）

霍州移动

【概况】 中国移动通信集团山西有限公司霍州市分公司成立于2002年9月2日，位于霍州市滨河北路。截至2018年底，有员工58人。下设市场中心、网络中心、综合部。主要经营移动电话、数据、无线电话、多媒体业务、计算机信息网络国际联网和基于移动通信业务的各类增值业务。除提供基本语音业务外，还提供数据流量、短信、彩信、宽带接入、移动办公、和通讯录、和包支付、和生活、咪咕视频、咪咕阅读、咪咕音乐、咪咕直播、139邮箱等多种增值业务。霍州移动分公司共有2个自营厅，9个移动卖场，40个代办网点。通信用户份额达77%，辖区内共有基站282座。

【运营情况】 2018年，霍州移动公司构建1100余公里的光缆传输网，建成覆盖全市的移动通信网络，实现通达各乡（镇、街道），行政村及主要自然村的数据业务专线接入，4G网络基本实现行政村以上级别的连续覆盖，重点景区和重要区域100%覆盖。采用OTN、PTN、PON等光通信产品构建传输网，可满足无线、集团客户、家庭客户等各类不同制式、不同带宽的业务接入。与霍州市公安局签订“雪亮工程”项目合作合同，全部完成施工投入使用。

【领导班子】

经　理：

刘湘军（2017.7—2018.12）

副经理：

黄朝祥（2017.7—2018.12）

薛建军（2013.8—2018.12）

【获奖情况】

2018年，霍州移动分公司被评为临汾市级“精神文明单位”，汾东营业厅被评为省级“青年文明号”。

（李芳芳）

霍州市联通分公司

【概况】 霍州市联通分公司全称中国联合网络通信有限公司霍州市分公司，为中国联合网络通信集团有限公司的分支机构。公司主要经营固定通信业务，移动通信业务，国内、国际通信设施服务业务，卫星国际专线业务、数据通信业务、网络接入业务和各类电信增值业务，与通信信息业务相关的系统集成业务等。2018 年 7 月 1 日，中国联通取消流量“漫游”费。2018 年 8 月 6 日，中国联通 5G 创新中心挂牌成立。霍州联通有合同制员工 49 人，下设“一部三中心”以及 11 个基层责任单元，其中 10 个基层责任单元直接面向公众市场服务。公司在大张、贾村、退沙、白龙、辛置分别设立自有网点，另有业务合作点 45 个。

【业务指标】 2018 年，霍州市联通分公司通服收入完成 3174 万元，其中移网业务收入完成 1926 万元，固网业务收入完成 1221 万元。截至 2018 年底，霍州移网整体用户规模达到 52286 户，其中 4G 用户达到 35006 户，2G 用户达到 16823 户，3G 用户达到 457 户。固网用户整体规模达到 28109 户，其中宽带用户达到 24096 户，固话用户达到 4013 户。

【经营服务】 2018 年，霍州市联通分公司经营服务情况：宽带业务。提供主要宽带产品为冰激凌融合宽带、中镇融合宽带、单宽带，速率为 100 兆、200 兆以及更高网速，端口能力 58238 线，位置可随时小微调整。2018 年，累计净增 1075 户，完成年计划的 107.82%。移网业务。推进冰激凌、中镇卡、王卡的营销，结合重装甲、热点营销、大村突破活动，抢占市场份额，拉动移动业务发展。2018 年累计发展 32712 户，完成年计划 218.94%。融合业务。使用联通宽带和移网用户推出融合产品，主要分为四档：农村宽带＋中镇卡 580 元，城区宽带＋中镇卡 680 元；全国流量冰激凌产品送高速宽带；王卡宽带；福晋沃家产品。互联网应用。开展各类应用终端推广，开展专线提速降费活动，拓展云业务、智能沃家、IDC、ICT 等业务，云业务开通 11 家，沃家智能完成 10 户，ICT 业务创收 27 万元。

【网络资源】 2018 年，霍州市联通分公司宽带新建 3292 线；扩容 972 线、改造 376 线；宽带端口达到 57206 线，实占 25335 线。4G 基站开通 15 个，优化基站 126 个小区；新建光缆 102.5 皮长公里。

【维护服务】 2018 年，霍州市联通分公司开展光衰、机房整治活动，光衰整治达标率为 97.24%，完成 19 个综合接入机房整治工作。县域振兴网络综合评价指标及基站健康度提升率全市排名第一。传输 IPRAN 成环率达到 93%以上。

【综合服务】 2018 年，霍州市联通分公司通过自有房屋挖潜，在北街繁华区域打造自有商圈 2 家，连同自有厅形成核心营销服务区；推广联通商城小程序、山西客户服务公众号、联通手厅等现代化服务平台，实现群众足不出户，坐实联通服务上门服务理念；分离外呼人员，成立专业化外呼服务团队，对到期用户进行通知提醒；根据大数据分析，提供精准化消费建议；强调联通元素扎入，特别是“96169”宽带专家热线布置和宣传，实现宽带倒装。强化宽带 480 区域管控，即 480 区域内宽带障碍 4 小时修复，宽带装移机 8 小时完成，宽带业务 0 盲区受理；完善楼宇系统和掌沃建设使用，强化掌沃行销登录。

【领导班子】

总经理：

冯春琴（2017.12—2018.12）

副总经理：

岳军明（2015.4—2018.12）

刘成杰（2016.2—2018.12）

商业　贸易

供销工作

【概况】 霍州市供销社负责全市供销社的组织、管理、服务和指导工作。宗旨是为“三农”服务。内含科室有：办公室、人事股、财务股、统计股、资产管理股、监察办。到2018年，共有工作人员16人，所属基层社、商场、公司在职职工216人。退休职工294人。所属基层供销社10个，分别为城关社、白龙社、师庄社、阎家庄社、李曹社、大张社、下乐坪社、三教社、冯村社、辛置社，10个市直公司和商场，分别为农业生产资料服务中心、废旧物资回收公司、棉麻公司、盐业公司、日杂公司、果品公司、土产公司、霍州商场、新桥大楼、鼓楼商场。主营商品：日用百货、农业生产资料、食盐、烟花爆竹等。

【惠农服务工程】 2018年，霍州市供销社依托霍州金丰农业科技公司为主体，建立一个惠农服务（仓储）中心，在大张、三教、李曹、陶唐峪乡以及市区设立5个惠农服务（仓储站）。农资供应采取直营模式，培养220余名联络员，覆盖全市189个行政村，保证农资可以直供至田间地头。为农民提供测土施肥、农资供应、统防统治、农机服务、农民培训等综合服务，帮助农民增收。

【城乡综合服务社】 2018年，霍州市供销社坚持“强化合作　居民参与　为民服务”原则，推动城乡基层网点升级改造，在城区京通兴超市、兴霍路综合超市、李曹、辛置等地，组建5个商品种类繁多、服务品质一流的样板综合服务社，为当地居民和所在乡（镇）农民提供农资、日用消费品、农副产品购销等线上线下网络化综合服务，全年销售各种日用消费品1000余万元，销售农资400余万元。

【食盐经营】 2018年，霍州市盐业公司针对盐业市场放开的实际，坚持市场稽查和配送上门相结合的经营理念，做到“宣传到人、稽查到点、送货上门”，打造终端服务平台，在全市各大厂矿、中小学校、综合超市等地，累计设立食盐直供网点100个。碘盐合格率和供给率均到100%，食盐销售280余万元。

【烟花爆竹经营】 2018年，霍州市日杂公司实施仓储安全管理，仓储、经营两分离，质检、量测两到位；会同公安、安监、工商部门，严查无证经营，加强元旦、春节市场的集中专项整顿，坚持日常巡回检查管理。全年未发生1例假冒伪劣烟花爆竹安全事故，烟花爆竹销售300余万元。

【安全工作】 2018年，霍州市供销社制定出台安全隐患排查、安全值班、安全防汛、安全工作零报告以及重特大隐患挂牌督办制度和安全生产治理责任追究制度，构建安全工作责任追究制度。实行市社领导带头值班，基层单位领导轮流值班，机关科室包片负责，重点部门、特殊岗位专人值班的四级安全响应机制，做到通信畅通、汇报及时、处置迅速，为各单位经营发展营造安全生产环境。

【电子商务】 2018年，霍州市供销社利用“供销e家”电商平台，整合全市线下商业资源，线上线下融合发展，吸纳山西康和利电子商务公司、霍山酒业有限公司、山西裕鑫博康食品有限公司、山西绿和祥食品有限公司、霍州市至诊陶瓷有限公司、京通兴超市等企业，整合物流资源、开辟物流线路、推进“霍州市网上供销社”建设。

【领导班子】

主　任：

李小涛（2018.1—2018.12）

副主任：

段耀峰（2018.1—2018.12）

【获奖情况】

霍州市供销社被临汾市供销社授予“2018年度农业社会化服务先进单位”称号。

（索琪昌）

烟草专卖局

【概况】 霍州市烟草专卖局组建于1983年6月。下设三个股室：专卖股、客服股、综合股。到2018年底，全局共有干部职工33人，其中党员18人，大专学历32人，中专学历1人。2018年，霍州市烟草专卖局全年销售卷烟10574箱；卷烟销售收入3.19亿元，卷烟销售条均价120.67元，同比增加6.48元。上缴地方税金2454.37万元。

【专卖管理】 2018年，霍州市烟草专卖局按照山西省局依法严管违法违规卖烟大户专项行动要求和市局“尧风”系列专项行动要求，抓卖烟大户、违法违规大户监管力度，突出真烟非法流通和涉烟物流寄递打击力度，严厉查处无证无照经营。建立大户管理档案。根据客服股确定销售大户名单，共建立大户档案70余户，关注销售大户卷烟库存状况及其销售动向，采取蹲点监控方式加强监管。因违规责令暂停2户，降档降级4户，控制大户左右价格，扰乱市场行为。真烟非法流动监管。加强与交管部门的联系，加大对公路、高速公路、物流贩运卷烟违法活动查处和打击力度，重点切断违法卷烟运输渠道。规范经营。加强对管理人员、内部监管人员、客户经理、市管员日常教育管理，按照流程加强对重点岗位、重要节点监管，确保规范经营。2018年，共查处各类违法案件95起，查扣各类违法卷烟57.6件，违法案值26万余元，其中经鉴定为假烟5.5件，真品卷烟52.1件，2万元以上案件2起，上缴罚款1.34万元。

【领导班子】

局长、经理：

郭文生（2014.11—2018.12）

专卖副局长：

赵　宁（2018.9—2018.12）

营销副经理：

赵　亮（2018.9—2018.12）

（要双平）

石　化

【概况】 中国石化销售股份有限公司

山西临汾霍州石油分公司（简称中石化霍州石油分公司）是由2000年7月3日成立的山西石油总公司霍州支公司的基础上改制而成。主要经营：天然气销售、石化产品加工技术的研发和应用、自有场地租赁、道路货物运输、汽车、二手车、电动自行车、汽车摩托车零配件、汽车装饰用品、小包装清洁剂的销售；汽车修理、汽车清洗。至2018年底，下属加油站有霍山加油站、东大加油站、城关加油站、中心加油站、博大加油站、河西加油站、蓝天加油站、退沙加油站、大运路加油站、许村加油站、靳壁加油站。

【经济指标】 2018年，中石化霍州石油公司按照临汾公司的整体工作目标要求，围绕市场营销任务，完善企业管理体制，在油品、非油品销售、证照办理、优化用工、安全环保等方面做工作，全年共计销售成品油22073吨，完成年度任务20310吨的109%，超任务1763吨，同比增幅11%。非油品销售206.86万元，完成任务316万元的65.46%。

【安全环保】 2018年，中石化霍州石油公司定期召开站长例会，传达上级文件及会议精神，要求各站组织员工教育传达。利用站务会学习《销售企业安全禁令》《加油站现场管理禁令》等规定，对客户不安全行为及时制止，礼貌劝阻；员工之间互相提醒，做好安全拍档的责任。每月固定开展2项应急预案演练，通过培训、演练，提高员工的安全意识、灭火技能、心理素质。2018年，由该公司牵头，中石化、中石油和社会油站工作人员在霍州公司靳壁站加油站开展消防演练及灭火实操。

【领导班子】

经理兼书记：

张　龙（2015.6—2018.12）

副经理：

孙黎明（2011.10—2018.12）

李　俊（2018.7—2018.12）

教育　科技

教育科技事业

【概况】 霍州市教育科技局是霍州市人民政府设立的行政管理部门履行中小学教师资格的认定、招聘录用、职务评聘、培养培训、考核奖惩及技术承包、咨询、开发等工作的组织、审批、登记、管理等职能。截至2018年底，全市共有各级各类学校95所，其中公办学校84所，其中普通高中3所、职业中专学校1所、初中10所、九年一贯制学校4所、小学49所、小学教学点15所，特教学校、教师进修校各1所，民办学校11所。共有教师3042人，其中公办学校教师2516人，民办学校教师526人；共有学生34489人，其中：小学19932人，初中8904人，高中4971人，职中622人，特教60人。

教育工作

【教育资金投入】 2018年，霍州市财政对教育的拨款为38072.51万元，生均教育事业费，小学7076.39元、初中9736.83元，生均公用经费，小学1500.64元、初中1628.74元。

【省级实验工作】 2018年，霍州市教科局为统筹推进山西省县域内城乡义务教育一体化改革发展，选取40所学校为重点实验学校，实现对实验工作六项管理职责以点带面的重点突破。针对小学和初中的差异性，实行分层指导。针对区域、城乡、校际间现实的差异性，开展有针对性地分类指导。落实《义务教育学校管理标准》，推进现代学校管理改革，实现“规范管理行为、破解管理难题、提高管理水平、提供示范经验”的实验工作目标。2018年10月30日，临汾市实施《义务教育学校管理标准》整体提升县域办学水平现场会在霍州市召开，临汾市教育局局长李晋平和其他县市教科局局长、部分学校校长200余人参加会议，与会人员观摩市三中、大张镇一中、李曹镇下王学校、煤电二中等8所学校。

【师德师风建设】 2018年，霍州市教科局加强师德师风建设，提高教师队伍整体素质，树立霍州教育良好形象，开展教育“三乱”专项治理活动。组织广大教师学习《教师法》《中小学教师职业道德规范》等法律法规，出台《霍州市教育科技局治理在职教师补课实施方案》《霍州市教科局整治群众身边腐败问题实施方案》，通过明察暗访，查处在职教师违反师德师风建设的行为。对违规办学的6名在职教师停发当年绩效工资、取消评模、评优。

【教育教学质量】 2018年，霍州市教科局以推进课堂教学改革为引领，以提高课堂教学效率为重点，以提升教学质量为核心，以规范各类教研活动为载体，以加强教学常规管理为抓手，推动教师专业成长，提高教育教学质量。采取走出去、请进来的办法，到北京、太原、临汾、孝义等地参观学习，邀请省内外专家指导工作，丰富教研工作形式，开展一系列教学研讨交流活动，提高全市中小学教育教学质量。5 月 28 日，山西省副省长张复明、省教育厅厅长吴俊清、临汾市副市长陈忠辉、临汾市教育局局长李晋平等领导视察霍州市的高考准备情况及中考体测情况。

【教师队伍建设】 2018 年，霍州市教科局健全完善市—乡镇—学校三级培训网络，坚持集中与分散相结合、培训与教研相结合，强化校长负责、奖惩激励、学分管理、经费保障、跟踪督导五项制度，以中青年教师群体为重点，抓好校本培训工作，完善教师培养培训体系。建立和推行城乡校长教师定期交流制度，有计划地从城区学校选派教师到农村学校开展公开课、示范课、教学研讨等多种形式的“送教下乡”活动，促进教育资源城乡交流、校际交流，形成城乡教育资源共建共享的格局。加强校长教师培训力度，邀请山西省、临汾市级教育专家开展听课评课、做示范课、现场教学报告等培训活动，对霍州市开展校本教研、课题研发、重构课堂教学。

【平安校园创建】 2018 年，霍州市教科局秉承“责任重于泰山”的宗旨，以“教育发展，安全先行”为理念，坚持以“安全第一，预防为主”的方针，做好平安校园创建的各项工作，提高广大师生的平安意识、责任意识，保障学校各项工作的正常开展。坚持“以防为主”的方针，按照“以人为本、防范严密、控制有力、全面设防”的要求，全面提高“人防、物防、技防”的立体安全防范网络。以法制教育、安全教育和职业道德、社会公德、家庭美德教育为重点，以热点难点问题的治理为突破口，构建家庭、学校、社会“三位一体”的安全教育管理机制，成立家长委员会，开展平安教育活动，提高学校的安全建设能力，形成齐抓共管的教育局面，推动学校安全教育工作上新台阶。全年霍州市教科系统未发生一起安全责任事故。

【素质教育】 2018 年，霍州市教科局把中小学生的素质教育工作放在首位。清明节期间，组织全市中小学生开展“缅怀革命先烈”主题教育活动，组织城区部分学校赴南塔烈士陵园扫墓，对学生进行爱国主义教育。举办“我们的节日—端午”“我们的节日—中秋”道德讲堂、“花开新时代、成长阳光下”主题文艺展演、“航模海模”、教职工演讲比赛等活动，培养创新精神。全市各中小学校举办校园春季田径运动会。组队参加临汾市第八届中学生运动会。

【学前教育】 2018 年，霍州全市共有各级各类幼儿园 130 所，其中公办幼儿园 37 所，民办幼儿园 93 所，在园幼儿 11546 人，教师 1002 人。2018 年，实施第三期学前教育行动计划，辛置镇中心幼儿园和陶唐峪乡义旺幼儿园正式投入使用，扩大霍州市公办幼儿园覆盖面，鼓励普惠性民办幼儿园发展，规范各级各类幼儿园办园行为。加大对无证幼儿园的清理整治工作力度，取缔无证幼儿园。贯彻落实《3—6 岁儿童学习与发展指南》等，坚持以游戏为基本活动，克服和纠正幼儿教育“小学化倾向”，提升保教质量。

【小学教育】 2018 年，霍州市共有小学 75 所，在校生 19932 人，小学入学率达 100%，毕业率达 100%。实行阳光招生，均衡编班，落实《义务教育学校管理标准》和国家课程标准，坚持开全课程，开足课时，开展大课间活动、阳光体育运动，提高教育教学质量。

【初中教育】 2018 年，霍州市共有初中 19 所，在校生 8904 人，初中入学率达 100%，推进全市城乡义务教育一体化改革发展。严格规范办学行为，实行“划片、免试、就近、分配”入学，均衡编班，全面开足开全国家课程。开展城乡优质学校和薄弱学校之间帮扶活动，缩小城乡、学校之间的差距。

【高中教育】 2018 年，霍州市共有普通高中学校 3 所，在校生 4971 人。开展“普通高中办学条件标准化建设”，改善普通高中办学条件，实施课程改革，推进素质教育，开展教学研究，探索多元化的发展思路，提高办学效益，提升高中教育教学质量。

【民办教育】 2018 年，霍州市共有民办学校 11 所，在校生 5447 人。贯彻落实《民办教育促进法》，鼓励举办者加大投资力度，提升民办教育的办学档次，提升标准化办学水平，加强风险防控，规范办学行为，全市民办教育呈现出健康、有序的发展态势。联合市民政局、市人力资源和社会保障局、市工商和质量监督管理局出台《霍州市切实减轻中小学生课外负担开展校外培训机构专项治理行动工作方案》等。在霍州市电视台和《今日霍州》等媒体发布《霍州市切实减轻中小学生课外负担开展校外培训机构专项治理行动公告》，组织专门力量，进行逐街道、逐居民区，拉网式排查摸底，分门别类建立工作台账和问题清单，做到“规范一批、整改一批、取缔一批”。

【职业教育】 2018 年，增强霍州市职业教育服务社会的功能。职业中专学校瞄准市场设置专业，设立“京津学生实习就业服务中心”，创造“订单培养、对口就业、跟踪服务”的“霍州职教模式”，学生就业率达到 99%以上，职业教育步入快速发展车道。建设完工职教中心，推进配套工作。

【特殊教育】 2018 年，霍州市教科局实施第二期特殊教育提升计划（2017—2020），开展送教上门工作，使全市广大聋哑及智障学生能够享受到现代化的教学及康复训练。

【成人教育】 2018 年，霍州市教科局以建设社会主义新农村为目标，开展送科技下乡活动，顺应全市农业调产大形势，以成人学校为依托，举办农村科技培训和职工技能培训，推动社会发展、农民增收，下岗职工再就业，共开展各类技术培训 90 余次，培训人次 3.1 万。

科技工作

【科技常规工作】 2018 年，霍州市教科局利用“科技、文化、卫生”三下乡宣传、“科技活动周”、知识产权宣传周等活动，开展科技宣传培训工作。在三下乡启动仪式上向大张镇捐赠价值 5 万元的农业科技图书及文体教学仪器。在各乡镇依托各类农业合作社及科技乡土人才开展种植、养殖培训。发放农业科技图书等各类科技资料共计 2 万余册（份），接受咨询 1000 多人次，现场解答技术难题 200 多个，培训群众 1000 多人次。以强化企业的主体创新地位为目标，依托骨干企业，带动高校、科研院所和中小企业共同创新，加大研发投入，提升核心竞争力。文冠果科技有限公司与山西省中医院、中国林科院深度对接，签订合作协议。推进科技成果转移转化，加大企业科技创新投放力度。开展知识产权宣传培训。利用“4·26”世界知识产权宣传日、知识产权宣传周、“科普宣传周”等活动，深入镇区、企业开展知识产权宣传和现场咨询活动。工作人员现场宣传知识产权法律法规知识、接待群众咨询、发放知识产权宣传手册，提高广大市民对知识产权的认知度。开展知识产权培训。推进专利申请。全年共申请专利112件，其中发明申请56件。

【创新发展环境】　2018年，霍州市教科局把科技创新工作摆在突出位置，重视科技创新工作，支持企业开展科技创新，催生创新、创业环境，强化政策引导，落实临汾市支持科技创新的若干措施，形成良好的创新环境，营造大众创业、万众创新的氛围，激发企业创新内生动力，增强企业创新主体意识。联系财政部门把研发投入列入年度预算，政府研发与财政支出增长持平。新引进落地创新项目方面，培育和发展高新技术产业，促进产业结构调整优化，重点培育以霍东新型工业园区为平台，实施储备亿能电气公司新能源电动车项目，助推工业转型。围绕农业基地建设，重点培育文冠果茶产品种植开发、文冠果油脂加工项目，助推农业转型升级。

【创新驱动发展】　2018年，霍州市教科局邀请太原众邦高创机构多次深入企业进行摸底排查，主动上门走访服务，深入霍煤新产业公司、曹村工贸公司、辛置实业有限公司、山西文冠果科技有限公司、亿能电气股份有限公司等企业，与企业负责人进行面对面交流指导、培育、挖掘，了解企业专利申报情况、发明拥有量及研发投入情况，先进装备引进情况和企业运营及科技创新情况，宣传高新技术企业认定意义，详细讲解申报程序及注意事项。2018年，文冠果公司引进超临界二氧化碳萃取设备及油脂相关设备，投资额300余万元，李雅庄工贸公司引进锚杆、锚固剂等先进生产设备500余万元，曹村工贸引进密封圈生产设备200余万元。

【领导班子】

党组书记、局长：

乔桂平（2010.8—2018.12）

副局长：

薛云彪（2002.10—2018.12）

党组成员、副局长：

朱志峰（2012.8—2018.12）

董　江（女，2010.3—2018.12）

党组成员：

李海龙（2012.8—2018.12）

督　学：

王虎广（2011.4—2018.12）

总支委员：

张　菁（女，2010.3—2018.12）

【获奖情况】

2018年，霍州市教育科技局被授予“山西省文明单位”“临汾市优秀县市区教育局”“临汾市‘一师一优课，一课一名师’先进单位”“2018年临汾市中学校实验教学说课活动组织奖”等光荣称号。

2018年，霍州市教育科技局苟洁入选2018年度山西省“三晋英才”支持计划青年优秀人才；王小兵荣获2018年度临汾市“平安校园”创建先进个人。

（薛忠虎　陈燕奇）

霍州一中

【概况】 霍州市一中校始建于1948年，2007年被评为省级示范高中。至2018年，已发展成一所20轨制的省级示范高中。全校60个教学班，学生3000余人，教职工278人，其中正高级职称1人，特级教师2人，高级教师42人，中级职称83人。国家级模范教师2人，省级模范教师18人；省级学科带头人12人，省级骨干教师6人；省级教学能手6人。

【德育工作】 2018年，霍州市一中落实教育局和上级主管部门安排的德育主题教育活动；打造好班主任、政教处管理人员和自律会干部三支管理队伍，齐抓共管，开创全新的德育工作局面。每周一课间操时间，组织高一全体学生参加升旗仪式，考核各班，政教处人员负责德育演讲，表扬与批评、颁发文明班级奖状，统一安排德育工作，各班自律会干部配合班主任落实教科局和德育处有关德育专项活动的通知。举办各种参观、竞赛、学雷锋、法制教育、安全教育、为革命烈士扫墓等活动。组织庆祝改革开放四十周年“盛世华章，不负芳华”诗歌朗诵会。开展男女混合10×400接力比赛。定期召开班主任工作会议，明确阶段性工作重点。

【教学育人工作】 2018年，霍州市一中高一教师开展“讲奉献、创佳绩”活动，每周末教师自愿无偿辅导学生学习，教学效果和社会反响良好。高二年级开展“教师亲近学生，学生走进教师”活动。开展“送给青春期女生特殊礼物”的公益讲座。高三年级明确高考备考思路，制定周密科学的备考计划，突出常规管理，狠抓落实环节。

【教科研工作】 2018年，霍州市一中按照学校制定的教科研制度，坚持每周二下午以学科教研组为单位开展教研活动，共计24人次在省级以上刊物发表论文。

【高考成绩】 2018年，霍州市一中高考成绩，二本以上达线总人数622人，其中达一本线195人。理科最高分622分，文科最高576分。

【领导班子】

校长、党支部书记：

韩学东（2005.9—2018.12）

副校长：

陈海平（2005.9—2018.12）

成文安（2005.9—2018.12）

安国华（2005.9—2018.12）

刘光明（2013.11—2018.12）

霍州市二中

【概况】 霍州市第二中学是一所12规制的全日制普通高中，创办于1986年，2002年9月迁至建材路北科技路旁，新校区占地面积70余亩，绿化面积达1万多平方米，环境优美，设施先进，配套有高规格的实验室、计算机教室、多媒体教室、会议室、图书室、400米塑胶操场等设施。截至2018年底，学校共有28个教学班，在校学生1625余名，各类教职员工162名，其中在编教师132名，拥有中学高级职称20人，中学一级职称51人，省学科带头人2名，全校党员39人，其中退休党员2人。

【政教工作】 2018年，霍州市二中以全面提高学校声誉为动力，提高学生综合素质为工作重点，本着“高起点，高要求”，“抓管理，促教学”的原则，从学生养成教育入手，探索民主、科学的管理方法，调动广大班主任的积极性。召开主题班会，对学生进行思想教育。利用每周一次升旗仪式，对学生进行思想、道德、理想、前途、行为教育培养。加强课间纪律管理，增强学生组织性、纪律性。从基础文明行为的养成抓起。检查高年级学生的衣着打扮，杜绝男生染发、留长发；女生染发、戴首饰现象。

根据《班主任工作考核细则》和《班级评比量化细则》，对班级进行评比。每学期末，评选文明班级，进行班主任经验交流。提高班级管理水平。

【德育工作】 2018 年，霍州市二中坚持“立德树人”的优良传统，强化学生德育教育。班主任每周坚持对学生进行一次主题班会教育活动；每逢传统节日，学校必以板报、文艺等形式开展纪念活动；清明节前，学校组织学生到霍州市爱国主义教育基地——南塔烈士陵园凭吊英烈，缅怀先辈，通过精神形式，加强学生世界观、人生观、价值观的引导点化教育。

【教科研工作】 2018 年，霍州市二中完善教师学习档案，开展公开课活动，配合市教科局“一师一优课，一课一名师”活动，学校教研室与信息处协同合作，完成 2018 年度教师的微课制作、审核、上传等任务。12 月，举办“三优工程”优质课赛讲活动，高二数学组申报省级“优秀教研团队”。进行课题研究，省级课题《初高中衔接校本课程的开发与研究》于 2018 年 9 月申报成功，于 11 月开题。截至年底，该研究问卷调查已完成，10 个子课题涉及高考 9 个科目及信息技术，申报成功并开题。做好教师培训工作。

【特色办学】 2018 年，霍州市二中设有音乐、体育、美术、书法、舞蹈、播音主持、影视编导、空中乘务、健美操等特长教育科目，为学生高考和就业提供一个发展平台。创建“家校携手，合作共赢”，召开 3 次全校性的家校联席大会，听取学生和家长的宝贵意见。

【高考成绩】 2018 年，霍州市二中高考达线人数 142 人，与 2017 年基本持平，其中 35 人达一本线，大文大理达线 2 人，实现历史新突破。

【平安校园建设】 2018 年，霍州市二中把加强学校安全工作作为一项重要任务，坚持“安全第一，综合治理”的方针，开展创建“平安校园”活动。强化岗位目标安全责任制，实施安全责任一票否决制。每月的 12 日是“安全教育日”，进行全校师生安全疏散演练。利用黑板报等形式，对学生进行交通、食品卫生、用电等安全教育。强化门卫管理制度，对外来人员一律实行登记准入制，平时学生进出校门实行证、条统一制度。调整停车区，师生车辆实行集中存放，加大巡查力度。设置“电子天眼”网络，实现校园安全监控的全天候、无死角。

【校园文化建设】 2018 年，霍州市二中在教学楼前后、办公楼两侧设置 40 多面文化宣传版面，内容有世界名人故事、中华传统美德故事、名师风采、校园新事等，对师生进行文化熏陶；五四青年节前后，开展文艺会演、书画展、音乐周等一系列文化活动；9 月，对新生进行为期一周的军事基本技能训练，成立教职工健美操队和书法学习班。

【校园标准化建设】 2018 年，霍州市二中投资 980 万元建设 400 米标准塑胶体育场及配套设施。秋季学校投资 102 万元购置学生计算机56台，教室白板36套，部分网络监控设备。

【领导班子】

校　长：

李林锁（2014.1—2018.12）

副校长：

胡泽斌（2005.8—2018.12）

李秀玲（女，2005.8—2018.12）

刘守纪（2018.9—2018.12）

张为民（2018.9—2018.12）

白玉林（2018.9—2018.12）

成国军（2018.9—2018.12）

（靳亚会）

霍州市职业中专

【概况】　霍州市职业中专学校创建于1987年，校址位于霍州市北环路18号。校园占地面积45000平方米，建筑面积22000平方米，包括综合办公楼、综合实验楼、护理机电教学楼、计算机实训楼、公寓楼、学生食堂、操场等教学设施。学校开设计算机应用、机电技术应用、汽车运用与维修、护理、学前教育、电子商务等专业。其中，计算机应用专业、机电技术应用专业为省级示范专业，汽车运用与维修专业为临汾市示范专业，护理专业、学前教育专业、旅游服务与管理专业、电子商务专业为热门专业。学校自有驾校一所，医院一处（床位50张），为汽车运用与维修专业和护理专业学生实习基地，拥有校外实习基地25处，包括北京同仁物业、北京玛钢玮业有限公司、北京欢乐起航幼儿教育集团、国电置业公司、海信（北京）电器有限公司、北京量子伟业发展有限公司、北京汽车制造厂、北京汇智高科等等。还设有京津学生实习就业服务中心1个，负责就近跟踪服务，掌握学生实习动态，了解信息，强化指导。截至2018年底，学校共有教职员工145人，全日制在校生604名。

【办学理念】　2018年，霍州市职业中专学校坚持以立德树人为根本，践行“学历教育与成人教育相结合、职前教育与职后服务相结合、基础教育与技能培训相结合”的办学思路，注重探索长期短期互补、联合自办并存的灵活方式，恪守“以服务为宗旨，以就业为导向”的办学宗旨，开展校企合作，培养技能人才，传承工匠精神，促进就业创业。

【科学管理】　2018年，霍州市职业中专学校在修订教职工考勤制度、职称评定打分标准、绩效工资考核办法等方面，做到用制度管人，按职责管事，对事不对人，按章不徇私；在强化校舍安全、消防安全、交通安全和学生实习安全管理工作方面，做好突发事件的应急预案及处理演练工作，加强学籍管理，重视学生会工作和班级管理，在两操管理、卫生管理、宿舍管理、社团活动中发挥学生会的作用，创建文明班级活动，要求每周举行主题班会。落实中职教育免费全覆盖政策。全年共免653名学生学费161.55万元，为98名学生发放国家助学金19.6万元，自筹资金1.95万元，为39名学生发放校贫困生补助。

【教育教学】　2018年，霍州市职业中专学校，注重创新教学改革，创新德育工作，确保学生既成才又成人，针对职业学校学生的特点，按照《中等职业学校德育大纲》要求，实施德育教育，在各专业部设置专职德育教师，通过主题班会、优秀毕业生报告、专家讲座、歌咏比赛、技能大赛、文明风采竞赛等校园活动；加强师资建设，打造“双师型”教师队伍。支持教师参加培训，考取相关专业的高级职业资格证书。加强实训基地建设，申请对新建成的省级计算机实训基地进行验收并合格，截至2018年底，拥有省级实训基地1个，校内实训实验室35个，电脑360台，设备价值近1000万元。

【办学特色】　“订单培养，校企合作”是职业中专学校的办学特色。2018年，霍州市职业中专学校推行订单培养、校企合作就业模式，邀请与学生专业对口、工作环境好、工资待遇高的企业校园招聘，提升毕业生实习就业质量。通过坚持“订单培养、对口就业、跟踪服务”的特色办学模式，依托“两个平台，一个网络”，即依托北京商鲲教育集团和北京霍州籍同乡会两个平台，实行就业学生自主管理网络，就业工作取得满意成绩，被有关专家称为“北京—霍州职教模式”得以推广。加强对实习及已就业学生的跟踪服务，学校领导先后赴北京、天津等地，了解学生工作生活情况，听取学生思想汇报及所思所求，与实习就业单位沟通，在对口就业、岗位调换、薪资待遇、工伤医疗、心理咨询等方面给予帮助。针对在校生，联系实训单位，安排实习实训，协助办理专业资格证。

【输送就业】　2018年，霍州市职业中专学校为北京、天津、太原等地输送稳定就业的学生达244名，就业学生涉及护理、机电、汽修、计算机、幼师等专业。就业率达98％、对口率达95％、稳定率逐年提高。

【对口升学】　2018年，霍州市职业中专学校开展校校合作，为学生升学创造条件。学校作为山西省首批“3＋2”大中专对接试点学校，与天津冶金职业技术学院、三门峡职业技术学院、山西轻工学院、山西干部管理职业学院、太原旅游职业学院、临汾职业技术学院6所大专院校签定联合办学协议，实行“3＋2”大中专对接办学模式，学生入学注册，毕业后就可免试入大专院校就读，2018年，该校高考报名65人，其中文史类55人，艺文8人，理工2人，对口升学10人，三二分段转段山西轻工职业技术学院机电一体化17人，计算机网络技术21人。计算机应用专业参加河南省三门峡职业技术学院护理专业单招61人，音乐专业参加河南省三门峡职业技术学院学前教育专业单招7人。对口升学9人，高考升学60人，升入大专院校共计175人，升学率为96％。

【转型培训】　2018年，霍州市职业中专学校面向社会开展各类培训活动，共举办母婴护理师培训2期，培训150人；护理师培训3期，培训90人；汽车驾驶人员1600余人；全年共计培训1840人。发挥优势，加大与“晋淘易电子商务有限公司”的合作，强化电子商务专业实训基地建设，做好电子商务人才培训工作。

【领导班子】

校　长：

车和平（2017.3—2018.12）

书　记：

张爱民（2007.7—2018.12）

副校长：

师玉平（1998.5—2018.12）

张曹喜（1999.4—2018.12）

陈国锁（1999.4—2018.12）

刘平生（2005.8—2018.12）

（张曹喜）

霍州市实验中学

【概况】 霍州市实验中学位于北环路79号，其前身是霍县第二中学（完全中学），创建于1986年，更名为霍州市第二中学。2005年8月，按照上级“高、初中分离办学的要求”，霍州市第二中学初中部留在原址，改名为霍州市实验中学。霍州市实验中学是霍州市公办全日制初级中学之一，占地面积32384平方米，校舍建筑面积16350平方米。其办学规制为16轨，2018年底，有48个教学班，2615名学生（其中寄宿生137名），164名在编教师。

【安全工作】 2018年，霍州实验中学加强对师生《初中学生防灾安全守则》《中小学公共安全教育》的宣传教育工作，向学生发放安全教育宣传单，教给学生安全知识，定期开展安全自救演练活动。寒暑假及节假日期间，学校安全领导小组均向每个学生家长发一封公开信，做到回执单按时发放、及时回收。学校通过校迅通、微信家长群、实验中学微信公众号平台发布相关信息，建议家长教育孩子在假期注意各方面安全。学校加强门卫责任意识，对进出校园的校外人员全部进行询查、登记。按上级标准配备安全保卫人员，负责防范、处理校园内的安全隐患或突发事件。学校每天安排3名行政人员全天候值班，挂牌上岗，早、中、晚在校门口维持秩序并督查保安人员工作情况。北环路派出所民警，每天下午放学时间在学校路口执勤。安全工作领导小组利用集会、课间操、班会、网络安全竞赛、外聘专家到校举办专题讲座等时机加强对师生的安全教育，制定事故及时报告制度，建立突发事件应急预案和安全预警机制，落实校舍安全排查制度，发现安全隐患，及时处置，在校园醒目位置设置安全警示标志，配置必要的安全施救设施。各楼层灭火器按标准配备，在每个楼层的出口及时更新“紧急疏散示意图”和安全警示语。

【名师工作室】 2018年，霍州市实验中学名师工作室以推进课堂教学改革为基点，强化目标引领与过程管理，本着“内强素质，主动适应课改新常态；外树形象，营造实中教育新亮点”的原则，力求师资培训效果。开展第二届语文作文大赛和英语书面表达大赛，10月24日和25日，霍州市实验中学举行教师类第二届“英语书面表达大赛”和“语文作文大赛”。全校英语教师、语文教师参加大赛。参加临汾市“三优工程”评选，霍州市实验中学“初三年级语文教研组”获得临汾市第二届“三优工程”优秀教研团队荣誉称号。远赴汾西县第三中学校“扶贫”，10月30日，副校长安海峰等4人到实验中学“对口帮扶”校——汾西三中。

【养成教育】 2018年，霍州市实验中学根据初中学生特点，抓学生养成教育，注重学生品德修养。结合“主要节日”教育、绿色环保教育、革命传统教育、“英雄、榜样”系列教育等活动，以“主题教育”促养成。强化学生习惯培养，规范学生仪容仪表，规范学生行为；以“两个规范”促养成。实施“国学”诵读制度，完善“综合评价”机制，把“行为评价”经常化，结合“课改”促养成。坚持校内、校外教育相结合，通过“家长会”、开放周、关工委、送法进校园、教师家访等途径，“健全教育网络”促养成。

【校园文化建设】 2018年，霍州市实验中学加强校园文化建设，优化校园绿化、美化、亮化效果，提升硬件建设水平，为师生创建优美的工作和学习环境。构建富有浓郁文化气息的墙壁、走廊、楼梯、教室、办公室、舞台文化，彰显人文内涵。加强心理活动室和心理咨询室建设，把心理健康教育辐射到每个班级和每个学生，使学生心理健康化；以快乐大课间、多彩的活动课为平台，助推学生全面发展。

【中考成绩】 2018年，霍州市实验中学中考学生最高分680分（2人），640分以上33人，600分以上121人，530分以上334人，500分以上397人。全校中考学生达霍州一中录取线的有333人。2018年，霍州一中特长生共录取19人，该校占其中13人。

【领导班子】

校长、支部书记：

都福平（2014.1—2018.12）

副校长：

王耀全（2005.8—2018.12）

安海峰（2005.8—2018.12）

副书记：

刘秋平（2005.10—2018.12）

【获奖情况】

2018年，霍州市实验中学“初三年级语文教研组”获得临汾市第二届“三优工程”优秀教研团队荣誉称号；霍州市实验中学获得“霍州市教学育人先进集体”。

（成连生）

文化旅游

文　化

【概况】　根据《中共临汾市委、临汾市人民政府关于印发〈霍州市人民政府职能转变和机构改革方案〉的通知》（临字〔2014〕18号）的文件精神，设立霍州市文化局，正科级建制，为市人民政府工作部门。其主要职能有：贯彻执行上级有关文化艺术、体育、广播电视、新闻出版事业有关方面的法律、法规和方针、政策以及国家有关非遗保护和文化产业方面的政策，拟定并组织实施全市文化事业的发展规划和年度执行计划，促进全市文化事业的蓬勃发展。内设办公室、文化股、体育股、广电新闻出版股4个股室。下属单位有：文化市场行政综合执法大队（副科级建制），图书馆、群艺馆、少年儿童业余体校4个事业单位及影剧院有限责任公司、演艺有限责任公司和电影放映发行有限责任公司3个企业单位。局行政编制为10人，共有工作人员20人。

【文化产业】　2018年，霍州市文化产业增加值为1.61亿元，比2017年（1.46亿元）增长10.3%，完成省定目标责任考核任务。

【文化活动】　2018年，霍州市文化局组织举办元宵节灯展、书画展、电影放映、戏曲会演、文化进万家活动、广场舞展示、音乐朗诵大赛等文化活动；开展“明春节礼俗，树文化自信”年俗文化展及“扫码看书·百城共读”数字阅读推广活动；举办20期“国学经典大讲堂”活动；举办首届传统文化公益讲座《了凡四训》；聘请霍州市优秀教师开展为期15天的文化课公益讲座，参加人数超过2000人次；在“中镇霍山·华夏州署”第十届文化旅游月的活动中承办开幕式及“梦想·发展”文化专场消夏晚会；开展“霍州市十大文化名人”和“霍州市十大文化新星”评选活动；6月14至15日，霍州威风锣鼓队代表临汾市参加“山西省庆祝改革开放40周年群众文化系列活动”；开展“梨花奖·我是舞王”选拔大赛，评选出村级舞王131人，乡镇级舞王22人，县级舞王2人；9月16日，霍州市威风锣鼓队，在吉县壶口瀑布应邀参加首届山西非物质文化遗产博览会——“黄河之魂·多彩非遗”传统音乐展演；9月23日上午，霍州市威风锣鼓队应邀参加由农业农村部等部委联合主办的首届“中国农民丰收节”开幕式表演；组织全市各个行政村的农家书屋负责人进行书籍管理培训；免费开展“国标、摩登、拉丁舞、民族舞（两期）、形体训练、时装秀”培训活动，累计参加学员400余人次；批复成立霍州北山锣鼓民间艺术协会和霍州市仁義民间艺术协会；对照《关于推进基层综合性文化服务中心建设实施方案》的建设服务标准，督促各乡（镇、街道）开展综合性文化服务中心的自查自纠工作。

【体育活动】 2018年，霍州市文化局组织举办羽毛球比赛、全民健步走活动、门球比赛等体育活动；3月29日，在市文化活动中心举办第九套广播体操培训班，全市党政机关、乡镇、企事业单位40名体育骨干参加培训；4月7日，在北环路美华五楼举办2018春季预备级少儿围棋定级比赛，全市80多名小棋手参加比赛；5月19至20日，举办山西省门球精英赛；7月19至21日，承办山西省第十五届运动会群体项目职工组中国象棋比赛；7月23日，组织举办第十四届“HBA”暨首届联通杯篮球赛，该次赛事历时34天，共有来自社会各界的25支代表队的350余名运动员参加；“中镇霍山·华夏州署”第十届文化旅游月期间，在七里峪和悬泉山举办户外自行车及登山比赛；批复成立霍州轮滑协会和霍州市信鸽协会。

【新闻出版市场管理】 2018年，霍州市文化局开展三批政治性有害出版物的清查及“护苗2018”“清源2018”“净网2018”等“扫黄打非”专项行动，查缴地摊非法出版物140册；指导各乡镇成立“扫黄打非”基层工作站；3月开始在“全国文化市场监督与服务平台”上对全市各文化经营单位进行审核年检换证，通过新开设的1家互联网上网服务场所和1家娱乐经营场所的申请，完成22家娱乐经营许可证的年检换证工作；4月中旬，组织执法力量对霍州市的高危性体育经营场所进行安全检查，对检查出存在安全隐患的歌舞厅、网吧进行现场整治；从8月开始，对霍州市辖区内的17家印刷厂和广告公司存在的问题进行督查整改，对印刷喷绘相关设备及原料没有达到环保标准的进行查封，并责令其限期完成整改。

全市所有网吧、KTV、电影院共50余家经营单位将开机画面展示进行更换，130余家文化体育市场经营单位全部悬挂宣传横幅，2018年，共发放宣传单800余份；10月12日开始，开展清理整治行动，严厉打击违法违规经营行为，累计摸排500余次。

2018年，霍州市文化市场行政综合执法队共出动200余人次，车辆55车次，巡察检查各文化经营单位200多家，查办各类案件39起，责令整改15家，警告10家次，对存有安全隐患的16家经营场所下达限期整改通知，全年受理举报案件18起，办结回复率达100%。

【文化下乡】 2018年4月25日，霍州市文化局参加霍州市2018年文化科技卫生“三下乡”活动，给大张镇赠送价值2.1万元的农家书屋图书，接受群众咨询150余人，发放宣传资料1000余份；全年完成送戏下乡235场，其中政府购买免费送戏下乡55场；送电影下乡2624场；文艺小分队在乡村演出10场；给100个农家书屋补充1万多册图书；给李曹镇的5个行政村配套阅览桌、书架、椅子；指导基层开展文体活动60余次，参与人数超万人次；为基层配送文体器材、图书等，总价值20多万元。

【非遗工作】 2018年6月9日，霍州市文化局组织举办庆祝国家法定“文化和自然遗产日”的系列宣传活动；以“非物质文化遗产和乡村记忆”为主题的图片展，现场发放宣传材料5000余份；组织开展非遗项目现场展演活动；装饰宣传车到街道、社区、学校等人口密集区开展宣传和咨询活动。全年霍州市有3人被确定为临汾市级非物质文化遗产项目代表性传承人；完成第五批省级非遗代表性传承人的申报工作；申报霍州市省级非遗项目2019年度专项资金；

完成对霍州市非遗项目传承人的考核工作；在大张镇贾村和陶唐峪乡义城村资助新建两个乡镇级乡村文化记忆展示馆，打造特色文化小镇。

【重点项目】 霍州市全民健身中心位于霍东新区，总占地176亩，采用PPP模式运作，工程概算约3.2亿元，建设工期两年。全年已进入到大楼主体施工建设阶段。维修改造霍州市灯光篮球场和北山门球场。2018年，山西省彩票公益金拨付60万元，用于霍州市灯光篮球场和永和公园门球场维修改造。

【领导班子】

局　长：

张建民（2010.11—2018.12）

总支书记：

王海平（2010.4—2018.12）

副局长：

关志红（2012.5—2018.12）

庞天授（2010.4—2018.12）

薛晓波（2012.7—2018.12）

（吕凡）

广播电视

【概况】 霍州市广播电视服务中心担负全市广播电视宣传任务，管理全市广播电视事业建设，负责全市广播电视频道的规划，承担着广播电视事业的发展规划、管理服务职能。中心下设办公室、政工科、总编室、审片室、播出部、人事科、财务室、技术部、资料室、新闻中心、电台、广告部、网络中心13个部门，共有干部职工96人。

【节目宣传】 2018年，霍州市广电中心坚持新闻立台理念，提升新闻宣传的权威性和影响力。全年共制作播放《霍州新闻》300期、《一周要闻》48期，播发消息共计3200余条。电台做好做精《健康指南》《倾听107之文化霍州》《与法同行》《消防天地》《卫计专栏》《牧业天地》和《国学经典诵读》等自办节目；制作播出专栏节目，对重点工作进行深度报道。电视台策划推出《扫黑除恶在行动》《党建结对》《污染防治（环境整治）进行时》《脱贫攻坚在行动》《社会主义核心价值观》等专栏。全年共播出《扫黑除恶在行动》专栏50期，《脱贫攻坚在行动》专栏50余期，《污染防治（环境整治）进行时》专栏100期，《社会主义核心价值观》25期，《党建结对》专栏10期；加强对外宣传力度，打造靓丽霍州名片。霍州市广电中心与上级新闻媒体沟通对接。全年在临汾台发稿130余条，省台发稿35余条；电台制作播出涉及环境卫生、森林防火、食药安全、安全用气、消防安全、交通安全等内容的公益广告10余条。适应新媒体发展趋势，加强对《霍州视界》和《霍州之声》公众号的运营和管理，利用公众号推送《霍州新闻》，普及扫黑除恶专项斗争、抗震救灾、环境保护、健康卫生等知识。

【设备维护】 2018年，霍州市广电中心完成对电视台采编播设备和电台的播控终端设备的更换工作，推动广电中心事业建设发展。网络中心工作人员对受损的有线电视主干线路进行重新安装、调试和维护，确保电视信号正常传输。对市区及周边的120余个广播进行维护、更新。

【安全播出】 2018年，霍州市广电中心坚持安全发展理念，在工作中落实安全播出工作责任制。研究制定安全生产应急预案，组织人员对全中心涉及安全播出各环节、部位进行排查，排查范围包括有线电视前端、北山发射台、电台、新闻制作室等。组织值机人员进行安全知识学习和机房设备使用、操作规程等技能培训，网络中心工作人员做好线路的检查、维护工作，巡查对传输线路，及时维护，重新设计破损严重的传输线路、安装和调试，安全优质高效传输广播电视节目信号。

【领导班子】

主　任：

张志坚（2013.4—2018.12）

书　记：

叶革新（2013.4—2018.12）

电视台总编辑：

朱朝晖（2013.4—2018.12）

副主任：

薛晋骊（女，2003.2—2018.12）

杨治红（女，2007.6—2018.12）

纪检组长：

成记明（2003.2—2018.12）

副总编辑：

刘彦俊（2003.2—2018.12）

杨燕华（女，2007.6—2018.12）

总工程师：

张韦韦（女，2012.7—2018.12）

（申韶君）

新闻信息中心

【概况】 霍州市新闻中心，正科级建制，全额事业单位，内设机构有办公室、编辑部、网络部、通联部。编制15人，共在岗人数15人。出版霍州市委、市政府主办的资料《今日霍州》，宣传党的路线、方针、政策、国家法律法规，政府的政令和行政规章。报道市委、市政府的决策和重大工作部署，围绕市委、市政府的中心工作，搞好新闻宣传，推进决策执行；利用网站、公众微信平台、手机客户端等新兴媒体，发布全市政治、经济和社会各方面新人、新事、新经验、新气象，反映人民群众的意见、建议和要求。传播科技知识，发送经济信息，活跃城乡文化，培养新闻写作人才，提升霍州对外美誉度。

【报刊发行】 2018年，霍州市新闻信息中心按照“三贴近”原则，在提升新闻报道质量的基础上，探索传统媒体与新兴媒体的融合发展，创办《今日霍州》电子版、《今日霍州新闻》公众微信，新华社霍州手机客户端，《今日霍州》信息网站，实现报纸、公众微信平台、信息网站、手机客户端“四位一体”的宣传格局。全年《今日霍州》共出版发行56期，编发微信1000余条。

【宣传报道】 2018年，霍州市新闻信息中心完善新闻策划机制，对重点、热点新闻进行分类梳理，对重大主题、重大活动、重大典型新闻进行策划把关，调动采编人员发现新闻、采写新闻的主动性和积极性，挖掘新闻源，在新闻创新、提高报道质量上下功夫、做文章。以社论、消息、通讯、图片新闻、专题报道、系列报道等形式，通过《今日霍州》报纸、网站、公众微信、手机客户端等载体开展宣传报道。

【宣传典型】 2018年，《今日霍州》开辟“脱贫攻坚在基层”“学习宣传贯彻十九大精神，谱写新时代霍州发展新篇章”“众志成城，保护环境”“司法专栏”“食药常识”等专版专栏。《新时代、新霍州》（奋进中的2011—2018）是新闻信息中心整理编写出版成书，书中特撷取（2011年—2018年）

霍州市众多项目中的精品工程、亮点工程。

【领导班子】

主　任：

杨武锁（2016.10—2018.12）

副主任：

陈雪琴（女，1998.5—2018.11）

梁建峰（2012.8—2018.12）

杨　华（2012.7—2018.12）

【获奖情况】

2018年，在临汾市第19个记者节暨表彰大会上，新闻信息中心被授予新闻宣传工作先进集体，关莉发表的《雷响决胜脱贫攻坚战鼓—霍州市推进脱贫攻坚工作纪实》作品获“临汾新闻奖”二等奖；在全省县市报协会组织的22次年会暨晋冀豫地方新媒体高峰论坛、百家网媒总编看侯马大型采风活动中，霍州市新闻信息中心荣获2018山西省县市报社协会先进集体，《今日霍州》报获2018晋冀鲁豫优秀版面设计质量评比金牌奖。

文　物

【概况】　霍州市文物管理局行使全市境内各级各类（地上、地下）文物工作依法行政、保护管理、科学研究及合理利用的职能。2001年1月，霍州市文物管理局成立，为市政府直属事业单位。到2018年底，共有干部职工38人，领导班子4人，专业技术人员6人。下设6个股室，分别为办公室、文物股、安督股、霍州署博物馆、鼓楼文物管理所、娲皇庙文物管理所。全市共有各级文物保护单位558处，其中全国重点文物保护单位4处（霍州署、霍州窑址、贾村娲皇庙、赵家庄观音庙）、省级文物保护单位3处（霍州鼓楼、祝圣寺、韩壁遗址），临汾市级文物保护单位3处（千佛崖摩崖石刻造像、枣家垣墓群、山西红星机械厂俱乐部等建筑群）；市（县）级文物保护单位94处，其余为一般文物保护单位。

【文物安全管理】　2018年，霍州市文物局落实属地安全责任；定期进行安全隐患排查，保证各级各类文物安全；定期对工作人员进行安全培训，提升文物安全管理水平，实现全市全年年文物安全无事故。

霍州市文物管理局成立安全生产监督领导小组，确定基层安全专管员，落实文物安全监管党政同责，一岗双责。与公安局联合召开“霍州市文物安全暨打击文物犯罪专项行动工作会议”，对县级以上文物保护单位，全年进行两次安全隐患大排查，对发现的问题及时督促安全责任人进行限期整改，向上级文物部门汇报文物单位安全状况排查情况。在汛期来临前、文物保护单位所在村举行庙会活动、重大节假日来临时，文物局安全部门都要进行重点部署、重点检查，并在文物安全重点防范区派人进行蹲点安全值守。制定霍州署监控室、消防蓄水池等重点地点的安全值班管理制度，制定霍州署博物馆安全生产消防应急预案。每季度对重点文物保护单位的安全管理员进行一次安全知识培训，每半年组织单位人员进行一次安全应急演练，提高管理人员的安全意识及安全应急能力。多次迎接上级部门对文物保护单位的安全督查，对发现的问题进行整改完善，消除安全隐患。

【文物维护】　2018年，娲皇庙文化布展有创新。娲皇庙文化布展改变以往塑神像的单一模式，通过用泥塑、悬塑、壁画、彩绘等方式，在两个大殿里分别将娲皇功德、伏羲功德用多个场景呈现。

启动娲皇圣母主殿清代壁画的修复工程。聘请山西文物保护技术中心编制抢救性保护方案并组织专家论证通过，方案上报国家文物局批准，壁画修复工程由山西博物院技术中心人员实施，严格按照壁画修复程序科学施工，确保壁画修旧如旧，确保修复质量，壁画修复已完成70%。启动陈村玉皇庙修缮保护工程。陈村玉皇庙保护工程严格招标，于10月8日正式启动。

【核查全市文物保护单位】 2018年，霍州市文物管理机构通过核查摸清保存状况、保存数量、文物保护单位建筑面积，分清保护等级。

【文物申报工作】 申报第六批省级文物保护单位及第八批全国重点文物保护单位推荐工作。根据综合评价决定王庄三教庙、西张圣王庙、陈村玉皇庙、许村民居、南杜壁教务府、下乐坪关帝庙、宋庄关帝庙、山西临时省委扩大会议旧址、大张遗址、柏木川遗址十处文物保护单位推荐申报省级文物保护单位，霍州鼓楼、祝圣寺、王庄三教庙、陈村玉皇庙、南杜壁教务府、山西临时省委扩大会议旧址六处文物保护单位推荐晋升全国重点文物保护单位。经过资料收集、图片整理、保护范围及时划定，按质按量按时对文物保护单位进行申报。

【开展文明守望工程】 2018年，霍州市文物管理局针对文物保护单位多，国家文物保护资金投入有限的现状，文物局动员社会力量参与文物保护，推行文物认领保护。

【霍州署创AAAA活动】 2018年，霍州市文物管理局进行基础设施提升建设。对霍州署创AAAA景区进行设计规划，邀请评审专家进行实地指导创AAAA工作，完成霍山驿游客住宿接待中心改造古典装修，采购配置古典家具，配置相关设施，接待中心兼具观赏、研究、住宿功能；完成霍山驿古典共享食堂的装修改造，配置相关古典家具及配套设施，对霍州署谯楼进行升级改造。开展营销活动，扩大霍州署宣传。配合文旅公司举办霍州署首届冰雕节。筹建大型鼓楼威风锣鼓演出队，购置鼓、锣、镲、平等鼓乐，培训锣鼓队，进行多场表演。节假日期间，实现大型场景剧《圣谕广训》演出常态化，实现传统霍州书、莺歌表演、威风锣鼓演出等多样化穿插演出。

【交流演出】 20018年，邀请绛州鼓乐到霍州署交流演出。绛州鼓乐团一行6人到霍州署交流演出，为游客带来《鼓韵龙腾》《秦王点兵》《滚核桃》等精彩演出。利用“5·18”国际博物馆日，“5·19”中国旅游日，“6·10”自然与文化遗产日，上街宣传相关文物知识，向群众发放宣传单，举行文艺演出，霍州署博物馆免费为游客开放。

【领导班子】

党组书记　局长：

薛有生（2007.7—2018.12）

党组成员　支部书记：

孙　炳（2013.4—2018.12）

党组成员　副局长

成笃文（2012.7—2018.12）

工会主席：

刘树伟（2002.9—2018.12）

（孙炳）

新华书店

【概况】 山西新华书店集团临汾有限公司霍州分公司隶属于山西新华书店集团临汾有限公司，设有业务科、财务科、图书超市3个科室。

2018年，霍州市共发行图书1152950册，总码洋10890158.16元，比2017年增长6%，人均购书37元。其中哲学、社会科学18549册，码洋466588.65元；文化教育2437册，码洋249800.3元；文学艺术1331册，码洋37088.4元；自然科学技术479册，码洋14065.7元；少儿读物2924册，码洋59020.2元；中小学课本及教参165164册，码洋1528413.51元；教辅读物939824册，码洋8302856.77元；其他类22242册，码洋232324.63元。

【全民阅读活动】 2018年，霍州市新华书店开展全民阅读系列活动。发挥党的宣传阵地和国有企业的优势，从创“三优”门市宣传购买阅读的场所开始，推动机关、单位、学校、社区、军营、农村的全民阅读活动，发挥好行业特色，提倡全民阅读活动，促进文明建设，推动霍州市图书发行事业发展。

【提升服务水平】 2018年，霍州市新华书店提升服务理念展示“新华”风采。新华书店是服务社会、服务群众，推销精神产品的“窗口”行业，服务态度的好坏，直接影响到书店的形象和声誉，加强员工学习、提高员工素质当作树立书店整体形象的主要工作来抓。

【领导班子】

经　理：

申　兵（2016.12—2018.12）

（王建勇）

旅　游

【概况】 霍州市外事旅游局成立于2001年，是霍州市政府直属事业单位，正科级建制，是行使旅游行业行政管理职能，负责该行政区域旅游行业监督管理工作的职能部门。霍州市外事旅游局全额事业编制数为17人。内设机构有办公室、行业督查股、综合开发股。主要职责有：贯彻实施有关旅游的法律、法规；编制并组织实施旅游发展规划和年度计划；指导、协调旅游资源开发、利用、保护和旅游设施建设；组织旅游宣传，开发国内外旅游客源市场；会同有关部门协调旅游交通运输、改善投资环境，指导旅游商品市场开发和旅游安全工作；监督管理旅游经营活动，受理旅游投诉，查处或者参与查处侵害旅游者和旅游经营者合法权益的行为；组织、管理和指导旅游行业人员的教育培训；促进旅游行业发展的其他工作。

【重点工程】 2018年，霍州市七里峪景区跻身全省首批10家森林康养基地。聚焦“养心、养生、养老”三养体系，谋划七里峪景区文旅小镇、康养小镇、房车营地、酒店民宿等康养项目的落地。7月，山西省林业厅规划启动全省森林康养基地建设计划，打造七里峪三养体系的思路与森林康养基地建设规划高度契合，霍州市与省森投集团、临汾城投集团、海航集团等投资方进行洽商，合作开发框架已初具雏形；推进七里峪森林康养小镇建设项目，由霍州福地小镇旅游开发有限公司投资建设，项目总投资4.8亿元，占地63亩，总建筑面积24120平方米。2018年完成投资1000万元，实施地质勘探、环境评价、可研报告及规划编制工作，协助完成征地21亩，租赁土地42亩，完成土石方平衡、平整场地、1#—8#、17#楼室内装修工作；七里峪五龙壑旅游路及游步道建设项目开工建设。由七里峪林场向上级申请资金950万元，启动五龙壑旅游路及游步道建设项目，该工程已动工建设；全域旅游示范区创建是霍州市五城联创工作的重要环节，为以点带面，全面铺开创建工作，霍州市旅游局本着特色优先的原则，重点选择许村、王庄的三教庙、陶唐峪先行推进，树立榜样，搭建平台，带动周边，配合各特色景点建设主体的项目筹备推进工作。三教庙修复工程全部竣工，许村朱家大院修复工作取得阶段性进展，主院和南辅院、祠堂等建筑修复完成；陶唐峪景区一期项目完成招投标手续。

【宣传活动】 2018 年，休闲旅游发展与品质峰会由新华网发起主办，以“美好生活·美丽中国”为主题，全国千余家景区参加峰会。组织人员编撰《中镇霍山·华夏州署—离凡尘最远，离心灵最近的地方》旅游发展创新案例，以图、文、视频、音乐等多种形式集中展现霍州市旅游发展的相关措施与成效。通过网上投票、专家评选，霍州市荣获“首批国民休闲旅游胜地”称号；举办“夏养山西·康养霍州”暨“中镇霍山·华夏州署第十届文化旅游月”系列活动。霍州市旅游局策划“夏养山西·康养霍州”暨“中镇霍山·华夏州署第十届文化旅游月”11 大项系列活动。开幕式通过“山、水、情、缘”四个章节的艺术呈现；国有林区与景区品牌建设研讨会则围绕森林康养基地、森林体验基地、全国森林旅游示范市（县）等内容，汇聚规模盛大的行业专家、新闻媒体关注霍州；举办霍氏宗亲联谊会换届大会暨霍姓祭祖活动；举办首届七里峪星空帐篷节，为全国驴友团队、户外俱乐部、大学生团体全新呈现七里峪大森林的体验；举办“回家的味道”地方美食博览会；霍州市旅游局筹划“燃爆八月，四季纷呈”全年全域霍州游系列活动。利用各类节日庙会，按照“春游霍山桃花源、夏享中镇清凉境、秋赏太岳无限景、冬访神山几处仙”的四季旅游概念，综合考虑霍州旅游季节性特点及游客需求等因素，根据时间节点逐次举办逛庙会、赏桃花、祈状元、享清凉、品红叶、看冰瀑等活动，以活动促进旅游发展，以活动燃爆四季激情，推动旅游向全景全业全时全民的全域旅游转变。全年共推出重点活动 10 项、亮点活动 17 项、配合旅发大会活动 21 项，霍州市旅游局在七里峪中镇门和临汾市华门新天地设立市级文旅产品展销馆，通过对山之韵、景之逸、林之灵、气之清、天之蓝、水之怡等篇章系统展示霍州市山水旅游资源，解读康养生活深呼吸的养生文化，唤醒“霍州，那个让你魂牵梦绕的地方”的文化引力；开发和包装一批诸如食品、剪纸、编织、刺绣和霍窑瓷器等民俗旅游产品，创作和推出更具特色的历史剧目，通过文创产品展示区、特色商品展销区、非遗文化展演区，借助声光电、高新技术手段，助推霍州市文旅产品走出临汾，提升霍州的知名度，将文化资源优势转化为旅游实体经济。组织优秀文化学者，深挖霍州市优秀文化传承，编撰发行《霍州不仅是一首诗》系列丛书第一辑，为七里峪的文旅融合高速发展奠定文化基础；根据七里峪景区森林康养的山水人文特点，编排《诗与远方七里峪》35 秒快闪节目。

【领导班子】

局　长：

董　娟（女，2010.12—2018.12）

党支部书记：

梁学军（2013.12—2018.12）

副局长：

董文莲（女，2002.10—2018.12）

朱军华（2012.6—2018.12）

刘学军（2012.6—2018.12）

纪检组长：

苗新胜（2002.9—2018.2）

【获奖情况】

2018年9月霍州市外事旅游局被山西省人力资源和社会保障厅、山西省旅游发展委员会评为山西省旅游系统先进集体。

霍州市2018年12月被中国生态年组委会等单位评为全国生态文化旅游市。

霍州市2018年6月在2018休闲旅游发展与品质峰会上被新华网评为首批国民休闲旅游胜地。

（梁衡）

霍山风景区管理委员会

【概况】 2011年9月28日设立霍州市霍山风景区管理委员会，正科级建制，隶属市政府办公室，核定领导职数1正1副，编制6人。

【首届书商博览会】 2018年7月10日，首届中国（霍州）教育博览会在七里峪景区镇山广场举行，以霍州籍在外创业人员为主，吸引来自全国140余个参展企业。参展摊位2000余个，参展人数4000余人。

【第十届旅游节】 2018年8月24日，霍州市举办“中镇霍山·华夏州署”第十届文化旅游月暨“夏养山西·康养霍州”系列活动。开幕式在七里峪景区入口引导区镇山广场举行。管理委员会负责现场布置、文化布展、设施维修、清洁卫生以及组织协调、安全保卫等工作。

【康养基地建设】 2018年，七里峪景区被评为山西省十大康养基地之一。实施“一个中心，三大平台及康美小镇”等建设。到2018年底，各项工程已开工。

【领导班子】

主　任：

杜中平（2013.4—2018.12）

支部书记：

王小明（2013.4—2018.12）

副主任：

范振宇（2012.7—2018.12）

（李燕华）

梁衡研究会

【概况】 梁衡研究会成立于2015年9月28日，主要展示梁衡先生各个时期工作历程，陈列梁衡先生所有的作品及部分手稿，供社会各界人士研究学习。梁衡研究会以推进文化繁荣、服务社会主义精神文明和物质文明建设为宗旨，逐步健全组织、扩大队伍，开展活动。2018年，有研究员40人，团体会员13家，会员90人，学员数万人，形成以研究会为中心，研究员、会员、学员遍布全国各地的格局。

【主要活动】 梁衡研究会助推2018山西旅发大会，由语文报社与梁衡研究会设立梁衡作文奖，在霍州市举办“中镇霍山·华夏州署”文旅推广暨“语文报杯”全国中学生作文大赛首届梁衡作文奖颁奖仪式活动。参评作品由语文报社从第十九届“语文报杯”全国中学生作文大赛国家级一等奖以上获得者中推荐。由评奖委员会评审后最终确定获奖者30名（初中组10名、高中组20名）。

霍州市教科局举办“梁衡作文奖”全市中小学生作文大赛，梁衡研究会协办，全市

98所学校推荐作品参赛，决出10名获奖选手。

【会刊发行】 2018年，梁衡研究会出版《梁衡研究》会刊第五期，发行2000册。传媒部共编发《梁衡研究》订阅号155期、凝聚5600多名订阅用户。订阅号记录梁衡参加的学术活动、出版的著作和发表的文章，转载部分研究梁衡的文章。

【其他活动】 2018年1月16日，由霍州一中政教处、梁衡研究会举办的高一年级《梁衡作品读后感演讲》网上评选活动结束，有20名同学参加，7名同学进入决赛。

12月11日下午3点，2018年度“霍山诗人”颁奖仪式及文艺座谈会在梁衡研究会举行。活动由霍州市文联与梁衡研究会举办。

【领导班子】

会　长：

郭思红（2015.9—2018.12）

常务副会长：

韩学东（2015.9—2018.12）

副会长：

史江民（2016.9—2018.12）

薛李珠（2015.9—2018.12）

李福光（2015.9—2018.12）

朱壮军（2015.9—2018.12）

李国忠（2017.3—2018.12）

梁记全（2016.9—2018.12）

贾王广（2017.12—2018.12）

胡中华（2017.12—2018.12）

秘书长：

李福光（兼）

办公室主任：

胡中华（兼）

梁记全：

辛置镇分会会长

（胡中华）

老年书画家协会

【概况】 2018年，霍州市老年书画家协会，组织和带动书画爱好者，开展学习研讨、联谊交流、办展参展及送文化下乡活动。

【送展参展参赛】 2018年1月28日至2月24日，霍州市文化局、老干局和市老年书画家协会，联合举办霍州市“共筑中国梦 喜迎新春”书画诗联展览。展出霍州市书画诗联爱好者90余人、200余件作品，其中书法80余件、绘画40余件、诗词楹联作品60余首（副），参观的干部群众8000余人次。6月28日至10月10日，由中共霍州市委组织部、宣传部牵头，市文化局、市委老干部局、市文联、市旅游局主办；市老年书画家协会、市中镇书画院协办，联合举办庆七一暨纪念改革开放四十周年书画展。共征集全市130余人、190余件书画作品。参加“三省四市书画展”，其中赵子俊、王斌正等6人作品入选入展；“晋南山水画院绘画展”，曹曙平等14人作品入选入编；“临汾颉苑书画院成立三十周年书画展”，赵子俊等12人作品入选入展并获奖，“尧襄根祖文化研究会书画展”，赵子俊、周春花等19人作品入选入编。薛兆俊作品被国家财政部举办的书法展入选和收藏，陈伟锁书法作品获“相约北京全国大赛”二等奖，诗歌《忠实伙伴》《公园美景》分获中华情炎黄怀大赛金奖，被有关刊物选登。闫志坚参加“临汾市纪念改革开放40周年书画展”和“临汾市法治书法大赛”两件书法作品入展均获二等奖，被吸收为省书协会员。

【联谊交流活动】 2018年4月1日，汾西县老年书画家协会协同汾西县农业开发果树园区，举办“汾西县梨花节”活动，赵子俊等人应邀参会，参观汾西县团柏乡2800亩梨树园区和加楼乡800亩梨树园区，举办联谊笔会活动；9月29日，市委老干部局、市老年书画家协会，组织部分老干部及书画爱好者50余人赴临汾参观学习，参观法显纪念馆、临汾市百名书画名家作品展览、各县市改革开放四十周年成果展、临汾博物馆和临汾市图书馆全国绘画名家作品展”。11月9日，协助市消防大队，邀请临汾市老年书画家协会秘书长郑文秀等书画名家，在州署广场举办书画展览，展出名家作品40余件，现场进行书法笔会活动，义务书写条幅50余件。11月27日，霍煤集团邀请中国书法家协会会员、中国煤炭书画会副主席兼秘书长盛军到霍，在霍煤工会俱乐部作关于《中国书法艺术发展及创新》的专题讲座，市老年书画家协会组织会员50余人聆听讲座，并参观霍煤建企60周年书画展。

【送文化下乡活动】 2018年1月，组织30余位会员，从腊月初三至二十五日，到全市12个乡（镇、街道）的16个乡村（居委会），及交警队、环卫队、农委社会服务中心、审计局等单位，为离退休干部、乡镇村民、社区居民及企事业干部职工，书写春联1万余副。

从农历正月到四月，市老年书画家协会，联合各乡（镇、街道）基层分会，举办书画诗联巡回展和联谊笔会活动，在8个乡（镇、街道）11个村，利用传统庙会，巡回展出书画作品800余件（次），诗词楹联版面8块，作品60余首（副），开展联谊笔会活动，为群众义务书写条幅1000余件。

【研讨　编印专辑】 2018年，霍州市老年书画家协会借助老年大学，举办书画诗联等培训达40余场次。鼓励支持有专长的会员，编印书画、诗歌、散文及刊物等，宋乃坤编印绘画集，傅立圃编辑诗词续集和张静荣编辑散文集，编印刊发三期、约15万余字。参与“霍山书画诗联”网络信息平台活动的会员近百人，发表自己的书画诗联作品，交流信息，共赏互评作品。

【领导班子】

主　席：

孙玉安（1991—2018.12）

执行主席：

赵子俊（2010—2018.12）

常务副主席：

晋从华（2005—2018.12）

张福义（2005—2018.12）

张作文（2006—2018.12）

傅　枫（2005—2018.12）

王斌正（2005—2018.12）

韦山栋（2005—2018.12）

段新莲（2012—2018.12）

刘九林（2012—2018.12）

何文进（2017—2018.12）

秘书长：

张美玉（2005—2018.12）

副秘书长：

宋守宽（1991—2018.12）

武银福（2012—2018.12）

刘月虎（2005—2018.12）

赵培儒（2010—2018.12）

薛兆俊（2010—2018.12）

【获奖情况】

2018年，荣获“临汾市老年书画协会建会三十周年先进单位”和“全国老年书画精品大赛组织奖”等称号。

（张美玉　武银福）

医药卫生

卫生计生

【概况】 霍州市卫生和计划生育局承担全市医疗卫生、预防保健、计划生育、卫生行政执法、健康教育等行政管理办法。2018年，内设9个股室，共有在编人员23人。

【医药卫生体制改革】 2018年，霍州市卫生和计划生育局推进县级公立医院综合改革和县乡医疗卫生机构一体化改革。霍州市医疗集团及所属医疗机构挂牌成立，医疗集团法人登记与变更，完成相关人财物交接等工作，基本实现人员、行政、业务、资金、绩效、药械“六统一”管理。公立医院综合改革进展顺利。药品价格补偿足额到位，优化薪酬制度，医用耗材实行“阳光采购”，推进医药卫生信息化建设，增强医务人员诊疗水平和服务能力，提升县域内就诊率。

【健康扶贫】 2018年，霍州市建档立卡贫困人员共有1610户、3734人，其中，因病致贫、因病返贫人员255户、575人。按照“三个一批”的要求，做好健康扶贫工作。明确霍州市人民医院为大病救治定点医院，2018年，共救治大病病人14例；组建84支医疗“健康扶贫双签约”服务团队，基层一线开展签约服务，精准掌握因病致贫、因病返贫人员病情，乡村医生每季度提供一次针对性的入户健康服务，做到精准施治、全面覆盖；对重病患者实行兜底保障措施，共有70余名患者在市人民医院享受到“先诊疗、后付费”“一站式”服务。建档立卡贫困户患者住院时均未收取任何费用，自付比例平均占7.87%，报销比例达92.13%。

【基本公共卫生】 2018年，霍州市卫生和计划生育局提高健康档案建档率、电子档案建档率、重点人群随访率、质量标准、工作规范。实施慢性病管理、老年人体检、妇保儿保等重大公共卫生服务项目，提升管理率。开展健康教育和健康促进工作，在全市二级以上医院开设健康教育讲座，在广播电台开设《卫计专栏》，宣传健康教育知识。

【妇幼保健工作】 2018年，霍州市卫生和计划生育局落实政府民生实事，宫颈癌筛查3190人，产前筛查与诊断工作2031人，孕前优生健康检查972对，新生儿疾病筛查2806例。

【疾病预防控制】 2018年，霍州市卫生和计划生育局共报告法定传染病15种1351例。全市传染病疫情及时报告率、及时审核率、有效证件号完整率均为100%；HIV全人口检测完成11913人次，HIV抗体自愿检测154人，全部建立规范档案；结核病患者接受免费治疗94例；儿童国家免疫规划病苗全程接种率、流动儿童建卡建证率均超过95%，疾病防控形势基本稳定，防控能力增强。

【综合监督执法】 2018年，霍州市卫生和计划生育局加强执法队伍能力和作风建设，建立完善医疗执业监管和惩戒责任体系；推行“双随机、一公开”监管机制和违法乱纪“黑名单”制度，全年监督检查医疗卫生机构375家，医疗卫生、公共场所、生活饮用水、学校卫生、放射卫生等监督覆盖率达到百分之百。

【领导班子】

局　长：

贾亚龙（2015.9—2018.12）

副局长：

武燕平（2015.9—2018.12）

张　铭（2015.9—2018.12）

李红梅（女，2015.09—2018.12）

（杨娟娟）

人民医院

【概况】 霍州市人民医院始建于1948年，是一所集医疗、教学、科研、预防、保健和康复为一体的二级甲等综合公立医院；是全市基本医疗保险和各种商业保险定点医院；是交通事故绿色通道定点医院。全院开放床位220张，年门急诊近12万余人次，住院1万余人次。医院设备先进，技术力量雄厚。现有职工395人，中共党员109人，专业技术人员314人，其中高级职称29人，中级职称115人。拥有飞利浦1.5T核磁共振、德国西门子螺旋CT、美国GE新一代双能DR成像系统、双能骨密度仪、美国飞利浦四维彩超、奥林巴斯CV－290消化内镜操作系统、美国史塞克数字HD高清晰腔镜手术系统、德国WOLF电切镜和钬激光碎石系统、血液透析机、法国梅里埃微生物诊断系统等大型设备，基本满足临床需求。

2018年6月30日，霍州市医管委组织市编办、市财政局、市人社局、市卫计局、市医疗集团进行人、财、物交接工作。医疗集团对所属成员单位实行“六统一”管理并健全相关制度，保证集团持续健康运行。霍州市医疗集团共有职工597人，其中在编345人，临聘252人。2018年，构建市乡一体、以乡带村、分工协作、三级联动的市域医疗卫生服务新体系。

【业务工作】 2018年，霍州市人民医院全院门急诊125484人次，同比增长33%。其中门诊117503人次，增长36%，日均门诊量420人次。预约诊疗服务19249人次，网上预约挂号814人次。急诊7985人次。出院9553人次，其中参保人员8194人次，占85.8%。手术2931人次，较2017年增长8%。门诊手术1194人次，住院患者手术1737人次；腔镜手术60台次，较2017年增长11.1%；消化科内镜下治疗236人次；急诊手术1118人次；择期手术619人次。收治危重病人624人次，抢救232人次，成功209人次，抢救成功率90.1%。

【优质服务】 2018年，霍州市人民医院为城乡居民减免各类挂号诊疗费用近万元，120出车1448次，开通绿色通道，实施先诊疗后付费401人次。“走出去，请进来”——开展“服务百姓健康行动”大型义诊周活动，组织100余名医务人员开展40余次下乡义诊，受惠群众700余人。开展“心肺复苏进万家”活动8次，培训群众200余人。组织经验丰富的专业技术队伍，携带体检设备，到6个乡镇44个村为建档立卡贫困人口、65岁以上老年人、高血压、糖尿病、重症精神病患者等重点人群免费体检。

累计完成10个乡镇10905人次，发现28例危急值，上门评残47次，免费为396名残疾人员评定等级。出院病人随访率62.9%，回访率92.8%，患者满意度94.8%。发放满意度调查表1746份，平均满意率97.7%。开展优质护理服务活动，“以病人为中心”，开展多种形式简明易懂的健康教育、生活指导、康复协助等，实施6S现场管理，统一标准，关注细节，完成14项护理技术创新和服务创新。

【科研培训】 2018年1月，临汾市中心医院选派麻醉科、耳鼻喉科、儿科、心内科、普外科、肿瘤科、病理科、医学影像科、康复医学科等科室的副主任医师、主治医师、主管护师共10余人到霍州市人民医院指导、参与相关专业临床医疗工作，开展教学查房、业务讲座、参加病例讨论以及建章立制等管理工作。9月起，霍州市人民医院病理科已正常运行，开展普通HE检查，共发报告417人次。

【质量安全】 2018年，霍州市人民医院加强对危重、疑难、手术、输血、特殊病人和重点人群的下巡下视，探索试行多学科协作的诊疗机制，让病人不动专家动，专家围绕病人转成为服务新模式。完善病历质量层级检查督导，由年轻医师、科室质控医师、院级质控员、科主任、医务处主任、业务院长联合检查点评，副主任医师、主治医师每日夜查房，在具体的医疗实践中“手把手”“传帮带”，助力青年人加快成长。实行医院感染制度、标准、检查、考核四位一体管理机制，监测住院病例9553例，医院感染发生率0.20%，无漏报，无1类切口手术部位感染，无导管相关血流感染，无医院感染暴发和流行。

【学科建设】 2018年，霍州市人民医院理顺精神科门诊工作。累计投资102.5万元建成占地300平方米的康复医学科，开展关节松动、偏瘫肢体综合训练、PNF、平衡评估训练等9项康复技术，诊疗588人4700余人次。增配7台血液透析机，完成血液透析室改扩建工程，面积250平方米的透析诊疗区已经投入使用，解决40余名患者就近连续透析治疗难题。肿瘤科内外科独立完成40余例130人次的胃癌、结肠癌、肺癌、乳腺癌等化疗。与山西省人民医院、省心血管病医院、临汾市中心医院等三级医院组建医联体，加入耳鼻咽喉头颈外科、眼科、超声、医学检验、药学、结核病、卒中防治中心等7个省级专科联盟，消化道早癌防治中心、胸痛中心2个市级专科联盟。

【基础设施建设】 2018年，霍州市人民医院完成医院消防水池、管道、电路维修改造，更新226具灭火器。升级完善公共区域数字化视频监控和标准化警务室建设，一键报警装置布控合理，以人防为核心、物防为基础、技防为支撑的全方位医院安全防护体系更加完善，妥善处理各种治安案件30余起。新建洗衣房160平方米，CT室、新生儿病房、供应室改扩建全部竣工，基础设施全部到位，新增业务用房近200平方米。

【重大活动保障】 2018年，霍州市人民医院完成霍州市38所医疗机构共975名医师的2016至2017年定期考核工作。提供重大活动、重要会议保障50余次，配合教科局、武装部、公安局完成高考体检1102人、征兵体检268人、嫌疑人体检350人。受霍州市医疗保险基金管理中心委托，完成148个单位3113女职工体检任务。

【服务弱势群体】 2018年，霍州市人民医院“健康扶贫”助力“精准扶贫”。开展“先诊疗、后付费”一站式结算服务，服务建档立卡贫困人口住院401人次，总费用233.7万元，自付比6.11%；大病关怀救助1人次，一次性救助5000元。服务建档立卡门诊大额疾病患者347人1714人次，9至12月自付比2.21%。签约服务建档立卡贫困人口1530户3564人，签约率100%。每季度至少入户访视一次，面对面随访率100%。组织健康教育讲座40余次，受益1000余人次，为建档立卡贫困户入户检查339人次。

【精益管理】 2018年，霍州市人民医院将医疗业务相关的职能科室归集管理，打破部门分工间的封闭型壁垒，增进交流合作，提高管理效率和效果。投资185万余元，完成中心机房和内网改造升级，更换服务器、存储、核心交换等设备，增加温度湿度、防水、断电等实时监测和预警系统，完善机房巡查制度，确保机房稳定运行。向“互联网＋医疗”稳步迈进，健康山西客户端从7月正式启用，半年时间共计2万余人次通过微信、支付宝进行门诊和住院缴费支付。迎战勒索病毒，修复漏洞，升级杀毒软件，封闭135、137、445等端口，做到安全运行无事故。学习推广应用PDCA，6S管理，根因分析等质量管理工具，引导医务人员自觉融入日常工作，鼓励全院职工参与品质改善活动。

【人才培养】 2018年，霍州市人民医院共招聘47人，公开招聘19人，临床医师13人，医技医师3人，药学1人，检验1人，解决原有11名临聘人员的编制问题。自主招聘28人，卫生技术人员26人，其他2人。有职工395人，卫生技术人员330人，占84%。

【文化建设】 2018年，霍州市人民医院通过临汾市文明单位创建测评。完成全院381名职工免费体检。开展庆祝首届“中国医师节”系列活动，举办“敬佑生命、救死扶伤、甘于奉献、大爱无疆”为主题的大型文艺晚会。开展庆“五一、五四”和第107个“国际护士节”文体活动。组织病历质量评比和名医评选活动，遴选涌现出数10名优秀人才。

【领导班子】

人民医院：

院　长：

乔亚明（2012.8—2018.12）

书　记：

张春生（2012.8—2018.8）

院长助理：

张军丽（女，2015.1—2018.12）

医疗集团：

理事长：

乔亚明（2018.8—2018.12）

副理事长：

张春生（2018.8—2018.12）

张军丽（女，2018.8—2018.12）

【获奖情况】

医院上报数据被国家卫健委《国家医疗服务与质量安全报告》评为最高级别——9星级。

山西省临床检验室间质量评价优秀单位

山西省医学检验科专科联盟理事单位

临汾市文明单位

“助力污染防治攻坚战”演讲比赛　优秀组织奖

“助力污染防治攻坚战”环保知识竞赛　优秀组织奖

临汾市“名医百杰”：

人民医院心内科副主任　张军丽

人民医院医学影像科主任　郭会斌

临汾市“百名好医生”：

人民医院消化肾内科医师　梁新林

人民医院五官科医师　曹耀亮

开元办社区卫生服务中心负责人　刘云珠

三教乡冯村卫生分院负责人　郭晓林

临汾市 2015—2016 年度医师定期考核优秀医生：

人民医院骨科医师　朱光军

临汾市 2015—2016 年度医师定期考核优秀考务工作者：

人民医院医务处干事　李　青

（弓晓芳）

中医院

【概况】 霍州市中医院建成于 1986 年 10 月，是一所集医疗、科研、急救、预防和康复为一体的中医医院，承担着霍州市主城区周边 10 余万人民群众的预防保健、常见病诊疗、大病预约、转诊及手术病愈后的康复，护理等职能。诊疗原则为“突出中医特色，中西医结合”。医院设内科、外科、妇科、儿科、五官科、手术科、皮肤科、康复理疗科、烧伤科、中西药房及辅助科室，开设病床 50 张。截至 2018 年底，共有正式职工 64 人，其中卫生专业技术人员 60 人，高级职称 4 人，中级以上职称 18 人。

【迁建项目】 霍州市中医院旧址位于霍州市桥西街 46 号，2010 年，国家专项资金投资 1300 万元，地方配套 350 万元新建霍州市中医院门诊住院楼，新中医院位于霍东新区经五路东侧、开元小区南侧，占地 13 亩，该项目为地上四层（局部五层），框架结构，建筑总面积 6400 平方米。2011 年 11 月动工，2013 年底主体工程完工，2018 年，进行二期室内外配套设施工程建设。

【就医环境】 2018 年，霍州市中医院在二期工程中打造花园式就医环境，院区内设有停车位及自行车停车棚，绿化面积达到总平面面积的 80%，设有病人休憩凉亭，急救通道畅通无阻使急救及转运服务得到保障。楼内设施齐全，各科室配备有直饮机、电子化呼叫系统、电视等改善患者诊疗修养环境和舒适度。

【人才培养】 2018 年，霍州市中医院根据医院学科建设的要求，完成全院医护人员基础知识培训和基本技能培训，派各科专业人员去上级医院进修学习，掌握发展趋势，明确行业要求，学习先进技能，逐步缩小同行业差距，提高整体业务素质，为中医院新院开业奠定基础。

【发展规划】 2018 年，霍州市中医院利用中医药实践，提升在国内和国际影响力，针对患者所需，开发医学新领域，满足不同层次患者医疗需求。走专科专病之路。利用传统的中医药治疗方法，结合现代医学技术，走出一条专科专病模式，以点带面，发展壮大自己，并引进新技术、新项目，促进专科全面发展。依靠服务治疗竞争发展自己，树立品牌意识。通过在基层培训中医药适宜技术，培训中医人才等活动。霍州市中医院要遵循“发挥中医药特色，中西医结合”的建院方针，结合霍州市的发展水平，因地制宜探索出一条适合自己的路。

【领导班子】

院　长：

王雅琳（女，2012.8—2018.12）

书　记：

马国平（2003—2018.12）

副院长：

孔生福（1993—2018.12）

王海林（1993—2018.12）

（孙俊萍）

爱国卫生工作

【概况】 霍州市爱国卫生运动委员会办公室（简称爱卫办），正科级建制，到2018年底，共有职工8人，主要职责是负责全市爱国卫生工作的组织协调、监督指导、检查评比、表彰奖励等，开展环境治理、除害防病、农村改厕为重点的群众性爱国卫生运动。

【环境整治】 2018年，霍州市爱卫办以“创建国家卫生城市”为目标，开展环境卫生整治。督促各乡（镇、街道）清理对影响人民健康、损害城市形象的生活垃圾、建筑垃圾、工业垃圾以及季节性垃圾。各乡（镇、街道）加强道路清扫保洁和垃圾收集清运作业，实行全天无空档保洁和垃圾清运制度，保证净化质量和作业标准；加强监督力度，采取定路段、定责任的方法，实施监督管理；建立和健全环卫岗位目标管理责任制和百分考核督查制。开展城乡环境卫生整洁行动，出台《霍州市城乡环境卫生整洁行动工作方案》，明确整治内容，分解整治任务，下达到有关部门与乡（镇、街道），督导检查整治情况。组织人员对北环路至七里峪景区沿线的环境卫生进行重点整治。

【爱国卫生月】 2018年4月是中国第三十个爱国卫生月，爱卫办在全市开展以“关注小环境、共享大健康”为主题的“爱卫月”活动。下发《关于开展第三十个爱国卫生月活动的通知》。“爱卫月”活动期间共出宣传板报30块、标语50条、出专刊一期5000份、散发宣传单1万余份。

【农村改厕】 2018年，霍州市爱卫办把农村改厕工作纳入爱国卫生建设工作的重点，制定工作方案，对全市农村厕所进行统计造册，深入各乡（镇、街道）各村宣传，按照因地制宜，整村推进的工作思路，建立市乡村三级抓农村改厕机制，推进霍州市农村改厕工作。9月13至14日组织召开霍州市2018年农村改厕工作培训会议，邀请省爱卫办改厕专家对农村无害化卫生厕所内容进行培训，实地对霍州市农村改厕工作进行指导，各乡（镇、街道）、各村两委班子共400余人参加培训会议。全年爱卫办免费改建无害化卫生厕所5500座。

【除四害】 2018年，下发《关于开展夏季消杀活动的通知》，在全市开展“除四害”消杀活动，从省消杀站购回“除四害”药物，免费发放，对重点单位进行密度监测，预防和减少病媒传播疾病的发生和蔓延。

【领导班子】

主　任：

武　翔（2011.4—2018.12）

党委书记：

李　涛（2013.12—2018.12）

副主任：

毋历华（2002.5—2018.12）

朱志华（2002.12—2018.12）

李　毅（2007.8—2018.12）

（李毅）

医药管理

【概况】 霍州市医药有限公司始建于1956年7月，2006年10月由原山西省霍州市医药药材公司改制而成，是具有独立法人资格的医药商业骨干企业，为山西省医药流通行业协会副会长单位。注册地址：霍州市鼓楼东街146号。经济性质为：有限责任公司。公司机构设置为“六部一室”：即财务部、质管部、采购部、储运部、销售部、信息部和办公室。2014年11月独家投资组建山西德顺源大药房连锁有限公司，旗下有连锁直营门店25家。两个公司为同一法人，实行资源共享，统一管理。2018年底，共有药品从业人员161人。经营范围为中药材、中成药、中药饮片、化学药制剂、抗生素、生化药品、生物制品（除疫苗）、精神药品（限二类）、蛋白同化制剂及肽类激素、医疗器械、保健食品12大类共计5800余个品规的医药商品，担负着霍州市、霍州煤电集团、铁路职工、省内异地职工、城乡居民刷卡购药及门诊大额疾病用药服务，霍州、汾西等地基药配送及全市30万人民群众防病治病、康复保健、抢险救灾药品供应任务。

【经济指标】 商品销售收入：2018年，霍州市医药公司实际完成10783.83万元，（含批发调拨给连锁的4139.28万元，实际纯销售净额为6644.55万元），占年计划12200万元的88.39%，与2017年同期的11707.62万元相比下降7.89%。

净利润：实际完成315.44万元，占年计划350万元的90.13%，与2017年同期的396.91万元相比下降20.53%，净减绝对额81.47万元。

上缴税金：实际上缴365.40万元，占年计划480万元的76.13%，与2017年同期的481.97万元相比下降24.19%，净减绝对额116.57万元。

【经营管理】 2018年，霍州市医药有限公司采取内挖潜力，培育优势；外拓市场，固守阵地；集聚合力，重点突围的方略化解不利因素，提升经营业绩。采购方面。在寻求“两票制”品种的基础上，把工作重心放在连锁经营所需品种上，加强与门店之间的联系，畅通特供药品绿色通道，引进适销对路优势品种。“两大仓库”方面。配合采购部、销售部采取对外与碧锦纳川等兄弟单位互通有无，对内借助连锁平台，在去库存、调结构、甩包袱、消化积压滞销商品上做工作，使库存结构趋于合理。连锁销售方面。以“八加二”门店为龙头，采取活动支撑，措施跟进，打折让利，优惠降价的办法吸引顾客，拉动销售业绩回升。按照时间节点全年推出16场大型促销活动。全年新增会员6770人，积分兑换礼品价值金额38万元。加大品类管理力度，坚持走高中低档差异化经营之路。新增老国营、学府、李诠庄和西张4家连锁店，使公司门店总数达到25家。2018年，中心完成销售收入6535.33万元，与2017年同期的6023.11万元相比提高8.5%，净增绝对额512.22万元。医院销售方面。采取固守阵地和开发市场两条腿走路的模式，运用手中“两票制”的资源，紧盯市人民医院、霍煤集团总医院两大客户，启动民营医院开发项目，从品种、价格、资金和服务上提供支持，作好民营医院临床用药的坚强后盾，经过扶植培养，广泽医院已成为可靠的战略合作伙伴。2018年，医院销售中心完成销售收入773.37万元。基药销售方面。在政府办基层医疗卫生机构配送业务难以正常开展的情况下，变平台上销售为线下营销，重新启动康复医院、骨伤科医院、友好医院及个体诊所的业务。全年药品配送金额达334.24万元。其中，霍州区域完成256.53万元，汾西区域完成77.71万元。外埠销售方面。巩固总代理经营战略成果，以山东东阿、先声药业和江西汇仁的产品为纽带，加强与晋临医药联盟合作，凭借价格优势，向全省辐射，使外埠销售总额达239.93万元。

【医保惠民】 2018年，霍州市医药有限公司严守医保基金安全，规范医保刷卡行为，采取企业自查和接受主管部门检查相结合的方式，重点解决医保工作运行中大额刷卡信息留存不全，医保软件信息与管理系统数据不一致等问题。发挥山西省医药行业协会零售分会与政府沟通的桥梁作用，促成山西省人社厅〔2017〕399号文在霍州市的落地实施，解决保健品、医疗器械、消杀制剂、中药饮片以及中药材在刷卡过程中造成串换药品假象的问题。做好门诊大额疾病服务工作，通过跟踪服务，电话回访，提升慢病人员的信任度和满意度，全年累计服务门诊大额疾病达9501人次。针对特殊行业实行补充医疗保险的情况，与上海亿保健康管理有限公司精诚合作，于2018年9月开通亿保支付业务。瞄准发展短板，推进定点药店建设步伐。

【质量管理】 2018年，霍州市医药有限公司将质量管理工作放在首位来抓。增强全员质量意识，落实岗位职责。控制质量流程，注重质量现场管理，形成人人抓质量，事事抓规范氛围。发挥质量管理体系职能作用的基础上，创立门店负责人、质量负责人和驻店执业药师组成的“三人”质量管理工作小组，在公司内部推行驻店执业药师双重领导的管理模式，强化质量管理工作的组织领导。加大设施设备的维修保养力度，按时完成冷链设施和温湿度监测系统的验证工作，对所有的设施设备进行维修保养，适应现代技术发展要求，探索质量档案资料电子化管理。注册首营电子资料网络平台，推进质量档案资料电子化。

【人才培养】 2018年，霍州市医药有限公司强化全员培训。采取“请进来、走出去”的方式，借助战略合作伙伴优势资源，特邀讲师团队走进霍州医药开展员工培训。利用微信平台参加慢病管理和糖尿病知识的专题培训。坚持走培养与招聘相结合的道路，新增执业药师8人，壮大执业药师队伍，执业药师总人数达到35人，针对管理层人员年龄老化，活力不足的实际，扶持年轻同志走上管理岗位，经过综合考评，企业与25名临时聘用人员签订劳动合同，并足额缴纳各项社会保险费，使劳动合同制和合同制聘用人员首次突破百人大关。

【企业宣传】 2018年，霍州市医药有限公司与市电视台、广播电台建立长期的合作伙伴关系，采取新闻冠名和企业形象滚动播出并举的方式，进行企业形象宣传。建立公众号，精心制作图文并茂的宣传片，发动员工利用朋友圈进行转发宣传。利用各家连锁门店电子屏，加大户外宣传力度。提高德顺源大药房整体对外形象。对部分门店的旧式栏柜、货架作更新换代，从商品堆头到POP的制作以及爆炸贴的张贴都作统一规范。集中优势兵力，深入社区、乡村走街串巷进行宣传。5月、8月、11月组织3次大型宣传活动，购置便携式音箱25个，出动宣传车辆39台次，人员达210人次，散发DM宣传单5万余份，张贴海报450余张，在社会上引起强烈反响。携手中华老字号品牌企业广誉远国药、山西黄河电视台在霍州市香江广场举办“好孕中国，健康德顺源，黄河大声唱文艺晚会”。

【领导班子】

董事长、总经理：

张国新（2006.10—2018.12）

董事、副总经理：

张海杏（2006.10—2018.12）

李成文（2015.3—2018.12）

总经理助理：
宋永利（2017.2—2018.12）
刘世保（2017.2—2018.12）

【获奖情况】

2018 年，霍州市医药有限公司被中共临汾市委组织部、中共临汾市非公经济组织和社会组织工委授予“双强六好”市级示范党组织、“规范建设年”活动先进基层党组织。

食品药品监督管理

【概况】 霍州市食品药品监督管理局 2013 年 12 月成立。内设 5 个机构、1 个稽查队和 6 个乡镇监管站。共有行政人员 19 人，事业人员 21 人，工勤人员 2 人。

【食品药品宣传】 2018 年，霍州市食药监局主动把食品药品法律法规和安全知识宣传到基层、传递给群众。设立 10 个公交站点宣传栏，建立 3 个基层科普宣传站，制作版面悬挂于农村、社区、学校。开展食品“三小条例”专题宣传，印制宣传资料，开展“4·24”主题日宣传，组织参与“微训直通车”答题，播放专题宣传片，悬挂宣传条幅 170 条。开展食品安全周、食品药品质量安全月、防范食品保健食品欺诈和虚假宣传等活动，推进宣传进社区、进乡村、进网络、进校园、进企业，送资料，办讲堂，挂标语。在霍州市官方新闻媒体开辟宣传专栏，播放公益广告，介绍工作动态，讲解法律法规，延伸宣传触角，扩大宣传成效。

【食品药品许可】 2018 年，霍州市食药监局行政审批股、行政审批中心工作窗口、各职能股依法履行食品药品许可工作职责，严把受理、审核、验收、审批、核发各个环节，公开许可内容、许可程序、许可时限，优化许可流程，缩短办理时限，提升服务水平和许可效率。共核发“食品小作坊许可证”28 份、“食品经营许可证”281 份，“食品小经营店备案证”741 份、“食品小摊点备案卡”74 份。配合临汾市局核发“药品经营许可证”11 份、“药品经营质量管理规范认证证书”7 份。

【食品药品监管】 2018 年，霍州市食药监局同全市食品药品生产经营企业签订安全责任书。6 个乡镇监管站每月通过现场指导、教育培训、隐患排查等方式指导规范 3 至 5 家企业。通过山西省局信息系统及时录入食品生产经营企业基本信息和日常监管信息，留存工作痕迹，实现动态监管，提升信息化管理水平。实行“一店一档”，建立企业诚信档案，做好动态调整，完善基础数据。指导餐饮服务单位加强硬件建设，推进“明厨亮灶”工程，实现“透明厨房、阳光操作”，自觉接受消费者监督。新增“明厨亮灶”餐饮单位 15 家，2018 年“明厨亮灶”餐饮单位达到 40 家。对全市 56 家农村餐饮理事会备案。

【食品药品培训】 2018 年，霍州市食药监局召开全市食品药品协管员聘任及培训工作会议，对 205 名食品药品协管员进行食品药品法律法规和安全知识集中培训，提升协管员履职能力。各监管站、各职能股强化从业人员培训教育，制定培训计划，遴选培训内容，免费发放培训资料，组织开展集中培训。共开展各类培训 10 次，培训食品药品从业人员 420 人次。

【重大活动食品药品安全】 2018 年，霍州市食药监局明确职责任务，加强分工协作，细化保障措施，通过开展现场监督、集中检查、重点驻守等方式，消除安全隐患，促进规范管理，保障霍州市人大七届三次会议、政协霍州市七届三次会议、高考、中考、旅发大会、《义务教育学校管理标准》整体提升县域办学水平霍州现场会等重大活动食品药品安全。

【违法案件查处】 2018年，霍州市食药监局围绕无证经营、超范围经营、生产经营假冒伪劣食品药品开展市场稽查，发现食品药品领域存在的违法违规问题和线索，依法打击，坚决取缔，净化市场秩序。加强案件管理，规范文书制作，确保实体公正和程序公正。共立案26起，结案26起，处罚人民币17.7万元。运用“12331”投诉举报平台，主动接受群众投诉举报。共受理投诉举报31起，处理31起。

【食品领域专项整治】 2018年，霍州市食药监局开展食品安全专项整治。专项检查5家桶装饮用水企业，督促企业落实安全主体责任，控制生产过程，规范标签标识和产品出厂检验，确保大桶水质量安全。以酒类批发商、超市、便利店为重点单位，重点检查进货渠道、供货商资质、索证索票、标签标识，确保酒类质量安全。共检查酒类经营单位54家，责令改正21家。以校园周边小超市、小食杂店为重点，重点检查食品经营许可证、供货方资质、食品合格证、标签标识、贮存条件、保质期等内容。共检查食品经营单位32家，责令改正15家。检查71家保健食品经营企业，打击虚假宣传，规范经营行为，纠正存在问题，消除安全隐患，规范保健食品经营管理。排查2家农贸市场、71家生肉经营户，严查进货渠道、进货票据、“三章两证”，杜绝不合格生肉流入市场。共检查学校食堂85家，责令改正42家。对春节期间提供年夜饭的餐饮单位进行摸底排查。共检查餐饮单位71家，责令改正36家。检查火锅店等餐饮单位，规范食品添加剂管理使用，杜绝非法添加行为。共检查餐饮单位43家，抽检火锅底料20批次。监督餐饮单位按要求安装油烟净化设施并正常使用，发放使用台账，悬挂警示牌，完成210家餐饮单位突出问题整改。

【药械领域专项整治】 2018年，霍州市食药监局以处方药销售、特殊药品复方制剂、非法回收药品、中药材、中药饮片、疫苗、药品广告和互联网药品信息、终止妊娠药品、基本药物为重点开展专项检查，规范药品市场秩序。共检查药品经营企业68家、医疗机构108家，责令改正176家。以经营使用无证医疗器械、未经许可（备案）经营医疗器械等违法违规行为为整治重点，组织经营使用单位开展自查，强化安全主体意识。共检查医疗器械经营企业36家、医疗机构20家，责令改正56家。

【食品药品检验工作】 2018年，霍州市食药监局委托谱尼测试集团股份有限公司抽检食用农产品340批次、非农产品200批次；配合临汾市局开展药品抽检，经营企业和医疗机构抽检药品24批次；加强快检能力建设，深入食品流通企业、餐饮单位开展快检187批次；监督28家食品生产企业送检样品56批次。

【领导班子】

局　长：

张凤梅（女，2013.4—2018.12）

支部书记、副局长：

崔世娟（女，2013.4—2018.12）

副局长：

高琴玲（女，2012.6—2018.12）

党组成员：

高晓华（2018.1—2018.12）

（高亮）

检验检测中心

【概况】 霍州市检验检测中心成立于2015年3月，承担霍州市的计量检定、食品、药品、农产品等各类检验检测任务。是市政府直属事业单位，正科建制，2018年底，中心编制20人，内设5个科室：办公室、业务室、食品检验股、计量检定测试股、产（商）品检验股。

【计量检定】 2018年，霍州市检验检测中心开展计量强制检定工作，确保强制检定计量器具的受检率达到100%。全年共检定压力表1113块，衡器139台，加油机212枪，燃气表1650块，血压计90台。

【窗口建设】 2018年，霍州市综合检验检测中心围绕“简化工作流程，提升服务能力”的工作目标，邀请各界人士座谈等，听取各方意见和建议。为提高行政审批服务质量和效率，霍州市综合检验检测中心设立政务大厅业务窗口，修订《计量器具检定申请受理办法》，规范强制计量检定审批业务，简化工作流程。

【队伍建设】 2018年，霍州市检验检测中心完成加油机、压力表、衡器等检定项目的社会公用计量标准器的送检工作，夯实服务社会的基础能力。安排人员参加业务培训学习，提升专业技术人员的工作技能，保证检定检测工作的准确可靠。推进“三基建设”工作，完善“一目录一流程图三手册”，做到职责清晰、任务明确、分工合理，完善制度体系建设，制定6大类44项工作制度。

【宣传工作】 2018年，霍州市综合检验检测中心通过悬挂宣传标语、发放宣传资料、设立服务咨询台等形式多样的宣传活动。

【领导班子】

主　任：

朱全锁（2015.3—2018.12）

（慕华）

妇幼保健

【概况】 霍州市妇幼保健计划生育服务中心是政府设立的公共卫生事业机构，贯彻落实《母婴保健法》《中国儿童发展纲要》《中国妇女发展纲要》，开展群体保健，促进妇女儿童健康，面向群体、面向基层，为妇女儿童服务，提高出生人口素质。到2018年底，全院有干部职工46名，专业技术人员45名，共设6科1室，即妇保科、儿保科、健教科、功能科、信息科、财务科和办公室。主要仪器有B超、阴道镜、血球分析仪、心电图机等。

【卫生项目】 2018年，霍州市妇幼保健院为保护广大妇女儿童身心健康，降低孕产妇死亡率、儿童死亡率，提高住院分娩率，负责对所有农村待孕妇女（包括流动人口）实行增补叶酸预防神经管缺陷项目，免费发放小剂量叶酸。开展预防孕产妇艾滋病乙肝梅毒母婴传播项目服务，负责全市预防艾滋病、梅毒和乙肝母婴传播工作的日常管理、技术培训和业务监督指导，结合孕产期保健服务，为孕产妇提供预防艾滋病、梅毒和乙肝母婴传播的健康咨询和检测工作，并为阳性孕产妇及所生儿童提供干预措施。

【宫颈癌筛查】 2018年，霍州市妇幼保健院宫颈癌筛查为防治妇女常见病多发病起到重要的屏障作用，对全市35至64岁的农村适龄妇女进行宫颈癌免费筛查，对疑似病例进行跟踪随访。

【新生儿疾病筛查】 2018年，新生儿疾病筛查工作启动，霍州市妇幼保健院根据新生儿疾病筛查实施方案的要求，宣传新筛的重要性和迫切性，使广大家长在知情基础上自愿进行筛查。

【出生医学证明管理】 2018年，霍州市妇幼保健院根据《母婴保健法》及《山西省出生医学证明管理办法》要求，出生医学证明实行微机化管理，专人专管，证章分开，分级管理。空白证依号码顺序发放，落实“两锁三铁”的存储要求，规范开展首次签发、换发和补发，严格废证管理，做好登记、上报等工作。

【健康教育】 2018年，霍州市妇幼保健院通过制定详细的工作计划，采取进村入户，媒体宣传、举办孕妇学校、预防艾滋病、梅毒和乙肝母婴传播工作，母乳喂养宣传周、健康快车、媒体宣讲及发放资料等方式和活动，提高全民健康教育知识知晓率。

【三网监测】 2018年，霍州市妇幼保健计划生育服务中心以县、乡、村三级网络为依托，加强信息统计、上报、反馈、核实工作，实行每月例会制度，对基层妇幼人员进行培训，提高基层妇幼人员的整体素质，使妇幼信息做到及时、准确、科学，并为政府制定政策提供科学依据。

【领导班子】

院　长：

刘华新（2018.1—2018.9）

贾亚龙（2018.9—2012.12）

（成如珍）

疾控中心

【概况】 霍州市疾病预防控制中心前身是霍县防疫站，创建于1974年，2002年正式更名，是市政府设立的公共卫生事业机构。到2018年底，共有干部职工31人，专业人员22人，其中高级职称1人，中级职称9人，初级职称12人，其他人员9人。设办公室、免疫规划科、结防科、性病艾滋病科、应急科、传染病科、检验科、门诊部、财务科、慢病科、地病科、生物制品科共计12个科室。拥有原子吸收分光光度计、酶标仪、生物安全柜、200毫安X光机等检验及诊断仪器设备20余台（套）。能开展HIV检测、碘盐检测、消毒效果检测、水质常规9项检测、布病检测。

【免疫规划】 2018年，霍州市“七苗”接种率均达95%以上，实行定点接种，已有7家接种门诊完成规范化门诊建设，各接种单位实行定点定时接种，提高适龄儿童免疫接种率和及时接种率。2018年，霍州市疾控中心对全市16个接种单位进行4次免疫规划工作督导，发现问题及时纠正。各种免疫规划疫苗基础免疫接种率均达到上级要求。霍州市16个接种单位实现儿童预防接种信息微机管理，所有接种信息要求在5天内完成信息系统录入。对免疫规划针对性疾病实行“零”病例报告与主动监测制度。落实专人负责，每旬对哨点医院进行主动监测。全市未发现麻疹、新生儿破伤风、流脑等针对性疾病，无脊灰、白喉病例发生，针对性疾病得到控制。按照国家免疫规划程序开展日常接种，采取多种措施加强宣传，提高适龄儿童接种率。

【传染病防控】 2018年，全市传染病管理，实行市、乡、村三级报告、预防、控制管理制度。加强法定传染病监测和疫情管理。全年无甲类传染病病例发生、无重大传染病暴发流行。开展全市传染病网络直报工作，网络报告覆盖率、及时率、审核率等均达到100%。共报告各类传染病15种1351例，其中病毒性肝炎771例，流行性感冒81例，肺结核95例，其他感染性腹泻168例，猩红热29例，流行性腮腺炎18例，布病18例，梅毒41例，急性出血性结膜炎18例。手足口病64例。百日咳5例，淋病4例，痢疾33例，风疹1例，艾滋病5例。按照上级要求，结合实际，霍州市疾控中心把非典、人禽流感、甲流、艾滋病、狂犬病、乙脑、流感等纳入重点传染病防治，做好传染病疫情报告、个案调查，处理疫点，防止疫情扩散。做好手足口病疫情防控工作。开展健康教育，发放宣传资料，防止疫情暴发流行。

【结核病防治】 2018年，霍州市病人系统管理率达98%以上，共接诊可疑就诊者522例，发现活动性肺结核91例，结核性胸膜炎6例，接受免费治疗94例。非结防机构共上报93例可疑患者，其中重报患者11例，住院患者2例，出院患者1例，转诊2例，追踪79例，追踪到位72例，追踪到位率91.13%。痰检处置有效规范，全年共接诊522例，查痰501例，痰标本共计1413份，随访病人136例，痰标本272份。规范药物管理，对结核免费药品实行日清月结，每月根据病人数量，预算库存量及时调整计划，保证病人用药安全及供应及时，加强药品管理，加强药品账目管理、专柜专放、专人管理，杜绝失效浪费和差错事故的发生。

【艾滋病防治】 2018年，全市新报告艾滋病13例，全市累计发现艾滋病患者38人，全部纳入正常指导服药及咨询管理。治疗满五年及以上且存活的10人。艾滋病自愿咨询检测工作：全年共完成154人（年任务数为150），全部建立健全规范档案及个案登记。被监管人员HIV抗体监测工作：全年共完成249名（年任务数200），检出HIV抗体阳性1例，已报临汾市疾控中心并纳入正常管理。2018年HIV抗体检测工作：霍州市共完成11913人次的抗体监测工作，检出HIV阳性0例。对霍州市高危场所进行摸底，选择人群集中场所开展宣传教育、安全套推广等活动，并对高危人群干预175人次，检测175人。发放宣传材料6000余份，发放安全套7000余只。

【慢性病防治】 2018年，霍州市疾控中心共收到医疗机构上报的死亡报告卡1061张，审核1061张，报告死亡率为361/10万。全年对基层医疗卫生机构进行4次督导，对乡镇卫生院、社区卫生服务中心及村医现场开展1对1培训工作，帮助各基层医疗机构发现问题并改正。严重精神障碍防治工作，系统在管患者822人，非在管5人，死亡64人，失访22人。

【地方病防治】 2018年，霍州市疾控中心根据《全国碘缺乏病监测方案》，结合霍州市实际，开始在碘盐监测的基础上进行儿童、孕妇的尿碘、儿童甲状腺容积监测工作，监测工作进入新的发展阶段，监测结果如下，盐碘：盐碘中位数儿童22.2毫克/千克、孕妇23.9毫克/千克，中位数适中，接近山西省所选择的加碘水平25毫克/千克；碘盐覆盖率儿童95%，孕妇96%；合格碘盐食用率儿童86%，孕妇88%。尿碘：全市共调查8至10岁儿童200名，共调查孕期不同的孕妇100名，结果显示霍州市人群碘营养水平适度。甲状腺容积：全市共对5所小学200名8至10岁儿童采用B超法进行甲状腺容积检查，全市甲状腺肿大人数6人，肿大率为3%，低于不超过5%的国家控制标准。布病防治工作，完成高危人群血清学筛查31例，至2018年底，新发布病病人19例，全部完成流行病学调查并指导开展治疗。疟疾防治工作，共上报发热病人血涂片171例，复核22例，未发现阳性病例。完成地方病十三五中期评估和重点寄生虫十三五中期评估，完成省级消除疟疾自评报告。

【检验检测】 2018年，霍州市疾控中心开展城市和农村饮用水水质卫生监测。4采样水样出厂水和末梢水共60份。监测指标包括感官性状和一般化学指标19项，毒理学指标13项，微生物指标3项。其中9份水样总硬度不合格，6份硫酸盐不合格，2份溶解性总固体不合格，2份总大肠菌群不合格，1份铝不合格，1份氟化物不合格，2份锌不合格。其余都在合格范围内。监测碘盐300份，合格262份，不合格38份（其中10份无碘盐）。

【领导班子】

主　任：

孙建勇（2013.4—2018.12）

副主任：

王温良（2002.10—2018.12）

马晓丽（女，2007.8—2018.12）

（杜秀珍）

社会生活

民政工作

【概况】 霍州市民政局是主管社会行政事务的政府职能部门。内设办公室、社会福利和社会事务股、社会组织党建工作股、行政审批股（民间组织管理股）、优抚安置股、基层政权和社区建设股6个股室，下辖低保中心、救助站、福利中心、地名办、有奖募捐发行站、婚姻登记处6个事业单位，有工作人员32人。

【城乡低保】 2018年，城乡低保共有低保对象1685户、3672人，全年发放低保金1851.32万元；特困供养463人，发放供养金400.49万元，护理补贴77.01万元；医疗救助1065人、314.93万元，大病关怀救助23人、11.5万元，资助特殊困难群众参保5394人、97.09万元；临时救助413人、142.97万元。重病重残救助318人次、15.2万元；低保与扶贫有效衔接，建档立卡贫困户中低保对象1289人，低保标准提高到3960元。

【特困供养】 2018年，霍州市民政局完善落实特困人员救助供养制度和机制，集中供养标准为8580元/人·年；分散供养标准为7800元/人·年；特困供养对象463人，其中分散供养352人，集中供养111人，共发放特困供养金400.49万元，并根据供养对象生活自理能力分档增发护理补贴，全年共发放护理补贴77.01万元，两项合计共477.5万元。

【医疗救助】 2018年，霍州市民政局将城乡低保对象、特困供养人员和在乡不享受公费医疗待遇的重点优抚对象、社会散居孤儿弃婴作为医疗救助的重点救助对象。资助特殊困难群众"参保"5394人，发放"参保"金97.09万元；医疗救助1065人，发放救助金314.93万元；对患有24种重大疾病的低保对象和建档立卡户，病情处于晚期，给予一次性不超过5000元的大病关怀救助。大病关怀救助23户，23人，共发放救助金11.5万元。全年共计支出医疗救助金423.52万元。

【临时救助】 2018年，霍州市民政局整合各类资源，健全和完善临时救助工作长效机制，急难救助413人，发放救助金142.97万元；四类学生（含大学生）共救助1810人，发放救助金308万元；重病重残救助318人次，发放救助金15.2万元。

【脱贫攻坚】 2018年，霍州市民政局发挥民政职能作用，参与全市脱贫攻坚工作，制定《霍州市农村低保扶贫行动方案》《霍州市农村最低生活保障制度与扶贫开发政策有效衔接实施方案》，建立社会保障兜底脱贫对象联合认定机制，将建档立卡贫困户中符合低保条件的丧失或部分丧失劳动力的对象及时纳入低保范围。截至12月，霍州市建档立卡贫困户中低保对象为1289人。

【优抚安置】 2018年，霍州市民政局为霍州市1165名优抚对象按时足额发放抚恤金和生活补助费共计855.2万元。医疗补助57人，12.4万元；门诊补助483人，8.47万元；参合补助468人，8.424万元。将符合安置条件的2名退役军人安置到市综合执法局。三次走访慰问驻霍部队、退役军人和其他优抚对象的走访慰问，为立功受奖的现役军人家属送喜报。完成全市退役军人及其他优抚对象信息采集工作。投资26万元完成南坛、南堡烈士陵园维修保护。

【基层政权】 2018年，霍州市民政局对第十一届村（居）委换届工作进行“回头看”，指导后续工作，规范档案管理，开展干部培训，加强基层政权建设。结合民政职能，参与扫黑除恶斗争，加大宣传教育力度，发现排查线索，清退有劣迹村委干部。组织指导乡、村两级完成10个行政村撤并任务。申请上级补助资金和政府投入，对全市9个城市社区进行提档升级，永泉社区成为2018年新建的高标准示范点。企业社区移交接收涉及10个社区，霍电1个社区已签订协议，霍州煤电等9个社区协商取得突破性进展，推进基层民主政治建设。霍州市在全国志愿服务信息系统里注册的志愿者已经达到4275人，注册的团体达到52个。

【社会组织管理】 2018年，霍州市民政局做好社会组织管理和党建工作。霍州市共有社会组织147家；2018年新登记社会组织22家。全市社会组织应参加年报110家，已参加年报105家；根据临汾市民政局要求，在全市范围内开展打击整治非法社会组织行动，共查出非法社会组织11家；社会组织统一信用代码系统（代码系统）、完善社会服务统计信息管理系统（财务统计系统），与财务统计系统保持数据一致，加强对社会组织数据质量的管理，整改数据质量问题，消除数据差异。

【防灾救灾】 2018年，霍州市民政局抓好防灾减灾救灾工作。共下拨救灾资金50万，棉被334条，棉大衣103件，棉衣裤200套，棉褥17条，面粉1188袋，帐篷2顶。按灾情下发到各乡镇。主要是4月低温冷冻，7月洪涝，受灾人口达5万余人，直接经济损失6000多万元。10月与财政局联合出文向上级申请今冬明春救灾资金，确保受灾群众基本生活；减灾示范社区。2018年，霍州市南环路街道汾东花苑社区成功申报减灾示范社区。为普及防灾减灾知识。5月12日组织开展一系列防灾减灾科普宣传活动。

【婚姻登记】 2018年，霍州市民政局共办理结婚登记2384对，补发结婚证件536对，离婚登记575对，补发离婚证件29个，无一投诉事件，登记合格率100%。为提高婚姻登记当事人婚姻家庭意识，解决婚姻家庭中遇到的难题，设置婚姻家庭辅导室和调解室，为当事人免费提供咨询服务。将婚姻登记颁证意识引入婚姻登记流程，设置颁证大厅，并推出颁证服务。

【困难残疾人生活补贴】 2018年，霍州市民政局做好困难残疾人生活补贴。按照《山西省人民政府办公厅关于适应经济困难的高龄与失能老人补贴制度及提高百岁以上老人补贴标准的通知》（晋政办发〔2015〕116号），出台《霍州市人民政府办公室关于印发霍州市困难残疾人生活补贴和重度残疾人护理补贴实施办法的通知》（霍政办发〔2016〕25号），对城乡低保家庭和建档立卡贫困户中的残疾人进行重点排查，未发现应补未补的问题。按照规定按标按时发放，确保补贴资金及时送到困难残疾人手中。截至2018年底，全市共有低保家庭中的残疾人为680人，每人每月补贴50元，全年累计发放金额44.88万元。其中316人是建档立卡贫困户。经济困难高龄老年人补贴工作。根据《山西省人民政府办公厅关于建立经济困难的高龄与失能老年人补贴制度及提高百岁以上老年人补贴标准的通知》（晋政办发〔2015〕116号）文件精神，出台《霍州市人民政府办公室关于经济困难的高龄与失能老人及百岁以上老年人补贴实施办法》（霍政办发〔2016〕26号），高龄、失能老人实行按季度社会化发放。截至2018年底，城乡低保家庭中80周岁（含）至99周岁（含）的高龄老年人共27人，每人每月补贴30元，全年累计发放金额1.314万元；城乡低保家庭中60周岁（含）至99周岁（含）的失能老年人共15人，每人每月补贴60元，全年累计发放金额1.476万元。分散供养孤儿弃婴基本生活保障工作。根据《山西省人民政府办公厅关于加强孤儿保障工作的实施意见》（晋政办〔2011〕66号）文件精神，对霍州市符合条件的孤儿弃婴，实行分散供养，社会化发放，每人每月补贴630元。截至2018年底，全市共有孤儿弃婴59人，每人每月补贴630元，全年累计发放金额48.195万元。

【社会事务】 2018年，地名普查成果数据完成国家级验收。随着地名普查进入收尾阶段，接受省级、国务院地名办对霍州市第二次地名普查成果的复核、审查和验收，完成霍州市普查成果数据的梳理、整理和入库，并刻盘上报，推进普查工作；11月初，对临汾长治线一号界桩进行更换栽设。该界桩位于霍州、沁源、古县交点，按照上级民政部门要求，将原有老旧界桩更换为新式界桩。在流浪乞讨救助工作方面，实施亲情式救助，全年共救助流浪乞讨人员151人次，救助金支出63652.64元，接收准确率和护送安全率均达100%。开展养老服务质量提升专项行动，将7个乡镇敬老院院民集中到福利中心过冬，向上级争取资金50万元，建设5个农村日间照料中心。

【领导班子】

党组书记、局长：

张全红（2016.10—2018.12）

支部书记、副局长：

李建平（2007.8—2018.12）

副局长：

李红平（1998.4—2018.12）

（谢丽华）

残疾人事业

【概况】 霍州市残疾人联合会是代表残疾人利益，维护残疾人合法权益，团结教育残疾人，为残疾人服务，管理和发展残疾人事业的人民团体。主要职责：宣传贯彻《中华人民共和国残疾人保障法》，维护残疾人权益，开展各项业务和活动，为残疾人服务，承担政府委托的部分行政职能，管理和发放“中华人民共和国残疾人证”，管理和指导各类残疾人群众组织，培养残疾人工作者，发展和管理残疾人事业。到2018年底，在编工作人员9人，内设综合股、组织宣传文体股、康复股、维权股、审批股5个股室。下设残疾人综合服务中心、残疾人就业服务所2个事业单位，其中残疾人综合服务中心编制5人，在编人员2人。

【组建工作】 2018，霍州市残联于1月底前完成县乡两级残联换届工作，配齐领导班子，12个乡（镇、街道）配备兼职理事长，全市189个行政村、18个社区全部建立残协，并选聘残疾人专职委员。

【康复工作】 2018年，霍州市残联与卫计局、医疗集团联合出台《关于开展霍州市残疾人精准康复服务行动的通知》《关于开展2018年，政府民生实事残疾预防重点干预和残疾儿童抢救性康复项目实施方案》，召开精准康复服务培训会和推进会，共培训乡（镇、街道）残联理事、康复协调员、村医210人次；联合卫计部门相关人员深入各乡（镇、街道）进行精准康复工作指导、回访；验收组织工作人员对精准康复服务，全年服务0至6岁儿童残疾筛查诊断17人，残疾儿童抢救性康复项目救助58人，开展盲人定向行走培训64人，精准康复服务1342人；做好各类辅助器具发放工作，邀请临汾市辅助器具服务中心工作人员为21名截肢患者制作模型并安装假肢。全年共发放各类辅助器具492件，其中建档立卡贫困户284件；争取山西省残联项目支持，配备残疾人康复设施，增强残疾人综合服务中心的基本功能。

【残疾人证办理】 2018年，霍州市残联选派人员参加省级残疾人证管理培训班，按照新出台的残疾人证管理办法要求，制定办证流程，确定残疾评定机构和残疾医学评定小组，为方便残疾人评残，与霍州市人民医院专家一起开展上门评定服务工作。自新的管理办法执行后，全年共办证386份。

【社会保障工作】 2018年，霍州市残联加强重度残疾人护理补贴发放工作，市、乡两级按照标准和程序进行认真审核和审批，全年共有7440人次享受补贴111.6万元；根据临汾市残联要求，经过核实准确填写《解决因残致贫家庭突出困难政策落实情况统计表》，协助霍州市人社局为711名建档立卡残疾人和1103名重度残疾人落实政府代缴医疗保险；经与民政部门核实，有680名残疾人享受低保，有306名残疾人享受五保。

【教育工作】 2018年，霍州市残联落实省彩票公益金助学项目，上报在校残疾人子女大学生6名，残疾人大学生9名，申报3至8周岁残疾少年儿童助学11名。

【就业工作】 2018年，霍州市残联完成残疾人就业实名制系统录入，录入城镇新增残疾人就业22人，农村新增残疾人就业12人，城乡残疾人新增培训61人，均已完成目标任务；完成盲人保健按摩人员培训4人，小儿保健按摩培训2人；完成农村贫困残疾人实用技术培训任务，以询价采购的方式委托鸿达职校培训农村贫困残疾人40名。

【维权工作】 2018年，霍州市残联坚持以维护残疾人切身利益为信访工作的前提，以法律法规、政策文件为依据，以维护社会稳定为出发点，做好残疾人来信来访工作。依托司法和法律服务网络，将残疾人日常法律服务纳入工作日程，维护残疾人合法权益；参政议政工作。主动联系人大、政协以及各乡（镇、街道）对全市各级人大代表、政协委员中残疾人、残疾人亲友和残疾人工作者进行汇总，并及时录入“中国残疾人事业统计管理系统”；贫困残疾人家庭无障碍改造工作，为105户城市低保家庭、农村建档立卡贫困重度残疾人家庭进行无障碍改造；做好残疾人机动轮椅车燃油补贴工作。做好残疾人机动轮椅车摸底、上报，燃油补助发放、回访工作。2018年，为23名残疾人发放机动轮椅车燃油补贴，每人每年补贴260元；受理残疾人来人来访150余人次，答复率100%；化解矛盾20起，越级上访数量为零。

【数据动态更新】 2018年，霍州市残联根据临汾市残工委《关于做好全国残疾人基本服务状况和需求信息数据动态更新工作的通知》精神，霍州市残联组织成立全市动态更新工作领导组，确定实施方案，组织调查队伍，实施培训，指导调查，对全市残疾人的康复、教育、就业、扶贫、社会保障等服务和需求进行普查，共调查残疾人5575人，录入系统5428人。

【宣传工作】 2018年，霍州市残联在全国"爱耳日""爱眼日""助残日""残疾预防日"等残疾人节日开展系列宣传活动中，设立宣传点、咨询台，向过往行人发放宣传资料1万余份。与"康之声"联合进行听力障碍筛查。在济民医院举办残疾预防讲座，联合济民医院开展送医下乡活动。在三教乡免费为群众开展义诊，有量血压、测血糖、测心电图等项目；为三教乡敬老院送去轮椅、血压计、血糖仪等物品；对贫困残疾人李改莲送去慰问金及防褥疮垫等；按照上级残联工作要求，及时、规范报送工作信息，全年共撰写信息34篇，向山西省残联网站报送信息9篇，向临汾市残联报送信息25篇。

【领导班子】

理事长：

闫记红（2010.11—2018.12）

党支部书记：

郭伟华（2014.1—2018.12）

副理事长：

朱文华（2003.2—2018.12）

何广文（2007.8—2018.12）

秘书长兼理事：

高　荣（女，2003.2—2018.12）

理　事：

何东红（2003.7—2018.12）

【获奖情况】

2018年3月，霍州市残联被山西省残联授予2017年度全省残疾人工作先进单位；4月，被临汾市残工委授予2017年度全市残疾人工作优秀单位。

（杨泽艳）

民族宗教

【概况】 霍州市民族宗教事务局担负着全市民族宗教事务工作，2018年底，内设民族宗教股、办公室和行政审批股3个股室，行政编制4人，主要职能是依法履行民族宗教管理职能，保护公民宗教信仰自由和正常的宗教活动，促进民族宗教团结、稳定和谐发展。

【维稳工作】 2018年，霍州市民族宗教事务局维护民族宗教稳定。调整民族宗教工作领导小组，建立领导组工作制度，制定《关于建立市乡村三级民族宗教管理网络和乡村两级工作责任制的意见》，更新民族宗教工作三级网络；召开宗教活动场所安全会议，签订安全文明创建责任书，印发《霍州市集中开展民族宗教领域影响社会稳定矛盾问题摸排调研化解工作的实施方案》，部署开展宗教场所安全检查和隐患整改落实。

【法治化建设】 2018年，霍州市民族宗教事务局开展政策法规宣传月活动。印制发放《条例》《宗教工作应知应会》等资料1000余本；深入场所开设法律咨询台，发放资料200余册，受众面达200余人次；组织全市民族宗教界开展学习政策法规答题活动，围绕学习贯彻中共十九大精神和《宪法》《宗教事务条例》，向宗教界发放试卷1000份，提高民族宗教界的法律意识。

【宗教中国化建设】 2018年，霍州市民族宗教事务局开展“四进”活动。发放并指导场所悬挂条例、核心价值观、中华优秀传统文化挂图40套。发动场所响应《关于在宗教活动场所升挂国旗的倡议》并升挂国旗；开展以“学习”为主题的和谐寺观教堂创建活动。制定活动方案和学习目录，指导场所完善学习制度，制定学习计划，做好学习笔记。

【清真食品监管】 2018年，霍州市民族宗教事务局开展民族团结进步创建活动。印制民族政策、民族知识宣传彩页600份，提升群众对民族政策的理解；1家清真饭店经营场所问题，帮助协调少数民族群众子女转学问题。联合多部门开展清真食品经营餐馆依规检查，对2家清真食品经营单位建立台账，进行登记备案，并发放清真食品安全宣传单、《山西省清真食品监督管理条例》，确保清真食品行业稳定发展。

【宗教领域治理】 2018年，霍州市民族宗教事务局开展多项宗教领域重点工作。开展佛道教商业化专项治理，成立霍州市专项治理工作领导组，制定实施方案，联合多部门在宗教活动场所、文物保护单位、旅游景区对照《关于进一步治理佛道教商业化问题的若干意见》要求，重点排查商业资本投资承包佛道教活动场所、假僧假道骗取钱财、私设功德箱、违规修建大型露天造像行为等，要求各佛道教场所及教职人员严守政策法规红线，开展自查；巩固基督教私设点治理成果。与各乡（镇、街道）签订责任书，对前期已治理的基督教私设点明确责任进行监管；按照《宗教临时活动地点审批管理办法》，对3个原由乡镇监管，接受政府管理的场所进行临时活动点登记，指导其规范活动；开展民间信仰场所普查备案工作。制定《关于开展民间信仰活动场所普查和备案的工作方案》，明确普查范围和规范要求，对包括民间信仰场所的名称、信仰情况、规模、地址、管理组织、信众数量、日常活动等在内的基本情况进行摸底统计，为探索民间信仰创管理体制，规范民间信仰活动奠定基础。

【领导班子】

局　长：

晋学清（女，2013.4—2018.12）

（郝文莉）

住房公积金

【概况】 临汾市住房公积金管理中心霍州管理部成立于1996年8月，正科级编制。2012年5月，机构调整，上划至临汾市住房公积金管理中心，单位名称更改为临汾市住房公积金管理中心霍州管理部，到2018年底，有职工8名，公益性岗位1人。

【业务指标】 2018年，霍州市住房公积金管理中心建立公积金单位254家，正常缴存单位169家，正常缴存职工10933人，缴存11380万元，比2017年增加992万元。截至2018年底，公积金余额40869.72万元。2018年提取4792万元，其中非销户性提取3034万元，销户性提取1758万元。比2017年增加477万元。2018年，发放个人住房贷款56笔共计1506万元，回收贷款1852万元。贷款余额12517.20万元。

【便民服务】 2018年，临汾市住房公积金管理中心霍州管理部建成一套资金管理能力强，核算效率高，操作便捷，服务高效的系统。统一设计归集、贷款、财务、资金管理等基层数据，建立科学合理规范实用的住房公积金业务数据体系。规范财务管理，银行账户由临汾统一管理。财务流程自动化，各银行账户实时查询，账户余额一目了然。实现日清月结，三账（业务、财务、银行）联动。加速结算效率，业务办理“三个实时”；汇缴实时分解入户。提取实时入卡，职工办理完成，资金秒到个人银行账户。贷款实时发放，原有字纸资料传递变为银行数据互联传递。流程优化，归集业务“先核定后缴存”实现按月足额缴存。贷款数据实现自主化，贷款逾期扣划由中心自主完成。全国转移平台业务实现业务内置，系统实现“账随人走，钱随账走”。

【领导班子】

主　任：

王　平（2014.1—2018.12）

老区建设促进会

【概况】　霍州市老区建设促进会是国家、省、市、县、乡设立的系统组织，担负着弘扬老区革命精神，促进老区经济、文化、社会发展的使命；是实施红色文化遗址保护、开发、利用工作的倡导者、引领者。在国家实施精准扶贫战略工作中，发挥着监督及推进作用。2018年底，该会理事成员有80余人，其中名誉会长6人，领导班子10人，其余为本会理事。

【重点工作】　2018年度，对霍州市重点项目建设工程督导、视察工作6次；出版发行中镇文脉系列史书《文物编》500余册。主编：张明光；打造“美丽乡村”下马洼文化建设工程，重点开发、美化“南潭”文化广场1处；建立著名学者梁衡文化园1处；乡村文化记忆馆1处；著名世界500强企业家、海航集团董事长《陈峰》专著300余册，主编：郭思红；响应市委、市政府提出的“迎老乡，回故乡，建家乡”要求，2018年，老促会6次去海南，陪同领导及霍州市部分企业家到海航实地参观、学习、考察；组建霍州企业家联谊会。经海航集团牵线搭桥，该联谊会积极推进霍州土特产品对国内外的销售；组建“晋商”陈峰展览馆1处，成立陈峰研究会专门机构；开展爱心助学活动。2018年度，“爱心助学基金会”筹资100余万元，资助贫困生40万元，剩余资金充实基金会的基本额度；深入三教乡三教村，组织实施精准扶贫“草编”项目的培训、操作及推进工作。项目已落地生根，以点带面在全市推广；“九·九”重阳节，组织老干部召开座谈会，为举办专场演唱会；组织老干部演唱队伍开展文化下乡活动，为城乡居民演出30余场次；组织书画展10余次；组织开展老年体育活动。市老体协门球队多次荣获国家、省、市奖项。

【领导班子】

会　长：

郭思红

副会长：

肖培芳　薛李珠　张明光　杨辉金

吴国波　张　华　任光福　陈福林

妇委会主任：

员春玲（女）

秘书长：

张明光（兼）

办公室主任：

胡中华

（张明光）

老龄人才资源开发协会

【概况】 老龄人才资源开发协会是经党中央、国务院批准，在全国各省、市、县设立的群众性社团组织。主要工作职能是：组织和动员各类老龄人才，参与各种社会活动，弘扬真善美，传播正能量。围绕党的中心工作，发挥老龄人才的优势，开展各种社会活动。霍州市老龄人才资源开发协会组建成立于2005年，与市老区建设促进会、梁衡研究会三个组织，一套班子。人员由退休干部组成，统一领导，合署办公。

【活动情况】 2018年，霍州市老龄人才协会组织全市各类老年人才深入学校、农村、机关、社区，开展宣讲活动。成立基层党组织，在白龙、陶唐峪、开发、永泉、老促会等乡镇、街道和单位成立老干部支部临时党支部，定期组织集体学习。组织全市65岁以上的老年人免费进行身体体检。组织全市老年文艺爱好者，举办器乐、舞蹈等各种文体活动，到农村社区进行慰问演出。组织开展门球、象棋、太极拳、健美操等各种文体活动。组织全市老年书画爱好者，举办培训班，聘请书法、绘画老师授课。到农村基层，开展送春联、送温暖下乡活动。组织老干部、老党员、老同志代表，对全市重点工程进行观摩。组织全市人才召开各种类型的征求意见座谈会。慰问救济全市困难老同志，表彰做出贡献的老年人才。

【领导班子】

会　长：

郭思红

副会长：

肖培芳（女）　薛李珠　张明光

董双锁　付谨璧

秘书长：

董双锁（兼）

办公室主任：

胡中华（兼）

（董双锁）

乡镇工作

三教乡

【概况】 三教乡地处霍州市东北隅，北靠晋中市灵石县，东邻长治市沁源县，西接师庄乡，南连大张镇、李曹镇，总面积156平方公里，所辖30个行政村，55个自然村，总人口2.2万人，耕地6.8万亩，乡人民政府驻地为下三教村。党委政府机关内设党建办、综合办、社会事务办、经济发展办4个办公室，设农村服务中心、综合便民中心、计划生育中心、服务管理中心、经济发展中心5个办事机构。

【产业建设】 2018年，霍州市三教乡按照“一心三轴三片区一山区”的空间发展布局，初步形成“特色林果、无公害蔬菜、精品杂粮、规模养殖、乡村旅游”五大产业。规模企业引领发展，扶持服务中益茂生猪养殖、祥丰种羊示范基地、健峰生态综合科技园等一批龙头企业发展壮大，形成“企业＋农户”经营模式，带动周边种、养产业的发展。特色种植连片成型，建设梨湾小米、李垣苗木、辛庄芦笋、龙泉苹果、干节核桃、健峰巴旦木、鑫隆甜玉米、冯村尖椒等一大批种植基地，实现规模聚集、作业统一、高产高效。品牌建设崭露头角，实施农产品精细包装，创建马刨泉小米、古衙黄小米、龙泉富硒苹果、三教核桃等一批特色品牌。全乡农作物耕种5.7万亩，苹果4000余亩，核桃1万余亩，无公害蔬菜2200余亩，精品杂粮3500余亩，拥有猪存栏1万余头，羊1.1万只，驴、牛等大牲畜500余头，各种禽类2.5万只。依托油盆峪自然资源、霍县抗日县政府旧址红色资源，有规划地开发休闲度假、养生康体、农耕体验、户外运动等乡村旅游产品，发展文化旅游和观光农业。鑫森源生态园区和油盆峪避暑山庄建成并投入运营，栽植9万余棵经济苗木，绿化荒山荒坡500余亩，硬化3公里主要干道，建成蓄水池、观景广场和18座休憩院落。发展“互联网＋”，依托乐村淘等电商平台，推进农村电子商务，拓宽农产品销售渠道。组建三教乡商会。

【精准扶贫】 2018年，三教乡建档立卡贫困户有157户，413人，涉及30个行政村。在动态调整工作中，出列8户24人，销户8户减员29人，共有贫困户141户，360人，2018年，完成最后25户，53人的脱贫任务，实现全部脱贫。

【社会保障】 2018年，霍州市三教乡落实最低生活保障、协助民政部门完成各季度城乡低保复核等工作，各类弱势群体都享受到不同程度的保障。全年大病救助30人，临时救助35人，小额救助20人。完成农村低保户84户，217人支出62万元，农村五保户集中供养11人，分散供养53人，支出

42 万元，农村 80 岁以上老人 298 人支出 39 万元，救助“四类”贫困家庭学生 105 人。全乡参加养老保险 6000 余人，筹集养老保险资金 91 万元，参保率 98%。

【文教计卫】 2018 年，霍州市三教乡加大文化基础设施建设，建成安乐、主乐、梁子节文化活动中心，建成东王、冯村、龙泉等三个村的农民讲习所。深挖三教“儒释道”文化，搜集歇马滩、战马沟、马刨泉、千里径等唐王遗迹，展示三教深厚文化底蕴；弘扬红色文化，加强原霍县抗日政府所在地爱国主义教育基地的保护和管理；加大库拔、安乐等古村落保护力度，完成传统古村落申报工作。把教育工作纳入党委、政府工作重要议事日程，实行干部联系学校制度。巩固和提升义务教育均衡发展水平，提高辖区内各学校教育教学质量。落实计划生育国策，开展孕前优检等优质服务项目，坚持奖励扶助、特别扶助、独生子女父母奖励对象的申报、评议、审核、复查程序，做到及时申报、不漏一人。全乡全年办理独生子女办证 6 份，利用庙会等活动发放计生药品 500 余件、宣传资料 2000 余份。三教乡共有各级各类医疗卫生机构 34 个，其中卫生院 2 所、农村卫生站 32 个、病床 20 张。专业卫生人员 15 人，其中执业医师 11 人、执业助理医师 1 人、注册护士 3 人。

【综合治理】 2018 年，霍州市三教乡发放《致全市人民群众开展扫黑除恶专项斗争的一封信》《坚决打赢扫黑除恶专项斗争攻坚战》《扫黑除恶全民参与，平安三教人人共享》等宣传资料 1.5 万余份。全年利用各村庙会，联合相关部门宣传工作，发放安全宣传资料 3000 余份。开展安全生产大检查活动，累计排查、整治安全隐患 200 余条，全年没有发生一起安全生产事故。加大森林防火工作力度，在山口、峪口等重要地段设立警示牌、检查站，专人值守，全年无发生一起森林火灾事故。强化应急队伍建设，确保第一时间排险、除险。完成杨节、南车腰、神半节等村 6 户农户的地质灾害搬迁治理 8 户危房改造和 40 户公共租赁住房验收，确保群众居住安全。

【环保环卫】 2018 年，霍州市三教乡整治环保环卫，解决“乱搭乱建、乱摆乱放、垃圾围村、垃圾沿路、小散乱污、面源污染”等问题，加大环保巡察力度，整治“散乱污”企业，重点规范整治符合产业政策的证照齐全的 1 家企业；按照“两断三清”要求彻底取缔不符合产业政策的 7 家“小散乱污”企业。推进清洁能源取暖改造工程，取缔辖区内 7 家燃煤取暖锅炉，在乡机关、派出所、敬老院、卫生院、金税学校推行“煤改电”工程；按照市政府统一安排，引入中燃集团天然气，推进乡村“煤改气”工程，从源头上治理大气污染；开展散煤污染专项整治行动，收缴劣质散煤。严格管控农业面源污染，强化养殖污染防治，规范辖区内 3 家养殖企业和辖区内养殖户的畜禽粪便收储清运；严禁秸秆露天焚烧，加强网格化管理，建立巡查队伍，划分巡查区域，加大烧荒、烧秸秆管控力度，加强秸秆还田利用。强化道路扬尘治理，开展路域环境综合整治，集中整治霍冯线公路环境卫生，美化沿线道路街景，增加保洁频次，避免二次扬尘；辖区内企业硬化场地，运料车辆进行苫盖，避免沿路抛洒，带泥上路。实施“清河行动”，集中清理辖区河道内的陈旧垃圾 200 余立方米。开展“三教乡助力污染防治攻坚战环保宣传活动”，确保环保宣传深入人心。落实河长制，建立河道巡查工作机制，确保河道畅通，水质达标。

【项目建设】 2018年，霍州市三教乡推进乡村农业基础设施建设，投资完成李壁、赵壁、郭家庄、冯村、龙泉等行政村的水利渠道灌溉工程、冯村道路完善提质硬化等“一事一议”工程；扫尾完成安乐、安乐庄3400亩基本农田建设及机耕道路修整项目；配合交通局开工建设杜东线山底段道路硬化、杨节至库拔道路加宽、冯村至上三教路面修复改造、峪里至李垣道路安全防护等一批“四好公路”建设项目，为发展现代化农业筑牢基础。对杜壁、宋壁、东城、库拔、冯村等5个村进行农机深松3000余亩；全面完成干部周转房改造和“五小”设施配套工程，做好办公用房改造准备工作。

【领导班子】

党委书记、乡长：

马魁东（2017.8—2018.12）

人大主席：

赵　琛（女，2016.5—2018.12）

党委副书记：

杨华伟（2016.4—2018.12）

纪检书记：

朱慧峰（2016.4—2018.12）

组宣委员：

蒋成丽（女，2014.5—2018.12）

副乡长：

要　将（2016.5—2018.12）

邢媛媛（女，2016.5—2018.12）

【获奖情况】

2018年，三教乡被山西省第三次全国农业普查领导组办公室评为“省先进集体”荣誉称号。

（杨智平）

师庄乡

【概况】 师庄乡位于霍州市北部，东与三教乡接壤，西南与退沙街道毗邻，北与晋中市的灵石县交界，属温带大陆性气候，总占地面积90.69平方公里，耕地23000亩，全乡共有30个行政村，46个自然村，5241户，总人口13396人，下辖30个农村支部，3个机关企事业支部，共有中共党员793名。内含：党建办、综合办、社会事业办、农业服务办，下设计生所、民政办、林业站、工青妇等组织。

【脱贫攻坚】 2018年，霍州市师庄乡把精准扶贫作为民生工作的头号工程，党政班子齐动员。全年全乡脱贫任务涉及陶村李成虎1户4人。经多部门沟通协调，完成危房改造，贫困户如期入住，完成脱贫任务。李家脑（含御家沟）、成王庄（含成王庄庄）道路沙砾硬化共计6000米；建设应急避险房18套；修建门楼2座，解决2个自然村的饮水困难问题，出资20余万元，修补下老张湾至陶村段的破损路面100余处，整治李家脑（含御家沟）村容村貌，拆除村内断壁残墙，全部用竹子篱笆围栏，拓宽村内道路。

【沉陷区治理】 2018年，霍州市师庄乡重新摸底调查登记全乡17个村的采煤沉陷区的2358户。

【集体产权制度改革】 2018年，霍州市师庄乡清产核资工作完成，登记资产7288万元，成员身份认定工作完成，登记认定13126人。

【护林防火】 2018年，师庄乡成立由乡长任组长的森林防火领导组，落实工作制度，履行防火职责，辖区内全年未发生一起森林火灾事故。推进林地保护，明确专人，落实专职巡查员，辖区内全年未发生一起林地放牧、损毁树木、偷砍滥伐、挖沙采石、乱占林地的现象。

【水利河道管理】 2018年，师庄乡建立健全防汛组织机构，制定工作方案，落实首长负责制，明确防汛责任人。加强汛期值班工作，坚持24小时轮流值班，随时掌握汛情。对市防汛指挥部下达的险工险段进行自查整改，打击河道私挖乱采、倾倒垃圾等行为，消除安全隐患，确保汛期安全。全年组织排查30余次，设置安全警示标志36处。强化对水利工程的管理，各村都成立水利工程管理机构，实现专人管理、档案齐全、制度规范、机制到位、运行正常。

【武装工作】 2018年，师庄乡完成民兵整组和征兵工作。按照市人武部分配的整组工作任务，乡武装部严格审核，合理编组配干，编组应急排××人。投资××万余元购买××套迷彩服，配备部分装备器材，完善民兵装备器材室。投资××余元，完善民兵文化活动室，修整民兵训练基地。全年组织基干民兵集训××日，民兵应急排参加2018年森林防火暨民兵应急分队拉动演练。9月，参加2018年度群众性岗位练兵。经过目测、体检、政审、家访等工作，通过层层筛选，3名同志应征入伍。

【社会保障】 2018年，霍州市师庄乡宣传落实民生保障政策，全乡特困人员73人，其中集中供养19人，分散供养54人。医疗救助方面，全年共救助各类人员44户，其中大病救助16户，临时救助28户。优抚方面，开展两次退伍军人走访慰问活动。全乡采集12类涉军人员共计300余人。在基政工作方面，完成下靳安和李家脑的撤并交接工作。

【扫黑除恶】 2018年，霍州市师庄乡成立领导小组，制定方案，开展扫黑除恶政策宣传，全年共发放“一封信”5000余份，张贴公告100余份，悬挂标语25条，刷写固定标语40余条，组织填写调查问卷2000余份，制定发放应知应会手册1000余份，明白卡1000余份。开展一次拉网式摸排，两次重点人员摸排，全年共累积走访排查6000余户，摸排有效线索22条。

【文化活动】 2018年，霍州市师庄乡举办第二届书画展。组织白道、赵山、西庄、东庄等村的锣鼓、武术表演队，在主要街道和部分村党员活动中心进行巡回演出。

【项目建设】 2018年，霍州市师庄乡完成财政奖补项目，通过“一事一议”，山头村投资27.1万元修建水库，朱家岭村投资8.7万元完成饮水安全工程改造，冯南垣村投资26.3万元硬化村内主干道，韩家岭村投资20.5万元硬化村内主干道，成王庄村投资10.1万元硬化村内主干道，下老张湾村投资17.7万元硬化村内主干道。加快产业升级。扩大小杂粮种植规模，截至2018年底，全乡10余个村种植面积达到1000亩以上；山头村种植药材300余亩。文冠果种植面积达到3000亩，山西文冠果科技有限公司推出“白山聪”文冠果绿茶花茶以及膏药等，文冠果油于2018年6月上市。养殖业方面，除传统散养羊始终稳定在1万只以上外，新发展各类养殖合作社8家，产品优、效益好。

【环境卫生】 2018年，霍州市师庄乡加强环境保护宣传教育工作。重视环保宣传工作，采取悬挂条幅、公告等方式进行宣传教育，严治煤烟污染。按照乡村片三级网格化管理方式，严禁垃圾随意焚烧，坚持24小时不间断全面巡查和重点区域监督，加大清洁能源推广力度，完成散煤收缴和优质煤发放工作，整治“五小”企业。全乡范围内各类企业建立台账，监管到位。对三处土小企业腐殖酸加工点，坚决按照“两断三清”（即断水、断电、清除原料、清除产品、清除设备）标准依法取缔。加强饮用水源地保护，规范保护区标识、标志，强化乡村水源地监测，确保水源地水质安全。严禁向河道倾倒垃圾；推进美丽乡村工程。加强畜禽养殖废弃物治理。

【安全发展】 2018年，霍州市师庄乡成立综治巡查队，定期对辖区内的民爆物品、食品药品、危险化学品、道路交通等重点领域进行巡查，建立详细的巡查档案，对境内非法开采重点区域、重点部位进行巡查，对非法开采行为保持高压态势，杜绝非法开采行为。做好国土资源排查整治工作，共排查30余次，查出安全隐患12条，已全部整治到位。出资3万余元，对曹洼山沟，赵山沟等4座显露煤口进行重新填埋，组织人员对涉及蔡家沟、上靳安的2处违法占地进行联合执法整顿。化解沉陷区治理、地质灾害等复杂历史遗留问题，全年信访大幅度减少，没有发生大的集体或越级上访案件。

【领导班子】

书　记：

张文轩（2013.3—2018.12）

乡　长：

闫会滨（2013.3—2018.12）

人大主席：

朱瑞华（2013.4—2018.12）

副书记：

刘景娟（女，2014.1—2018.12）

纪检书记：

王志俊（2012.8—2018.12）

党委委员、副乡长：

李建国（2012.6—2018.12）

闫娴蓉（女，2014.3—2018.12）

党委委员、武装部长：

韩光兵（2012.8—2018.12）

党委委员、组织委员：

刘惠娜（女，2014.3—2018.12）

副乡长：

安建华（2016.4—2018.12）

（刘惠娜）

陶唐峪乡

【概况】 霍州市陶唐峪乡地处霍州市东南部，霍山脚下，东南与洪洞县接壤，西南与辛置镇毗邻，北与李曹镇相邻，总面积64平方公里。下辖25个农村党支部，27个行政村，36个自然村，耕地面积3.6万余亩，林地面积1.7万亩，人口5300余户，20736人。主导产业为种植业和养殖业，种植业以粮食、苹果为主，干果和中草药为辅，养殖业以养猪、养羊为主，养鸡为辅，重要的农副产品加工企业有聚盛牧业有限公司，服装外贸加工企业有晋颐兴服饰有限公司。

【项目建设】 2018年，霍州市陶唐峪乡启动实施一批涉及经济发展、民生改善的重点项目。陶唐峪景区实施建设旅游步道、景区公厕、栈道修复等项目，启动山下“江南水乡”实景项目建设；义城村蝴蝶谷项目，支村两委通过“四议两公开”程序，按照“村级主导、农户参股、公司运作、效益分红”的经济运作模式，成立股份制旅游公司；完善“民俗馆”周边配套设施建设。以辛庄大棚为中心的设施蔬菜种植基地日光节能温室达到80余棚。在成家庄、沙窑、观堆、南杜壁等村实施退耕还林干果项目，新发展优质核桃1000余亩，核桃种植面积扩展至4000余亩，培育形成干果林基地。孔涧村发展种植油牡丹140余亩，扩大南李庄聚盛牧业羊场的养殖规模，实现科学饲养。成家庄村田牧禾农林产品有限公司种植核桃1700余亩，经营核桃加工、销售等，其产品通过国家地理标志保护认证，荣获“中国农产品展览会山西分会场金奖”；观堆村晋颐兴服饰有限公司联系劳动部门，引进服装加工机器100余台，进行外贸加工，解决100余人就业问题。

【脱贫攻坚】 2018年，霍州市陶唐峪乡党委、政府加强管理脱贫攻坚3支工作队伍。通过向上级部门争取，在大沟和义旺新建30千瓦的光伏发电项目，惠及贫困户38户99人；实施“金融扶贫”和深化健康扶贫“双签约”服务，确保“两不愁三保障”扶贫政策进村入户、开花结果，全乡改造11户贫困户危房，全部入住；为每户贫困户发放24袋清洁煤，保证温暖过冬；每周五召开扶贫工作例会。全年脱贫90户252人，完成脱贫任务。

【环境整治】 2018年，霍州市陶唐峪乡重点整治对临汾环保督察组反馈的28项问题和市委、市政府反馈的93项问题整治，关停取缔“小散乱污”企业6家，散煤销售点2家，燃煤锅炉7处，排查治理污染问题20余件；加大农村环境卫生治理力度，清理规范农村“四堆”，清除陈旧垃圾，粉刷主要街道及高铁高速沿线建筑墙面及树木；收缴散煤2810余吨，销售清洁煤1400余吨，推进煤改气工程，管网铺设15个村，覆盖2000余户；启动重污染天气应急预警机制，按照网格化要求，严格排查秸秆焚烧、垃圾焚烧、冒黑烟等环境污染问题。

【民生改善】 2018年，霍州市陶唐峪乡投资1300余万元建成陶唐峪老年公寓建设项目；投资500余万元，分两期完成36台变压器以及高压线的更换工作；在南李庄实施地质环境综合治理，包括边坡防治、地面塌陷裂缝治理、水井、植被恢复等工程；推进采煤沉陷区治理工作。做好城乡最低生活保障工作，坚持动态管理，做到应保尽保、超标退保。全乡共有低保户118户317人，其中农村低保户100户254人，城市低保户18户63人；强化农村五保和敬老院管理工作，全乡共有67户五保户，其中分散供养58人，集中供养9人，定期排查消除敬老院安全隐；落实优抚政策，采集全乡368名退役军人和其他优抚对象信息，为79名重点优抚对象足额发放优抚金；做好临时救助、医疗救助工作，80周岁及以上高龄老人228人，按照每人每月110元的标准及时足额发放，四类学生70人，爱心助学金按时发放；为141名一·二级重度残疾人发放护理补贴，按照每人每月50元的标准实行社会化发放。宣传民生保障政策，全乡新农合参合人数达到16400人，参合率连年保持在98%以上。新型农村社会养老保险参保人数达到9260人，达到90%。

【社会治理】 2018年，霍州市陶唐峪乡党委、政府开展平安陶唐建设，打击和遏制各类违法犯罪活动和邪教组织。开展普法教育活动，推行网格化管理，专项整治、学校周边、村民聚集区等区域，强化对刑满释放人员等特殊人群的教育帮助，维护辖区社会政治稳定大局。开展“安全生产大检查”

“安全生产百日攻坚行动”等，摸清存在的隐患，落实整改措施和责任，实现源头防范和长效管理。在“保两节、保两会”行动中，召开专题会议4次，出动检查20余次，并取缔辖区内2家非法售油点。制定防汛应急预案，组建应急抢险队伍，坚持汛期24小时值班，提高陶唐峪乡群众防御山洪灾害的应对能力。在地质灾害防治方面，制定防灾方案及地灾群测群防网络，通过各种形式普及防灾知识。建立乡村清洁工程工作领导组，组建环卫队，制定相关卫生保洁运行制度、村规民约、日常自查制度、督查巡查工作机制。针对公路沿线的“脏、乱、差”现象，悬挂宣传标语150条，包村领导、村党员干部深入农户发放宣传资料1万余份。坚持全民参与和专业队伍相结合，完善各村垃圾池等配套设施建设。投资近100万元，2000余人次参与环境卫生整理，新建垃圾池10个，刷白树木7万余株并圈红，涂刷墙壁8万余平方米，清理垃圾8000余方。

【领导班子】

党委书记：

张　斌（2013.3—2018.12）

党委副书记、乡长：

张　伟（2013.3—2018.12）

人大主席：

王丰奇（2013.5—2018.12）

党委副书记：

李建华（2014.1—2018.12）

纪委书记：

黄华君（2015.11—2018.12）

武装部长：

安宝山（2014.5—2018.12）

副乡长：

武晓伟（2013.3—2018.12）

朱三桂（女，2014.5—2018.12）

郭　飞（2016.5—2018.12）

张记华（2016.5—2018.12）

组织委员：

李晓丽（女，2016.5—2018.12）

（李政）

大张镇

【概况】　大张镇地处霍州市东郊，总面积36平方千米，耕地面积28078亩，辖14个行政村，有29549人，下设18个基层党组织，有中共党员999名。镇党委、政府内设综合办公室、党建办公室、经济发展办公室和社会事务办公室，设农业服务中心、文化服务中心、企业服务中心、计生服务站、国土资源所、财政所6个事业机构。产业结构以种植业、养殖业、加工业和商贸服务业为主。

【经济发展】　2018年，霍州市大张镇推动经济发展的主导产业是种植业、养殖业、加工业和商贸服务业。种植业以温室大棚、无公害大葱、核桃、小杂粮等为主，重点引导发展西张垣设施蔬菜、青郎坪无公害大葱、西张垣优质核桃、五里垣小杂粮及千亩芦笋、生姜试种等项目；养殖业重点突出规模企业的示范牵引作用，提升上乐坪村同兴种鸡、绿色田园种鸡、向阳养鸡，大张村绿源农牧养猪场等规模养殖业规模；加工业以豆腐、粉条、香油、面粉等传统加工为主，提升生产能力和经营效益，培育大张农产品品牌，形成“薛师傅”玉米面条、昌源面粉、庆余面粉、“隆丰昌”粉条、上乐坪年馍、贾村枣花馍等本土品牌。商贸服务业重点培养形成西张、大张、贾村、下乐坪4

条商贸街，扩大市场集聚功能；全镇涌现出大棚协会、芦笋协会、芦笋种植合作社、无公害大葱专业合作社、养殖合作社、商贸服务公司等中介组织。

【重点项目建设】 地珍坊农产品加工项目。由山西省裕鑫博康公司负责，位于大张村，主要以年馍、枣夹核桃等农产品土特产为主，初具规模，产品远销周边省份乃至海外。贾孟村老年人日间照料中心项目建设工程。日间照料中心为全村60岁以上的老人提供膳食供应、个人照顾、保健康复、休闲娱乐等日间托养服务。至2018年底，全镇共有4个村建成日间照料中心。

道路提质工程。下乐坪村街道改造工程，总投资400余万元，铺设下水管网，硬化路面1.7公里，修建两侧人行道，安装路灯，解决多年来村中道路损坏、村民出行难，排水难的问题。

集中供暖工程。该工程涉及大张、贾村、西张3个村，惠及村民1800余户，投资2000余万元。

服务城市道路建设工程。纬三路、经十路、经二路三条路通过前期征地和准备，至2018年底均已施工完毕，具备通车条件。

贾孟村自来水接入工程。贾孟村新接自来水管网，提升生活质量。

便民服站换档升级。大张、西张、贾孟村、狮子洼4个村的便民服务站均在原本基础上高标准配备硬件设施，换挡升级。

服务城市项目建设工程。全镇范围内有阳光首府、全民健身中心、工业园区等重点城市建设项目，解决和协调各项遗留问题。天然气扩户工程。靳壁、北张主管网已进村，上乐坪已有390余户接通管道。

【环境卫生】 2018年，霍州市大张镇党委、政府开展“创卫”活动。镇、村都达到“组织机构、工作方案、责任人员、具体任务、专项经费”的“五明确”。签订环境保护目标责任书，实行全域网格化管理；全面实施乡村清洁工程，做好煤改电、煤改气、集中供热、供气扩户、散煤收缴置换等工作，拆除锅炉18座，收缴散煤968吨。全年全镇煤改电35户，煤改气501户，集中供热扩户2200余户，取缔散乱污企业3个，停产整治企业5个，改厕完成1342户。

【扶贫工作】 2018年，霍州市大张镇镇村干部及10支下派工作队精准帮扶，制定并采取产业扶持、政府兜底、推荐就业等精准帮扶计划与措施。共为贫困人口改造或置换危房9户，全部搬迁入住。发展光伏扶贫电站3处，实现收益9.8万元。帮助贫困户就业7户13人，教育扶贫13人，新识别贫困户11户26人。至2018年底，全镇贫困户危房改造完成，医疗扶贫全面覆盖，共实现212户442人脱贫。

【林业及水利】 2018年，霍州市大张镇加强林地保护，严格护林防火。落实“河长制”，加强境内河道管理，完成人畜饮水、农田灌溉、生态治理、防汛抗旱及山洪灾害预警平台建设，大张、下乐坪、贾村、西张、靳壁、贾孟6个村接入城市供水。

【教科工作】 2018年，霍州市大张镇把教育工作纳入全镇重要工作和发展规划体系，建立责任制，全镇幼儿学前、小学、初中入学率及在校生保留率均达100%，多名教师在全省、临汾讲授公开课，推进科技兴农，培育科技产业化示范基地、示范村、示范户和科技带头人。

【卫生计生】 2018年，霍州市大张镇卫生院达标改造，计生服务站和村级卫生所全部达标，符合政策生育率、老年人体检率、免疫接种率、农民参合率均达要求，为全镇贫困户进行免费体检，70%的五保户在镇敬老院集中供养。

【平安创建】 2018年，霍州市大张镇建立健全安全工作领导机构，对煤矿、非煤企业、交通运输、学校、食品卫生、地质灾害、民爆物品、气象、防汛、建筑、消防、危化、森林防火、秸秆焚烧、防震减灾等工作排查治理，落实责任，健全各项制度，制定应急预案，开展应急演练，加强安全巡查，消除隐患，全镇全年无安全事故发生。开展普法活动、宗教管理、反邪教宣传和平安创建，净化校园及周边环境，加强治保、民调、联防、禁毒等基层综治组织的整顿和培训，提高防范和打击效能，维护稳定的社会治安秩序，辖区无发生重大刑事案件。打击各种违法占地、违章建设和非法采矿行为，加强地质灾害防治工作，完成下乐坪村地灾隐患治理工作，完成地灾治理5户，采煤沉陷区搬迁89户，依法拆除西张违法建筑16处，无证非法采矿查处率达100%。

【领导班子】

镇党委书记：

段小刚（2016.4—2018.9）

镇党委书记：

闫会波（2018.9—2018.12）

镇党委副书记、镇长：

周霍津（2013.1—2018.9）

镇人大主席：

马　丽（女，2013.4—2018.12）

镇党委副书记：

荀会龙（2014.1—2018.12）

镇党委委员、纪检书记：

庞瑞林（2014.1—2018.12）

镇党委委员、武装部长：

刘会才（1999.3—2018.12）

镇党委委员、副镇长：

冯艳萍（女，2012.6—2018.12）

副镇长：

焦国军（2016.4—2018.12）

杨燕霞（女，2016.4—2018.12）

白龙镇

【概况】 霍州市白龙镇位于市城区西郊，霍侯一级路纵贯南北，交通便利。全镇辖11个行政村，26个自然村，人口23240多人，其中常住农业人口18619人。下设2个党总支，21个党支部，党员860名。全镇耕地总面积12990亩，其中水地1870亩。有国有、省属企业3个（霍州煤电集团下属的白龙煤矿、团柏煤矿和兆光发电厂），规模较大的民营企业30余家。

【转型发展】 2018年，霍州市白龙镇投资3.6亿元成立隆旺佳豆制品加工项目，提供1000余个就业岗位，带动霍州及周边县市的豆类作物种植以及养殖业的发展。全镇有规模养殖场30余家，其中肉鸡养殖占到全市总量的75%。总投资15亿元的华得宇光伏发电项目一期建成后，运行良好，树立绿色环保无污染电力建设的典范，总投资5.5亿元的兆光发电粉煤灰深加工项目顺利实施，完成加气砼生产线投产，建成后实现工业固体废弃物从末端治理到源头控制的质的转变。利用城郊优势，发展商贸、家居、建材、装饰、运输等产业。注册1000万元成立远通煤业运输公司。截至2018年底，全镇有大型商贸城5个，物流公司2家，专业运输公司3家，百人以上劳务输出队3个，乐村淘电商平台1个，驾校2个、文化传媒公司1家。

【群众服务】 2018年，霍州市白龙镇以群众需求为导向，加强服务型党组织、服务型政府建设。搞好集中服务，发挥便民服务中心、信访接待中心、镇村巡逻队“一队两中心”职能作用，发现问题现场及时处理，做到“事有人管、事有人办、事要解决”；搞好上门服务，开展机关干部进村赶考“五个一”活动，送服务上门，让群众在家就能享受到便捷服务；搞好岗位服务。执行党员联户制度，所有党员全部设岗定责，实行农村党员“551”工作法；搞好网格服务。各村加强大网格建设，搞好法律服务。强化法制宣传，组织普法考试，送法进村，进校园，进企业。坚持“法无授权不可为”，推进依法行政。

【脱贫攻坚】 2018年，霍州市白龙镇实施光伏扶贫100千瓦项目1个，30千瓦项目6个，共发放光伏收益178470元；办理小额贷款71户355万余元；开展就业技能培训90余人次，安置就业务工91户116人；享受社会兜底57户162人；享受教育扶贫110人；家庭发展种植业31户48人，发展养殖业12户14人；71人残疾贫困户全部落实补贴扶贫措施；所有贫困户办理健康扶贫双签约；对9户贫困户进行危房改造。全镇动态调整贫困户199户482人，实现194户469人脱贫。

【生态治理】 2018年，霍州市白龙镇集中开展固废物垃圾清理整治，对清查出的203项问题全部整改，共清运固废物26处，5万多立方米；拆除临街商住户锅炉80余台；依法对6家“散乱污”企业进行“两断三清”；辖区内6家煤场全部进行防风抑尘处理；共收缴劣质散煤980吨，做好清洁煤发放工作；全镇划分68个网格，确保秸秆焚烧监控到位。全年新扩户930家暖气、100余家天然气；全镇接通大暖1500余户、天然气600户。实施农村清洁绿化工程。2018年全镇范围共栽植绿化苗木1万余株，白龙村投入130万元清淤排污新修下水改造446米旧防汛渠，改善村居环境。投资21万新装路灯386盏。

【扫黑除恶】 2018年，霍州市白龙镇贯彻“有黑扫黑、无黑除恶、无恶治乱”的基本原则，以专项斗争为牵引，深化社会治安综合治理，紧盯群众身边的腐败问题，高度关注群众反映强烈的涉黑、涉恶、涉霸等突出问题。利用广播等媒介进行宣传，做到扫黑除恶家喻户晓，人人皆知。全镇悬挂横幅50余条，刷写固定标语30条，发放致群众一封信5000余份，问卷调查3000余份，设立举报箱17个；紧盯十二种黑恶势力违法犯罪活动，进村入户进行线索摸排，组织安排派出所人员、驻村干部、相关负责干部对所驻村、分管领域、相关行业、重点群体开展“问题”和“苗头”的双重梳理和摸排，做到心中有数、目标清晰。在摸排的基础上，梳理汇总，召开7次镇班子线索研判会，摸排出各种问题线索6条；并对所有村两委干部是否有前科劣迹进行详细摸排，将不符合标准的6人清出班子队伍。针对2个软弱涣散党支部进行专项检查并召开座谈会。

【领导班子】

党委书记：

郭惠民（2012.8—2018.12）

党委副书记、镇长：

王建华（2013.3—2018.9）

徐水林（2018.9—2018.12）

人大主席：

靳　华（2013.6—2018.12）

党委副书记：

王云平（2013.12—2018.12）

纪检书记：
叶伟新（2013.12—2018.12）
副镇长：
李志华（2002.9—2018.12）
朱建文（2012.8—2018.12）
郭文俊（2016.5—2018.12）
晋明华（2014.5—2018.12）
武装部部长：
胡泉河（2016.4—2018.12）
组织委员：
朱晓斐（女，2016.4—2018.12）

（闫志坚）

李曹镇

【概况】 李曹镇地处霍州市东部，距市区10公里，东临古县和沁源县，南临陶唐峪乡，西连大张，背靠三教乡，南北约13公里，东西宽23公里，总面积275平方公里，其中山区占75.6%，丘陵占24.4%，辖32个行政村，人口约29230人，为霍州市面积最大乡镇之一。李曹镇人民政府驻李曹村，全镇机关人数35人。镇机关包含科室主要有：综合办、党建办、社会事务办、农业服务办，下设计生所、民政办、林业站、工、青、妇等组织。2018年，全镇经济总收入6.37亿元，增长3.1%，农民人均纯收入达到11680元增长5.0%。

【项目建设】 2018年，霍州市李曹镇布局六大产业，一片一主业，一业一龙头，加快农业转型步伐。北片畜牧，新建石鼻村万头猪场、北候村千头猪场和机械化养鸡厂，扶持北片畜牧业发展壮大。南片果业，大面积推广红王将、将军王、富士王等新品种，普及套袋、微肥等新技术，示范带动苹果产业大发展，全镇苹果种植面积达到5000亩，提高种植效益。沿山干果，以罗涧为中心的核桃基地，新增种植面积1000亩。山区旅游，投资1819万元的山门广场三期建设已全面完工；投资800余万元改造霍州市南堡村到悬泉山旅游道路，年底，完成上下王段、南堡段的路基、路面沙砾铺设和1300米排水管道安装及1000余立方米防护挡墙工程任务；投资910余万元的镇山文化博物馆已对外开放；投资3000万元的七里峪客运站等项目已竣工，500万元的七里峪滑雪场二期投入运营，推动七里峪景区向旅游休闲、康养健体、餐饮服务于一体的综合型景区的发展。沿线苗木，以霍东花卉苗木基地为中心，在旅游路沿线发展苗木种植，总规模近1800亩，成为村民增收的另一渠道。广场商贸，依托大西高铁广场和七里峪镇山广场，扶持“绿和祥福”、七里峪等系列产品，提升李曹镇农副产品的知名度。

【环境卫生】 2018年，霍州市李曹镇统筹推进美丽宜居乡村建设、生态建设、乡村清洁工程工作，完善环境监管网格化管理，动员群众大扫除、大清理、大整治，在全市率先实行生活垃圾不落地，专用垃圾车到家门口收集生活垃圾，集中到垃圾中转站压缩后运送到垃圾处理场。共清运垃圾3万多立方米，粉刷墙壁10万多平方米，粉刷树木10万余株。旱厕改造1347户。对辖区内3条河道进行疏通，清理河道垃圾4000余立方米，填埋采沙坑10余处，确保河道整洁，泄洪畅通。推进农田林网绿化、村庄绿化、道路绿化等工程，全年绿化村庄3个，绿化道路30公里，新增绿化面积150余亩。

【环保工作】 2018年，霍州市李曹镇收缴劣质散煤、煤泥1000余吨，设立5处清洁燃煤销售点，销售清洁煤近2000吨。在全市范围内率先实施“煤改气”“煤改电”工程。煤改气完成9个村1353户安装任务，共架设庭院架空管22598米，政中压工程管4764米；煤改电完成3个村463户改造任务，共改造10千伏线路11.66公里，新建0.4千伏线路11.56公里，安装电表439台。

【民生工作】 2018年，霍州市李曹镇完成11.6公里的农村公路完善提质工程，改造20公里防渗渠；改造荒山荒坡400亩，启动东片农田水渠建设等工程。投入1200多万元资金，完成石鼻、峪里等10多个村的农田改造，修复配套机井7眼，衬砌渠道24.41公里，埋设管道5.34公里，改良土壤73.62亩，新修田间路10.42公里，农田防护林948株，渠系建筑物1454件。扩大社会保障覆盖面，120名四类困难家庭学生和316名80岁以上老人得到固定救助；新型农村养老保险参保率达到96%、新农合参合率达到98%；19户33人享受城镇低保，80户171人享受农村低保；162名优扶对象的抚恤补助优待经费及时足额发放；81名五保户中，有意愿的34人全部集中供养，分散供养47人；30人享受到大病救助；建成集老年人日常休闲、娱乐、健身服务于一体的老年人日间照料中心。2018年底，有贫困户46户121人，除1户4人因病返贫外，其余45户117人全部实现脱贫。

【信访维稳】 2018年，霍州市李曹镇把化解信访矛盾作为一项重要政治任务，从严要求，狠抓落实，逐一化解，完善接访、包联、调处机制，做到小事不出村，大事不出镇，实现全年赴省进京“零上访”的目标。实行网格化管理，将全镇划分为32个网格，配备网格长和信息员，逐门入户开展信息采集工作，做到全面覆盖。

【领导班子】

党委书记：

荀彦龙（2013.3—2018.12）

党委副书记、镇长：

房　鹏（2013.3—2018.12）

人大主席：

孙　峰（2013.5—2018.12）

党委副书记：

郭　斌（2014.1—2018.12）

副镇长：

武丽华（女，2012.6—2018.12）

曹耀华（2012.6—2018.12）

王保平（2014.3—2018.12）

王艳萍（女，2016.4—2018.12）

组织委员：

张丽霞（女，2016.4—2018.12）

（刘柳）

辛置镇

【概况】 辛置镇位于霍州市南部，距城区10公里，东与陶唐峪乡交界，西与汾西县毗邻，南与洪洞县接壤，北与南环路街道相连，总面积46.6平方公里，下辖20个行政村，总人口69827人，其中农业人口15963人，非农业人口53864人，农村耕地面积36967亩。内设党政综合办公室、经济发展办公室和社会事务办公室，农村综合便民服务中心和计划生育服务站2个直属事业机构，市直派驻事业机构设辛置农业服务中心站和辛置财政所。共有工作人员41人。2018年，全镇农村经济总收入达到20.82亿元，同比增长5.1%，农民人均纯收入达到

13670元，同比增长7%，粮食产量稳定在450万公斤。

【重点项目建设】 2018年，霍州市辛置镇实施的重点项目有：辛置村投资2000万元的鼎和小区、南下庄村投资3000万元的安居小区、北村投资2150万元新农村住宅小区；投资1.6亿元涉及1.9万户的天然气扩户工程成功接入段庄、下曹、上曹村、塔底、辛置、后河底等村，天然气入户共2000余户；投资1.2亿元的推进集中供热项目，已成功接入辛置、郭庄和辛庄等村，共扩户1000余户；投资7933万元的二处南矿区污水处理站运行正常；投资600余万元筹建的辛置镇中心幼儿园建成投入使用；辛置、辛庄和郭庄3座污水处理、宋庄村日间照料中心和段庄村日间照料中心均建成投入使用。

【经济转型】 2018年，霍州市辛置镇以段庄、南下庄、后河底、十里铺为主的大葱、蔬菜、红薯和甜瓜四大种植基地面积累计达到2000亩；下马洼村3月成立霍州市锦隆农产品种植加工专业合作社，将艾制品项目引进下马洼村；投资400多万元修缮的段庄三教庙一期完成；丰峪煤业逐步向丰峪昇大型商超、凯硕传媒、工作面搬家等领域转型，盘活资金，解决职工失业危机；紫晟煤业完善相关资质手续，正常运营。

【环境整治】 2018年，霍州市辛置镇联合市住建、工商、公安、交警等单位对一处、二处市场环境进行整治和监管；联合矿区，做好丰裕煤业、辛置煤矿、二处矸石山的监管工作，杜绝矸石山裸露污染；按照《霍州市辛置镇环保底数摸底登记表》，整顿散乱污垃圾、固体废物建筑垃圾、工业企业环境污染等九个类型的环境问题；完成辖区散煤收缴工作，全镇共收缴散煤3500余吨，发放清洁煤7113户、28452袋。

【精准脱贫】 2018年，霍州市辛置镇坚持产业扶贫、健康扶贫、金融扶贫、教育扶贫、兜底扶贫多措并举，共同发力，坚持扶贫、扶志、扶智因户施策，相互促进，坚持市乡村三支队伍和社会力量倾情倾力，常态帮扶，完成2018年度涉及6个村82户170人贫困户的脱贫任务，对已脱贫的254户546人继续帮扶巩固。

【社会保障】 2018年，霍州市辛置镇扩大农村合作医疗覆盖面，参合率达到99%以上；全镇享受低保救助达242户595人；全年发放11.2万元现役军人优待金；加大危房改造排查、监督和补偿力度；全镇20个村完成清产核资工作；推进扫黑除恶工作，清退有劣迹干部2人，约谈6人。

【文教卫计】 2018年，霍州市辛置镇发展文化事业，开展村级文体活动；提升计生服务水平；增加教育投入，整合教育资源，加快学校标准化建设；全镇所有小学及幼儿园均实行强化教学质量目标管理和教育质量分管领导负责制。

【社会管理】 2018年，霍州市辛置镇便民服务平台和便民服务中心正常运行，累计接待群众15人，化解纠纷15起；通过扩大宣传，强化监管，定期巡查，严厉打击，全年无一例重大安全事故发生；推进禁种铲毒工作，创建无毒乡镇；推进综治工作，全镇无一例重大治安案件和刑事案件发生。

【领导班子】

党委书记：

房文斌（2012.8—2018.12）

党委副书记、镇长：

张　浩（2013.3—2018.6）

人大主席：

赵利娟（女，2013.4—2018.12）

党委副书记：
闫万林（2003.1—2018.12）
纪检书记：
李旺龙（2014.1—2018.12）
武装部长：
马奎军（2001.6—2018.12）
党委委员、组织委员：
刘　燕（女，2016.4—2018.12）
副镇长：
万瑞萍（女，1990.7—2018.12）
杨卫华（2012.6—2018.12）
成彩梅（女，2012.6—2018.12）
杨红上（2016.4—2018.12）

（张秀灵）

南环路街道

【概况】 霍州市南环路街道办事处位于霍州市城南，是霍州市的南大门，东与大张镇衔接，西与白龙镇隔汾河相望，南与辛置镇接壤，北靠南涧河和鼓楼街道、与开元街道为邻，总面积15平方公里。前身为城南乡（城南乡于1995年1月1日由原城关镇改制而成），2001年撤乡并镇后更名为南环路街道办事处。既保持原来的农村格局，又有城市功能。种植作物以粮食和蔬菜为主。小麦、玉米均两季轮作。畜牧业以养殖业为主，养殖品种以猪、牛、羊、鸡为主。

【精准扶贫】 2018年，霍州市南环路街道党工委、办事处坚持处、村、帮扶单位、党员干部四层包联、逐户会诊、精准施策，制定处、村、工作队3份巩固提升计划，做到计划明确，清单提升。通过观念引导、产业帮扶、教育扶贫、就业帮扶、健康扶贫、金融扶贫、光伏扶贫、社保兜底等多项措施，巩固提高脱贫成效，确保60户124人贫困人口（其中新增4户13人）脱贫不返贫、致富奔小康。落实中央、省市各类惠民政策和资金。发放粮食补贴40余万元；采煤深陷区治理签订搬迁协议826户，拆除412户，下发补贴资金1590万元；通过办理低保审核、大病救助、四类学生救助，为108人办理救助近100余万元；城镇低收入人群廉租房复审39户，新增2户；农村困难户危房改造2户，发放资金28000元。民生改善。2018年，新型农村合作医疗参合人数7648人，筹资1682余万元，参合率达98%；农村养老保险参保人数3271人，总额863.9万元，参保率达80%。2个村完成安全饮水改造，1个村接入天然气80余户，1个村实施排洪排污管网铺设工程，2个村完成道路硬化4公里，新增大暖293户，改电88户；投资3000万元的圣佛平改交工程正式动工。规范中小学、幼儿园管理，开展校园安全整治，确保学校师生安全。加强村级卫生所的管理，提高医疗服务水平和服务质量。落实二孩政策，开展孕前优生健康检查、宫颈癌筛查，为计生贫困家庭大学生发放生育关怀救助。坚持和完善民兵训练与应急防范救援相结合的工作机制，完成民兵整组兵役登记工作。建成高标准健身场1处，新增锣鼓、乐器、健身器材百余件，有国家级二级社会体育指导员5名，开展元宵节会演、社区重阳节文艺会演等。各村利用庙会组织各式各样的文体活动。

【环境卫生整治】 2018年，霍州市南环路街道党工委、办事处以“一线四路八干道”为重点，集中展开环境卫生整治。加大各村环卫整治资金投入，开展以清理“四堆”、粉刷墙壁、铲除杂草、修补残垣断壁、修建垃圾池、新建文化墙为主要任务的环境卫生大整治。加强道路清扫保洁人员管理，做到垃圾定时定点倾倒，全天动态保洁。连续在东湾、圣佛、红崖堡、南沟开展南山绿化活动，共栽植柏树3600余株。完成龙口、东湾村庄绿化工程，栽植树木1500余株。推进生态治理。印发各种环保宣传彩页2万余份，标语50余条；完成散煤收缴600余吨，优质煤发放3488袋；新建圣佛、东湾污水处理站4处；集中供热累计达1122户。各类天气污染预警都在工作群进行第一时间发布，全方位落实。重污染天气对企业进行检查160余人次，取缔燃煤锅炉15家，小散乱污企业9家，对圣佛村矸石山固费治理4处，完成2座豆腐坊的改造。

【产业发展】 2018年，霍州市南环路街道党工委、办事处拓宽增收渠道，推进产业富民工程。引导各村发展一批以养殖、种植和农产品为主的加工业。打造出南环花卉、龙口大葱、康泉酱蛋、龙口鲜肉等本土品牌，利用交通便利优势，扶持小型加工、商贸服务、仓储物流等产业快速发展。特别是对海燕农化、旭田农化、红崖堡碗托、东湾无纺布、欣荣厨具、圣佛服装加工等项目，给予扶持帮助企业强管理，增强企业品牌意识、质量意识、科技创新意识，扩大市场品牌效应。

【乡村振兴】 2018年，霍州市南环路街道党工委、办事处加强基础建设，推进乡村振兴工程，抓好各村路、水、电、气、暖等基础设施，实现乡村建设提档升级。对南庄村太阳能路灯进行修复和安装；完成进村道路的拓宽硬化；更换灌溉水泵，新增大暖40余户。东湾村完成河坝路绿化，栽植树木1200株；对河坝路、河道内、团柏路、一级路、村内主街道4条路的环境卫生进行大整治；新换吃水泵和管道200余米；新增供暖130户。红崖堡村实施南山绿化五期工程，栽植树木2000余株，新建党员活动室300平方米，恢复大暖道路300米，修建25米防洪渠，拓宽垣上道路1.4公里。南坛村便民服务中心建成。圣佛村党员活动室、便民服务中心建设完成，接通城市大暖。龙口村完成大暖、城市大水接入后的路面恢复工作，新增大暖42户。南沟村重新安装路灯。赤峪村城市供水全部接入，新增天然气84户；修缮党员活动室。

【平安创建】 2018年，霍州市南环路街道党工委、办事处树立“总体安全观”，推进平安南环建设，抓安全生产、综合治理和信访稳定工作，加强安全监管，确保辖区和谐稳定。推进平安创建，打击各类犯罪活动和各类邪教组织的非法活动。开展安全整治，共开展安全大检查15次，出动检查人员130余人，出动车辆50余辆，发放宣传资料1500余份，树立安全警示牌50余块，停业整顿2处，对违法建筑停工5处，地质灾害治理1处。全年无安全事故发生。安全监管网络体系形成。对东湾村和南山冬季除草和秸秆还田350余亩。完善信访工作机制，开展矛盾纠纷排查化解工作，妥善处理龙口村5户接大暖、圣佛村污水站占地纠纷、250余户村民因吃水问题上访等8件信访突出问题。实现重大节庆日零上访的目标。

【领导班子】

党工委书记：

闫会波（2013.3—2018.9）

胡韩平（2018.10—2018.12）

党工委副书记、办事处主任：

徐水林（2013.3—2018.9）

周霍津（2018.9—2018.12）

纪工委书记：
李学玲（女，2014.1—2018.12）
党委委员、武装部长：
黄建斌（2001.5—2018.12）
副主任：
荀大燕（女，2012.7—2018.12）
杨京瑾（女，2013.3—2018.12）
赵保平（2014.5—2018.12）

【获奖情况】

山西省地震局授予霍州市南环路街道“省级示范社区”称号。

临汾市科学技术协会授予霍州市南环路街道“科普工作先进集体”称号。

国务院防范和处理邪教问题办公室授予霍州市南环路街道“创建无邪教示范村（社区）”称号

（刘佳佳）

鼓楼街道

【概况】 霍州市鼓楼街道位于霍州市中心城区，总面积5.1平方公里，东与开元街道办相连，西与白龙镇接壤，南与南环路街道办交界，北与北环路街道相望。海拔标高500米左右，辖区内平川占98%。下辖南街、西街、北街、北峰4个农村居委会和前进、文庙、永新、滨河4个城市社区，总人口22253人，其中农业人口11441人，非农业人口10812人。耕地面积948亩。办事处下设11个党支部，共有党员370名。

【国防建设】 2018年，霍州市鼓楼街道党工委、办事处将党管武装工作纳入党建任务清单，定期召开专题会议，研究党管武装工作。抓民兵建设，完成民兵登记××人，组建××人的民兵应急分队，参加扫黑除恶、环保排查、安全应急等任务，7月代表霍州市接受山西省民兵整组检查组的验收。推进国防教育进社区。悬挂条幅40余条、开设专栏10余处，前进社区被评为全省国防教育示范社区。推进拥军工作。走访慰问退伍军人××人，完成退役、退伍军人登记工作。2018年，武装工作先后接受山西省区、临汾军分区检查。

【项目建设】 2018年，霍州市鼓楼街道党工委、办事处总投资3亿元的霍州商贸城项目，启动二期工程，完成棚户区主体改造，酒店等商务区开始营业。总投资12亿元的霍州署文化产业开发示范园项目，三栋商住楼共1.2万平方米全部入住，署前广场建成并投入使用，酒店、写字楼及10号还迁楼启动建设。启动实施西街城中村改造二期工程北片——鹳城润景项目，完成规划设计。

【安全工作】 2018年，霍州市鼓楼街道党工委、办事处开展安全生产大检查，开展安全专项检查80余次，排查出各类安全隐患40余起，全部落实整改措施。累计开展食品药品专项巡查15次，上报监控大型人员聚餐30余起。成立气象灾害防御领导组，设有气象服务站；落实林业安全。成立森林防火领导组，履行防火职责，辖区内全年未发生一起森林火灾事故。加强汛期值班工作，深入防汛一线，24小时轮流值班，随时掌握汛情，排查60余次，规范安全警示标志23处。

【民营经济】 2018年，霍州市鼓楼街道党工委、办事处抽调专人摸排民营经济发展情况，依托街道党建大联盟，制定服务民营经济制度，为民营企业提供便捷服务。开展小微企业孵化工作，完成20户小微企业新增任务。

【生态治理】 2018年，霍州市鼓楼街道党工委、办事处抓污染源的治理，拆除营业性炉灶18家、收缴散煤130余吨，实施煤改电330余户。投资260多万元完成南通路污水渠改造项目，发放倡议书近1万余份、悬挂条幅50余条、树立警示牌50余块、制作喷绘10余块，集中清理整治鼓楼三小路南段、河道两侧、光明路后等区域的“四堆”8000余立方米。

【脱贫攻坚】 2018年，霍州市鼓楼街道党工委、办事处坚持“转、扶、搬、保、救”五措并举，落实“六个精准”，通过政府兜底、教育扶贫、健康扶贫、就业扶贫等措施推进脱贫攻坚各项工作，3户贫困户走上就业岗位，3户贫困户危房得到改建，全办20户贫困户全部脱贫。

【扫黑除恶】 2018年，霍州市鼓楼街道党工委、办事处共召开专题会议13次，粉刷固定标语30余条，悬挂标语150余条，设立举报箱27个，走访摸排5000余户，收到各类线索共计15条。

【信访工作】 2018年，霍州市鼓楼街道党工委、办事处坚持信访维稳措施，以实现全年无进京、赴省上访文件为目标，维护群众根本利益，化解矛盾。落实各项信访工作制度，化解矛盾。2018年，完成上级网络交办件10件，受理群众来访登记15起，接待来访群众30余人次，未发生赴省进京上访事件。

【环境卫生】 2018年，霍州市鼓楼街道党工委、办事处按照“五城联创”的要求，投资50余万元，印发倡议书等宣传材料3万余份，悬挂条幅100余条，清理卫生死角30余处，安装围栏设施200余米。

【领导班子】

党工委书记：

杜　明（2011.9—2018.12）

党工委副书记、办事处主任：

尚海虹（2013.4—2018.12）

人大工委主任：

马四玲（女，2013.4—2018.12）

党工委副书记：

曹记芳（女，2001.5—2018.12）

纪工委书记：

党工委委员：

张少民（2001.4—2018.12）

郝保平（2014.5—2018.12）

副主任：

乔玉川（2007.7—2018.12）

【获奖情况】

杜明被评为临汾市委授予“优秀党务工作者”。

李红艳被评为“临汾市最美社区干部”。

鼓楼办前进社区被评为“山西省国防教育示范社区”。

办事处武装部被评为“临汾市先进基层武装部”。

（朱江华）

北环路街道

【概况】 霍州市北环路街道党工委办事处位于霍州城区，东至大张镇，西至铁路；南与原北涧河河道接壤，北与师庄乡和退沙街道相望，下辖北关、邢家泉、永合、三合、沟口5个农村居委会和永泉、北兴2个城市社区，辖区面积6.8平方公里，有耕地1445亩，总人口16547人，其中农业人口5483人。

【项目建设】 2018年，霍州市北环路街道党工委、办事处投资2600万元北关城中村改造暨铁路家属区棚户区改造工程，2#楼已竣工，1#楼主体已完工。市疾控中心大楼建设工程，完成排障、协调、拆迁工作。固定资产投资完成2500万元的目标。投资120余万元恢复邢家泉村北供热扩户损坏的路面。投资30余万元在沟口村北建凉亭1个，观赏塔1个，栽植松柏800余株。投资5万余元绿化三合农民文化活动广场。投资3万余元完成三合门楼改造工程。

【安全工作】 2018年，北环路街道党工委、办事处年初街居两级签订安全工作目标责任书，结合环境整治对小散乱污企业彻底关停，坚持定期巡查，严防死灰复燃。排查整治辖区内的3所公办小学和13所民办学校、幼儿园的校舍、食宿安全。治理永军二巷1处地质灾害隐患。取缔黑加油站1个、塑料加工点1处。在“安全生产月”期间利用多种形式宣传，发放安全方面的宣传材料6800余份（册），悬挂、书写标语34条。

【农村产权制度改革】 2018年，霍州市北环路街道党工委、办事处完成土地确权工作。启动农村产权制度改革，5个农村居委会全部完成居民身份认定和资产、资源登记工作。

【信访维稳】 2018年，霍州市北环路街道党工委、办事处共受理各类信访案件18起（其中，13710平台反馈14起），调处18起，调处率100%。

【扫黑除恶】 2018年，霍州市北环路街道党工委、办事处出台《北环办扫黑除恶专项斗争方案》，街居两级成立专门组织机构，利用多种形式宣传，悬挂、书写标语58条，张贴、发放各类宣传资料6800余份（册），制作宣传展板14块，设立举报箱7个，畅通举报渠道，街居两级发动群众，开展线索摸排，定期展开研判，摸排线索7条。

【环境整治】 2018年，霍州市北环路街道党工委、办事处年初和各农村、社区签订《环境保护目标责任书》，制定《北环办关于开展重点行业环境问题排查的实施方案》，开展第二次环境污染源普查工作，利用多种形式开展环境整治宣传，张贴宣传画、发放宣传资料4800余份（册）。召开环境整治推进会13次，拆除营业性锅炉21个，收缴散煤600余吨，对3户加工作坊实施煤改气工程。在世纪路中段新建换热站1个。供热扩户工程，辖区内供热扩户覆盖率达95%以上；完成投资30万元的原韶钢场地危化物品处置工程。分别在3月、5月、10月开展3次环境卫生集中整治大行动，集中治理北环路、建材路、工业路、108线北关段的环境卫生，清理光明路东的陈旧垃圾。清理陈旧垃圾2.8万立方米，出动劳动力1582个，动用机械1230台班次，治理残墙断壁127米，植树5800余株，新增绿化面积3万平方米，清理乱堆滥放348处，拆除乱搭乱滥建8处，粉刷墙壁9800平方米。街居两级用于环境卫生整治的投资达198万元，

【脱贫攻坚】 2018年，霍州市北环路街道党工委、办事处开展精准扶贫工作，针对第三方评估提出的问题举一反三、落实整改，完成3户，3人贫困户危房改造工程，年底全部脱贫。

【民生工作】 2018年，霍州市北环路街道党工委、办事处对74户，163人城市低保和76户，97人农村低保按时复核，做到应保尽保。对99名残疾人办理生活补贴和护理补贴，对201户城市居民住房困难户办理廉租房补贴。对21名四类学生和22名大

学生办理助学补贴。确保辖区内贫困人口和弱势群体的生活困难问题得到解决。

【卫生计生】 2018年，霍州市北环路街道党工委、办事处利用“5·29”计生协会日、“9·26”世界避孕日等设点宣传，发放各类宣传资料、药具8500余份。对106户独生子女户落实奖扶、保健、保险等政策。

【宣传文化】 2018年，霍州市北环路街道党工委、办事处坚持以组建机关人员、农村、社区干部、党员参与的百人志愿者队伍，以“美丽北环”为主题，开展一系列活动。宣传消防安全、倡导文明祭祖。参加义务植树活动。组织志愿者进行革命传统教育活动凝聚北环力量，展示北环形象。

【武装工作】 2018年，霍州市北环路街道党工委、办事处推进街道武装部和基层民兵连阵地的提档升级建设，建立民兵之家，新增民兵应急、训练设备、器械××件(套)。发放兵役登记证××人，输送××名优秀青年应征入伍。完成民兵整组工作。

【群团工作】 2018年，霍州市北环路街道党工委、办事处群团工作部规范工作机制，完成辖区私营企业的工资集体协商工作。完成妇联换届工作。

【领导班子】

党工委书记：
白　亮（2011.11—2018.12）
党工委副书记、街道办主任：
郭国彪（2013.3—2018.12）
人大工作委员会主任：
陈菊菊（女，2013.5—2018.12）
党工委副书记：
杜银全（2001.4—2018.12）
党工委委员、武装部长：
刘向龙（2003.2—2018.12）
党工委委员、组织委员：
朱燕燕（女，2014.5—2018.12）
副主任：
杨燕燕（女，2001.4—2018.12）
杨平锁（2001.7—2018.12）
李　军（2003.2—2018.12）

（杜小娟）

开元街道

【概况】 开元街道位于霍州市东城区，东邻大张镇，西接鼓楼天赋他，南望南外环，北靠北环路街道。下辖东堡、东关、赵家庄、李诠庄4个农村居委会和新建、永康两个社区，以及煤电集团城市居委会。辖区总面积4平方公里，其中耕地面积1021亩，总人口1.5686万人，其中农业5700人，非农9986人。开元街道全办机关人数25人，内设科室：综合办、党建办、社会事务服务中心，下设计生所、民政、林业、妇联、共青团委等。

【民生改善】 2018年，霍州市开元街道党工委办事处。落实农村最低生活保障，80岁以上老人、四类困难家庭学生和贫困大学生等弱势群体的帮扶救助政策，共有74户206人享受低保，救助四类贫困家庭学生34人，救助重大残疾、重症病人46人。下发粮食补贴、农机补贴等惠农政策。推进社会保险参保工作，新型农村合作医疗、新型农村养老保险参保率达到98%以上。做好优抚工作，完成××名退伍军人数据采集工作。完成农村妇女“两癌”筛查工作。在主要道路和显著位置悬挂横幅15幅。粉刷墙壁固定标语7条。设置举报箱，公开举报电话，填写扫黑除恶问卷调查表2000余份，发放宣传资料3600份。对辖区内不同群体、重点区域进行线索摸排，依法依规处理2名有前科的村干部，建立全员包户制度，强化对“三支”队伍管理，精准识别，精准脱贫。建档立卡贫困户共有20户49人，已全部脱贫。开展计划生育妇幼保健优质服务，36人参加免费孕前优生健康检查。开展民兵整组训练工作，完成18周岁适龄青年兵役登记任务。2018年，适龄青年完成体检合格和优秀青年应征入伍。慰问抚对象，发放慰问金3.8万元。土地确权工作完成，向农户发放土地证432本。完成农村集体产权清产核资工作。召开第34个教师节表彰会，表彰优秀教师和先进单位。开展残疾人康复、就业、就学等摸排工作，对残疾人进行入户调查，开展社区医疗康复进家庭活动，办理86名重度残疾人的护理补贴手续，发放残疾人家庭康复用具8套。开展春季送温暖、“五小竞赛”“助力污染防治攻坚战”环保宣传等活动，与20多家企业签订集体工资协商合同，为19人办理普惠卡，职工大病医疗互助受益1人。完成妇联换届，开展家风传承等宣传活动，发放资料2000余份，评选出最美家庭1户。落实《全民科学素质行动计划纲要》，对科普干部和科普志愿者进行业务培训5次，依托社区、幼儿园等举办“5·12行动起来　减轻身边的灾害风险”“健康社区，党员在行动”“浓情中秋　欢乐满园”等10场主题宣传活动。

【安全生产】　2018年，霍州市开元街道党工委、办事处抓好辖区内各行业和领域的安全生产工作，落实社会治安综合治理各项措施，开展矛盾纠纷排查，解决群众信访难题。执行生产安全事故报告制度，层层签订安全生产责任书，辖区各居委会、各企业、各学校全部成立安全生产领导组，每月召开一次安全工作例会，开展百日安全生产大检查、汛期危房排查等活动，排查辖区内酒店、超市等，整治安全隐患20余处。实行领导干部固定接访、带案下访制度，化解信访矛盾38件。发挥网格长和网格员的作用，开展居民服务，为群众解决具体问题，构建点面结合、专群联防，社会综合治安防控体系。

【环境整治】　2018年，霍州市开元街道党工委、办事处建立环境卫生整治长效机制，加大垃圾清理力度，制定卫生公约责任牌，明确卫生责任人。全年拆除燃煤锅炉65余座。收缴劣质散煤99吨。完成170户的供暖改造。完成220户旱厕改造任务。拆除玻璃厂、赵家庄居委会主干道违章建筑30余座5200平方米。粉刷墙壁3万平方米，倾倒垃圾1.5万余立方米，维修垃圾池25处，清理排水渠近1000米。修缮主街道花池28个，对检察院西200米的绿化带进行补栽，建设文化墙3000余米。成立李诠庄豆腐加工合作社，投资370万元建成豆腐集中加工点。

【重点工程】　2018年，霍州市开元街道党工委办事处投资50余万元的腾飞路投入使用，实施大众南路棚户区改造项目，共涉及拆迁29户，签订协议15户，拆除6户。引进投资30亿的永康新区综合开发项目和投资5.2亿元东堡村棚户区改造项目，启动前期相关工作并列入霍州市2019年重点项目。

【领导班子】

党工委书记：

薛国平（2017.4—2018.12）

党工委副书记、办事处主任：

刘亚明（2013.3—2018.12）

人大工委主任：
乔宝山（2013.4—2018.12）
党工委副书记：
朱江鹏（2001.4—2018.12）
陈华斌（2011.4—2018.12）
纪工委书记：
成安梅（女，2013.12—2018.12）
党工委委员、武装部长：
石立山（2001.4—018.12）
党工委委员：
张保平（2001.4—2018.12）
办事处副主任：
杨吉良（女，2001.4—2018.12）
刘晋惠（2001.8—2018.12）
组宣委员：
肖明霞（女，2014.3—2018.12）

（刘若瑜）

退沙街道

【概况】 退沙街道辖8个行政村，地处霍州市西北部，东与师庄乡、大张镇接壤，西和汾西县永安镇为邻，南与北环路街道衔接，北和灵石县南关镇毗邻。街道办事处机关驻什林村，距霍州市区8千米。下辖退沙、什林、王庄、许村、朱杨庄、枣洼、坡底、姚村8个村民委员会及李雅庄生活社区。辖区总人口4万人，其中农村人口14082人。干部职工17人，内设综合办、党建办、社会事务办、经济事务办4个科室。

【产业发展】 2018年，霍州市退沙街道党工委、办事处重点发展特色种植，主要覆盖三个垣面，什林垣面、许村垣面优质核桃种植基地已经形成，退沙垣面于2018年进行1000亩的土地流转。扶持推动复合肥、生物肥企业发展。发展壮大许村宏昌肥业、溢丰肥业、晋丰肥业、王庄益友肥业，使退沙街道成为临汾北部重要的生物肥生产基地。姚村圣鑫乾元环保科技项目，华北地区仅此1家。规范发展退沙餐饮一条街，朱杨庄物流一条街，许村货运装备一条街。

【环境保护】 2018年，退沙街道党工委、办事处对土小企业全部进行关停取缔。对9个证照不全的企业实施断电措施，拆除变压器、加工设备，料堆全部遮盖，杜绝粉尘污染。整理线路2000米，清理积存垃圾2万余方，拆除小广告多处，填埋黄土7000余立方米，刷树8000株，涂墙1万平方米，植树5000余株。辖区内有六条重要通道，两侧的树木全部刷白套红，清理沿途垃圾。检查过往车辆，查处不遮盖篷布、沿途抛洒的行为。组织住建所、派出所对沿途的店外经营进行整顿。

【项目建设】 2018年，退沙街道党工委、办事处实施12大项目建设，完成8000余万元投资。

圣鑫乾元烟气脱硝项目。总投资4126万元，占地总面积16500平方米。项目通过省市各环保部门验收，属于环保型、创新性项目，完成配套设备安装和附属设施建设。

文冠果油脂厂建设工程。投资600万元，建成文冠果油脂厂1座，厂房建筑面积700平方米。该公司利用山西中医药大学的先进技术，成功去除文冠果油中的介酸，是国内首家拥有该技术的企业。

退沙鑫晟储煤场改造扩建工程。投资1000余万元，对鑫晟储煤场进行改造扩建，年销售煤炭30余万吨。

原108国道（退沙—许村段）景观大道建设工程。投资500万元，内容包括人行道铺装和绿化带建设两部分，人行道已铺设完工，绿化池土建完工。

许村传统古村落修缮工程。投资924万元，朱家祠堂已经完工，朱家大院上院主体瓦面、墙面挖补已全部完成，朱家花园部分完成，总工程量完成65%左右。

许村传统古村落环境污染防治工程。投资367万元，许村环境污染防治工程中，现108国道两侧排洪上下水水渠已经全部完成，街道复古砖铺设基本完工。

许村幼儿园配套工程。投资136万元，建筑面积500多平方米，各项配套设施均已完成。

什林垣农业综合开发工程。投资260万元，修建蓄水池4个，灌溉管网3公里，完成田间道路硬化3.5公里，路旁植树3000余株。

退沙村广场—电厂村级道路维修工程。总投资150余万元，财政奖补105万元；道路绿化总投资32万元，财政奖补22万元；什林村修建文化广场1800平方米，总投资27万元，财政奖补19万元；王庄村一期上下水石腰沟，六组改造工程总投资61万元，财政奖补43万元；许村道路硬化及排水渠工程总投资114万元，财政奖补100万元。

村级组织活动场所改造扩建项目。投资200余万元新建退沙村级活动场所1处，建筑面积900余平方米，完成配套建设投入使用。改造李雅庄社区活动场所1处，面积1280平方米，姚村党支部活动阵地进行配套完善。

光伏扶贫发电项目。投资90万元在什林、许村等5个行政村安装建设120千瓦的光伏发电项目，基础设施建设已完成，并网发电调试，收益全部用于贫困户。

坡底垣林地建设。投资30余万元填埋坡底村垃圾场，清理垃圾1.6万立方米，铺设新土6000余立方米，栽植经济林双季槐5000余株。

【民生工作】 2018年，退沙街道党工委、办事处完成许村幼儿园新建、什林垣农业综合开发建设、108景观大道建设等工程。对4个日间照料中心加强管理，保证粮食直补、良种补贴、农机具补贴、低供煤补贴等专项补贴，民政救助资金及时足额到位。全办各村自行出台的惠民政策资助群众达200多万元。推进危房改造工作，完成改造任务23户。全街道共有贫困户80户192人，成立扶贫领导机构，制定精准脱贫措施，针对因病致贫、因残致贫、因劳动力缺少致贫、收入低等诸多致贫因素，实行工作队精准结对帮扶、党员联户帮扶、生产技能服务帮扶、完善医疗保健服务、政策性保障兜底等办法，因人施策、因户施策，多措并举，到2018年底全部脱贫，120千瓦的光伏发电扶贫项目已投入使用，按计划完成脱贫攻坚任务。

【安全工作】 2018年，退沙街道党工委、办事处定期对辖区内的非煤矿山、民爆物品、食品药品、危险化学品、加油站、建筑工地、道路交通、娱乐场所、人口密集区域等重点领域进行巡查，并建立详细的巡查档案，对巡查中发现的隐患问题建立台账、明确责任、制定措施、限期整改、严格验收。制定打击非法开采“345”工作制度，对境内非法开采重点区域、重点部位进行不间断巡查，无缝隙排查，对非法开采行为保持高压态势，依法履行用地报批程序，杜绝新搭滥建等非法占地行为发生，确保耕地保有量2.1万亩和基本农田8504亩红线不越过。无证非法采矿查处率达100%，依法调处2018年国土资源纠纷案件达100%。对辖区内护岸林、水保林等重要区域和放牧人员、聋哑智障等重点人员登记注册，建立台账，并明确专人看管。对全办7所中小学及3所幼儿园校门外设立警示牌或安装减速带，在11月对学校煤改电使用情况和学校食堂进行检验。按照市防洪指挥部的要求，组织和承办全市大型防洪防汛演练活动。在8月对许村南北渠道、姚村和坡底村渠道、什林村南北渠道、退沙村西渠道的淤泥杂物及时清理，严禁汾河河道采砂和倾倒垃圾的行为发生。排查出危房20多家，强制人员搬离，并将损害房屋等受灾情况上报市民政局和市住建局，确保汛期期间人员安全。

【信访工作】 2018年，退沙街道党工委、办事处及各村建立健全三级信访网络，争取小事不出村，大事不出办事处。坚持党政一把手开门接访制度，共调处信访案件46起，调处率达100%。

【平安创建】 2018年，退沙街道党工委、办事处推进综治网格化管理，发挥全办28名网格长的作用，各村也相应成立巡逻队、治安联防队、民调小组，抓好平安村镇、平安企业、平安校园建设，引深平安退沙创建活动，构建和谐退沙。

【文明创建】 2018年，退沙街道党工委、办事处通过临汾台宣传退沙街道元宵社火活动，组织人员参加省文博会。完善文化基础设施。各村都达到“三个一”的标准，即建有一个农民文体广场、一个农家书屋、一条文化街道，办事处建立专门的文化站，退沙村、许村还设立特色文化展示室，集中展示村民的书画作品等。培育一批本土化的农村文体队伍，推动农村文化传承创新。调动文艺骨干和文化乡贤的积极性。发挥30多家“特色文化家庭”的示范作用。组建特色文体活动队伍。全办共组建女子健身操队伍、篮球队、锣鼓队等各类文体队伍22支，组织元宵节文艺会演活动。举办第三届“美丽退沙乡村行”系列消夏文艺会演。举办第7届许村农民篮球邀请赛，许村第三届美食节。培育“七色服务”品牌活动，全办事处320名志愿者开展服务群众活动1000多人次，形成文明助人、共建和谐的新风尚。培育了评选“退沙好人”品牌活动，共评选敬老孝亲好人、见义勇为好人等60名。培育“清洁退沙”品牌活动。以“六治”为主要内容，在全办开展方位、立体化的环境卫生集中整治。启动许村传统古村落保护性修缮工程。编创许村古村婚俗节目。退沙村开始申报第五批中国传统村落，通过第一轮评审。

【领导班子】

党工委书记：

樊记虎（2016.6—2018.12）

办事处主任：

王　强（2018.4—2018.12）

党工委副书记：

刘泽兵（2014.1—2018.12）

纪工委书记：

冯振平（2012.8—2018.12）

党工委委员：

刘会忠（2012.8—2018.12）

刘羽飞（2014.5—2018.12）

办事处副主任：

闫姿旭（女，2013.3—2018.12）

吴合香（女，2014.5—2018.12）

武装部长：

成黎明（2014.5—2018.12）

【获奖情况】

退沙街道办被评为临汾市精神文明和谐单位。

（赵文生）

附　录

附表 1　　**2018 年中共霍州市委员会文件**

月	日	发文号	文　件　标　题
1	15	1	关于开展对照“十问”纠正“四风”主题活动实施方案
1	18	2	印发《贯彻落实中央八项规定实施方案》
1	18	3	关于表彰农村明星、红旗、五好党组织的决定
3	28	4	关于新形势下党的督促检查工作的实施办法
4	4	5	关于在全市开展“强化责任，严守纪律，树好形象”专项治理活动的实施方案
4	26	6	关于开展扫黑除恶专项斗争的实施方案
4	27	7	关于印发《霍州市推进农村集体产权制度改革实施方案》的通知
		8	关于印发霍州市进一步深化改革促进资源型经济转型发展行动计划
5	29	9	关于给予赵海峰开除党籍的批复
5	31	10	关于评选农功勋党（总）支部书记的实施意见
6	15	11	关于临汾市优秀共产党员、优秀党务工作者的推荐报告
7	9	12	关于市委第六巡察组巡察整改“回头看”反馈意见整改情况的报告
7	20	13	关于报送 2017 年度市级领导干部考核等次建议报告
9	14	14	关于深化供销合作社综合改革实施方案
		15	关于落实省委骆惠宁书记调研霍州指示精神的实施方案
		16	关于坚决打赢脱贫攻坚战三年行动的实施意见
11	16	17	关于给予闫军军开除党籍处分的批复
11	28	18	关于给予朱明启开除党籍、开除公职处分的批复
12	5	19	关于给予王涛开除党籍处分的批复
12	26	20	关于表彰农村明星、红旗、五好党组织的决定
		21	关于给予王康杰开除党籍处分的批复
12	26	22	关于给予杨华开除党籍处分的批复
12	30	23	关于落实省委《中央第十五巡视组巡视山西反馈意见整改工作方案》的实施意见的通知

附表 2

2018 年中共霍州市委员会办公室文件

月	日	发文号	文件标题
1	17	1	印发霍州市纪监委派驻机构建设的机构
1	17	2	印发落实霍州市纪监委向市级派驻纪监机构
1	18	3	印发霍州市残疾人联合会关于召开市乡两级第七次残疾代表大会的实施方案的通知
2	2	4	关于 2018 年春节访贫问寒活动安排的通知
3	6	5	关于开展 2018 年全市生态环境治理攻坚活动实施方案
3	9	6	霍州市总工会关于服务职工经费支出若干问题的具体规定
4	11	7	霍州市转型项目建设年 2018 年工作任务方案的通知
4	13	8	关于做好霍州年鉴 2018 年编纂工作的通知
5	21	9	关于深化统计管理体制改革提高统计数据真实性的实施方案
5	21	10	关于开展民生领域腐败和不正之风专项整治实施方案
5	23	11	关于印发《霍州市 2018—2020 年发展壮大集体经济》的通知
5	30	12	关于印发全市环保系统警示教育作风整顿实施方案
5	30	13	关于印发霍州市查处违法排污百日行动工作方案的通知
6	6	14	关于印发《霍州市城乡环境卫生整治行动工作方案》的通知
6	8	15	印发《霍州市组织开展〈监察法〉学习宣传培训的实施方案》的通知
6	28	16	关于印发《七届霍州市委巡察工作规划》的通知
7	11	17	霍州市农村人居环境整治三年行动实施方案
7	13	18	关于调整刘国平同志工作分工的通知
7	15	19	关于做好全市优秀共产党员优秀党务工作者先进党组织推荐工作的通知
7	15	20	关于组织开展建党 97 周年“十一”系列活动的通知
7	19	21	关于成立国税地税征管体制改革专项组的通知
7	20	22	关于 2018 年度省定、临汾市定目标责任考核指标分解的通知
8	14	23	霍州市省控空气自动监测站点运维基础条件保障工作方案
8	14	24	关于印发霍州市 2018 年生态环境治理攻坚八大工程责任分工的通知
8	15	25	关于落实临汾市委督导检查反馈意见的整改方案
9	7	26	关于成立市委外事工作领导小组的通知
9	7	27	关于印发《各乡镇、街道办和市直单位 2018 年度目标责任考核指标》的通知
9	14	28	关于加快推进 2019 年重点项目工作的通知

续表

月	日	发文号	文件标题
9	14	29	中共霍州市委办公室关于刘军野同志登记公务员公示结果的报告
9	25	30	关于全面深化改革领导小组2018年工作要求的通知
10	23	31	关于建立乡村三级民族宗教管理网络和民族宗教工作责任制的意见
		32	关于印发霍州市科协系统深化改革实施方案
10	29	33	转发省委办公厅《关于深入学习领会贯彻省委十一届六次全会精神的通知》的通知
10	29	34	转发省委办公厅《晋办通报〔2018〕第20期》的通知
12	14	35	关于开展军队退役人员走访慰问活动的实施方案
12	14	36	关于开展“送温暖，献爱心”社会捐助活动的通知
12	26	37	霍州市落实中央扫黑除恶第2督导组督导山西省反馈意见整改工作方案的通知
12	26	38	关于印发《关于适应新时代要求大力培养发现培养选拔优秀年轻干部的实施办法》的通知
12	29	39	关于转发《省委办公厅、省政府办公厅〈关于贯彻中办发电〔2018〕45号文件精神做好2019年元旦春节期间有关工作的通知〉的通知》
12	31	40	关于印发《霍州市四大班子领导联系民营企业实施方案》的通知

附表3

2018年霍州市政府文件

月	日	发文号	文件标题
3	2	1	印发霍州市2018年安全生产工作要求的通知
2	1	2	关于成立山西霍州农村商业银行股份有限公司筹建工作小组的通知
1	9	3	关于做好2018年度兵役登记工作的通知
1	11	4	关于提请审查《霍州市2017年度城乡建设用地增减挂钩三教乡、大张镇等10个乡（镇）街道办项目实施方案》的请示
2	1	5	关于将霍州市大众南路棚户区改造项目列入2018年度棚融资计划的请示
2	7	6	表彰二0一七年度武装工作先进单位和先进个人的决定
2	28	7	关于公布本级行政审批事项前置申请材料等“三个清单”的通知
2	28	8	关于落实和承接省临汾市政府取消及下放行政职权事项的通知
3	6	9	关于霍煤集团辛置矿扩区资源纳入山西省煤炭行业权2018年度出让计划的请示
3	20	10	霍州市郭庄泉域生态保护实施方案的报告

续表

月	日	发文号	文件标题
3	22	11	关于开展第三次全国土地调整工作的通知
3	28	12	关于公布霍州市城镇土地定级基准地价更新结果的通知
3	30	13	关于上报《霍州煤电团柏煤矿关闭退出郭庄泉域重点保护区方案》的报告
4	3	14	公布第二批非物质文化遗产代表性传承人的通知
5	3	15	关于在霍州举行山西省森林康养基地建设启动仪式的申请
5	3	16	关于圣佛站平安道口隐患的调查和整治情况报告
7	27	22	关于成立霍州市永安物业有限公司的通知
8	6	23	关于协调解决国电霍州发电厂生产
8	10	24	关于协调支持干沟—白龙选煤厂储装运系统环保综合治理项目立项的请示
8	21	25	关于报批霍州市城市集中式饮用水源地保护区调整划分结果的请示
8	23	26	报送《霍州市煤电集团的权限让退出自然保护区泉域重点保护区工作方案》的报告
8	31	27	关于对乡镇行政村撤并工作方案的批复
9	4	28	关于山西兆光发电有限责任公司2X300mw供热机组冬季供热运行的请示
9	10	29	关于申报建设康养小镇项目的通知
9	21	30	关于对师庄乡行政村撤并申请的批复
9	26	31	关于霍州煤电集团丰峪煤业井口关闭延期的请示
10	9	32	关于加快推进有机旱作农业发展的意见
10	9	33	
10	30	34	中央环保督察反馈问题涉及霍州三座煤矿整改情况的报告
11	14	35	关于上报霍州市散煤治理和清洁供给工作情况的报告
11	30	36	关于将全民健身中心PPD项目列为临汾市2018年重点建设项目的请示
11	30	37	关于新建霍州市政务服务中心的请示

附表4 **2016年霍州市政府办公室文件**

月	日	发文号	文件标题
1	10	2	关于印发统筹推进全市城乡义务教育一体化改革发展的通知
1	16	3	霍州市开展招商引资项目“冬储行动”实施方案的通知
1	19	4	关于印发霍州市清理拖欠农民工工资专项行动工作方案的通知

续表

月	日	发文号	文件标题
1	26	5	关于汲取乡宁县“1.20”事件教训进一步严厉打击非法违法采矿行为的通知
2	7	6	关于2018年春节期间烟花爆竹经营安全工作的通知
2	9	7	关于印发《霍州市第三期学前教育行动计划（2017—2020年）的通知》
2	28	8	关于做好2018年度农村地质灾害治理搬迁工作的通知
3	1	9	霍州市扬尘污染专项整治行动实施方案的通知
3	12	10	霍州市严防“地条钢”死灰复燃工作方案的通知
4	3	11	霍州市2017年度土地矿产卫片执法监督检查工作的通知
4	12	12	霍州市严打私控盗采严查废弃矿井专项整治工作实施方案
4	17	13	关于推广支持创新相关的改革措施的通知
4	23	14	关于印发霍州市粮食生产功能区划定工作方案的通知
4	23	15	关于调整霍州市畜禽屠宰和检疫工作领导组的通知
4	26	16	关于做好企业承诺制改革试点工作的通知
5	7	17	关于印发霍州市2018年农村改厕实施方案的通知
5	9	18	2018年度地质灾害防治方案
5	15	19	霍州市2018年农村饮水安全调查评估工作的通知
5	15	20	霍州市农村妇女宫颈癌检查项目实施方案的通知
5	22	21	霍州市进一步清理整治无证幼儿园实施方案的通知
5	23	22	霍州市“十三五”时期突发事件应急体系建设任务分解落实方案的通知
5	23	23	关于印发2018年全市应急管理工作要求的通知
5	31	24	霍州市第二次全国污染源普查工作方案
5	31	25	霍州市重大建设项目批准和实施领域政府信息公开的实施方案
6	6	26	《霍州市金融扶贫小额贷款贴息暂行管理》等办法的通知
6	8	27	关于深入开展“进工地，到一线，解难题”活动的通知
6	13	28	霍州市河道巡查管理办法（试行）的通知
6	13	29	关于进一步贯彻落实河长制深入开展全市河流水质提升和生态建设实施方案（2018—2019年）
6	13	30	关于《霍州市2018年推进使用正版软件工作计划》的通知
6	14	31	霍州市2018年冬季清洁取暖实施方案
6	26	32	关于开展依法行政规范年活动的实施方案的通知

续表

月	日	发文号	文件标题
6	28	33	霍州市大气污染防治2018年行动计划
6	28	34	关于霍州市煤矿综合整治工作实施方案的通知
7	2	34	关于引深服务企业常态化开展“服务活动日”活动的通知
7	3	35	关于做好2018年农业支持保护补贴面积核实及资金发放通知
7	4	36	霍州市撤并行政村工作实施方案的通知
7	10	37	关于取消市工商质监局部分行政职权事项的通知
7	12	38	霍州市政务大厅集中整改行动方案
7	20	39	霍州市2018年农机深松整地作业补助项目实施方案的通知
8	3	40	霍州市2018年散煤污染专项整治实施方案的通知
8	8	41	关于印发霍州市畜禽养殖废弃物资源化利用工作实施方案（2017—2020）的通知
8	8	42	霍州市推行乡镇首席统计员制度实施方案的通知
8	3	43	霍州市柴油货车和散装物运输车污染治理联合执法专项行动实施方案
8	14	44	霍州市突发地质灾害应急预案的通知
8	17	45	霍州市政府性债务风险应急处置预案的通知
8	20	46	关于霍州市安全生产挂牌责任人的通知
8	27	47	霍州市安全生产事故灾难应急预案的通知
9	5	48	霍州市2018—2020年矿山生态恢复治理工作方案
9	5	49	霍州市水污染防治2018年行动计划的通知
9	5	50	土壤污染防治2018年行动计划
9	11	51	关于做好2019年度城乡居民医疗保险参保缴费工作方案
9	28	52	关于印发霍州市2018年政务公开工作要求的通知
10	8	53	霍州市社会保险费和非税收征管职责划转交接工作方案
10	22	54	霍州市加强儿童医疗卫生服务改革与发展的实施方案的通知
10	23	55	霍州市严厉打击取缔黑加油站点专项行动工作方案的通知
10	24	56	霍州市城镇低效用地开发工作实施方案
10	24	57	霍州市今冬明春严厉打击非法违法采矿行为专项行动实施方案
10	29	58	霍州市乡级政府耕地保护责任目标考核办法
10	30	59	霍州市农村财务管理专项整治工作实施方案的通知
10	30	60	霍州市改善人居城市环境2018年行动计划的通知

续表

月	日	发文号	文件标题
11	7	61	印发霍州市天然气（煤气层）迎峰度冬民生用气保障实施方案（2018—2019 年度）的通知
11	15	62	霍州市 2018—2019 年秋冬季大气污染治理攻坚行动方案的通知
11	20	63	转发市卫计局关于推进医疗卫生与养老服务相结合实施方案的通知
11	26	64	关于推进应合公益事业建设领域政府信息公开实施方案
12	6	65	霍州市突发动物疫情应急预案
12	6	66	埣州市开展农工工资无欠薪市县创建活动实施治欠保支三年行动计划工作方案的通知
12	6	67	霍州市开展农民工工资支付情况专项行动实施方案的通知
12	12	68	霍州市开展餐厅废弃物专项整治实施方案
12	28	69	霍州市建筑立面风貌管挖整治工作方案
12	28	70	关于霍州市发展住房租赁市场实施方案的通知
12	28	71	霍州市重污染天气应急预案（修订）的通知